제 2 판

가족복지론

이영주 최경화 정윤태 김현희 오정아 공저

양서원

머리말

역사적으로 가족은 항상 변화해 왔다. 가족은 사회변동과 밀접하게 연관되고, 어느 시대나 사회변동은 늘 존재하였으며 여전히 진행되고 있다. 압축적 근대화로 인해 한국사회의 가족은 매우 급격한 변화에 마주하고 위험에 처해 있다. 우리가 외면할 수 없는 신사회적 위험에 따른 가족의 위험추세 등을 거시적 관점에 연결시켜 이해해야 할 필요성이 증가하고 있는 시점으로 이를 해결하기 위한 새로운 전략에 대한 요구가 분출하고 있다.

"가족의 제도적·구조적 변화에 직면한 한국사회의 가족이 과연 건강하고 행복한가?"라는 질문에서 시작한 가족복지론 초판이 나온 지 3년 만에 개정판을 내게 되었다. 3년이 지난 지금도 우리 집필진은 자신 있게 "그렇다"라고 선뜻 대답하기가 여전히 어렵다.

대부분의 사람들은 가족들과의 행복을 위해 살아간다. 개인의 행복과 가족의 행복은 동일한 것이며 가족은 힘인 것이다. 우리 집필진은 가족에 대한 의문부호가 사라지길 기대하며 "가족복지란 무엇인가?" 그리고 "현대사회에서 가족을 위한 복지가 왜 필요한가?"에 초점을 맞추어 집필하였다. 이를 위해 이번 개정판에서는 가능한 최신의 통계자료를 통해 다양한 가족의 현황 및 실태를 제시하였고, 달라진 가족제도 및 정책 등을 제시하였다.

한편, 이 책은 가족복지학의 교과 과정을 염두에 두고 5명이 공동집필하였다. 한 한기에 소화할 수 있도록 크게 두 개의 부분으로 나누어 16장으로 구성하였다.

제1부에서는 가족복지의 기초에 대한 개괄적인 이해를 설명하였고, 제2부에서는 다양한 가족분야를 조명하였다. 1부는 가족 및 가족복지, 가족복지의 이해, 가족정책, 가족사정에 대해 제시하였다. 2부는 다양한 실천분야로 빈곤가족, 이혼가족, 재혼가족, 미혼한부모가족, 가정폭력, 중독가족, 다문화가족, 맞벌이가족, 조손가족, 입양가족, 장애인가족을 제시하고 있고 마지막 장에서는 가족복지의 미래에 대해 제시하였다.

우리 공동 집필진은 대학생을 포함한 일반인들도 쉽게 접근할 수 있도록 가급적 평이하게 집필하였다. 이 책을 통해 한국 사회의 가족복지에 관심이 있는 분들에게 조금이나마 도움이 되기를 희망한다.

2018년 2월

저자 일동

목 차

Ⅱ. 우리 사회의 다양한 가족

I

가족복지의 기초

가족의 이해

가족은 인류의 시작과 함께 가장 먼저 형성된 제도로서 사회를 존속시키는 기본단위이다. 한 인간이 태어남과 동시에 갖게 되는 가족은 개인에게 최대의 영향력을 행사하는 사회의 최소단위로 개인에게는 가장 친밀한 공간이다. 따라서 누구나 가족에 대한 직간접적인 경험을 통한 상식적인 지식을 가지고 있다. 그러나 이러한 지식은 역사와 민족에 따라 다르고, 시대적 변천에 따른 그 사회의 지배적인 가치에 많은 영향을 받기 때문에 객관적으로 설명하기는 어렵다. 너무나 익숙한 가족이지만 우리에게 "누가 당신의 가족입니까?, 가족의 특징은 무엇이라고 생각합니까?"라고 질문한다면 선뜻 대답하지 못하고 망설이게 되고 사람마다 다른 대답을 할 것이다. 이에 가족에 대한 기초적인 이해를 돕기 위하여 가족의 정의, 기능, 가족생활주기 등 가족과 관련된 개념들을 살펴보고 변화하고 있는 우리나라 가족의 현황을 알아보고자 한다.

1. 가족에 대한 정의

가족은 모든 사회에서 발견되는 가장 보편적인 사회제도이지만 가족을 정의하는 것은 쉽지 않다. 가족은 시대에 따라 변화하고 문화에 따라 다양할 뿐 아니라 동일한 나라 안에서도 사회적 · 경제적 변화에 따라 다양한 양상으로 나타나기 때문이다. 따라서 가족의 정의에 대한 학자들의 견해도 차이가 있다. 그러나 그럼에도 불구하고 가족의 정의가 중요한 것은 우리가 가족을 어떻게 정의하느냐에 따라 가족에 대한 정책과 서비스의 방향과 내용이 달라질 수 있기 때문이다.

가족의 사전적 정의를 찾아보면 "어버이와 자식, 형제자매, 부부 등 혈연과 혼인관계 등에 의해 한 집안을 이룬 사람들의 집단 또는 그 성원"(새우리말 큰 사전,

2000)이라 되어 있다. 법적인 가족의 범위[1])는 배우자, 직계혈족, 형제자매와 생계를 같이하는 직계혈족의 배우자, 배우자의 직계혈족 및 배우자의 형제자매이다. 가족의 개념을 이해하기 위해 시대의 흐름에 따라 전통적 의미의 가족과 현대적 의미의 가족으로 구분하여 살펴보면 다음과 같다.

1) 전통적 의미의 가족

가족에 대한 전통적 개념은 부부와 그 자녀로 구성되는 가장 기본적 사회집단으로서 이익관계를 초월한 애정적 혈연집단이며, 같은 장소에서 기거하고 취사하는 동거동재 집단이다(유영주, 1993; 조흥식 외, 2011). Murdock(1949)은 가족을 "부부와 그 자녀로 구성되고, 주거를 같이하며, 경제적 협력과 자녀의 출산을 특징으로 하는 집단"이라고 정의하였다. 공동 거주와 경제적 협동, 인정받는 성관계, 자녀출산 등을 강조하므로 보편적으로 우리가 생각하는 정의와 대체로 일치하고 있다.

이러한 관점은 부부와 자녀를 가족의 핵으로 파악하고 있어 핵가족적 정의라 한다(이영실 외, 2013). 핵가족은 공동의 주거공간을 갖고, 상호 권리와 의무를 가지며, 자녀의 일차적 사회화를 책임지는 성원으로 구성되어, 남편은 생계를 책임지고, 아내는 주부로서 자녀양육을 책임지는 성별이 분리된 역할구조를 갖는다(성정현 외, 2011). 그러나 이와 같은 전통적 관점은 핵가족만을 정상가족으로 보게 만들어 현대사회에 등장하고 있는 한부모가족이나 일인가구가족, 재혼가족 등 다양한 가족은 포괄하지 못한다는 점이 문제로 지적되고 있다(박미은 외, 2012).

1) 「민법」 제4편 친족, 제779조(가족의 범위)

① 다음의 자는 가족으로 한다.

1. 배우자, 직계혈족 및 형제자매 2. 직계혈족의 배우자, 배우자의 직계혈족 및 배우자의 형제자매

② 제1항 제2호의 경우에는 생계를 같이 하는 경우에 한한다.

2) 현대적 의미의 가족

최근 서구 여러 나라에서 일어나고 있는 사회현상은 가족에 대한 전통적 개념을 수정하도록 요구한다. 우리 사회도 고전적 의미의 핵가족 비율이 감소하고 있는 반면에 부자가족 또는 모자가족 등의 한부모가족, 노인가족, 1인 가족, 무자녀가족, 동거가족, 비동거가족, 공동체가족, 동성가족 등의 비전통적 가족형태는 조금씩 증가하는 추세이다. 특히 높은 이혼율은 이혼과 재혼으로 인한 계부모가족의 증가로 이어지고 있다. 이와 같이 현대 가족의 삶의 양식과 구조가 유동적으로 변화하고 있다는 점에서 결혼과 혈연을 토대로 한 전통적 가족인 협의의 개념보다는 가족에 대한 광의의 개념접근이 요청되고 있다.

실제로 오늘날의 가족학자들은 더 이상 보편적이고 전형적인 가족 현상을 규정하려 하지 않는다(Adams, 1980). 오히려 존재하는 그대로의 생활양식을 중심으로 나타나는 가족현상에 관심을 갖는다. 그리하여 '가족이란 무엇인가'보다는 '무엇을 가족으로 볼 수 있는가'에 연구의 초점을 둔다. 공미혜(2009)는 가족을 세 가지 조건이 충족된 '일련의 대인관계'로 규정하였다. 즉, 세 가지 조건인 '관계의 지속성', '경제적 지원과 공유성', '정서적 친밀감'이 모두 이루어지는 관계라면 우리는 그 관계를 가족으로 규정할 수 있다는 것이다(정혜정 외, 2009).

많은 학자들은 가족의 개념을 좀 더 포괄적인 의미로 개념화해야 함을 강조한다. 서구 가족학 관련 서적들은 가족을 표현하는 용어로 '가족(the family)'이라는 획일적 형태에서 가족의 다양성을 인정하는 '가족들(families)'로 변화하고 있다(정현숙·유계숙, 2007). 이는 정상가족의 개념에서 벗어나 다양한 형태의 가족들을 수용하고자 함을 의미한다.

가족의 개념을 어떻게 규정하는가 그리고 어떤 가족 개념에 의거하여 정책이 형성되는가에 따라 다양한 형태의 가족들이 경험하는 현실은 현저히 달라질 수 있다. 핵가족만을 정상가족으로 간주할 경우 다른 형태의 가족들은 비정상적인 가족이 되어 사회적으로 낙인을 받을 것이며, 핵가족만을 염두에 둔 가족정책은 다른 형태의 가족들을 소외시키고 불이익을 가져다 줄 수 있어 사회통합을 저해

시킬 수 있다.

따라서 사회복지적 관점에서 볼 때, 개인의 가족생활 경험에 대한 편견과 낙인을 배제하고 가능한 한 모든 가족유형들이 가족복지의 대상이 될 수 있도록 하기 위해서는 가족의 정의가 포괄적이어야 할 것이다(손병덕, 2011: 17).

2. 가족의 기능

가족을 이해하기 위해서는 가족의 규모나 형태를 살펴보는 구조적 측면과 더불어 가족의 기능적 측면에 대한 이해가 필요하다. 특히 현대사회에서는 가족을 이해하기 위해 가족의 구조적 측면에 초점을 맞춘 전통적 개념보다는 가족구성원 사이의 상호작용을 중시하는 기능적 측면에 초점을 맞추고 있다.

가족의 기능이란 가족체계 내에서는 개인 성원의 위치와 역할을, 가족체계 밖의 관계에서는 가족의 응집성과 적응성 등, 가족구성원 개인으로나 전체 가족으로서의 정체성과 관계성을 동시에 보여주는 개념이다(유영주, 1993). 즉, 가족의 기능은 가족이 수행하는 역할이나 행위를 의미하며, 행동의 결과가 가족원의 욕구충족과 사회의 유지 존속에 영향을 주게 된다. 그런데 가족의 기능은 산업구조의 변화나 시대흐름, 문화발전에 따라 가족의 가정 내 역할이나 사회적 역할이 달라지고 있다는 것에 주목해야 한다.

이와 같이 가족은 가족구성원 개개인의 성장과 발달뿐 아니라 가족이 포함되어 있는 사회의 유지·발전을 위해 다양한 기능을 수행한다. 일반적으로 가족의 기능은 가족 내 기능과 대외적(대 사회적) 기능으로 부류할 수 있는데, 대내적 기능에는 성 및 자녀출산의 기능, 자녀양육과 교육기능, 경제적 기능, 휴식·오락·종교적 기능 등이 있다. 대외적 기능에는 성을 통제하는 기능, 사회구성원을 충원시키는 기능, 노동력을 제공하고 경제질서를 유지하는 기능, 사회전통과 문화를 계승하는 기능, 사회를 안정시키는 기능 등이 있다. 이를 정리하면 〈표 1-1〉과 같다.

표 1-1 가족기능의 유형과 상호관계

<table>
<tr><th>성격</th><th>대내적 기능
(가족원 개개인에 대한 기능)</th><th colspan="2">대외적 기능
(사회 전체에 대한 기능)</th></tr>
<tr><td rowspan="2">고유기능</td><td>애정, 성</td><td colspan="2">성적 통제</td></tr>
<tr><td>생식, 양육</td><td colspan="2">종족보존
(자손의 재생산, 사회구성원 보충)</td></tr>
<tr><td rowspan="2">기초기능</td><td>생산(고용, 수입획득)</td><td colspan="2">노동력 제공, 분업에 참가</td></tr>
<tr><td>소비(기본적 · 문화적 욕구충족, 부양)</td><td colspan="2">생활보장, 경제질서 유지</td></tr>
<tr><td rowspan="5">부차적
기능</td><td>교육(개인의 사회화)</td><td colspan="2">문화전달</td></tr>
<tr><td>보호</td><td rowspan="2">심리적 · 신체적</td><td rowspan="4">사회 안정화</td></tr>
<tr><td>휴식</td></tr>
<tr><td>오락</td><td rowspan="2">문화적 · 정신적</td></tr>
<tr><td>종교</td></tr>
</table>

출처: 김주수 · 이희배(1986: 43); 조추용 외(2006: 24).

전반적인 가족의 기능에 대하여 Murdock(1949)은 가족의 전통적 기능으로 성적 기능, 경제적 기능, 출산 및 양육의 기능, 교육 및 사회화의 기능을 제시하였다. Strong과 Devault(1992)는 가족 간의 상호작용에 초점을 맞춰 가족이 담당하는 기능을 친밀한 관계의 근원을 제공하는 기능, 경제적 협조 단위로서 기능, 자녀를 출산하고 그들을 사회화시키는 기능, 가족구성원에게 지위와 사회적 역할을 할당하는 기능으로 설명하였다(조흥식 외, 2011). 학자들에 따라 강조점은 다르나 위의 내용들을 종합하여 가족의 기능을 설명하면 다음과 같다(최규련, 2011).

1) 애정 및 성적 기능

가족은 남녀의 사랑을 기초로 형성되는 만큼 대내적으로는 부부가 애정과 성생활을 영위함으로써 성적 욕구를 충족시키는 기능이 있고, 대외적으로는 사회의 성적 통제와 성윤리 질서를 유지시키는 기능을 갖는다. 결혼한 부부는 합법적으로 성과 애정이 인정되는 유일한 관계로 결혼은 성관계를 규제 · 통제하는 공인된 사회적 방법이다. 현대사회에서 부부의 애정 및 성적 기능은 결혼생활에 가장 필수적 요소로 간주되고 있다.

2) 경제적 기능

가족의 경제적 기능은 생산기능과 소비기능으로 나누어지며, 이를 통하여 가족은 의식주를 해결하고 신체적·정서적 안정을 도모하며, 문화생활을 영위한다. 또한 가족은 대외적으로 노동력을 제공하고 건전하고 합리적인 소비활동과 구매활동을 함으로써 사회의 경제질서 유지에 기여한다.

이 기능은 각 가족이 생존을 위하여 물적 자원을 확보하고 관리하는 기본적인 기능으로 현대사회에서 더욱 중요시되고 있다.

3) 자녀출산 기능

부부는 자녀를 출산하여 자손을 재생산하고 종족을 보존하게 된다. 가족의 생식기능은 대외적으로 사회구성원을 충원하여 사회의 유지와 발전, 인류의 존속에 기여한다. 최근 우리나라는 저출산 문제가 심각하여 대책마련에 힘쓰고 있는데 이는 가족의 자녀출산 기능이 국가존속과 발전에 파급효과가 있음을 반영하는 예라 하겠다.

4) 자녀양육 및 사회화 기능

가족은 자녀들이 사회에 잘 적응할 수 있도록 양육하고 자신이 속한 문화의 언어, 지식, 가치, 도덕규범 등 사회적·대인적 기술을 가르치는 기능을 수행한다. 어린 시절의 가정환경이 인성과 도덕성 발달, 대인관계 기술에 중요한 영향을 미친다는 것은 잘 알려져 있다. 또한 이 기능의 결과로 대외적으로는 문화적 유산을 다음 세대로 전수하는 데 기여하게 된다.

현대사회는 교육제도가 발달하여 많은 교육기관에서 자녀들을 교육하고 있으나 그럼에도 불구하고 가족 안에서의 자녀 사회화와 양육기능은 어느 기관에서도 대체할 수 없는 중요한 기능이 되고 있다.

5) 정서적 안정 및 지지 기능

가족은 구성원에게 정서적 안정과 지지, 안식처로서의 기능을 수행함으로 가족원들은 휴식과 안정, 유대감과 친밀감, 행복을 추구하는 욕구를 충족하게 된다. 이 기능이 잘 수행될 때 대외적으로 개개인의 능력이 개발되고, 사회의 안정과 발전에 기여하게 된다.

현대사회가 복잡해지고 경쟁이 가속화됨에 따라 스트레스가 증가하고 정신건강 관련 문제가 많이 발생하고 있다. 따라서 가족의 정신건강과 행복을 위해 과거보다 더 중요한 가족의 기능으로 간주되고 있다.

6) 사회적 지위부여 기능

자녀는 태어나면 가족원으로 인정받게 되고 가족과 사회에서 일정한 지위를 부여받는다. 가족 속에서 우리는 자신이 누구인지, 자신의 역할이 무엇인지를 인식하고 지각하면서 그 지위에 부응하는 소속감과 책임감을 가지며 적응하고 노력한 결과, 대내적으로 자기성장과 발전을 이루며, 대외적으로는 사회 안정과 발전에 기여하게 된다. 가족 내에서 자녀, 부부, 부모, 형제·자매, 며느리, 사위로서 각각의 지위에 따른 역할을 수행하며 인생의 의미를 깨닫고 인격성장과 사회발전에 기여할 수 있다는 점에서 가족의 사회적 지위부여 기능은 현대사회에서도 중요시되고 있다.

이와 같이 가족은 여러 가족기능을 통하여 많은 혜택을 준다는 점에서 어떤 사회집단보다 인간의 욕구를 충족시켜줄 현대인에게도 꼭 필요한 제도라 할 수 있다.

3. 가족생활주기

1) 가족생활주기의 개념

가족주기(family cycle) 또는 가족생활주기(family life cycle)란 성인남녀의 결혼으로 형성된 가족이 자녀출산과 자녀성장으로 확대되었다가 자녀의 결혼과 분가로 축소되고, 부부가 노후생활을 거쳐 사망에 이르는 가족생활의 연속적 과정을 의미한다. 가족도 개인과 마찬가지로 탄생과 죽음을 반복한다는 것을 전제로 하여 부부가 혼인해서 사망할 때까지 가족이 겪게 되는 주요한 경험을 단계적으로 설정한 것이 가족생활주기이다. 가족생활은 대부분의 사람들이 유사한 발달과정, 즉 일정한 패턴의 단계를 따른다고 가정한다. 즉, 가족은 주기에 따라 가족의 기능과 가족원 간의 상호작용, 역할의 내용도 바뀌게 되고 가족 내의 인간관계와 가족형태도 변하게 된다는 것이다.

이러한 가족생활주기는 공통적으로 유형화된 단계를 따르게 되기 때문에 가족발달의 척도로 간주되고 있다(정현숙 · 유계숙, 2007). 가족생활주기에서 중요한 개념인 전이와 가족주기별 발달과업을 살펴보면 다음과 같다.

(1) 전이(transition)

전이는 가족이 가족주기의 한 단계에서 다음 단계로 이동하는 것을 의미하며 전환이라고도 한다. 단계란 가족생활을 구분하는 데 있어서 이전과 뚜렷하게 구별되는 질적 변화를 가져온 기간을 의미한다. 자녀성장에 따른 발달적 변화나 부부의 은퇴나 사망 같은 사건 등이 그 예이다. 그런데 가족은 가족생활주기의 전환기에 적응상의 문제를 일으킬 수 있으며 이 적응상의 위기는 가족문제의 근원이 될 수 있다. Haley(1973)는 가족은 새로운 단계로 넘어갈 능력이 부족하거나 두려움 때문에 여러 증상이 발생한다고 하였다(성정현 외, 2011). 이와 같이 전이단계에서는 역할의 변화가 나타나고 가족 내에 긴장이 발생할 수 있으므로 가족원들의 적응노력이 필요하다.

(2) 가족주기별 발달과업

발달과업이란 인간이 성장하고 발달해가는 단계마다 획득해야 하는 행동형태라 정의할 수 있다. 그런데 가족도 개인처럼 일생을 통하여 일정한 가족생활주기 단계에서 수행해야 할 발달과업이 존재한다. 이러한 가족생활주기 단계별 발달과업은 반드시 이루어져야 하는 결정적 시기(critical period)가 있으며 가족생활주기에 따른 과업을 가족이 단계적으로 잘 수행하면 가족원들은 안정되고 충족감을 느낄 수 있다. 그러나 결정적 시기에 과업을 수행하지 못하면 가족은 역기능을 나타낼 수 있다. 또한 가족생활주기의 각 단계에서 가족은 물론 가족구성원들 각자도 자신들의 발달과업에 직면하게 되는데, 한 가족구성원의 역할은 다른 가족구성원의 역할과 밀접하게 연관되어 있기 때문에 한 가족구성원의 역할변화는 다른 가족구성원의 역할변화를 가져오게 한다.

즉, 가족의 발달과업은 가족생활의 특정 단계에서 발생하는 성장에 대한 책임으로서, 이것이 성공적으로 달성되면 만족을 가져오고 그 이후의 과업을 성공적으로 이끌게 되지만, 실패하면 가족발달은 지체되거나 중단되어 가족이 불행해지고 사회적으로 인정을 받지 못하며 그 이후의 발달과업에 어려움을 미치게 된다.

2) 가족생활주기의 유용성

가족생활주기는 가족치료이론 중 발달이론에 가장 근접하며, 구조적이고 전략적인 접근법을 설명하기 위하여 사회학으로부터 빌려온 모델이다(Nichols & Schwart, 2001; 성정현 외, 2011).

가족생활주기가 갖는 의의는 가족형성에서부터 시작되는 가족생활을 전 생애적 관점으로 전망해 봄으로써 각 발달 단계에서 이루어야 할 과업이 무엇이며, 각 단계에서의 가족들의 기대와 욕구, 잠재되어 있는 문제점, 강점들이 무엇인지 알 수 있고, 예측·계획이 가능하여 계획적인 가족생활을 운영할 수 있는 자료를 제공해 줄 수 있다는 점이다. 또한 가족생활을 시간차원에서 연구하는 데 중요한 기준이 되기도 한다(김혜경 외, 2012). 즉, 가족생활주기에 대한 이해는 특정 단계에서 일어날 수 있는 문제들을 확인해 주기 때문에 가족기능을 평가하고 치료계획과 개입계획을 세우기 위한 효과적인 틀을 제공하는 데 도움을 준다(성정현 외, 2011).

부부관계연구에서는 가족생활주기에 따른 부부역할의 동등성 변화, 부모지위의 변화, 부부의 직업경력과 가족생활주기와의 관계 등의 연구가 이루어지고 있으며, 특히 결혼만족도가 가족생활주기에 따라 변화하는 것으로 나타나, 부부의 결혼만족도 연구분야에서 발달단계의 개념을 다양하게 적용하고 있다.

3) 가족생활주기 유형

가족생활주기의 단계를 구분 짓는 기준은 연구자마다 다를 수가 있으나 전통적으로 첫 자녀(장남이나 장녀)의 나이를 기준으로 분류하는데, 구체적으로 ① 출생, 사망, 출가 등에 의한 가족구성원의 증가와 감소, ② 아동이 겪게 되는 다양한 발달단계, ③ 은퇴 등 가족이 다른 사회체계와 관련되어 변하게 되는 요인에 의해 분류하고 있다(정현숙 · 유계숙, 2007). 이와 같이 가족발달단계는 기본적으로 자녀가 있고, 부부가 전 생애 동안 부부관계를 유지한다는 것을 전제로 하고 있다.

가장 고전적인 가족생활주기 연구자는 미국의 2세대 핵가족을 조사한 Duvall로 첫 자녀의 나이에 기초하여 8단계로 구분하였으며 이는 가족발달단계와 관련된 연구의 근간을 이루었다. 가장 광범위하게 이용되는 Duvall(1977)의 가족생활주기와 발달과업을 정리하면 〈표 1－2〉와 같다.

그러나 많은 학자들은 Duvall의 가족생활주기 단계가 자녀가 많은 가족이나 단계가 중복되는 경우 및 이른 배우자의 사망 등과 같은 가족의 다양성을 고려하지 못했다고 비판하며 다양한 가족을 설명할 수 있는 가족생활주기를 제안하였다. 가족치료자들은 가족주기는 정체된 것이 아니라 계속해서 변화한다고 본다. 이러한 관점에서 볼 때 현대사회에서 정상적 가족생활주기를 규정하는 것이 점점 더 어려워지고 있다. 예를 들어, 무자녀가족의 경우는 자녀양육기나 자녀독립기로 이행되지 않기 때문에 기존의 가족생활주기로는 설명이 어렵다. 또한 발달모델은 보통 첫째 아이와 같이 특정 개인에게 초점을 맞추기 때문에 첫째 자녀는 집을

표 1-2 가족생활주기 단계별 가족의 발달과업

단계		가족구성	가족의 발달과업
1	신혼기	결혼한 부부만의 가족	• 역할과 책임관계의 기준설정 • 만족스러운 소득과 지출체계 수립 • 상호 만족스러운 애정표현과 성생활체계 수립 • 효율적인 대화체계 수립 • 친인척과 원만한 관계 수립 • 임신과 부모됨에 적응 및 준비
2	자녀출산 및 자녀 영아기	자녀 출산기의 가족 (0~30개월)	• 영아기 자녀의 부모역할 적응 • 시간과 가사의 재조정 • 만족스러운 부부관계 유지
3	자녀 유아기	학령전기 아동이 있는 가족 (2세 반~6세)	• 유아기 자녀를 효율적으로 양육 • 공간, 에너지, 시간 재정의·재조정 • 만족스러운 부부관계 유지
4	자녀 학동기	학령기 아동이 있는 가족 (7~12세)	• 자녀의 잠재력 개발에 대한 교육적 배려 • 자녀의 학업성취 지원 • 아동이 정서안정과 소속감을 갖도록 환경조성 • 만족스러운 부부관계 유지
5	자녀 청소년기	청소년기 자녀가 있는 가족 (13~20세)	• 청소년 자녀의 자아정체감 형성, 진로선택 및 준비, 사회적 역할 획득, 학업성취, 부모로부터 정서적 독립 • 자녀와의 생활에 적응하기 • 재정계획 및 실천 • 만족스러운 부부관계 유지, 중년기 준비
6	진수기	성장한 자녀가 독립하는 가족	• 자녀의 독립 지원, 독립한 자녀와의 새로운 관계 적응 • 재정계획 및 실천 • 중·노년기 준비
7	중년기	중년기 부부 (빈둥지 가족에서 은퇴까지)	• 부부관계 재정비 • 건강대책 세우기, 중년기 위기감 극복 • 조부모역할 수행, 노년기 준비
8	노년기	노년기 부부 가족	• 노화 및 은퇴 적응, 건강유지 • 부부관계 유지 및 개선 • 가족 친지와의 유대감 유지 • 배우자 사별과 자신의 죽음에 대한 수용

출처: Duvall(1985); Wallerstein(1995); 최규련(2011: 26) 참조 및 재구성.

떠날 시기가 되었는데 늦둥이가 태어난 가정이나, 미혼모의 경우에는 적용하기 어렵다. 실제로 가족마다 가족생활주기는 다양하고 복잡하다. 특히 이혼이나 재혼을 하는 가족이 증가하는 것을 고려하여 이들을 설명할 수 있는 보다 정교하고 확장된 가족생활주기가 필요하게 되었다.

따라서 이후의 이론가들은 Duvall이 제시한 단계를 가감함으로써 다른 틀을 제시하게 되었는데, Carter와 McGoldrick은 부모세대와 자녀세대를 연결하는 결혼한 성인자녀를 포함한 3세대 중심의 6단계 가족생활주기뿐 아니라 이혼, 재혼가족의 발달단계도 제시하였다(성정현 외, 2011). Carter와 McGoldrick은 ① 결혼 전기, ② 결혼 적응기, ③ 자녀 아동기, ④ 자녀 청소년기, ⑤ 자녀 독립기, ⑥ 노년기의 6단계를 제시하였는데, 특별히 가족생활주기의 첫 단계에 결혼 전기 단계를 두었다. 이는 결혼 전 남녀 모두가 원가족과의 관계로부터 분화되고, 서로 친밀한 이성관계로 발전시키며, 일과 재정적 독립을 통해 자신을 확립시키는 결혼 전 준비과정이 중요함을 보여주는 것이다.

우리나라의 경우 한국인구보건원(1982)에서 WHO(1978)모형에 기초하여 2세대를 기준으로 ① 형성기(결혼~첫 자녀 출생), ② 확대기(첫 자녀 출생~막내 출생), ③ 확대완료기(막내 출생~자녀결혼시작), ④ 축소기(자녀결혼시작~자녀결혼완료), ⑤ 축소완료기(자녀결혼완료~배우자사망), ⑥ 침체기 또는 해체기(배우자사망~본인사망)의 6단계 가족생활주기를 제시하였다(성정현 외, 2011).

Carter와 McGoldrick(1988)은 이혼과 재혼이 가족생활주기를 변형시키는 가장 중요한 요소라고 지적하며 이혼가족의 발달단계와 과업을 〈표 1-3〉과 같이 제시하였고, 재혼가족의 경우 ① 새로운 관계의 시작 → ② 새로운 결혼생활과 가족에 대한 개념화와 계획 세우기 → ③ 재혼 및 가족 재구성의 3단계 틀을 제안하였다.

이 밖에도 동성애자들의 가족생활주기, 입양가족에 대한 가족생활주기 등 다양한 가족의 가족생활주기를 설명하고자 하는 노력들이 계속되고 있다(정현숙 · 유계숙, 2007). 따라서 가족생활주기는 현대사회의 다양한 가족들의 등장으로 각각 다른 생활주기를 갖게 됨에 따라 앞으로는 다양한 가족형태에 맞는 가족생활주기의 기준이 연구되어야 할 것이다(김혜경 외, 2012).

표 1-3 이혼가족의 발달단계와 과업

<table>
<tr><th colspan="2">단계</th><th>발달상의 과업</th></tr>
<tr><td colspan="2">이혼결정</td><td>• 결혼실패를 초래한 자신의 잘못을 수용한다.</td></tr>
<tr><td colspan="2">가족해체 계획</td><td>• 자녀양육권, 방문, 경제문제에 대하여 협력적으로 일한다.
• 확대가족과 이혼문제를 다룬다.</td></tr>
<tr><td colspan="2">별거</td><td>• 함께 살아온 가족구성원의 상실을 슬퍼한다.
• 부부관계와 부모-자녀 관계 및 재정문제를 재구조화하고 별거에 적응한다.
• 본인 및 배우자의 확대가족과 관계를 재정립한다.</td></tr>
<tr><td colspan="2">이혼</td><td>• 원가족 상실을 슬퍼하고 재결합에 대한 환상을 버린다.
• 결혼에 대한 희망, 꿈, 기대들을 회복한다.
• 확대가족과의 관계를 유지한다.</td></tr>
<tr><td rowspan="2">이혼 후</td><td>자녀를 양육하는 부·모</td><td>• 전 배우자와 그의 가족들의 방문을 융통성 있게 허용한다.
• 자신의 재원을 구축한다.
• 자신의 사회적 관계망을 재구축한다.</td></tr>
<tr><td>자녀를 양육하지 않는 부·모</td><td>• 자녀와 효과적으로 부모관계를 지속하는 방법을 찾는다.
• 전 배우자와 자녀에 대한 재정적 책임을 유지한다.
• 자신의 사회적 관계망을 재구축한다.</td></tr>
</table>

출처: Carter & McGoldrick(1989: 22); 성정현 외(2011: 153) 참조 및 재구성.

4. 변화하는 한국가족

급속한 경제성장과 경제위기, 산업화와 도시화, 정보화, 세계화 그리고 민주화 등을 그 어떤 나라보다도 짧은 시간 내에 압축적으로 경험하고 있는 한국가족은 변화의 소용돌이에 있다고 해도 과언이 아니다. 최근 우리의 가족은 이러한 사회적 변화로 매우 심각한 문제들을 경험하고 있다. 저출산과 이혼율은 세계 최상위, 재혼율의 상승, 2인 생계부양(맞벌이)가구의 증가, 한부모가구의 증가, 비혼·만혼·동거의 증가, 독신가구의 증가, 국제결혼 이주가족의 증가, 기러기 아빠의 출현 등이 중요한 사회현상으로 대두되고 있다(김미숙, 2006).

이러한 가족환경의 변화는 경제발전과 교육으로 인한 가치관의 변화, 특히 여성 교육수준의 향상과 이로 인한 여성취업의 증대, 가족원 간의 정서적 유대감의 괴리, 가족 이기주의와 부의 양극화 등을 그 원인으로 볼 수 있다.

조흥식(2011)은 우리나라 현대가족의 성격을 가족의 핵화현상 또는 개인주의라 요약하며 그 주요 동향을 9가지로 정리하였다. ① 전통적 가족관과의 단절, ② 아버지의 가장으로서의 권위, 남자로서의 권위가 낮아짐에 따라 부부관계와 친자관계가 대등화되어 감, ③ 가족의 보호기능, 부양기능의 약화, ④ 부부가족이 일반화됨, ⑤ 가족규모의 축소, ⑥ 현저하게 가족주기상의 변화가 나타남, ⑦ 기혼여성의 사회활동 참여 증가, ⑧ 이혼율 증가, ⑨ 다양한 가족생활양식을 바탕으로 하는 다양한 가족유형 증가 현상이 나타나고 있다(조흥식 외, 2011).

이러한 가족의 변화를 가족가치관의 변화, 가족구조의 변화, 가족기능의 변화, 가족생활주기의 변화로 나누어 살펴보면 다음과 같다.

1) 가족가치관의 변화

가족가치관이란 다양한 측면에서 가족에 대해 갖는 바람직성에 대한 일반적이며 지속적인 신념이라 정의할 수 있다(조소연, 2001; 권진숙, 2010).

우리나라의 가족가치관은 유교의 영향을 받아 오늘날까지 이어져 왔으나, 현재는 전통적인 유교적 가족주의와 함께 산업화와 더불어 나타난 도구적 가족주의 그리고 근대적인 정서적 가족주의 등이 공존하고 있다. 즉, 전통적인 가치관과 서구적 가족가치관이 혼재하고 있는 상황이다. 이러한 현상의 영향으로 가족구성원 사이에서 가족가치관에 대한 이해와 태도가 상이하게 나타나고 있다.

(1) 결혼관의 변화

결혼가치관은 가족가치관의 한 부분으로, 결혼 또는 이와 관련된 것에 대한 개인적 인식과 가치기준을 의미한다. 즉, 결혼 및 그 과정에서의 배우자 선택, 결혼

후의 가정설계 등에 대한 가치관을 말한다(서정아, 1994). 이 중 가족환경 변화를 주도하는 가장 핵심 가치관은 가족형성을 의미하는 결혼 및 재혼과 가족해체를 의미하는 이혼에 대한 가치관이라 하겠다.

① 결혼의 필요성에 대한 가치관 변화

'결혼의 필요성'에 대한 한국보건사회연구원(2015)의 자료에 따르면, '결혼은 반드시 해야 한다'라는 전통적 생각에서 '할 수도 있고, 하지 않을 수도 있다'는 의식이 확산되고 있다. 이는 결혼이 보편성을 갖지 않고, 선택적이라는 의식이 점차 확산되고 있음을 보여준다. 특히 남성에 비해 여성이 결혼을 선택적으로 인식하고 있는 것으로 나타나, 결과적으로 독신여성의 증가와 더불어 한국남성의 국제결혼 증가가 다문화가족의 증가로 이어질 전망이다.

표 1-4 미혼남녀(20~44세)의 결혼 필요성에 대한 태도

(단위: %, 명)

특성	성별	반드시 해야 함	하는 편이 좋음	해도 좋고 하지 않아도 됨	하지 않는 편이 좋음	모르겠음	계	(명)
20~44세	남성	18.1	42.7	33.0	3.9	2.4	100.0	1,096
	여성	7.7	32.0	52.4	5.7	2.3	100.0	1,287

출처: 한국보건사회연구원(2015), 2015년 전국 출산력 및 가족보건·복지실태조사, p.333.

② 이혼 및 재혼에 대한 가치관 변화

이혼에 대해서는 부정적인 태도에서 허용적인 태도로 변하는 추세를 보이고 있다. 이혼에 대한 부정적 태도라 할 수 있는 '절대로 해서는 안 됨'과 '가급적 해서는 안 됨'은 2000년 52.8%에서 2009년 47.5%로 감소하였고, 허용적 태도인 '이유가 있으면 하는 것이 좋음'은 동 기간에 15.5%에서 20.5%로 증가하였다. 개인주의 가치관의 확산, 가족원 간 정서적 유대감의 약화, 여성의 사회경제활동 증가, 핵가족화 등에 기인하여 점차 증가하는 이혼은 이제 문제시할 것이 아니라 사회현상으로 받아들여야 한다는 시대가 도래한 것이다. 그런데 이혼은 재혼의 증가를 낳고, 재혼에 대한 긍정적 가치관의 증가는 재혼가족의 증가로 연결된다. 1990년

42,663건이던 재혼 건수가 2009년 72,830건으로 큰 증가를 보였다. 재혼가족 부부의 재혼 당시 혼인상태를 보면, 2009년 기준으로 '재혼남과 재혼녀'의 비율이 54.7%로 가장 높았으며, 다음은 '초혼남과 재혼녀'의 혼인이 26.1%로 높았다. 과거에는 '재혼남과 초혼녀'가 '초혼남과 재혼녀'보다 많았으나, 1995년 이후부터 역전 현상이 나타나 지속되고 있다(김승권, 2011).

향후에도 우리 사회에서 이혼과 재혼은 증가할 것으로 전망되는데, 이혼은 자녀양육과 이혼가족의 높은 빈곤율 측면에서 문제가 발생할 소지가 있고, 가족 불안 형성의 큰 원인이 될 수 있어 미래 가족변화의 핵심요인임이 분명하다.

(2) 자녀에 대한 가치관 변화

결혼 이후 자녀출산을 필수적으로 생각하던 한국사회에서 자녀출산의 기능도 점차 선택적으로 변화하고 있다. 즉, 자녀출산을 필수적으로 생각하는 비율이 줄어들고 상대적으로 결혼과 출산 간 상호 관련성이 약화되는 추세이다. 이는 우리 사회에서 자녀양육에 대한 부담을 크게 느끼고 있음을 가늠하게 해주며, 자녀양육 부담은 저출산문제의 핵심적 원인이라 할 수 있다(표 1-5).

표 1-5 기혼여성의 자녀 필요성에 대한 태도(1991~2015년)

(단위: %, 명)

연도	반드시 가져야 함	반드시 가질 필요는 없음			모르겠음	계(수)
		소계	갖는 것이 좋음	없어도 무관		
1991	90.3			8.5	1.2	100.0(7,448)
1997	73.7	26	16.6	9.4	0.3	100.0(5,409)
2000	58.1	41.5	31.5	10.0	0.5	100.0(6,363)
2003	54.5	44.9	32.3	12.6	0.6	100.0(6,593)
2006	53.8	46.2	34.1	12.1	–	100.0(5,386)
2009	55.9	44.1	32.7	11.4	–	100.0(4,867)
2015	60.2	39.6	29.0	10.6	0.1	100.0(11,009)

주: 2015년 기혼여성 조사 기준 연령: 15~49세.
출처: 한국보건사회연구원(각 연도); 한국보건사회연구원(2015), p. 100.

또한 한국 가부장적 가치관의 대표적 지표로 간주되어 왔던 호주제와 그와 연계된 남아선호사상에 대한 태도가 변하고 있다. 여전히 아들에 대한 선호가 남아있긴 하지만 그 정도가 현저히 낮아지고 있으며, 향후에도 이러한 경향은 지속될 전망이다(표 1-6).

표 1-6 기혼여성의 아들 필요성에 대한 태도(2000~2015년)

(단위: %, 명)

연도	꼭 있어야 함	있는 것이 좋음	없어도 무관함	모르겠음	계(수)
2000	16.2	43.2	39.5	1.1	100.0(6,350)
2003	14.1	41.8	43.3	0.8	100.0(6,599)
2006	10.2	39.3	49.8	0.7	100.0(5,386)
2009	8.9	39.2	51.8	0.1	100.0(4,868)
2015	5.7	28.8	65.2	0.4	100.0(11,008)

주: 2000~2009년 기혼여성 기준 연령: 15~44세, 2015년 기혼여성 기준 연령: 15~49세.
출처: 한국보건사회연구원(각 연도). 2015년 전국 출산력 및 가족보건.복지실태조사, p. 112.

(3) 부부간 양성평등의식 변화

한국보건사회연구원(2012)의 실태조사에 의하면, 가사활동 전반(일상적 가사활동+자녀양육활동)에 걸쳐 약 87.6% 수준의 부인집중현상[2)]이 관찰되었다. 학교공부 돌보기, 놀아주기, 등·하교 지도 등 자녀양육활동 전반에 대해서도 부인집중성은 70~80% 수준으로 나타나고 있다. 가사활동 및 양육활동의 분담 방법에서 남성응답자와 여성응답자의 차이가 나타나는데, 모든 항목에서 실제 역할에 대한 평가가 성별에 따라 다르다. 남성은 자신의 역할을 과대평가하고, 여성은 남편의 역할을 과소평가하는 경향이 있는 것으로 보인다. 평가가 일치하지 않는 것은 기대와 실제가 일치하기 않고, 부부의 권력관계가 평등하지 않기 때문일 수 있다(표 1-7).

2) 부인이 중심적 역할을 하는 비율로, '전적으로 부인이 담당'하는 비율과 '주로 부인이 하고 남편이 일부 도움'의 비율을 합한 값을 의미한다.

표 1-7 기혼가구(15~64세)의 부부간 가사와 양육활동 분담 방법

(단위: %)

구분 / 응답자	전적으로 부인	주로 부인 남편 도움	반씩 나누어 함	주로 남편 부인 도움	전적으로 남편
전체	21.8	65.8	10.6	1.7	0.2
기혼남성	12.4	62.6	18.8	5.2	1.0
기혼여성	23.4	66.3	9.2	1.0	0.0

주: 분석대상은 기혼가구 중 유배우자로 한정함.
출처: 한국보건사회연구원(2012); 박종서(2013: 30) 재구성.

가사활동과 양육활동의 부부간 분담실태에서 확인된 것과는 달리, 성역할 인식에서는 전통적 성역할 구분이나 성차별 인식이 크게 변화하고 있다.

부부간의 의사결정에서는 주택매매 및 이사, 투자 및 재산증식 항목은 부부 공동결정이 70% 이상으로 월등히 많았고, 자녀양육과 교육 부문도 부부 공동결정이 약 60%로 가장 많으나 부인 중심의 결정도 37.4%로 남편보다는 부인의 영향력이 큰 것으로 나타났다. 일상생활비 지출은 부인 중심 결정이 65.6%로 가장 높고 부부 공동결정이 28.9%로 부인의 영향력이 더 큰 것으로 나타났다(박종서, 2013). 이상의 내용을 볼 때 과거와는 다르게 경제적인 결정 부분에서 여성의 영향력이 상승하였고, 자녀양육이나 일상생활에 있어서의 의사결정은 여성의 영향력이 더 큰 것으로 나타나 전체적으로 여성의 영향력이 급격히 상승하였음을 알 수 있다(표 1-8).

이와 같이 인식차원에서는 전통적 규범을 탈피하고 있지만, 현실에서는 그대로 행동하지 못하고 있어 인식과 행동 사이의 괴리를 보이고 있다. 즉, 여성의 경제활동 및 사회참여가 증가하면서 성역할에 대한 인식의 변화는 자연스럽게 진행된 반면, 실제 가사활동의 양성평등적 분담은 실천되지 않고 있다. 이러한 불일치로 인하여 가족 내 갈등이 심화될 우려가 있고 사회적으로는 출산율의 감소로 이어지고 있다(박종서, 2013).

표 1-8 기혼가구(15~64세)의 부부간 의사결정 방법

(단위: %)

구분	전적으로 남편 결정	대체로 남편 결정	부부 공동결정	대체로 부인 결정	전적으로 부인 결정
일상생활비 지출	1.0	4.3	28.9	43.7	21.9
주택매매 및 이사	2.3	10.9	75.7	8.4	2.8
투자 및 재산증식	3.1	13.4	70.0	10.3	3.3
자녀양육 및 교육	0.7	2.3	59.5	31.5	5.9

주: 분석대상은 기혼가구 중 유배우자로 한정함.
출처: 한국보건사회연구원(2012); 박종서(2013: 35) 재구성.

2) 가족구조의 변화

제2차 세계대전이 끝난 후 1960년대 중반까지 서구 산업국가의 일반적인 가족 형태는 근대 핵가족 모델이었다. 오늘날도 많은 서구의 가정이 핵가족 모델에 따라 살고 있으나, 급격한 사회변화의 직간접적인 영향으로 다양한 형태의 가족유형들이 공존하게 되었다. 다양한 형태의 가족 출현은 서구를 시작으로 우리나라를 비롯한 산업화에 성공한 아시아권 나라들에서도 보편적으로 나타나고 있는 현상이다.

(1) 가족규모의 축소

우리나라의 가족구조는 교육수준의 상승, 여성의 경제활동참가율 증가, 출산율 저하, 이혼율 증가, 결혼율 감소에 따라 많은 변화를 가져왔다. 이러한 가족구조의 변화에서 가장 두드러진 변화는 가족규모의 축소라 할 수 있다.

2015년 인구주택총조사 결과에 따르면, 우리나라 일반가구원(총인구)이 1995년 4,402만 8,000명에서 2015년 5,106만 9,000명으로 15.9% 증가한 것에 비해, 일반가구 수는 1995년 1,295만 8,000가구에서 2015년 1,956만 1,000가구로 20년 전(1995년)에 비해 50.9% 늘어났다. 이는 인구수에 비해 가구의 수가 큰 폭으로 증가

한 것으로, 가구의 지속적인 분화현상은 앞으로도 크게 증가할 것으로 전망된다. 이에 따라 2015년 기준 우리나라 평균 가구원 수는 2.61명으로 1995년 조사 때의 3.40명보다 0.79명 감소하였다. 가족원 수의 감소는 출산율 저하와 핵가족화 그리고 1인 가구의 증가에 따른 것으로 볼 수 있다(표 1-9).

표 1-9 가구 수 및 가구당 평균 가구원 수(1980~2015년)

(단위: 천 가구, 천 명)

구분	1980	1985	1990	1995	2000	2005	2010	2015
일반가구	7,969	9,571	11,355	12,958	14,312	15,887	17,339	19,561
일반가구원	36,843	39,773	42,783	44,028	44,712	45,737	46,651	51,069
평균 가구원 수	4.62	4.16	3.77	3.40	3.12	2.88	2.69	2.61

출처: 통계청(각 연도); 통계청(2015b), p. 45.

1990년 이후 가장 주된 유형의 가구는 4인 가구였으나, 2010년에는 2인 가구가, 2015년에는 1인 가구가 가장 주된 가구 유형으로 등장하였다(표 1-10).

표 1-10 가구원 수 규모(1980~2015년)

(단위: %)

가구원 수	1980	1985	1990	1995	2000	2005	2010	2015
1인	4.8	6.9	9.0	12.7	15.5	20.0	23.9	27.2
2인	10.5	12.3	13.8	16.9	19.1	22.2	24.3	26.1
3인	14.5	16.5	19.1	20.3	20.9	20.9	21.3	21.5
4인	20.3	25.3	29.5	31.7	31.1	27.0	22.5	18.8
5인 이상	49.9	39.0	28.7	18.4	13.4	10.0	8.1	6.4

출처: 통계청(각 연도); 통계청(2015b), p. 4.

이러한 가구원의 감소는 세대별 구성에도 영향을 주어 세대가 단순화되고 있다. 1세대 가구는 2005년 16.2%에서 2010년 17.5%로 1.3% 늘어난 반면, 가장 주된 세대 유형인 2세대 가구는 55.4%에서 51.3%로 4.1% 감소하였고, 3세대 이상 가구도 6.9%에서 6.1%로 감소하였다.

표 1-11 세대구성의 변화

(단위: %)

구분 \ 연도	1980	1985	1990	1995	2000	2005	2010
1세대 가구	8.3	9.6	10.7	12.7	14.2	16.2	17.5
2세대 가구	68.5	67.0	66.3	63.3	60.8	55.4	51.3
3세대 가구	16.5	14.4	12.2	9.8	8.2	6.9	6.1
4세대 이상 가구	0.5	0.4	0.3	0.2	0.2	0.1	0.1

출처: 통계청(각 연도), 인구주택총조사.

특히 1인 가구의 비율이 1990년은 9%에 불과했지만, 2010년에는 23.9%(422만 가구)로 증가하였고, 다시 2015년 27.2%(520만 가구)로 5년 사이 3.3%(99만 가구) 증가한 것이다. 이는 미혼독신가구와 노인독신가구에 의한 증가로, 외국사례를 볼 때 계속 증가할 것으로 사료된다(표 1-12).

표 1-12 주요 국가의 1인 가구 비율

(단위: %)

구분	한국 (2015)	미국 (2015)	영국 (2015)	일본 (2015)	노르웨이 (2014)
1인 가구 비율	27.2	28.0	28.5	32.7	37.9

출처: 미국-Census Bureau; 영국-Office of National Statistics(ONS); 일본-Statistics Bureau; 노르웨이-Statistics Norway; 통계청(2015b), p. 61.

또한 자녀가 모두 결혼하여 분가한 이후의 성인가구와 노인부부가구의 증가로 2인 가구의 증가도 지속될 것으로 판단되는데 1인 가구와 2인 가구는 한국 미래 가족의 주된 유형이 될 것이다.

(2) 가족형태의 변화

우리 사회는 인구구조의 변화, 노동시장의 변화, 결혼방식 및 결혼가치관의 변화 등으로 다양한 형태의 가족들이 등장하고 있다(박미은, 2012). 2005년에서 2010년 사이 5년간 2세대 중 '부부+미혼자녀' 가구는 감소하고, '부+미혼자녀', '모+미혼자녀' 가구는 증가하고 있다. 또한 배우자가 있는 가구주의 비율은 66.6%로 2005년 70.0%에 비해 3.4% 감소하였으나, 미혼(1.6%), 사별(0.2%), 이혼(1.6%)은 증가하였다. 이는 한부모가족과 1인 가구의 증가를 의미한다(표 1-13).

표 1-13 가구주의 혼인상태(1980~2010년)

(단위: %)

혼인상태	1980	1985	1990	1995	2000	2005	2010
미혼	6.3	8.0	8.3	9.4	10.2	12.8	14.4
배우자 있음	82.5	81.4	79.6	77.6	75.0	70.0	66.6
사별	10.3	9.5	10.5	10.9	10.9	11.5	11.7
이혼	0.9	1.1	1.5	2.1	3.9	5.7	7.3

출처: 통계청(각 연도); 통계청(2010b).

또한 우리나라의 저출산·고령화 현상으로 인한 경제활동인구의 감소, 외국인 노동력에 대한 수요증가, 국제결혼의 지속적 증가로 인해 외국인의 국내 체류가 증가하고 있고, 이러한 현상은 세계적인 현상으로 다문화가족의 증가로 이어지고 있다. 우리나라 다문화가구는 2009년 기준으로 전체 가구의 2.2%를 차지하고 2013년 기준으로 전체 혼인 중 8.3%를 차지하고 있다.[3] 다문화가구의 증가로 우리 사회는 가족관계, 가족문화, 자녀양육 등 다양한 측면에서 변화를 맞이하게 될 전망이다(인구주택총조사, 2010).

이 외에도 조손가족, 무자녀가족, 미혼한부모가족, 새터민가족 등이 점차 증가하고 있고, 정확한 실태가 파악되지는 않지만 동성애가족, 공동체가족 등도 있다.

3) 가족기능의 변화

사회변화에 따라 가족의 구조뿐 아니라 가족의 기능도 변하고 있다. 가족기능

3) 통계청(2014). 2013년 다문화인구동태통계 보도자료.

의 변화를 성적 욕구 충족과 성적 통제 기능, 자녀양육 및 사회화 기능, 경제적 기능, 정서적·치료적 기능, 여가 및 휴식 기능을 중심으로 살펴보고자 한다(양옥경, 2000).

(1) 성적 욕구 충족과 성적 통제 기능

급격한 사회변화로 성에 대한 규범 및 가치관이 변화되어 성은 출산을 위한 수단보다는 부부간의 정서적 친밀감을 표현하는 수단으로 받아들여지게 되었고, 성적 욕구 충족 및 결혼생활만족요인으로서 보다 능동적인 성향이 강조되고 있다.

(2) 자녀양육 및 사회화 기능

과거에는 자녀양육 및 사회화 기능이 주로 가정에서 이루어졌으나 오늘날의 사회는 다원화되고 전문화되면서 보육시설, 유치원, 학교, 학원 등의 전문기관으로 많이 이전되었다. 그러나 자녀의 수는 과거에 비해 줄었지만 자녀에게 투자하는 시간적·경제적 부담과 지나친 기대로 자녀양육 부담은 더욱 더 커졌다. 더구나 기혼여성의 경제활동이 증가함에 따라 자녀양육의 어려움은 가족에게 커다란 부담으로 작용하고 있다.

(3) 경제적 기능

가족과 일터가 공간적으로 분리되면서 가족의 생산기능은 약화 혹은 상실되고 소비기능은 강화되었다. 가족의 소비기능이 강화되었다는 것은 가족구성원의 직업과 수입에 따라 가족이 누릴 수 있는 생활수준이나 생활양식이 결정되며, 이러한 소비생활수준은 가족생활만족도에 직접적으로 영향을 끼치게 되었음을 의미한다.

(4) 정서적·치료적 기능

급격히 변화하는 경쟁사회 속에서 긴장이 고조됨에 따라 정서적 위로와 긴장

해소를 위한 공간으로서 가정의 중요성이 강조되고 있다. 가정 밖에서 힘들고 상처받은 가족구성원에게 위안을 제공하기 위해서 가족 상호 간의 의사소통이나 관계향상을 위한 가족생활교육의 필요성이 제기되고 있다.

(5) 여가 및 휴식 기능

개인의 자아가 확대되고 삶의 질을 중요시하는 오늘날의 사회에서 여가 및 휴식 기능은 일터와 가정의 연결, 인적 자원의 재충전, 노동력 질의 향상을 위해 필요성이 증대되고 있다. 또한 개인 및 가족의 삶의 질 향상을 위해서도 이 기능의 비중은 점차 커지고 있다.

전반적으로 현대사회에서 가족의 기능들은 상당 부분이 일터나 시장, 공식적인 교육기관, 지역사회 보호 등 사회로 옮겨지게 되었다. 미래의 가족기능은 출산이나 양육의 기능, 교육이나 사회화의 기능보다 정서적 기능이 중요하게 부각될 것으로 예상하고 있다. 이는 가족의 우애적 관계유지와 정서교류가 미래의 중요한 가족기능이 될 것임을 의미하는 것이다.

4) 가족생활주기의 변화

사회변화와 가치관의 변화에 따라 가족의 삶은 영향을 받고, 이에 따라 가족생활주기도 영향을 받게 되었다. 가족생활주기의 변화현상은 많은 시사점을 내포하고 있는데, 만혼화 현상과 고학력주의, 부양의식의 변화, 여성취업의 일반화, 저출산 현상 등이 가족생활주기의 변화에 계속적으로 영향을 미치는 요인이라 볼 수 있다(조흥식 외, 2011).

사회변화에 따른 가족생활주기의 변화를 살펴보면 다음과 같다.

- 결혼 전 독립기 연장: 만혼의 추세로 가족생활주기 이전의 기간이 길어지고 있다.

- 가족확대기 단축: 초혼연령의 상승과 출산율 저하로 첫 자녀 출생에서 막내가 태어날 때까지의 기간이 매우 짧아지고 있다. 이 현상은 기혼여성들의 취업과도 관계가 있다.
- 가족확대완료기 확장: 자녀출산 완료 이후 자녀결혼이 시작될 때까지의 자녀양육 및 교육기가 확장되었다. 저출산으로 막내출산이 과거에 비해 상대적으로 빨리 끝나게 되었고, 자녀들의 고학력과 취업에 대한 인식변화로 인한 만혼으로 이 기간이 점점 더 길어지는 양상이다.
- 가족축소기 단축: 첫째 결혼에서 막내 결혼까지의 기간으로 자녀가 적기 때문에 모든 자녀가 결혼하기까지 불과 몇 년밖에 걸리지 않는다.
- 축소완료 및 가족해체기 확대: 자녀결혼 완료 후 두 부부만 남는 '빈 둥지 시기(empty nest stage)'와 배우자의 사망을 거쳐 남겨진 배우자가 사망에 이르기까지의 기간이 수명 연장에 따라 길어지고 있다. 노부부만의 기간이 증가함에 따라 노년기 부부관계의 중요성이 부각되고 있으며, 배우자 사망 후 혼자서의 삶을 어떻게 영위해 가는가의 문제가 가족생활주기의 변화와 관련된 중요한 관심사가 되고 있다.

Chapter 2장

가족복지의 이해

현대의 가족은 산업화와 도시화 그리고 세계화의 급격한 변화를 겪으며 상부상조의 복지기능을 상당 부분 상실하였다. 그러나 복잡하고 스트레스가 많은 현대사회 속에서 가족구성원 간의 정서적 지원과 만족감을 얻을 수 있는 안식처로서의 가족기능은 오히려 더 중요시되고 있는데, 현재 많은 가족들이 이러한 기능을 제대로 감당하지 못하고 있다. 따라서 가족의 전통적인 보호기능을 대행해주는 복지제도가 필요하게 되었고, 근대적 사회복지제도란 전통적인 가족의 보호기능을 대행해주는 대체물로서 태동하여 지금까지 성장해 왔다고 볼 수 있다.

그렇다면 앞으로의 가족복지는 어떤 방향으로 나아가야 할지 살펴보기 위하여 가족복지의 개념과 필요성을 제시하고 가족복지의 접근방법과 가족복지 관련 이론을 다룬 후 마지막으로 가족을 바라보는 관점의 변화와 가족변화에 대한 논쟁을 살펴보고자 한다.

1. 가족복지의 개념 및 필요성

1) 가족복지의 개념

사회복지와 가족의 관계는 사회복지의 모든 대상은 가족과 연결이 되어 있고, 대상에 대한 일차적인 복지 책임도 가족에게 있기 때문에 가장 밀접한 관계에 있다. 즉, 사회복지에서 가족이 중요시되는 이유는 가족은 사회의 기본 단위로서, 일차적으로 가족의 구성원을 보호·보장하여 주고 복지서비스를 제공하는 대상이기 때문이다.

가족 안에는 전통적으로 사회복지의 주요 대상이었던 아동, 여성, 노인, 빈곤,

장애 등 인간 생활사에서 발견할 수 있는 다양한 대상과 문제, 욕구들이 복합적으로 존재하고 있다. 그 어떤 사람도 가족과 관련이 없는 사람은 없기 때문에, 가족을 대상으로 하는 복지정책과 복지서비스는 결국 인간의 안녕을 위한 복지, 즉 전체적인 복지의 의미를 가진다 해도 과언이 아니다(권진숙, 2010). 이런 점이 가족과 사회복지는 뗄 수 없는 관계로 가족복지가 사회복지의 한 분야로 성립하지 않으면 안 될 근거가 된다.

이와 같이 가족은 사회의 기본제도로서 모든 문제와 정책에 직간접적으로 영향을 받을 수밖에 없으며 사회복지의 다른 분야와 중첩되는 부분이 많이 있지만, 가족복지를 사회복지와 분리하여 접근하는 데는 이유가 있다. 가족에 대한 사회복지의 기능은 가족구성원 개개인에게 초점을 맞추는 것이 아니라 '한 단위로서의 가족 전체'에 주목하면서 가족의 보호, 보장, 강화를 도모하는 데 목적이 있기 때문이다(조흥식 외, 2011). '한 단위로서의 가족 전체' 즉, '가족 전체성(family wholeness)'이란 가족을 아동, 노인 등 가족구성원 각각으로 나누어 보는 것이 아니라, 한 가족원의 변화가 다른 가족원에게도 연쇄적으로 영향을 미친다는 상호 관련된 단위로 보는 개념이다(김성천, 1995; 손병덕, 2011).

따라서 기존의 복지는 아동, 청소년, 노인, 장애인 등 가족구성원 개개인이 그 대상이 되어 왔으므로 엄밀한 의미에서 가족복지였다고 할 수 없으며, 가족복지는 이와 구별된 '전체로서의 가족'을 대상으로 한 접근이라 할 수 있다. 이와 같이 가족복지적 접근이 따로 존재해야 함을 전제로 하여 가족복지에 대한 정의를 살펴보고자 한다.

Feldman과 Scherz(1968)은 가족복지란 전체로서의 가족은 물론 그 구성원의 사회적 기능수행을 효과적으로 증진시킴으로써 가족구성원 모두에게 행복을 도모하기 위한 사회복지의 한 분야라고 하였다(조흥식 외, 2011).

가족복지를 협의의 가족복지와 광의의 가족복지로 나누어 정의할 수 있는데, 가족의 욕구와 문제를 가족 스스로 충족시킬 수 있도록 잠재력을 개발하고 역할과 기능을 활성화시키며, 생활의 질적 향상을 위해 여러 가지 형태로 사회가 개입하기 위해 마련한 가족 관련 복지정책과 서비스를 협의의 가족복지라 정의할 수 있다(김영화 외, 2002). 협의의 가족복지는 가족의 정서적 기능 및 관계향상, 그리고 가족체계 내에서 발생하는 다양한 문제와 욕구에 대처함으로써 가족이 유지해야 할 기본기능, 즉 출산과 양육, 교육, 부양과 보호 기능 등을 적절히 잘 수행하도록 지원하는 것이다. 가족원이 전 생애 과정에서 행복하고 바람직한 삶을 살도록 돕는 집단적인 노력으로, 이는 가족해체나 가족원의 역기능적 사회행동 등에 의도적으로 개입하는 것을 말한다.

가족복지의 광의적 개념은 사회복지의 한 분야로서 인간다운 생활을 할 권리를 가진다는 헌법의 기본이념에 입각하여 가족생활을 보장하기 위한 제도적 · 정책적 · 치료적 측면에서 국가 및 사회가 수행하는 총체적 노력이라 정의할 수 있다(이영실 외, 2014). 즉, 고용 또는 노동과 관련된 경제정책과 생활보호서비스에 관련된 사회보장정책, 더 넓게는 보건, 의료, 교육, 주택, 환경 등 가족에 영향을 주는 정부의 정책까지 광의의 가족복지 영역으로 봐야 한다는 개념이다.

조흥식은 가족복지란 ① 목적 면에서 가족의 행복을 유지시키고자 하는 것이며, ② 주체 면에서는 가족을 포함한 사회구성원 전체가 되고, ③ 대상 면에서는 가족구성원 개개인을 포함한 '한 단위로서의 가족 전체'가 되며, ④ 수단 면에서는 제도적 · 정책적 · 기술적 서비스 등 조직적인 제반 활동이 되고, ⑤ 범위 면에서는 사회복지의 한 분야를 의미한다고 여러 학자들의 견해를 요약하여 제시하였다(조흥식 외, 2011). 즉, 가족복지란 가족의 욕구를 자력으로 충족할 수 있도록 그 잠재력을 개발시켜주거나 가족문제의 예방 및 해결, 가족원의 사회적 기능 수행의 활성화와 생활의 질적 향상 등에 전문적 지식과 기술을 동원한 제도적 · 정책적 · 기술적 서비스로, 가족구성원 개개인과 가족 전체에 모두 관심을 두는 과정이다. 그리고 가족원의 만족스러운 이상적 상태를 의미하는 개념인 동시에 그 상태를 지향하기 위한 구체적인 실천활동까지 포함하는 개념이라 할 수 있다(김혜경 외, 2012). 이와 같이 가족복지는 가족을 위한 사회복지라는 관점에서 볼 때 가족생활을 보호하고 가족구성원들의 사회적 기능 수행을 향상시키기 위해 가족구성원 개인이나 가족 전체에 대한 서비스뿐만 아니라 가족정책의 수립 및 수정에 대한 노력까지 모두 포함한다고 볼 수 있다.

2) 가족복지의 필요성

현재 우리 사회의 가족상황은 사회경제적 변화와 더불어 가족의 관계, 구조, 기능, 역할, 가치관을 비롯하여 가족생활 전반에 걸쳐 많은 변화를 겪고 있다. 가족 내외적인 변화로 인하여 가족은 다양하고 복잡한 가족문제에 직면하고 있으며, 가족문제의 증가는 개인과 사회 모두에게 많은 부담과 부작용을 낳고 있다. 이러한 상황 속에서 그동안 가족이 수행하던 많은 기능은 축소되고 있고 가족복지서비스가 가족기능을 보완·대체하게 되어 가족복지의 필요성이 그 어느 때보다 부각되고 있는 실정이다. 이러한 가족복지의 필요성을 구체적으로 살펴보면 다음과 같다(최경석 외, 2006).

(1) 가족기능의 약화

현대사회에서 가족은 개인과 사회의 존속을 위해 없어서는 안 될 중요한 기능적 과업을 수행하며 사회와의 관계성은 더욱 긴밀해지고 있으나, 과거 가족이 지닌 주요 기능이 전반적으로 약화되어 스스로의 힘으로는 해결할 수 없는 많은 문제를 안게 되었다. 취업모의 증가, 평균수명의 연장, 소가족화, 탈시설화 정책 등의 변화를 겪으며 가족의 기능은 약화되면서 책임은 오히려 가중되고 있는 것이다. 따라서 가족의 책임을 잘 수행할 수 있도록 다양한 가족복지서비스가 제공되어야 한다.

(2) 국가의 가족문제 개입에 대한 관점 변화

1980년대 이전까지는 가족구성원의 보호는 가족의 책임으로 간주하여 국가가 개입하는 것이 오히려 문제를 일으킨다는 입장이었다. 하지만 이제는 기혼여성의 취업증가로 가족에 대한 국가개입을 꺼리는 보수적 입장의 국가에서조차도 가족문제에 적극 개입하고 있는 실정이다.

(3) 다양한 가족형태의 등장과 욕구의 다양화

다양한 가족형태가 등장하면서 이러한 가족들의 욕구를 충족시켜주는 가족복지 대책이 필요하게 되었다. 맞벌이가족, 재혼가족, 한부모가족, 독신가족, 노인단독가족 등 다양한 형태의 가족을 문제가족으로 보고 접근하던 기존의 가족복지정책은 오히려 가족을 해체시키고 가족문제를 심화시키는 요인으로 작용하게 되었다. 그러므로 먼저 다양한 형태의 가족을 인정하고 그들에게 맞는 가족복지서비스를 제공하는 방향으로 나아가야 하겠다.

(4) 문제해결 단위로서 가족의 유용성

인간과 사회문제를 해결하는 데 가족이 효율적 단위라는 사실이 강조되고 있다. 역사적으로 볼 때 사회주의 국가에서 전통적인 가족제도를 대신하는 공동체(콜호츠, 인민공사, 집단농장)를 건설하려던 시도가 있었으나 경제적 비효율성과 건강한 아동양육의 실패로 얼마 못 가 가족보호정책으로 후퇴하게 되었다. 이는 가족을 부정하던 사회주의 국가에서 가족이 사회체계의 핵심 단위이고, 문제해결을 위한 효과적인 단위임을 인정한 사례라 볼 수 있다. 또한 인간의 문제를 해결하려는 접근방법으로 개인을 대상으로 한 개별적인 접근보다 가족을 단위로 한 가족치료가 문제해결에 보다 효과적이라는 결과가 나온 것도 한 예라 하겠다.

2. 가족복지실천 방법

1) 가족복지의 대상

가족복지의 대상은 '가족 전체'이다. 기존의 복지는 아동, 청소년, 노인, 장애인 등 가족의 구성원 개개인이 그 대상이 되어 왔으므로 엄밀한 의미에서 가족복지였다고 할 수 없다. 따라서 가족복지의 대상은 이와 구별된 '전체로서의 가족'에 대한 접근이 요구된다. 그렇다면 구체적으로 가족의 무엇이 복지의 대상이 되는 것일까? 가족복지의 대상은 가족의 욕구와 가족의 문제라 할 수 있다. 그런데 가족의 욕구가 충족되지 않으면 이는 가족의 문제가 되고, 가족의 문제는 사회문제가 되므로 욕구와 문제는 밀접한 관계가 있다.

일반적으로 가족복지의 대상은 다음과 같이 가족의 구조, 기능, 가족생활주기에 따라 세 가지 기준으로 분류할 수 있다.

① 가족구조상의 특성에 따른 대상: 미혼모가족, 한부모가족, 이혼 및 재혼가족, 노인가족, 핵가족 등 가족의 구조상의 다양화를 고려하여 각 가족이 지닌 특성에 따라 개입을 달리하는 경우를 말한다.

② 가족기능상의 문제에 따른 대상: 알코올 중독이나 약물중독, 학대, 청소년 비행 및 실직으로 인한 소득상실 등 가족이 지닌 병리적 또는 경제적인 측면에서 기능상의 결손을 경험하는 가족, 그리고 장애로 인한 의료적 · 심리적 문제를 겪고 있는 가족의 경우를 말한다.

③ 가족생활주기에 따라 발생하게 되는 다양한 욕구에 따른 대상: 가족생활주기에 따라 부부만의 시기, 자녀출산 및 양육기, 미취학 아동기, 학동기, 청소년기, 독립기, 중년기, 노년기 등 가족구성원 개개인은 물론 가족 전체가 당면하게 되는 복지욕구는 다양하며 이에 따라 개입을 달리하는 경우를 말한다(성영혜 외, 1997).

위의 내용을 종합하면, 가족복지의 대상은 가족이 지닌 욕구와 문제로서, 이는 가족의 구조, 기능, 가족생활주기에 따라 다양하게 나타날 수 있다. 가족의 욕구에는 가족의 소득 · 보건 · 주택과 관련된 물질적 욕구와 교육 · 문화 · 사회참여 등 사회적 욕구 그리고 가족 역기능으로 인한 가족위기로 발생되는 정신적 욕구 등을 들 수 있으며, 이에 따른 가족의 문제로는 이러한 가족의 욕구가 충족되지 않은 상태에서 가족이 당면하게 되는 빈곤, 실업, 분배와 기회의 불평등문제 및 비행, 범죄, 약물중독, 가족결손 및 해체, 가족갈등 등이 있다. 그런데 이러한 욕구와 문제들은 가족복지라 할 수 있는 가족복지정책과 가족복지서비스라는 방법으로 접근하여 해결할 수 있다.

2) 가족복지 접근방법

가족복지의 접근방법은 크게 거시적(간접적) 측면에서의 가족복지정책과 미시적(직접적) 측면에서의 가족복지서비스로 구분할 수 있는데, 이 두 가지 접근방법은 상호 보완적인 관계에 있다고 볼 수 있다. 제도적이고 경제적 지원 중심의 가족복지정책적 접근과, 개별적이고 심리사회적 지원 중심의 가족복지서비스적 접근으로 구분하여 개괄적으로 소개하면 다음과 같다. 자세한 내용은 3장 가족복지정책 단원과 4장 가족복지실천 단원에서 자세히 설명할 것이다.

(1) 가족복지정책적 접근방법

가족복지정책적 접근이란 그 대상이 가족(결국 국민 전체)으로서 사회적 위험으로 나타난 사회구조적 문제를 개인의 책임이 아닌 사회책임 내지 국가책임으로 접근하는 방법이다. 가족에 관한 정책으로는 소득지원정책으로 사회보험과 조세정책, 빈곤가족을 위한 국민기초생활보장제도를 들 수 있고, 건강지원정책으로는 건강보험과 빈곤가족을 위한 의료급여를 들 수 있다. 가족기능을 중심으로 우리나라 가족복지정책을 살펴보면 〈표 2-1〉과 같다.

표 2-1 가족기능 중심의 가족복지정책

가족의 기능	관련 가족복지정책
재생산 기능	출산전후휴가, 육아휴직, 방과후 보호, 양육비 지원, 보육서비스
경제적 기능	가족수당, 아동수당, 가족에 대한 각종 소득공제, 공적연금, 공공부조, 주택보조
사회화 기능	교육비 지원 및 공제
돌봄기능	노인장기요양보험, 간병휴가

출처: 윤홍식 외(2010) 재구성.

(2) 가족복지서비스적 접근방법

가족복지서비스적 접근방법에는 가족상담, 가족치료, 가족사례관리 등이 포함된다. NASW(1995)의 가족복지서비스의 대표적인 프로그램으로는 가족에 대한 직접적 개입으로서 가족보호(family caregiving), 가족생활교육(family life education), 가족계획사업(family planing), 가족유지(family preservation), 가족치료(family therapy) 등이 있다(조흥식 외, 2011).

3. 가족복지 관련 이론

가족은 누구에게나 친숙한 제도로서, 가족에 대한 관심은 꾸준히 여러 학문 분야에서 다양한 이론을 응용하고 적용시키며 발전하여 왔다. 서구의 가족이론은 1950년대 이후 활발히 발전하기 시작하여 1970년대에 이르러 과학적 연구의 정교화가 이루어졌으며, 1980년대에는 대안적 가족과 미래의 가족, 가족상담 및 가족치료에 관한 내용을 다루기 시작하였다(김혜경 외, 2012). 이러한 가족에 대한 체계적인 연구는 가족을 이해하여 가족의 문제해결을 돕고, 미래 가족의 방향을 제시하는 데 도움을 줄 수 있다. 따라서 사회복지사들이 가족을 이해하고 적절히 개입할 수 있기 위해서는 가족이론에 대한 이해가 필요하다. 이를 위해 각 이론들이 지니고 있는 주요 개념들을 살펴보고, 각 이론이 어떠한 가족 현상을 연구하는 데 적절히 활용될 수 있는지, 이론적 한계점은 무엇인지에 대하여 살펴보고자 한다.

1) 구조기능주의 이론

구조기능주의(Structural-Functionalism)는 Herbert Spencer, Talcott Parsons, Robert Merton 등의 이론에 근거하고 있다. 이 이론은 기본적으로 사회생존에 관한 이론으로, 1950년대까지 사회학의 지배적 패러다임이었으며 가족학에 매우 큰 영향을 미쳤으나 너무 보수적이라는 이유로 1970년대 이후부터는 학자들의 냉대를 받게 되었다.

(1) 주요 개념

구조기능주의는 가족이 개인과 사회에 대하여 어떤 기능을 하며, 사회와 어떻게 관련되어 있는가를 설명해 주는 거시적 관점의 이론이다(정현숙 · 유계숙, 2007). 이 이론은 인간체계와 마찬가지로 사회를 상호 연관된 여러 부분으로 조직된 안정된 체계로 보며,[1] 이러한 여러 부분들을 하위체계(subsystems)라고 부른다. 사회 안의 하위체계에는 가족, 교육, 정치, 경제, 종교 등과 같은 여러 제도들이 포함되며, 이러한 하위체계들은 사회 전체가 유지될 수 있도록 하나 또는 그 이상의 기능을 각기 수행한다는 것이다. 따라서 구조기능주의는 사회체계를 분석하기 위해서 사회를 구성하고 있는 하위체계들이 다른 하위체계나 전체 사회에 어떤 영향을 미치는지에 관심을 가진다. 이러한 맥락에서 가족이란 하위체계는 전체 사회에 대하여 어떤 기능을 하고 있으며, 하위체계인 가족구성원 간에 어떠한 기능을 가짐으로써 서로에게 영향을 미치는지에 대해 관심을 갖는다.

이 이론의 대표적인 학자인 Parsons는 가족을 사회체계 유지를 위한 기능 중 '유형 유지의 기능'을 담당하는 제도로 보았다. 부모는 사회질서를 위해 체제의 안정을 유지시키는 데 필요한 기본적인 가치관을 자녀에게 내면화시킴으로 사회체제가 개인에게 요구하는 인성을 형성하게 하며 그들이 수행해야 할 사회적 역할을 교육시킨다는 것이다(Parsons, 1951; 조흥식 외, 2006). 즉, 가족을 가족구성원을 재생산하고 자녀를 양육 · 교육함으로써 사회화시켜 사회체계를 통합시키는 사회존속에 가장 중요한 기능을 담당하는 보편적 · 기본적 제도로 보았다.

이들은 지역적 · 사회적 이동이 빈번하게 요구되는 산업사회에서 가장 기능적으

1) 구조기능주의자들은 사회를 인간과 같은 하나의 유기체로 본다. 인간이 생존하기 위해서는 머리, 심장, 손, 발등과 같은 하위기관이 제대로 움직여야 하며, 특히 필수적인 여러 기관이 그 기능을 수행하지 않으면 다른 기관도 기능을 할 수 없게 되어 인간의 생존이 위협을 받게 된다. 이와 마찬가지로 사회도 유지되기 위해서는 필수적인 기능을 하는 부분이 있다는 것이다.

로 적합한 가족의 형태는 부부와 그들의 자녀들로 구성된 초혼핵가족(intact nuclear family)이라고 생각하였다(유계숙 외, 2005).

구조기능주의자들은 가족의 기능을 성(gender)과 연령에 따라 구분하여 남녀노소에 따라 수행해야 할 역할을 구분하였고, 가족 안에서 남편과 아내, 부모와 자녀의 역할은 상호의존적이라고 보았다. 산업혁명 이후 가족에 대한 경제적 부양이 중요한 가족기능으로 부각되면서 남성은 공적영역인 일터에서 임금노동을, 아이를 출산하는 여성은 사적영역인 가정에서 가사와 양육을 수행하는 성별분업이 이루어지게 되었다. 성별분업과 관련하여 아내의 양육, 보호, 부양 같은 역할을 '표현적인 역할', 임금노동을 통하여 가정경제를 책임지는 남편들의 역할을 '도구적 역할'이라 정의하였다. 그러나 이러한 역할들을 통해 결과적으로 남성들은 가족의 주 수입원을 책임짐으로 가부장적 지위를 얻게 되었고, 가정에만 머물며 양육과 가사의 책임을 지던 여성들은 종속적 지위에 처하게 되었다. 그런데 구조기능주의자들은 이러한 역할들이 수행되는 전통적 핵가족만을 '정상적', '표준적' 가족으로 인식하여 여성들의 노동시장 참여를 역기능적이라 간주했다.

또한 Parsons는 가족은 사회의 중요한 체계이기 때문에 이혼, 10대들의 비행, 혼외관계 그리고 한부모의 자녀양육 등은 모두 가족의 구조나 기능을 위협하므로 피하는 것이 좋다는 주장을 하였고 결국 여러 학자들의 비판을 받게 되었다(유계숙 외, 2005).

(2) 평가

① 구조기능주의의 핵심 개념 중 하나인 기능의 개념은 가족의 역동성과 상호작용을 분석하는 데 유용한 개념 틀을 제공해 주었다.

② 가족제도의 근본 목적을 사회변화의 불안정성을 막는 세상 속의 안식처로서의 기능으로 보고, 이러한 기능을 수행하는 데 가장 적합한 가족의 형태를 전통적 성역할체계를 갖춘 핵가족으로 전제함으로써 그 밖의 다양한 가족형태를 '결손가족'으로 문제시하는 오류를 범하였다(정현숙 · 유계숙, 2007).

③ 여성을 남성에게 예속화하는 가족 이념을 지지함으로 성차별적이라는 지적을 받고 있으며, 여성 가사노동의 경제적·생산적 가치를 간과하고, 노동시장에 참여한 여성의 가족을 역기능적 가족으로 보는 오류를 범하므로 사회적 변화와 갈등을 간과했다는 평가를 받고 있다. 이러한 이유로 인해 두 차례의 세계대전 사이 근 30년간 위세를 떨쳤던 구조기능주의는 1960년대부터 지나치게 보수적이라는 지적을 받으며 오늘날은 크게 약화되었다.

2) 상징적 상호작용 이론

상징적 상호작용주의(Symbolic Interactionism)는 1800년대 후반 William James, Charles H. Cooley, George Herbert Mead 등 미국의 실용주의 학자들의 영향을 받아 발전되었다(정현숙·유계숙, 2007).

(1) 주요 개념

상징적 상호작용 이론은 개인이 특정 상황에서 그것을 어떻게 해석하고 자신의 경험을 바탕으로 어떻게 지각하는가를 연구하는 미시적 접근방법이다.

이 이론의 주요 개념에는 역할과 정체성, 자아개념, 의사소통 등이 있으며, 개인의 복지에 있어서 대인관계 및 가족관계의 중요성을 강조한다. 이들은 자아개념이란 인간이 타인과 상호작용하면서 지속적으로 형성되고 획득되는 것이며, 자신의 행동에 대해 다른 사람들이 자신을 어떻게 생각하는지를 인식하면서 자신의 행동에 반영시킬 수 있다고 본다. 즉, 개인은 자아개념을 갖고 태어나는 것이 아니라 사회적 상호작용을 통하여 자아개념이 발달하므로 사회적 상호작용은 개인의 자아개념 발달에 중요한 과정이라고 믿는다(김혜경 외, 2012).

따라서 상징적 상호작용 이론은 가족원 간의 상호작용에 대한 개인 지각의 중요성을 강조하여, 각 개인은 자신에게 할당된 역할을 지각하고 다른 가족원들에 의해 그 역할에 대한 역할기대를 받게 된다고 보았다.

이 이론은 가족현상의 내적 과정에 초점을 두고 가족원들 간의 언어적·비언어적 행동과 상호작용인 의사소통을 연결하여 설명함으로써 가족 내 상호작용에 대한 심층적 연구를 촉진시켰다는 평가를 받는다. 배우자선택, 세대 간의 가치전달, 역할과 지위관계, 결혼만족도, 의사소통, 부모자녀관계 등을 이해하는 데 유용하다(한국가족관계학회 편, 2002). 또한 상징적 상호작용 이론은 사회화가 어떻게 일어나는지, 사회화과정이 개인의 삶에 어떻게 영향을 미치는지에 관심이 많아 '성역할 사회화' 연구에 기여하였다(김혜경 외, 2012). 최근에는 각각 다른 가족상황(예: 한부모가족, 가정폭력가족, 부유한 가족과 빈곤가족, 유색인종 가족이나 동성애가족 등)과 사회와의 영향을 조사함으로써 개인의 행동과 자아개념에 어떤 차이가 있는지를 연구하는 데 적극적이다.

(2) 평가

① 상징적 상호작용 이론은 이성교제, 배우자 선택, 결혼생활 적응 등 다양한 주제의 가족연구뿐 아니라 의사소통과 가족치료, 교육 분야 연구에도 기여하였다.

② 미시적 관점을 가지고 있기 때문에 결혼과 가족에 영향을 미치는 문화, 제도 등의 사회구조적 영향(예: 소수민족이나 여성에 대한 경제적 차별 등)은 간과하는 경향이 있다.

③ 가족원 간에 갈등이 발생할 경우 의사소통만으로 갈등을 해결할 수 없는 경우도 있으며, 이때 갈등은 대개 권력을 많이 가지고 있는 사람에 의해 해소된다. 그런데 상징적 상호작용 이론은 가족관계에서 권력의 영향이나 역할을 간과하는 경향이 있다.

3) 가족체계 이론

체계(system)는 생물학 분야에서 우선적으로 연구되어온 개념으로, 1930년대 독일의 생물학자 Bertalanffy는 체계연구를 통해 생물학뿐 아니라 모든 체계에 적용될 수 있는 일련의 원칙을 도출해 내었다. 그의 이러한 입장은 '일반체계 이론'으로 불리며 사회과학의 여러 분야로 확산되었다. '가족체계 이론(Family Systems Theory)'은 Bertalanffy의 일반체계 이론을 체계로서의 가족에 적용시킨 것이다. 가족체계 이론은 관계형성이나 의사소통과 같은 가족 현상을 연구하는 데 일반체계 이론을 적용하며 오늘날까지 가족연구의 주요 이론으로 자리 잡고 있다(정현숙 · 유계숙, 2007).

(1) 주요 개념

가족체계 이론은 가족 안에서 각 개인의 역할이 전체 가족 속에서 어떻게 작용하고 있는가를 보여준다. 가족체계의 원리는 전체성(holism)에 입각하고 있기 때문에 개인의 문제는 고립적이고 개별적인 현상이 아니라 가족원과의 상호관계와 전체 분석을 통해 이해된다고 본다. 따라서 가족체계는 각 성원들의 상호작용으로 인해 나타나며 가족원 간의 상호작용 없이는 가족체계도 있을 수 없다(정현숙 · 유계숙, 2007).

가족체계는 부부 하위체계, 부모 하위체계, 부모-자녀 하위체계, 형제 및 자매 하위체계로 구성되어 있는데, 가족원 각자는 동시에 여러 하위체계에 소속될 수 있고 이러한 하위체계를 통해 가족은 그 기능을 수행한다.

가족체계 이론의 중요한 개념으로는 전체성, 상호의존성, 하위체계, 투입과 산출, 경계, 피드백 등이 있으며, 다음의 네 가지 가정을 전제로 한다(장휘숙, 1995).

① 가족체계의 맥락 내에서 상호작용과 상호의존성이 중시된다. 아버지는 어머니가 잔소리하고 바가지를 긁기 때문에 술을 드시고, 어머니는 아버지가 술을 드시기 때문에 바가지를 긁는다. 또한 네 명의 가족을 A, B, C, D라 할 때, A-B의 관계는 A-C, B-C, A-D, B-D의 관계에 영향을 주고 또 다른 관계에서 동일한 영향을 받게 된다. 이는 인과적 관계라기보다는 순환적 관계이다.

② 가족은 독특한 상호작용 패턴을 갖는다. 가족구성원 사이에 형성된 상호작용 패턴은 상당한 기간에 걸쳐 형성된 습관이므로 변화하기 어렵다.

③ 대부분의 가족은 가족체계가 손상되지 않고 지속될 수 있도록 안정성 또는

항상성을 추구한다. 아버지가 몹시 화가 나신 경우 어머니는 온순해지고 부드럽게 말한다. 가족구조의 형태나 구조를 바꾸려고 노력하면 가족체계는 그에 저항하여 변화하지 않고 남아 있으려는 경향이 있다.

④ 가족체계는 시간이 경과함에 따라 변화한다. 가족체계의 속성은 변화에 저항적이지만 부부가 나이 들고 자녀가 성장함에 따라 가족체계는 변화하지 않을 수 없게 된다.

이와 같이 가족은 외부환경에 대한 개방성과 가족구성원 간의 상호작용으로 변화하는 상황이나 요구에 민감하게 반응하며, 안정성과 균형을 유지하기 위해 상호작용패턴을 형성하고 가족원의 행동을 제한하는 가족규칙을 갖는다.

(2) 평가

① 가족현상을 분석하고 설명하는 데 유용한 통찰력을 제공하는 기여를 했으며 사회복지, 정신치료, 가족상담이나 가족치료 등의 영역에서 유용하게 활용되고 있다.

② 가족체계 이론은 역기능적 가족의 가족역동을 설명하려고 노력하는 과정에서 도출된 이론으로 역기능 가족을 이해하는 데 유용한 개념적 틀을 제공한다. 그러나 이 이론이 정상가족에 대해서도 적용될 수 있는가에 의문이 제기되고 있다.

③ 여권주의 성향을 지닌 학자들은 가족체계 이론이 가족 내 모든 성원이 동등하게 체계의 역기능에 기여한다고 가정함으로써 가족 내 존재하는 남성과 여성의 권력 차이를 간과했으며, 상대적으로 약자의 입장에 있는 집단에 대해 설명력이 약하다고 평가한다(김혜경 외, 2012). 이러한 가족체계 이론의 가치중립적 특성은 힘의 논리가 작용하는 가족학대나 성학대 등의 문제를 설명하는 데 한계가 있다고 비판받고 있다(손병덕 외, 2010).

4) 갈등 이론

Karl Marx(1818~1883)로부터 영향을 받은 갈등이론(Conflict Theory)은 1960년대에 부흥기를 맞았다. Hegel의 변증법적 철학에 영향을 받은 Marx는 경제결정주의, 계급투쟁주의, 유물론 등의 개념을 통하여 자본주의 생산체제하에서 지배계급인 자본가집단과 피지배계급인 노동자집단 간에는 필연적으로 경쟁과 갈등이 존재하며 부와 권력의 공평한 분배를 위해서는 혁명이 필요하다고 주장하였다. Marx의 영향을 받은 Engels는 Marx의 유물론적 시각을 가족과 남녀관계의 본질에 적용시킴으로써 현대사회의 남성과 여성의 관계가 지배와 종속의 지위에 있는 불평등 체계임을 주장하였다. 가족학 분야에서 갈등론이 부상하게 된 것은 Jetse Sprey(1969)가 「갈등체계로서의 가족(The Family as a System in Conflict)」이란 논문을 통해 가족원의 합의와 조화에 대하여 의문을 제기하고 가족을 갈등하는 체계로 보면서부터이다(정현숙 · 유계숙, 2007).

(1) 주요 개념

갈등 이론은 인간의 기본적 속성과 사회자원의 제한성 때문에 갈등은 피할 수 없는 것이며, 사회적 진보를 위하여 필요한 것으로 본다. 갈등론자들에게 가족은 구성원 간에 대립과 이익이 상충되어 갈등이 존재하는 집단으로, 계급적 불평등을 재생산하는 데 중심적 역할을 하는 제도이다. 그 예로, 경제적 생산의 주요 책임자요 공급자인 남성은 가정 내에서 여성에 대한 권력을 갖고 우월적 지위를 차지하고 있으며, 부와 권력에 대한 능력이 없는 여성과 아이들은 종속적 위치가 된다고 하였다. 또한 자본축적의 기본이 되는 사적재산이 부계제, 일부일처제의 가족제도를 출현시켰다고 보고, 자본주의를 없애는 것이 결혼과 가족제도에서의 불평등을 제거하는 것이라고 하였다(김혜경 외, 2006).

갈등론자들은 가족 내에서 권력과 자원이 불평등함에 따라 갈등이 발생하는 것은 필연적인 것이며, 이 갈등을 생산적으로 관리하고 대처할 때 가족통합과 발전의 토대가 될 수 있다고 믿는다. 따라서 갈등은 가족생활에서 종결될 수 없기 때문에 갈등을 해소하려 하기보다는 구성원들이 갈등을 관리하는 과정에서 상호 만족스러운 방식으로 협상하고 타협할 수 있는 능력과 공유된 규칙을 갖는 것이 중요하다고 주장한다(최규련, 2011).

(2) 평가

① 갈등이론은 가족의 안정과 질서를 강조하는 구조기능론적 가정이 과연 필연적이고 타당하며 바람직한가에 대한 근본적인 의문을 제기하고, 조화와 갈등이 공존하는 가족의 양면성과 가족갈등 문제를 표면화시킨 점에서 가족학 분야에 기여한 바가 크다. 즉, 가정 안팎에서 여성에게 주어지는 불평등한 기회나 남편, 아버지, 혹은 사랑하는 사람으로부터의 신체적 · 정신적 학대를 경험하는 것과 같은 가족문제가 광범위하게 퍼져 있을 뿐 아니라 파괴적인 영향력을 가지고 있다는 사실을 공론화한 것이다(정현숙 · 유계숙, 2007).

② 갈등이론은 권력이나 역할과 같은 사회규범이 가족 간에는 경쟁적 갈등기제로만 작용하지 않고 긍정적으로 수용되기도 하고, 가족원 간의 갈등을 통제하는 데 영향을 주기도 한다는 점을 간과하였다. 실제로 가족은 사랑이나 친밀감, 유대감, 희생정신 등이 중요한 정서로 작용하고 있는 집단인 만큼 가족문화를 설명하기에는 무리가 있다(김혜경 외, 2006).

③ 사회질서보다는 갈등에 초점을 두고 있는 갈등이론은 한 가지 원인으로 모든 가족행동 및 인간행동을 설명하려고 하는 경향이 있다. 그러나 가족 내에서 발생하는 다양한 갈등 양상을 단일 원인론으로 해결책을 찾는 데는 많은 어려움이 있다.

5) 교환 이론

교환 이론(Exchange Theory)은 인간을 자유경쟁시장체제에서 타인과 교환을 통하여 자신의 이익을 극대화하고자 하는 합리적 존재로 보는 실용주의 경제학과 기능주의 인류학, 갈등론적 사회학, 행동주의 심리학 등 다양한 학문에 뿌리를 두고 있다. 사회학자인 Homans(1961)는 불평등한 교환관계가 이루어질 때 손해를 보는 쪽이 분노를 느끼는 반면, 이익을 얻는 쪽은 죄의식을 가지게 되어 관계가 지속될 확률이 적어진다고 보았다. Blau(1964)는 사람들이 보상을 많이 교환하면 할수록 호혜성에 대한 의무가 생기며, 이러한 호혜성의 규범이 지켜지지 않으면 불신과 부정적인 제재가 초래되기 쉽다고 주장하였다. 이 이론은 1960년대 말에서 1970년대 초부터 가족연구에 적용하기 시작하였으며, 1970년대 말 이후 많이 사용되는 주요 개념틀로 인정받고 있다(정현숙 · 유계숙, 2007).

(1) 주요 개념

교환이론은 사회를 거시적인 차원에서 분석하려는 기능주의에 대한 대안적 이론으로서 보다 미시적인 차원에서 개인, 가족 및 사회현상을 분석한다. 사회적 관계가 왜 지속되고 왜 끝나는가를 설명하는 데 유용한 이론이다. 사회교환론의 전제는 인간이란 누구나 타인과의 상호작용에서 보상을 극대화하고 비용을 최소화하여 가능한 한 많은 이득을 얻을 수 있는 상황을 선택하는 합리적 존재라는 것이다. 그러므로 타인과 비교하여 비용이나 보상 면에서 유리하면 관계를 지속하고 불리하면 관계를 중단하거나 조정하려 한다고 본다. 이 이론에서 사용되는 중요한 개념들은 보상, 비용, 이익, 비교수준, 대안, 호혜성 등이며, 가족연구에서는 주로 이성교제, 배우자 선택, 가족권력, 결혼만족도, 결혼안정성 등을 이해하는 데 많이 적용되고 있다(최규련, 2011).

(2) 평가

① 사회적 관계의 형성과 유지 및 해체를 매개하는 개인적 · 관계적 요인을 설명하는 데 기여를 하였다.

② 사람들은 자신의 이익을 극대화하는 방향으로 행동하지만 때때로 어떤 보상을 기대하지 않고 이타적으로 행동한다. 예를 들어 자녀에 대한 부모의 무조건적 사랑은 교환이론으로 설명하기 어렵다.

③ 이 이론은 보상과 자원, 비용의 가치를 지각하는 데 개인차가 있는 것을 간과하고 있다. 특정한 보상과 비용의 개념을 모든 사람에게 일률적으로 적용하기 어려울 뿐만 아니라 그러한 개인차의 원인을 적절하게 설명하지 못한다는 비판을 받고 있다.

6) 성평등 이론

(1) 주요 개념

성평등 이론은 기본적으로 남성과 여성이 동등하므로 동등한 대우와 권리를 보장받아야 한다는 믿음에 기초한다. 이 관점은 오랫동안 받아들여진 전통적인 성역할 구분에 대해 비판적이다. 여권주의자들은 여성의 행동을 제약하는 사회제도, 규범, 역할 등을 비판하며, 특히 가족 내에서의 여성에 대한 억압에 주목한다.

여권주의자들은 남녀의 차이가 과장되거나 유사성이 은폐되어 사회적으로 창출된 이분법적인 성(gender)의식, 사회적 과제들을 성별로 할당함으로써 여성과 남성을 분리시켜 성차를 더 크게 하여 남녀가 서로 의존하도록 만드는 성별노동분업, 그리고 이성 간의 성적결합을 요구하는 성(sexuality)체계가 바로 여성에 대한 억압을 가져오는 주 원인이라고 지적한다(정현숙 · 유계숙, 2007).

성평등적 관점에 기초한 여권주의자들은 가족 내 존재하는 여성억압을 세 가지로 정리하였다(이옥희, 2003; 박미은 외, 2014).

① 가부장제에 의한 억압: 가부장제에서 남성은 여성에게 가정에서의 역할을 우선시하게 함으로써 여성들의 노동시장참여를 억압하고 있다.

② 여성의 재생산 역할에 대한 억압: 남성중심적 자본주의 사회질서에서 여성은 임신과 출산, 양육과 같은 생물학적 재생산 역할을 수행함으로써 남성부양자 중심의 가부장제에 통제를 받게 된다.

③ 이데올로기에 의한 억압: 성역할 이데올로기 또는 가족주의 이데올로기는 가족의 사회화 과정을 통해 유지되고 대중매체를 통해 강화되어 전통적인

남성우위의 가족 및 사회체계가 유지되는데, 이러한 현상은 인간 본성에 의한 자연스러운 현상이 아니라 사회적 산물로서 권력관계에 기반하고 있는 구조라고 주장한다.

성평등적 관점에서는 여성억압, 아내구타 등의 가족폭력 그리고 가부장제적 복지체계에 대한 개선방안을 다음과 같이 제시하고 있다(박미은 외, 2014).

① 가부장제에 따른 성역할 구분은 여성억압을 심화시킨다. 가부장제적 자본주의 체계에서 여성의 가사 및 돌봄노동은 무급의 사적노동으로 간주되어 사회에 대한 경제적 공헌으로 인정받지 못하고 있다. 성평등주의자들은 가족 내에서 행해지는 재생산활동을 경제적 활동으로 인정하여 사회적 가치를 부여해야 한다고 주장한다. 또한 세계화된 자본주의 체계에서 여성의 사회진출은 이제 필연적 사실이 되었다. 그러나 여성취업에 장애가 되는 가사 및 돌봄노동에 대한 해방 없이는 성불평등이 해결될 수 없다. 따라서 가사 및 돌봄노동의 사회화를 그 해법으로 주장한다. 즉, 가사노동과 자녀양육 및 노부모봉양 등을 사회적으로 해결하지 못하면 여성억압은 완화되지 못하고 남녀 간 평등한 권리는 성취될 수 없다고 본다.

② 여권주의자들은 가족 안에서 매 맞는 여성들이 보여주는 '학습된 무기력'이 여성의 남성 종속을 병리적으로 보여주는 극단적인 예라고 하였다. 이러한 가정에서 남편은 아내를 통제하기 위해 학대를 지속한다는 것이다. 이는 왜곡된 가부장제적 질서와 성별문화를 강화하고 재생산하는 결과를 낳게 한다. 따라서 양성평등한 가족문화 및 가치규범의 확립과 더불어 성폭력 및 가정폭력을 근절하는 법체계를 마련하고 폭력 피해자 및 가해자에 대한 사회적 서비스 등을 요구하고 있다.

③ 기존의 가족에 대한 복지체계는 남성부양자-여성주부를 전제로 남성부양자의 사회보장 권리를 통해 가족을 지원하는 가부장제적 복지체계라 할 수 있다. 이러한 제도 안에서는 여성과 가족구성원이 독립된 수급권을 인정받지 못해 여성노인의 빈곤화 문제가 야기된다. 따라서 가사 및 육아의 가치

를 인정해 주는 방향으로 개선이 필요하고, 혼인 여부와 상관없이 여성의 독립적인 수급권을 인정해 주어야 한다고 주장한다.

(2) 평가

① 가족의 조화와 권력의 균형을 강조한 기존 이론들에 도전하여 성역할 구분에 따른 여성억압과 아내구타와 같은 많은 여성들이 경험하는 문제들을 제대로 파악하여 가시화하였다. 이로 인해 여성은 가족의 봉사자나 희생자가 아닌 주체적 개인으로서 위상을 재조명받게 되었다.
② 여타 이론들에 비해 사회적 실천을 강조하는 데 기여하였다.
③ 여성 중심적이어서 남성들의 경험을 제외시킨 또 하나의 차별이라는 비판을 받고 있다.

4. 가족복지에서 가족을 바라보는 관점

1) 가족을 바라보는 관점의 변화

가족복지의 대상인 가족을 어떠한 시각으로 바라보느냐에 따라 사회복지정책이나 사회복지서비스의 방향과 내용이 달라지고 그에 따라 결과가 달라질 수 있다. 클라이언트가 속해 있는 가족에 대해 문제 제공자로 보는 부정적인 시각에서 자원이나 희생자 또는 협력자로 보는 긍정적 시각으로의 전환이 이루어지고 있다 (성정현 외, 2011).

(1) 가족을 문제의 원인으로 보는 관점

제2차 세계대전 이후 급진적 환경론자들은 성인의 정신장애를 가족환경에 의한 것으로 보았고, 정신분석이론가들은 정신장애를 가족 내의 정신병리적 의사소통이나 이중구속 또는 유아기에 어머니와의 불충분한 애착관계의 결과라고 주장하며 문제의 원인을 가족에게서 찾으려 하였다. 클라이언트가 보이는 증상이 가족 안에서의 문제점으로부터 벗어나기 위한 시도로 여겨짐에 따라 클라이언트의 가족 내 역동적 갈등에 초점이 맞춰졌다. 따라서 이 시기 실천가들의 주된 역할은 클라이언트의 환경, 특히 가족 안에서 독소적 요소를 찾아 제거하는 것이었다.

(2) 가족을 자원으로 보는 관점

가족이 문제의 원인이 아니라 문제를 가진 가족구성원을 현재 돕고 있고, 잘 도울 수 있는 자원체계로 인식되면서, 좀 더 기능적 가족이 되도록 돕기 위해 정보와 자원을 제공하는 지지집단 형성이 장려되었다. 따라서 가족은 지지집단에 참여하여 정보를 교환함으로써 가족구성원의 문제에 보다 잘 대처할 수 있는 능력을 배양하게 되었다.

(3) 가족을 희생자로 보는 관점

1970년대 후반 서구에서는 탈시설화가 활발히 진행되면서, 시설에서 가정으로 복귀한 정신장애인, 장애인, 노인의 보호가 아무런 준비가 되어 있지 않은 가족에게로 떠넘겨지게 되었다. 가족은 많은 부담과 긴장을 경험하게 되었고, 이후 학계와 실천분야에서는 가족이 받는 스트레스와 부담에 대한 논의가 급증하였다. 가족이 문제의 원인이나 자원체계가 아닌 숨겨진 희생자로 파악되기 시작하면서 클라이언트를 위한 서비스와 별도로 가족을 위한 다양한 서비스가 마련되기 시작하였다.

(4) 가족을 전문가의 협력자로 보는 관점

1990년대 강점관점이 대두되며, 가족은 자신들이 필요하고 원하는 것이 무엇인지 누구보다 가장 잘 알며, 오랫동안 역경을 극복하고 도전을 이기기 위해 누적해 온 그들만의 기술, 능력, 지식, 통찰력을 가지고 있는 전문가로 여겨지게 되었다. 따라서 이러한 강점과 레질리언스(resilience)에 초점을 둔 사회복지실천에서는 사회복지사와 가족은 상황에 대한 정의, 기대되는 결과, 목적달성을 위한 방법 등에 있어 가족들과 의견을 공유하며 협력관계를 형성한다. 즉, 사회복지사는 가족을 대등한 동반자 또는 협력자로 간주하게 되었다.

2) 가족변화에 대한 논쟁(가족위기론 대 가족다양화론)

살아 있는 유기체로서 가족은 항상 변하여 왔다. 가족을 이루는 구성원의 사고와 유형이 변화하기 때문에 가족이 변화하는 것은 당연한 결과이다. Carter와 McGoldrick(1999)은 오히려 사회의 변화에도 불구하고 이러한 변화에 가족이 대응하지 못하면 정체가 되어 더욱 문제라고 하였다(양옥경, 2000). 따라서 가족의 변화 자체가 문제가 되는 것이 아니라 어떠한 변화 양상을 나타내는지, 거기에 대하여 우리 사회가 어떻게 생각하고 대처하는지가 중요하다고 볼 수 있다.

최근 우리가 경험하고 있는 가족의 변화를 위기로 보아야 할지, 아니면 가족의 다양화로 보아야 할지에 대해서 의견이 상충하고 있다(김미숙, 2006). 우리나라에서 가족의 변화에 관심을 갖기 시작한 것은 IMF경제위기, 저출산, 만혼 및 비혼, 이혼, 인구고령화 등의 문제가 본격화되기 시작한 1990년대 후반부터이다. 일반적으로 가족의 변화에 대한 상반된 두 견해가 있는데 '가족의 위기'로 보는 보수적 입장과 '가족의 다양화 혹은 가족재구조화'로 변화를 수용하자는 진보적 입장이 있다.

〈표 2－2〉에 제시되었듯이 가족위기론에서는 가족 변화지표를 이혼율, 저출산율, 높은 재혼율에 두는 반면, 가족다양화론에서는 권위주의의 붕괴, 가족성원의 선택의 폭과 양의 증가, 여성경제활동참여 증가로 인한 성역할 평등화, 가족형태의 다양화, 가족주기의 변화 등 긍정적 측면을 제시하고 있다. 가족의 변화에 대해서 가족위기론에서는 전통적인 가족의 붕괴는 가족의 위기를 초래한다고 보는 반면, 가족다양화론에서는 가족의 변화는 사회변화로 인한 자연스러운 현상으로 보고 있다. 따라서 가족진보론자들은 가족의 변화는 위기가 아니라 가족의 형태

표 2-2 한국의 가족변화에 대한 양대 관점

구분	가족위기론	가족다양화론/가족재구조화론
가족변화 지표	• 이혼율 • 저출산율 • 재혼율	• 권위주의 체제 붕괴 • 개별가족 및 구성원의 자발적 선택 폭과 양의 증가 • 여성의 경제활동참가율 증가로 인한 역할분담 체계의 변화 • 이혼율의 증가와 결혼관의 변화로 인한 가족형태의 다양화 • 출산율 감소로 인한 가족주기상의 획기적 변화
가족변화에 대한 입장	• 전형적인 가족의 붕괴는 가족의 위기를 초래함 – 이혼증가로 인한 여성의 빈곤화 – 저출산으로 인한 인구고령화, 생산기능 · 노동력의 감소 – 여성의 사회참여 증가로 전통적 노동분업에 대한 재고와 재생산 노동의 사회화 요구	• 사회변화로 인한 가족의 변화는 자연스러운 현상임 • 최근의 가족변화는 위기가 아니라 가족형태의 '다양화'임 • 이혼은 가족해체가 아니라 '가구 분화'임(가족의 변동과 가구의 변동은 다름) • 다만 가족의 변화에 대해 효과적으로 대처하지 못해서 위기적 현상이 나타남
건강가정에 대한 입장	• 건강가정: 핵가족, 정형화된 가족(부부+자녀) • 이혼가족, 한부모가족, 단독가족, 기러기가족 등은 비정형화된 가족	• '건강가정'의 개념 부정 – 핵가족 비율은 오히려 증가하였고, 과거에도 다양한 형태의 가족이 존재하였음 – 가족형태는 끊임없이 변화하여 왔음 • 다양한 유형의 가족 수용
가족변화에 대한 사회정책	• 저출산문제: 결혼과 출산의 중요성 강조를 통한 전형적 가족형태와 기능의 회복 • 여성의 빈곤화 문제: 관련 복지정책에 위임함	• 저출산 문제: 적극적 노동정책 • 여성의 빈곤화 문제: 사회적 일자리 창출

출처: 김미숙(2006: 18) 재구성.

와 기능이 다양해진 것이며, 특히 이혼은 가족해체가 아니라 가구의 분화로 보아야 한다고 주장한다(윤홍식, 2004). 건강가정에 대해서 가족위기론에서는 건강가정은 부부와 자녀로 이루어진 핵가족으로 보고 이혼가족, 한부모가족, 단독가족 등은 비정형화된 가족으로 분류한다. 반면 가족다양화론에서는 건강가정의 개념을 부정하고 다양한 유형의 가족을 수용하고 있다. 마지막으로, 가족변화에 대응하기 위한 사회정책에 있어서 가족위기론에서는 결혼과 출산의 중요성 강조를 통한 전통적 가족형태와 기능의 회복 및 여성의 빈곤화 탈피를 위한 기존제도의 활성화를 지적한 반면, 가족다양화론에서는 적극적 노동정책, 사회적 일자리 창출 등 사회정책의 수정확대를 통한 가족문제 해결을 주장하고 있다.

가족의 변화를 어떻게 보든 간에 변화하는 한국의 가족은 아동빈곤, 가족해체, 저출산, 이혼율 상승, 노인빈곤 및 노인부양 부담 등의 과중한 문제로 인해 가까운 미래에 총체적인 위기에 처할 수 있는 상황에 놓여 있다. 이러한 상황에서 가족의 문제를 가족에게 떠맡기는 '선가족−후국가'의 잔여적 복지체계는 이러한 문제 해결의 답이 되지 못한다(김미숙, 2006).

따라서 가족의 변화가 파생하는 문제에 대한 접근은 가족위기론의 입장을 취하되, 가족문제 해결을 위해서는 가족다양화론적 입장을 수용하는 통합적 접근방법이 현실적 타당성 및 정책수립 시 효과성이 있다고 판단된다. 즉, 양대 입장을 절충하고 통합하여 가족변화에 대한 문제의 본질을 정확히 파악하고, 국가와 가정이 동반자적 입장에서 문제를 해결하는 가족복지정책이 제시되어야 할 것이다. 더불어 사회의 기본 단위이자 개인과 사회의 건강성 척도인 '가족'이 그 기능을 회복할 수 있도록 가족친화적인 사회로의 변화가 요구되어진다.

3장 Chapter

가족복지정책

산업의 발전, 경제구조 변화 그로 인한 가족구조의 변화를 논하는 것은 더 이상 낯선 현상이 아니다. 급속한 산업 발전으로 제조업이 축소되고 전통적 경제활동의 주역인 남성의 일자리가 감소한 반면, 경제활동에 참여하는 여성이 증가하면서 전통적인 성별분업의 가치관도 점진적으로 변화하고 있다. 이에 여성은 가정 경제력의 안정을 위한 또 다른 생계부양자의 지위를 부여받게 되었다. 시대적 상황의 변화에도 가족 내에서 여성의 역할 변화는 크게 나타나지 않았다. 여성들은 여전히 가족 내에서 부양과 돌봄의 책임에서 자유로울 수 없다. 저출산과 고령화 현상은 여성의 노동력을 필요로 하게 되었지만 일·가정 양립의 어려움은 가정 내 갈등의 불씨를 키워 돌봄과 부양의 사회화가 필요하다는 아젠다가 형성되었고 이는 가족정책의 핵심과제로 부각되었다. 이러한 시류는 사회 변화에 따라 가족기능과 구조의 변화가 있음을 암묵적으로 보여주는 것으로 사회의 가장 기본단위이자 중요한 집단인 가족의 기능이 약화되고 있다는 전제에 나타난 것으로 볼 수 있다. 이에 본 장에서는 시대적 요구에 따른 가족복지에 대한 정책적 접근을 이해하기 위해 가족복지정책의 개념과 유형 그리고 가족복지정책을 수행할 수 있는 토대가 되는 법에 대해 살펴보고 외국의 가족복지정책을 알아봄으로써 한국사회 가족복지정책이 지향해야 하는 바에 대해 고찰하고자 한다.

1. 가족복지정책의 개념과 유형 및 범주

급속한 사회의 변화와 가족구조의 변화는 밀접하게 연관되어 있다. 산업의 발전으로 대가족 형태의 가족구조는 핵가족 구조로 변화되었다. 최근에는 한부모가족 및 동거가족 그리고 무자녀가족 등 다양한 형태의 가족이 등장하게 되었다. 여성의 교육 수준이 높아지고 경제활동에 참여하는 여성들이 증가하면서 가정 내 성역할 변화와 일·가정 양립으로 인한 갈등과 자녀 돌봄 및 노인 부양자의 부재 등 신사회적 위험요인들이 발생하게 되어 가족문제에 대응하는 다양한 정책의 필요성이 대두되었다. 이러한 사회적 요구에 따라 후기산업사회의 복지국가의 역할은 전통적 사회정책(탈상품화)과 함께 가족정책(탈가족화와 가족화)의 결합을 통해 완성되었다(윤홍식, 2011). 이러한 관점을 토대로, 본 장에서는 가족복지정책의 개념과 학자들의 각기 다른 가족복지정책의 유형을 살펴보고자 한다.

1) 가족복지정책의 개념

가족복지정책은 학자들마다 다양하게 정의되고 있다. Kamerman과 Kahn(1978)은 가족복지정책에 대해 '정부가 가족을 위해 행하는 모든 활동'으로 '그 사회가 추구하는 목표와 이념을 실현하기 위해 가족에 대한 영향력을 행사하는 행위'로 정의하고 있다. 이러한 가족복지정책은 가족수당(family allowance), 보편가족급여(family demogrants), 소득공제 등과 같이 조세를 통한 소득재분배적 특성을 갖는 제도로 이해되기도 하고 인구정책과 장기간에 걸친 인구계획이 가족정책으로 설명되기도 한다(최경석 외, 2006).

Zimmerman(1995)은 가족정책을 "가족의 복지"로 개념화하고 있는데, '가족복지란 목적을 가지고 가족이 경험하는 다양한 문제들에 대처하기 위한 상호 연관된 정책선택'이라고 정의하였다. 이는 사회 속에서 가족이 경험하는 다양한 문제들에 대응하기 위한 정책들을 의미하거나, 혹은 가족복지라는 합의된 목적을 이루고자 하는 정책으로 정의할 수 있다. Zimmerman(1995)의 정의는 '가족 자체'에 초점을 두고 있다는 점에서 다른 정책들과 차이를 보인다.

Lasswell(1968)은 정책의 목적이 개인의 복지를 극대화하는 데 있다는 데에서 유추하여 이로부터 가족정책의 목적을 "가족의 복지를 극대화하는 것"이라고 하였다(윤홍식 외, 2011). Gauthier(1996)는 가족복지정책을 '노동권보장 가족복지정책'과 '부모권보장 가족복지정책'으로 구분하여 개념화하였다. 전자의 경우 돌봄 노동을 사회화함으로써 가족에게 부과했던 돌봄에 대한 부담을 완화시키는 대신 부모의 노동권을 보장하는 정책으로 아동보육정책이 이에 속하고, 후자는 부모가 가족 안에서 가족과 관련된 책임을 수행할 수 있도록 하는 정책으로 가족책임 등을 수행하기 위해 임금노동을 중단해도 소득보장이 이루어지도록 하는 것으로 출산전 후휴가와 육아휴직이 이에 속한다(박미은 외, 2014).

이 외에도 조흥식(2011)은 가족복지정책에 대해 '정부가 가족의 복지에 관심을 두고 의도적으로 취하는 조치나 행동', '가족구성원을 대상으로 그들의 복지를 증진하기 위한 수단으로 제반정책들을 포함하는 개념' 등으로 정의하고 있다. 이와 같이 가족복지정책에 대해 학자들마다 합의된 정의는 없지만, 이상의 개념들을 종합해 볼 때 가족복지정책은 가족의 기능과 역할 그리고 복지증진을 위한 국가의 모든 정책으로 정의할 수 있다.

2) 가족복지정책의 유형

가족복지정책 유형은 연구자와 정책입안자의 가족에 대한 이념에 따라 다르게 정의된다. 가족복지정책은 가족기능을 지원하고 보완하며 변화를 유도하거나 대리하는 목적을 지니고 있을 뿐만 아니라 가족복지정책은 그 사회가 기대하는 가족기능이 정책의 내용을 결정하는 주요 요인(김성천, 2000)이 되기 때문에 매우 중요하다.

(1) Kamerman과 Kahn의 유형화

최초 가족정책에 대해 논의한 학자로 Kamerman과 Kahn을 들 수 있다. Kamerman과 Kahn(1997)은 정부가 가족을 위해 하는 모든 것이 가족정책이라고 보고 가족정책의 내용에 따라 사회적 한 분야로서의 가족정책, 사회가 추구하는 목표성취를 위한 가족정책, 사회정책의 선정 및 평가기준으로 시행되는 관점으로의 가족정책을 분류하였다(조흥식 외, 2014).[1)]

① 사회의 한 분야로서의 가족정책

가족복지정책을 하나의 정책유형으로 보고 구체적인 목표를 설정하여 가족복지정책을 수행하는 것을 말한다. 이 유형은 가족문제에 접근함에 있어 다른 정책들과 연계성이 중요함을 강조하고 있다. 즉, 가족에 대한 구체적이고 분명한 목표를 달성하기 위해 고안된 정책으로 프랑스, 노르웨이, 스웨덴이 이 유형을 선택하고 있다. 예를 들어, 입양 및 탁아정책, 보육정책, 빈곤가족정책, 소득보장 관련 정책 그리고 여성정책 등이 이에 속한다.

② 사회가 추구하는 목표를 성취하기 위한 가족정책

다양한 정책을 효율적으로 수행하기 위해 가족정책을 하나의 매개체로 활용하는 것을 의미한다. 이는 정부가 가족복지정책을 시행하는 데 있어 가족과 직접적인 연관성이 없다고 하더라도 정책이 가족과 가족구성원의 행위를 변화시킴으로써 사회정치적 목적달성을 위한 통제수단이 되는 것을 말한다(박미은 외, 2014). 예를 들어 부족한 노동력을 확충하기 위한 대안으로 여성의 경제활동을 촉구하기 위해 아동보육시설 확대와 같은 정책을 지원하였다가 경제성장이 둔화되고 실업이 증가하면서 육아휴직제도 등의 정책을 지향함으로써 여성의 가정 내 역할을 강조하는 것을 말한다.

③ 사회정책의 선정 및 평가기준으로 시행되는 관점으로의 가족정책

사회가 가족에 관심을 두는 것은 가족기능이 사회를 지속시키기 때문으로, 이러한 가족복지정책은 아동인구의 적정수준 유지와 인적 자본에 투자, 아동양육에 필요한 비용을 보상해주는 재분배, 서비스 및 정책 등을 포함하고 있다(Harold, 1979). 사회정책의 선정 및 평가기준으로 시행되는 관점으로의 가족정책은 가족을 위한

---

1) • 사회정책의 한 분야로서 가족정책: 이 정책의 목표는 대가족이나 건강한 아동, 자녀양육비 경감, 남녀평등 등의 내용을 담고 있다.
• 수단으로서의 가족정책: 사회의 목표를 성취하기 위한 수단이나 통제의 수단으로서 가족이나 가족성원에게 특정 행위를 요구하는 정책으로 출산 장려를 위한 아동수당제도나 노년취업자 제거를 위한 연금정책 등이 이에 속한다.
• 사회정책의 선정 및 평가기준으로 시행되는 관점으로서의 가족정책: 가족복지를 정책의 결정 및 정책의 결과를 평가하는 전반적 범주로 사용하려는 정책을 의미한다(조흥식 외, 2014).

목표를 의도적으로 세운 정책으로 입양정책이나 탁아정책 그리고 가족계획 등의 명시적 가족정책과 의도적으로 만들어지지는 않았지만 결과적으로 가족에게 영향을 주는 조세정책이나 주택정책 등의 묵시적 가족정책이 있다(박미은 외, 2014). 이와 같이 위에서 논의된 가족복지정책의 개념들은 정책의 대상이 가족이고 이들의 복지를 증진시키기 위한 목적으로 한다는 점에서 공통점을 지니고 있다.

(2) Harding의 유형화

Harding(1996)은 그의 저서 『가족, 국가 그리고 사회정책』에서 가족에 대한 국가의 통제와 지원을 그 수준에 따라 유형화하고 있다.

첫 번째는 국가의 강한 통제를 전제로 하고 있는 "권위주의적 모델"이다. 이 모델은 국가가 선호하는 행동양식과 가족형태를 강화할 수 있는 정책과 법규를 지향하는 것으로(최경석 외, 2003) 이 모델에서 국가는 가족생활에 대한 접근에 있어서 강제성을 지니고 있다.

두 번째는 "중간개입 모델"로 이 유형은 국가의 통제 방법에 따라 '특정 분야의 책임강화형'과 '유인조종형', '제한적인 전제 내에서 이루어지는 모델', '가족지원 및 가족대체형', '요구반응형'으로 세분화된다(최경석 외, 2003).

특정 영역에서 책임을 강화하는 모델은 권위주의적 모델처럼 전적으로 통제를 하지는 않지만 가족생활에 대해 어떠한 목표를 가지고 접근한다. 이 모델은 부모의 책임 강화와 결혼의 강화와 같은 분명한 정책목표를 갖는다. 유인조종형 모델은 국가의 개입을 정당화하는 것으로 처벌과 보상을 통해 국가가 선호하는 가족행동 패턴을 유지하고자 한다. 즉, 가족의 기능이 부적절하다고 판단될 때 국가의 개입이 이루어지게 된다. 제한적인 전제 내에서 이루어지는 모델은 가족행동에 대해 제한적 전제를 두고 있는 것으로 앞의 다른 모델보다 통제력이 낮지만 여전히 가족형태에 강한 영향력을 지니고 있다. 예를 들어 여성을 의존적인 존재로 간주하며 여성에 대한 광범위한 국가개입을 정당화한다. 가족지원 및 가족대체형 모델은 가족은 가능한 한 유지되어야 한다는 관점으로 국가의 역할은 현존하는 가족구조를 강화하고 가족이 실패할 경우 이를 지원하거나 대체하는 서비스를 제공하는 데 있다.

요구반응형 모델은 가족의 요구에 국가가 반응하는 것으로 가족에 관한 국가의 지원은 가족의 요구에 의해 진행된다(윤홍식 외, 2010). Harding(1996)은 가족과 국가는 권력적 관계에 있지만 영향을 주는 방향은 일정하지 않다고 주장하고 있다.

표 3-1 Harding의 가족복지정책 유형

<table>
<tr><th colspan="2">유형</th><th>내용</th><th>가족통제 정도</th></tr>
<tr><td colspan="2">권위주의적 모델</td><td>• 국가는 특정 선호하는 가족유형과 행위를 장려하고 여타의 것을 금지하는 통제정책을 펼침
• 개인과 가족의 개별적 욕구나 선택은 무시됨</td><td rowspan="7">통제적
↑
↓
방임적</td></tr>
<tr><td rowspan="5">중간개입모델</td><td>특정 분야의 책임강화형</td><td>• 특정 영역에서 가족생활을 통제함
• 부모의 책임강화와 결혼의 강화와 같은 분명한 정책 목표를 갖고 있음</td></tr>
<tr><td>유인조종형</td><td>• 국가의 개입을 정당화하는 것으로 처벌과 보상을 통해 국가가 선호하는 가족행동 패턴을 유지하고자 함</td></tr>
<tr><td>제한적인 전제 내에서 이루어지는 모델</td><td>• 어떤 행동유형을 통제하거나 부정적 제재를 가하는 통제적 가족정책은 없음
• 가족행동에 대해 제한적 전제를 두고 있는 것으로 앞의 다른 모델보다 통제력이 낮지만 가족형태에 강한 영향력을 지니고 있음</td></tr>
<tr><td>가족지원 및 가족대체형</td><td>• 가족은 가능한 한 유지되어야 한다는 관점으로 국가의 역할은 가족이 실패할 경우 지원하거나 대체함</td></tr>
<tr><td>요구반응형</td><td>• 가족의 요구에 국가가 반응하는 것으로 가족에 관한 국가의 지원은 가족의 요구에 의해 진행됨
• 가족유형에 상관없이 모든 가족들이 필요한 서비스를 이용할 수 있음</td></tr>
<tr><td colspan="2">자유방임주의 모델</td><td>• 가족은 개인의 자유영역이고 사적 선택 영역으로 간주됨
• 국가는 가족생활에 대해서 어떠한 영향력을 행사하지 않음
• 가족에 대한 정책목표는 없으며 선호하는 가족유형이나 행위, 가치, 성도덕 등은 존재하지 않음
• 가족정책은 무정책(no policy)이 정책임
• 국가는 가족을 매개하지 않고 단지 개인으로서 사회구성원과 관계함</td></tr>
</table>

출처: Harding(1996); 박성석 외(2010); 윤홍식 외(2010).

세 번째는 가족에 대한 국가의 불간섭원칙을 우선으로 하는 "자유방임주의 모델"이다. 이 모델은 가족에 대한 국가의 개입은 특수한 상황을 제외하고 적절하지 않은 것으로 간주하고 있다. 즉, 가족의 영역은 극단적인 경우를 제외하고 침해받아서는 안 되고 국가의 역할은 최소한으로 제한되어야 한다는 입장을 고수하고 있다.

(3) Gauthier의 유형화

Gauthier(1999)는 가족복지정책을 '협의'의 개념과 '광의'의 개념으로 구분하였다. 먼저 협의의 개념으로 가족복지정책은 전통적 요소와 관련된 프로그램을 포함하고 있고, 광의의 개념으로 가족복지정책은 비전통적 요소 및 가족 관련 법과 서비스 그리고 기타 공공서비스를 포함하고 있다. 이와 관련된 내용은 〈표 3-2〉에 구체적으로 제시하였다.

표 3-2 Gauthier의 가족정책 유형화

협의의 분류	핵심적인 전통적 요소	• 직접적 소득이전(가족수당, 주거수당, 학비지원) • 간접적 소득이전(세제혜택 등) • 모 · 부성휴가 • 보육시설
광의의 분류	비전통적 요소	• 노인보호수당 • 가족간병 책임자에 대한 연금 • 노동시장정책(유동시간근무제, 재택근무)
	가족 관련 법	• 결혼, 이혼, 동거 관련 법 • 자녀부양법 • 낙태 · 피임 관련 법
	가족 관련 법	• 학대 관련 법 • 아동복지법 • 청소년 범죄법

광의의 분류	서비스	• 교육 • 보건 • 쉼터 • 아동복지서비스
	기타 공공서비스	• 대중교통 • 이민법 • 실업지원책 • 직업훈련

출처: Gauthier(1999); 장혜경 외(2002: 17) 재인용.

(4) Esping-Andersen의 유형화

Esping-Andersen은 복지국가 체제를 탈상품화(decommodification)의 정도에 따라 자유주의, 조합주의, 사회민주주의로 유형화하였고 사회복지정책에 있어서 가족 중심의 책임을 강조하는 것을 가족주의(familialism)라고 보았고, 가족에 대한 사회적 책임을 강조한 것에 대해 탈가족화(de-familization)[2)]라고 규정하였다(최경석 외, 2003). 여기서 말하는 탈상품화란 개인의 복지가 시장에 의존하지 않는 것을 의미하는 것으로 Esping-Andersen이 말하는 생존을 위해 자신의 노동력을 상품화하는 것과 상반되는 의미이다. 이러한 Esping-Andersen의 복지국가 유형은 〈표 3-3〉에 제시하였다.

Esping-Andersen의 유형화는 사회 현상 및 사회정치적 상황과 밀접하게 연관되어 있고 이러한 배경은 가족복지에도 그대로 반영된다. 즉, 이 유형화는 가족복지 정책이 국가의 정치적 상황과 이념 그리고 가치 및 노동시장의 구조적 특성과 사회의 보편적 규범의 구조에서 벗어날 수 없다는 것을 확인시켜주고 있다(최경석 외, 2006).

2) 탈가족화는 가족의 복지 담당을 완화하고 가족구성원이 가족 내 관계나 역할에 상관없이 사회적으로 적절한 수준의 생활을 유지하도록 하는 국가의 제도적 노력으로 볼 수 있다. 탈상품화는 개인이 노동시장에서 일할 수 없는 상황에 처했을 때 국가가 어느 정도 수준의 급여를 제공해 주는가의 정도를 의미한다.

표 3-3 Esping-Andersen의 가족정책 유형화

분류기준 \ 국가유형	자유주의적 복지국가	보수적·조합주의적 복지국가	사회민주주의적 복지국가
급여대상	• 저소득층		• 보편주의원칙에 의해 신중산층까지 확대 • 국가가 복지의 중심이 됨
급여 수혜조건	• 자산조사		• 시민권
급여와 서비스의 질	• 시장에서 행한 역할에 따라 차이가 남	• 수평적 재분배–사회적 지위의 차이 유지(보상원칙)	• 수직적 재분배
사회적 서비스 공급에 있어서 국가, 시장, 가족의 역할	• 시장에 맡김 • 가족의 개인에 대한 선택임을 강조하고 가족의 실패 후 국가가 최소한으로 개입	• 가족의 개입에 대한 전통적 역할을 강조 • 가족이 실패한 후 국가 개입 • 부양아동을 가진 여성의 노동시장 참여 동기를 저하시키는 정책임	• 가족이 실패하기 전에 국가가 개입함 • 완전고용 추구
탈상품화 수준	• 사회적 위험 발생 시 최소한의 수준을 보장하는 사회적 연결망	• 중간 수준	• 높은 수준
주요 프로그램	• 공공부조와 사회보험	• 사회보험	
주요 국가	미국, 캐나다, 호주, 영국	프랑스, 독일, 오스트리아, 이탈리아, 네덜란드, 벨기에	스웨덴, 덴마크, 노르웨이, 핀란드

출처: 박성석 외(2009).

2. 한국의 가족복지정책

1990년대 후반 불어 닥친 경제위기는 한국사회 가족복지정책의 전환점을 가져

오게 되었다. 하루가 멀다 하고 기업들이 도산하고 그로 인해 실직자가 증가하게 되었으며 이러한 이유로 이혼하는 등의 가족해체현상이 증가하면서 가족문제에 대한 국가적 개입의 필요성이 제기되었다.

1) 소득지원정책

소득지원정책은 공공부조 방식에 의한 소득보장정책과 조세방식에 의한 소득보장정책 그리고 사회보험방식에 의한 소득보장정책으로 구분될 수 있다.

(1) 공공부조 방식

공공부조는 국가에 의한 저소득층 가족의 소득지원정책의 일환으로 이 제도는 수급자의 소득인정액과 지원받는 급여의 총합이 최저생계비 이상이 되도록 함으로써 국민의 최저생활의 보장을 목표로 하고 있다. 국민기초생활보장제도는 대표적 공공부조방식으로 국민들의 최저생활을 보장하기 위해 저소득 가족에게 필요한 급여를 제공해 줌으로써 국민의 최저생활을 보장하고 자활을 돕는 것을 목적으로 하는 소득보장정책이다(법제처, 2013).

■ 소득인정액 산정 방식

노인 가구의 각종 소득과 재산을 소득으로 환산하여 합산한 금액으로, 근로소득공제, 재산공제, 금융재산 공제 등을 차감하여 산정

출처: 보건복지부(2017d).

국민기초생활 수급자로 선정되기 위해 소득과 재산기준, 부양의무자기준을 동시에 충족시켜야 하는데, 소득기준은 매년 공표되는 최저생계비에 의해 결정되며 부양의무자기준은 부양의무자가 없거나 부양의무자가 있어도 부양능력이 없거나 또는 부양을 받을 수 없는 경우로 부양의무자의 범위는 수급권자의 1촌의 직계혈

족(부모, 아들 · 딸 등) 및 그 배우자(며느리, 사위 등)로 명시하고 있다(보건복지부, 2013).

그러나 부양의무자가 혼인한 딸, 배우자와 이혼 · 사별한 딸, 혼인한 딸에 대한 친정부모인 경우 예외적으로 「국민기초생활보장법」의 적용을 받고 있고 이러한 국민기초생활보장제도는 최저생활보장원칙, 보충급여의 원칙, 자립지원의 원칙, 개별성의 원칙, 가족부양의 원칙, 타급여우선의 원칙을 적용하고 있다(보건복지부, 2013).

(2) 영유아 보육료 지원

양육수당은 소득인정액과 소득재산기준에 관계없이 만 5세 이하의 모든 아동에게 전자카드(아이행복카드)를 통해 보육료를 지원하는 것으로 어린이 집을 이용하는 만 0~5세 전 계층 영유아라면 누구나 지원받을 수 있다(보건복지부, 2017). 이는 부모의 자녀양육에 따른 경제적 부담의 경감뿐만 아니라 보육료를 지원하는 아동과 형평성을 위해 마련되었다. 2015년 1월부터 어린이집과 유치원 간 이동 시 카드를 교체해야 하는 불편함을 개선하여 기존의 아이사랑카드(보육료 지원)와 아이즐거운카드(유아학비 지원)를 통합하여 아이행복카드로 운영되고 있으며, 2016년 7월부터는 0~2세반 아동을 대상으로 부모와 아이의 필요에 따라 어린이집을 이용할 수 있는 맞춤형 보육제도가 시행되고 있다(보건복지부, 2017).

표 3-4 연령 등에 따라 차등하여 보육료 지원

구분	지원단가		비고
	종일반	맞춤반	
만 0세	430,000원	344,000원	맞춤반 아동은 긴급보육바우처(15H) 추가 지원
만 1세	378,000원	302,000원	
만 2세	313,000원	250,000원	
만 3세	220,000원		3~5세 연령별 누리과정
만 4세	220,000원		
만 5세	220,000원		

출처: 보건복지부 홈페이지(2017b).

2) 고용촉진정책

현재 우리나라에서 시행하고 있는 고용촉진정책은 크게 고용취약계층 지원정책과 실업지원정책으로 구분할 수 있다.

(1) 고용취약계층 지원정책

자활사업은 고용취약계층인 저소득 빈곤가족들이 적극적으로 노동시장에 참여할 수 있도록 지원하는 것으로 직업능력 향상을 위한 자활 프로그램을 운영하고 고용정보 등을 제공함으로써 근로능력이 있는 빈곤층의 적극적 자립을 지원하고 있다. 뿐만 아니라 여성인력개발센터의 고용촉진 프로그램도 빈곤가족을 위한 고용촉진정책으로 이는 저소득 빈곤가족의 주부와 고령여성을 대상으로 인터넷활용능력 프로그램과 사무능력향상 프로그램 그리고 간병인 양성 프로그램 등을 운영하고 있다. 바우처사업 등의 사회서비스 사업을 통해 여성과 중・고령자 등에게 적절한 일자리를 제공함으로써 경제활동에 참여할 수 있는 기회를 제공하고 있다. 그 대표적 사업으로는 돌봄서비스, 산모・신생아도우미, 장애인활동지원 등이 이에 속한다.[3)]

또한 정부는 「장애인고용촉진 및 직업재활법」과 「고용상 연령차별금지 및 고령자고용촉진에 관한 법률」을 통해 장애인과 고령자가 고용현장에서 차별받지 않고 경제활동에 참여할 수 있도록 고지함으로써 고용취약계층을 위한 정책을 지원하고 있다.

(2) 실업지원정책

우리나라 「고용노동법」(2013)은 실업예방과 고용촉진 및 근로자의 직업능력의 개발과 향상을 지원하고 국가의 직업지도와 직업소개 기능을 강화하며, 근로자가 실업한 경우에 생활에 필요한 급여를 실시하여 근로자의 생활안정과 구직활동을

3) 돌봄서비스 종사자 중 여성비중 92.5%, 40대 이상 여성 87.3%이다(2012년 12월 기준).

촉진함으로써 경제·사회 발전에 이바지하는 것을 목적으로 하고 있다. 그러기 위해 실업자 훈련지원 프로그램을 운영하고 있고, 실업급여[4]를 지급함으로써 가정경제의 안정을 위해 지원하고 있다.

3) 일·가정 양립지원정책

한국사회 산업의 발달과 여성의 고학력화로 경제활동에 참여하는 여성들이 증가하였고 일·가정 양립의 문제가 사회적 문제로 대두되었다. 이러한 문제에 대응하기 위해 정부는 다양한 정책들을 제시하고 있다. 맞벌이가족의 증가는 아동양육에 대한 지원정책의 필요성을 부각시키게 되었고 이에 정부는 일·가정 양립지원정책의 일환으로 다양한 프로그램을 운영하고 있다.

(1) 출산전후휴가

출산전후휴가는 출산으로 인한 여성근로자의 이직을 방지하고, 사업주의 여성고용 기피요인을 해소하기 위한 모성보호의 사회분담화 차원에서 출발하였다(보건복지부, 2015). 출산전후휴가제도는 임신 및 출산 이후 90일간 제공되는 출산전후휴가제도를 시행하고 있다. 출산전후휴가제도는 「근로기준법」 제74조에 따른 것으로 사업주는 이에 해당자는 근로자에게 휴가기간에 대하여 출산전후휴가급여를 지급하도록 하고 있다. 2017년 1월부터는 출산전후 휴가급여 상한액을 현재 135만원에서 150만 원으로 확대하고 있고, 근로시간 단축에 따른 근로자의 임금감소분 보전을 위해 지원하는 전환장려금이 월 최고 20만 원에서 40만 원으로 2배 인상됐고, 임신기 단축 근로자의 업무공백 보충을 위해 대체인력을 채용할 경우에는 월 60만 원(대기업 30만 원)이 추가 지원되며, 2016년부터 임신기 근로시간 단축제도가 상시근로자 300인 이상 사업장('14.9.25. 도입)에서 시행되던 것을 모든 여성 근로자로 확대되어 시행됨에 따라 임신 12주 이내 또는 36주 이후에 있는 모든 여성

4) 실업급여는 실업이라는 보험사고가 발생했을 때 취업하지 못한 기간에 대하여 적극적인 재취업활동을 한 사실을 확인(실업인정)하고 지급한다(고용노동부, 2013).

근로자는 임금을 종전과 같이 지급받으면서 하루에 2시간씩 단축근무를 할 수 있게 되었다(보건복지부, 2016).

(2) 육아휴직

출산전후휴가 프로그램과 함께 육아휴직 프로그램을 운영하고 있는데 이는 부모가 자녀의 양육을 위해 사용할 수 있는 휴가제도로 육아휴직의 기간은 1년 이내로 하고 있으며 「남녀고용평등법」의 적용을 받아 시행되고 있다.[5] 육아휴직급여를 지급함으로써 일 · 가정 양립을 지원하여 근로자의 고용안정성과 경제활동 참여율 제고를 도모하는 것을 목적으로 하고 있다. 또한 근로자가 전일제 육아휴직 대신 근로시간을 단축하여 근무하는 경우 육아기 근로시간 단축 급여를 지원하여 출산과 양육으로 인한 부담을 줄여주고 여성의 경력단절을 예방하고자 시행되고 있다(보건복지부, 2015). 또한 육아휴직 급여는 육아휴직 기간 통상임금의 80%에 해당하는 금액을 지급하는 것을 원칙으로 하고 있다(보건복지부, 2017a).

(3) 배우자 출산휴가

일 · 가정 양립 강화를 위한 정책의 일환으로 남성의 육아참여를 확대하고자 하는 목적으로 시행되고 있다. 배우자 출산휴가는 3일에서 최대 5일 범위 내에서 근로자가 신청 가능할 수 있지만, 단, 출산한 날로부터 30일 이내에 신청해야 사용 가능하다(고용노동부, 2015). 배우자 출산휴가는 2013년 2월 2일부터 300인 미만 사업장에도 적용되고 있고, 최초 3일에 한해서 휴가비를 지원하고 있는 유급휴가제도이다.

5) 육아휴직: 생후 1년 미만의 영아를 가진 근로여성 또는 그의 배우자인 근로자가 그 영아의 양육을 위하여 하는 휴직으로, 육아휴직기간은 당해 영아가 만 1세 되기 전날까지로 하며 이 기간은 근속기간에 포함한다. 또한 사업주는 근로여성에게 육아휴직을 이유로 불리한 처우를 하여서는 아니 된다(「남녀고용평등법」 제11조). 근로자가 이직일 이전 18개월 내에 질병 · 부상, 임신 · 출산 · 육아휴직, 사업장의 휴업, 군복무 등으로 계속하여 30일 이상 임금을 지급받을 수 없었던 경우 그에 상당하는 기간을 기준기간 18개월에 추가로 부여하는 것으로 전체 기준기간은 최대 3년(「고용보험법」 제31조 제2항)이다.

4) 다문화 보육료지원

지원대상은 원칙적으로 「다문화가족지원법」 제2조 제1호에 따른 다문화가족 자녀 중 초등학교 취학 전 만 0세~만 5세 아동으로 하되, 「다문화가족지원법」 제2조 제1호에 따른 다문화가족의 결혼이민자(인지신고 또는 귀화허가를 받은 자 포함)와 「국적법」 제2조부터 제4조까지의 규정에 따라 대한민국 국적을 취득한 자 사이에서 출생한 자녀가 아닌 전처 또는 전남편과의 사이에서 출생한 자녀의 경우는 다문화가족과 동일 세대원으로 생계를 같이하는 경우 지원 가능, 다만 대한민국 국적인 아동에 한해 예외적으로 지원하고 있다(보건복지부, 2015).[6]

다문화 보육료지원은 보호자의 소득수준에 상관없이 지원해주고 있고, 「다문화가족지원법」 제2조 제1호에 따른 다문화가족의 결혼이민자(인지신고 또는 귀화허가를 받은 자 포함)와 「국적법」 제2조부터 제4조까지의 규정에 따라 대한민국 국적을 취득한 자 사이에서 출생한 자녀는 동일세대 여부와 상관없이 지원대상이 되고 있다(보건복지부, 2015).

5) 요보호아동지원정책

요보호아동지원정책은 「영유아보육법」과 「아동복지법」에 근거하여 시행되고 있다. 요보호아동지원정책으로 시설보호사업과 가정위탁제도 및 입양사업, 아동학대 예방 및 지원 사업 등이 이에 속한다. 시설보호사업은 도움이 필요한 아동을 시설에 입소시켜 건전한 사회인으로 육성하기 위한 제도의 일환으로 아동보호시설과 아동보호치료시설 그리고 자립지원시설 등이 이에 속한다.[7] 가정위탁사업

6) 취학대상(2007. 1. 1~12. 31일생) 아동이 취학을 유예하는 경우 만 5세아 보육료 재지원이 가능하다(단, 담당자는 취학유예 여부를 확인하여야 함).
※ 다만, 취학유예로 인한 만 5세아 보육료 지원은 1회에 한한다.

7) • 아동양육시설: 보호를 필요로 하는 아동을 입소시켜 보호하는 것을 목적으로 하는 시설
• 아동일시보호시설: 아동을 일시보호하고 아동에 대한 향후의 양육대책수립 및 보호조치를 행하는 시설
• 아동보호치료시설: 보호자가 없거나 친권자나 후견인이 입소를 신청한 아동 또는 가정법원, 지방법원소년부지원에서 보호위탁된 아동을 입소시켜 그들을 선도하여 건전한 사회인으로

은 위탁아동의 건전한 사회인으로의 육성을 위해 그 아동 및 위탁부모에 대해 경제적 · 사회적 지원을 하는 프로그램으로 양육보조금 및 생계비 지원과 가정위탁아동에 대한 상해보험, 심리치료 및 대인양육자 및 친인척 위탁가정에 전세자금 지원 프로그램을 운영하고 있다(보건복지부, 2013).

또한 요보호 아동의 건강한 성장과 복지증진을 위한 정책의 일환으로 입양제도를 운영하고 있는데 입양이 의뢰된 아동은 우선적으로 국내입양을 진행하고 있고 5개월이 지난 후 국외입양을 허용하고 있다. 정부는 국내입양을 지향하기 위해 국내입양가정에 대한 경제적 지원을 하고 있는데 그 자세한 내용은 〈표 3-5〉와 같다.

마지막으로 아동학대예방 및 지원 사업으로 이는 모든 아동을 학대로부터 보호하고 아동이 행복한 사회 구현을 목표로 시행되고 있다. 그러기 위해 아동학대에 대한 신고접수 및 현장조사를 실시하고 있고, 학대피해아동과 학대행위자에게 전문적인 서비스 제공 및 연계, 아동보호전문기관을 운영 및 지원하고 있으며 아동학대 예방을 위한 교육 및 홍보와 관계기관 협력체계를 구축하고 있다(보건복지부, 2013).[8)]

6) 노인가족지원정책

1981년 「노인복지법」이 제정되면서 노인복지정책이 마련되었고 이는 고령화 현상과 맞물려 노인문제에 대해 국가적 개입의 필요성을 요구하게 되었다. 노인가족을 위한 지원정책은 크게 빈곤노인가족을 위한 정책과 보편적 노인가족을 위한 정책으로 구분될 수 있다.

먼저 빈곤노인가족을 위한 정책은 소득보장정책으로 기초노령연금이 있고, 의료보장정책으로 노인건강진단과 노인 안검진 및 개안수술 등이 있다. 뿐만 아니라 양로시설 및 실비양로시설, 실비노인복지주택을 지원하는 노인주거시설 등의 주거보장정책이 빈곤노인가족을 위한 정책으로 시행되고 있다.

육성하는 것을 목적으로 하는 시설
- 자립지원시설: 아동복지시설에서 퇴소한 자에게 취업준비기간 또는 취업 후 일정기간 보호함으로써 자립을 지원하는 시설(보건복지부, 2013)

8) 보건복지부(2013). 아동학대예방 및 지원사업.

보편적 노인가족을 위한 정책으로는 각종 공제제도(상속세 공제, 소득세 공제, 저축에 대한 세금우대제도)와 경로우대제도, 노인취업알선제도 등의 소득보장정책과 치매상담, 방문의료서비스, 노인의료복지시설 등의 의료보장과 주거보장, 노인장기요양보험에 따른 가정봉사원파견사업 및 주·야간단기보호시설, 노인야간복지시설 등이 이에 속한다.

7) 한부모가족지원정책

한부모가족이란 이혼, 사별, 별거 등의 이유로 부모 중 한쪽과 그 자녀로 이루어진 가족을 의미하고 한부모가족지원정책은 「한부모가족지원법」의 적용을 받고 있으며 한부모가족의 생활안정과 복지증진을 위해 시행되고 있다. 한부모가족지원사업으로는 저소득 한부모가족 아동양육비 지원사업과 청소년한부모 자립지원사업 그리고 저소득 한부모 복지자금 대여, 저소득 한부모가족 주거지원서비스, 가족역량강화 지원 사업 및 권역별 미혼모·부자 지원기관 운영 등의 사업을 수행하고 있다(여성가족부, 2013).

첫째, 한부모가족 아동양육비 지원사업은 아동교육지원비, 생활보조금 등을 지원하고 있다.

둘째, 청소년한부모 자립지원사업은 경제적 능력이 미약한 청소년한부모가 스스로 자녀를 양육할 수 있도록 안정된 양육환경과 자립을 지원하는 것으로 한부모가족 중 모 또는 부의 연령이 만 24세 이하이고 소득인정액이 최저생계비의 150% 이하인 청소년한부모가족에게 최장 5년간 지원하고 있다.

셋째, 저소득 한부모 복지자금 대여는 한부모가족의 생활안정을 위한 정책으로 근로능력이 있고 자립 및 자활에 대한 의지가 확고한 한부모가족 중 실제 소득이 최저생계비 150% 이하인 가족에게 창업 및 사업운영에 필요한 자금을 장기저리로 대여해 주고 있다.

넷째, 저소득 한부모가족 주거지원서비스에는 모·부자가족복지지원시설과 미혼모자가족복지시설 등이 있다.

다섯째, 가족역량강화 지원 사업은 전국 31개소의 사업수행기관에서 취약 한부모가족 역량강화 및 조손가족 통합지원 사업 등의 서비스를 제공하고 있다.

여섯째, 권역별 미혼모·부자 지원기관을 운영하고 있는데, 이곳에서는 온-오프라인 상담 및 응급상황 발생 시 병원비와 생필품지원 그리고 미혼모·부자를 위한 교육프로그램 등을 운영하고 있다.

3. 외국의 가족복지정책

외국의 가족복지정책이 발달하게 된 배경도 우리나라의 경우와 크게 다르지 않다. 전통적 가족구조는 생계부양은 남성의 몫으로 보고 있었고 여성은 가정에서 돌봄 및 부양자의 역할을 담당하고 있었다. 그러나 산업의 발전과 여성의 경제활동 참여가 증가하면서 돌봄과 부양의 문제가 발생하였고 이러한 문제에 대응하기 위한 새로운 가족정책들이 요구되었다. 또한 유럽에서 사회정책적 목적에서 가족에 대한 정의는 한 명 이상의 성인과 한 명 이상의 아동(혈연 및 후견)으로 이루어진 관계를 가족으로 정의하고 있고(Hantrais, 2004), 가족정책의 중심이 아동이 있는 가족으로 변화하고 있다(김수정, 2006).[9)]

Esping-Andersen의 유형에 따라 각국의 가족복지정책을 살펴보도록 하겠다.

1) 자유주의적 복지국가

(1) 미국

미국은 개인생활의 시장의존 탈피 정도를 나타내는 탈상품화지수가 선진국 가운데 가장 낮은 반면 개인주의, 자유주의 시장경제의 이념을 기본으로 하는 복지

9) 김수정(2006). "스웨덴 가족정책의 삼중동학: 탈상품화, 탈가족화, 탈젠더화". 『가족과 문화』, 18(4), 1-33.

부문에 있어서 국가개입을 통한 정부부담 정도 역시 여타 선진국보다 낮은 면을 보이는 자유주의적 복지국가 유형으로 분류된다(박성석 외, 2010).

표 3-5 미국의 한부모가족 지원정책

가구/가족형태	주요 대응전략
1인 가구	• 저소득층 1인 가구, 독거노인 등이 지원받을 수 있는 임대주택(Home Program)과 주거비 보조(Housing Choice Voucher Program, section 8), 보건 서비스(Supplemental Nutrition Assistance Program) 등이 시행되고 있다. • 활용도가 낮은 시설을 1인 가구를 위한 임대주책으로 개조하여 저소득층에 공급하는 SRO(Single Room Occupancy) 주택을 보급하여 사회적 보살핌이 필요한 1인 가구를 위한 주거로 활용하는 사례도 있다. • 즉, 미국의 1인 가구는 주로 극빈계층을 중심으로 하는 사회복지서비스 및 정책기조를 가지고 있고, 극빈계층을 위한 싱글주택 프로그램은 10년 동안 주택 임대를 지원하고 주택소유자는 보수비용 및 임대보조금을 지원받는 형식을 취하고 있다.
한부모 가족	• 저소득 한부모가족을 지원하기 위한 소득보장 및 취업지원센터(TANF, EITC, CTC 등), 양육지원(Head Start, CCDP, Child Support Collection 등), 의료지원(Medicaid, WIC, SCHIP)과 기타 지원(주거지원, 교통지원, Food Stamp, 전기 및 가스료 지원 등)을 시행하고 있다.

출처: 여성정책연구원(2012: 2).

미국의 가족복지정책의 특성은 대부분 빈곤계층 중심으로 이루어져 있다는 점으로 개인의 능력에 따라 차등적으로 그리고 목표계층에 대한 부조로 이루어지고 있다(박성석 외, 2010). 뿐만 아니라 아동이 있는 가정을 중심으로 가족복지정책이 수행되고 있고 빈곤가정을 제외한 중산층 계급 이상에서는 세금공제혜택방식을 통한 간접적 지원만 이루어지고 있는 점이 특징이다.

2) 보수적 · 조합주의적 복지국가

(1) 네덜란드의 가족수당

네덜란드는 여성의 노동당 진출로 여성의 복지 수급권이 향상되었고 기혼 여성도 독자적으로 연금 수급권을 갖게 되었으며 배우자 간에는 50%의 연금수급권이 동등하게 주어졌다(김학노, 2004; 한국보건사회연구원, 2012 재인용).

네덜란드는 복지급여의 소득 대체율이 70%에 이를 정도로 복지수준이 높은 나라이다. 특히 가족수당은 이러한 복지수준의 중심에 자리하고 있어 네덜란드의 가족복지 수준을 예측하게 한다. 네덜란드의 가족수당에 관한 내용은 〈표 3-6〉에 제시한 바와 같다.

표 3-6 네덜란드의 가족수당정책

가족수당	내용
아동수당 (Child Benefit)	• 18세 미만 아동이 있는 가족의 아동부양 및 양육에 대한 비용을 보전해 주는 것으로 액수는 자녀 수와 무관하고 연령에 기반하여 자녀가 6세, 12세가 되면 액수가 증가한다. • 아동이 장애가 있거나 직업훈련 및 특수교육을 받고 있다고 하더라도 아동의 상황에 무관하게 아동수당을 지급받을 수 있다.
TOG 장애아동수당 (TOG care allowance)	• 장애아동을 양육하는 데 소요되는 비용을 보존해 주는 것으로 아동이 심하게 아프거나 장애가 심할 때 아동을 돌보는 데 소요되는 비용을 추가로 받을 수 있다.
아동양육수당 (Childcare Allowance)	• 아동이 유치원, 보육시설, 방과 후 보육시설 등에 다니면 아동수당을 받을 수 있다. • 아동양육수당은 정부와 고용주가 근로자 가구의 아동양육비용을 지원해 주는 보조금지원제도이다. • 이 수당은 네덜란드 세무서(Dutch Tax Office)에서 지급한다. • 아동양육수단의 규모는 아동의 수, 아동양육시간, 부모의 소득 등에 의해 결정된다.
아동부조 (Child Budget)	• 정부가 저소득가족에게 매월 제공하는 부가급여로 아동부조의 수급 여부는 가족의 월소득에 의하여 결정된다. • 이는 신청할 필요가 없이 국세청 사무소에서 해당 가족에게 통보하는 형식으로 진행된다.

출처: 한국보건사회연구원(2012).

네덜란드는 OECD국가 가운데 아동의 삶의 질 수준이 높고 주관적 삶의 질이 높게 나타나고 있고 그 결과 세계적으로 출산율이 낮은 가운데 네덜란드의 출산율은 증가(한국보건사회연구원, 2012)하는 등 다방면에서 매우 긍정적인 성과를 보이고 있어 우리 사회에 시사하는 바가 크다.

(2) 독일의 가족수당

독일에서 가족을 대상으로 하는 주요 수당으로는 아동수당(Kindergeld)과 부모수당(Elterngeld)이 있다. 초기 아동수당은 남성을 수급권자로 하여 가족 생계를 담당하는 아버지의 임금을 보충해 줌으로써 여성이 어머니로서의 역할을 충실하도록 하는 취지로 진행되었고 아동수당의 법체계는 자영업자 대상과 취업근로자 대상으로 구분된다(한국보건사회연구원, 2012). 아동수당은 자녀가 18세가 될 때까지 지급하는 것을 원칙으로 하고 있으나 자녀가 18세가 넘어서도 취업을 못할 경우 21세가 될 때까지 아동수당을 받을 수 있으며 학업이나 직업훈련에 참여할 경우는 교육기간이나 훈련기간에 따라 최대 25세까지 아동수당을 수령할 수 있다(한국보건사회연구원, 2012).

부모수당은 2001년 일·가정 양립을 위해 기존 보육수당이 제공하던 보육휴가를 보육시간으로 대체한 것으로 이 제도의 도입은 아동보육의 주체를 여성으로 한정하지 않고 부모로 확대했다는 점에 의의를 둘 수 있다(한국보건사회연구원, 2012). 독일의 가족수당에 관련하여 〈표 3-7〉에 보다 구체적으로 설명하였다.

표 3-7 독일의 가족수당

가족수당	내용
아동수당 (Kindergeld)	• 공공보육시설을 제공할 경우 가족 내 아동보육기능이 약화될 것이라고 우려하여 남성 가정의 임금을 보충해줌으로써 성별 노동분리를 고착화시키고자 하였다. • 아동수당은 임금 보충적 성격을 띠며 이혼, 재혼과 그리고 이에 따른 아동수당 수급에서 발생할 수 있는 수급권이나 수급 액수 문제를 편입아동이라는 개념으로서 해결하고 있다.

가족수당	내용
부모수당 (Elterngeld)	• 1986년 도입된 보육수당, 휴가제도는 여성을 대상으로 하는 여성정책이다. • 정책목표는 전통적 성역할 분리에 의한 파트너십(Partnerschaft) 유지이다. • 1992년부터 동거 남성도 보육수당과 휴가 수급권을 갖게 되었다. • 2001년 취업활동과 가족생활을 병행할 수 있는 수단을 제시하기 위해 기존 보육수당이 제공했던 보육휴가를 부모시간으로 대체하였다. • 이 정책은 아동보육으로 인한 근무시간 단축에 대한 법적 권리보장과 시간제 노동 제한 시간 연장을 통해 시간제 취업 노동기회확대 그리고 부모시간을 동시에 사용할 수 있게 한 점 등은 아동보육의 주체를 여성에서 부모로 확대했다는 의미를 가진다. • 부모시간제도는 1년이며 부모가 모두 사용할 경우 14개월까지 사용이 가능하다.

출처: 한국보건사회연구원(2012) 재구성.

3) 사회민주주의적 복지국가

(1) 스웨덴의 가족복지정책

스웨덴 가족복지정책은 새로운 인구사회 및 경제적 변화에 적절하게 대응하기 위한 새로운 가족정책을 모색하고 있다. 스웨덴은 노인 돌봄에 관련된 정책은 노인 관련 사회서비스로 분류되어 있고 가족복지정책의 영역에는 아동이 있는 가족과 그 구성원에 대한 지원으로 한정시키고 있다.

스웨덴의 가족복지정책은 젠더, 가족, 부모 간의 평등을 충족시키기 위해 변화된 부모역할을 지지하는 정책의 제도화를 시도하였다. 대표적 가족정책으로 부모휴가제도와 아동가정양육수당이 자리하고 있으며 이 제도는 노동시장의 양성평등과 가정 내 돌봄 노동에 대한 재분배를 목표로 설계되었다(윤승희, 2010).[10] 특히 돌봄에 있어서 양성평등이 자리 잡게 된 배경에는 스웨덴의 부모휴가가 있다. 이 제도는 1974년 여성이 주로 사용했던 모성휴가를 부모 통합으로 전환시킨 것으로

10) 윤승희(2010). "북유럽 국가들의 돌봄의 가족화 정책: 부모휴가와 아동가정양육수단정책에 나타나는 아버지 상의 상이성". 『상황과 복지』, 30, 125-162.

(Nyberg, 2004)[11] 여성에게 집중되어 있는 육아부담을 덜어주고 아버지와 자녀의 친밀성을 형성할 수 있는 시간을 부여하는 등 노동시장 내 양성평등달성과 함께 가족 내 돌봄에 있어서 남성의 역할을 강조하고 있다.

또한 스웨덴은 가족 및 아동보장정책을 통해 아동의 권익을 보장하고자 노력하고 있다. 특히 이혼 및 별거가정이 증가하면서 아동이 경제적 고통을 받지 않고 성장할 수 있도록 특별지원금을 지급하고 있다. 스웨덴의 1인 가구는 [그림 3-1]에서 보는 바와 같이 증가하고 있고 스웨덴의 평균가족 생활비 60% 이하인 가족또한 증가하고 있으며 그중 1인 가족이 차지하는 비율이 높게 나타나고 있다(보건사회연구원, 2012).

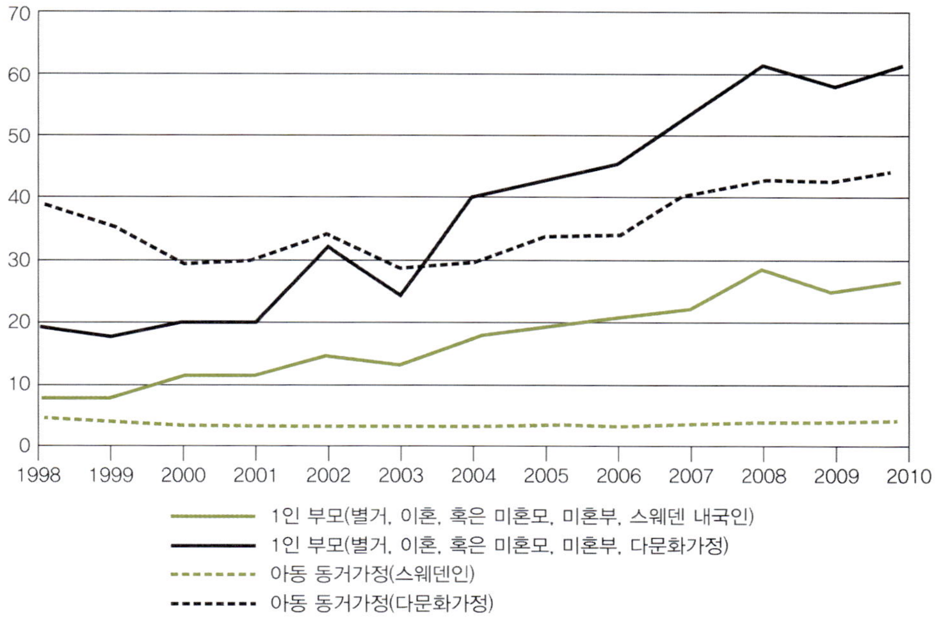

출처: PRCP(2011/12:1), p. 17; 한국보건사회연구원(2012) 재인용.

그림 3-1 평균가족 생활비 60% 이하의 가정

11) Nyberg, A.(2004). "Parental Leave, Public Childcare and Dual Earner/Dual Carer-Model in Sweden". Parental Insurance and Childcare, discussion paper.

스웨덴의 또 다른 가족복지정책으로는 부모보험과 아동보조금제도가 있다. 그와 관련하여 구체적인 내용은 〈표 3-8〉에 제시하였다.

표 3-8 스웨덴 가족정책

<table>
<tr><th colspan="2">정책</th><th>내용</th></tr>
<tr><td colspan="2">특별지원금</td><td>• 부모의 이혼 및 별거 가정을 위한 지원금으로 부모의 결혼생활의 문제로 인해 아이들이 경제적으로 고통받지 않도록 배려한다.</td></tr>
<tr><td rowspan="2">부모 보험</td><td>임신 특별수당</td><td>• 임신에 따른 건강문제로 출근하지 못할 때 임신 60일부터 출산까지 50일 동안 사용할 수 있다.</td></tr>
<tr><td>부모수당</td><td>• 출산 10일 전부터 출산준비를 할 수 있도록 휴직처리를 해주고 특별보너스를 지급한다.
• 출산모뿐 아니라 입양을 하는 부모에게도 제공한다.
• 출산 후 최대 480일 동안 육아와 건강회복에 전념할 수 있도록 하는 것으로 480일의 소진은 개인의 사정에 따라 달라질 수 있다.
• 480일을 모두 소진하였다 하더라도 자녀가 질병으로 학교나 유아원에 가지 못할 경우 자녀가 15세가 될 때까지 자녀 1인당 120일을 자녀병상휴가로 사용할 수 있다.
• 쌍둥이를 출산했을 경우 180일의 유급출산휴가를 사용할 수 있다.</td></tr>
<tr><td colspan="2">아동보조금</td><td>• 경제수준에 관계없이 태어나는 첫 달부터 16세까지 지급한다.</td></tr>
</table>

출처: 한국보건사회연구원(2012). 스웨덴 재구성.

세계적인 저출산 현상은 스웨덴도 예외는 아니다. 이러한 저출산을 극복하기 위해 스웨덴은 자녀 출산부터 양육까지 지속적인 정책적 지원을 하고 있고 이러한 노력 끝에 점차 출산율이 증가추세를 보이고 있다. 또한 스웨덴 가족복지정책의 중심은 아동으로 아동의 건강한 성장을 위한 국가적 지원을 엿보게 한다.

4장 Chapter 가족복지실천

가족복지실천은 클라이언트로서의 가족과 가족을 둘러싼 다양한 환경 내의 체계들을 변화시키기 위한 전문적 실천과정이다. 가족을 이해하기 위해 클라이언트의 문제에 개입하려는 사회복지사들은 기본적으로 가족에 대한 사정을 정확하게 할 필요가 있다. 가족문제의 해결 및 해소 그리고 궁극적인 가족기능의 회복을 목적으로 하는 개입계획과 방법의 선택을 위해 결정적인 역할을 하는 것이 바로 사정이기 때문이다.

이 장에서는 기본적인 사정의 개념을 이해하고, 가족을 이해하기 위해 무엇을 사정할 것인지와 관련된 사정영역(내용)과 어떻게 사정할 것인지와 관련된 다양한 사정방법에 대해 개괄하고, 가족실천의 과정을 초기, 중간, 종결과정으로 나누어 소개하고자 한다.

1. 가족문제 사정[1)]

1) 가족사정의 개념

가족사정은 가족복지실천의 전체 과정 중 가장 중요한 작업이다. 가족사정(family assessment)이란 가족을 하나의 '단위'로 보고 가족내부 및 가족외부 그리고 이들 양자 간의 상호작용 등을 파악하기 위해 자료를 수집 및 분석하고 종합하여 그 가족에 대한 개입을 계획하려는 과정이다. 사정과정은 사회복지사와 가족구성원의 상호작용을 통해 클라이언트의 경험을 숙고하고 분석하며 종합하게 된다.

가족문제 사정의 핵심은 가족과 관련해서 무엇을 사정하고 또 어떻게 사정해야

1) 이 내용은 김혜숙, 박주현, 이영주, 임상록(2012)에서 발췌하여 재구성한 것이다.

하는가이다. 가족은 하나의 체계이며, 하나의 단위로 평가하므로 가족에 대한 사정은 개인을 사정하는 것보다 복잡하다. 진단이 병리적이고 문제 중심의 탐색이라면, 사정은 클라이언트의 강점이나 자원, 잠재력 등을 중시하는 것이다. 따라서 가족을 사정할 때는 가족이 가진 문제만이 아니라 가족의 강점이나 자원이 무엇인지도 파악해야 한다(김혜숙 외, 2012).

2) 가족사정의 내용(영역)

(1) 가족구조와 가족기능

가족구조란 가족들의 상호작용을 결정하는 기능적 조직 혹은 가족들이 상호작용하는 조직화된 유형이다. 가족구조는 가족구성원들의 상호작용을 지배하는 암묵적인 규칙과 위계를 포함한다. 예를 들면, 부모와 자녀는 위계에 따라 상호작용하게 된다. 가족구조는 가족성원들이 어떻게, 언제, 누구와 상호작용하는지, 가족성원들 사이의 상호교류와 관련된 가족규범은 어떠한지를 나타내며, 일단 유형화되면 항상성을 유지하기 위해 변화에 저항하는 속성을 나타낸다(김유숙 외, 2005).

가족기능이란 가족집단이 가족성원이나 사회에 대하여 행하는 지속적인 작용 또는 작용관계로서 가족이 수행하는 역할, 행위로서의 가족행동을 의미하며, 가족구성원들의 의사소통, 상호작용방식, 문제해결 방법, 역할분담 등 다양한 요소가 포함된다. 가족의 기능은 시대나 그 사회문제가 개인 및 집단에게 요구하는 가치에 따라 달라질 수 있다.

(2) 가족구성원 간의 경계

가족 내 하위체계 간 경계의 명확성은 가족기능을 평가하는 유용한 기준으로, 모든 가족은 내부 경계선에 있어 양극단의 연속선상의 어느 한곳에 위치한다. 가족구성원 간에 어떠한 경계를 가지고 있느냐에 따라 밀착된 가족인지 유리된 가족인지 구분할 수 있다.

가족구성원 간의 경계특성에 따른 가족의 특징

←————————————————————→

혼돈된 경계 밀착된 가족(혼돈)	경직된 경계 유리된 가족(경직)
• 가족원 간 독립심과 자율성 결여 • 가족원의 획일적인 감정과 생각 강요 • 가족응집력의 과도함 • 속박하며 자립적인 활동이나 문제해결 지원 안 됨 • 지나친 간섭과 관여	• 가족원 간 경계가 경직 • 가족원 간 상호작용 부족 • 가족응집력과 결속이 낮음 • 정서적 욕구에 반응 못함 • 다른 가족원에 대한 관심 결여

모든 가족은 외부세계와 어떤 유형으로든 경계를 형성하며 살아간다. 가족은 주변 환경과 다양한 상호작용을 하는데, 외부와의 경계는 경계의 침투성 정도에 따라 개방형 가족, 폐쇄형 가족, 방임형 가족으로 구분된다(Kantor & Lehr, 1975). 경계의 침투성을 구분하는 기준은 가족체계에 제3자의 개입이 허용되는 정도, 가족구성원이 외부인과 정서적인 관계를 맺는 것을 허용하는 정도, 외부환경과 정보와 자원을 교환하는 정도이다.

표 4-1 가족 외부와의 경계성격에 따른 구분

개방형 가족	가족 외부와의 경계가 분명하면서도 정보교환이 자유롭게 일어나는 가족 / 건강한 가족 / 명확한 경계 예) 손님이 많은 집, 지인의 방문, 지역사회나 외부활동에 참여 또는 소속 등
폐쇄형 가족	가족 외부와의 경계가 너무 경직되어 있어 에너지와 정보교환이 없는 가족 / 건강하지 않은 가족 / 경직된 경계 예) 잠긴 문, 높은 담장, 출입금지, 낯선 사람에 대한 세밀한 조사 등
방임형 가족	가족 외부와의 경계가 불분명함. 가족경계선의 방어를 중요하게 생각하지 않으므로 외부와의 교류에 제한이 없는 가족 / 건강하지 않은 가족 / 혼돈된 경계

(3) 가족규칙

가족규칙이란 가족들 간에 지켜야 할 의무나 태도에 대한 지침이나 권리 등을 말한다. 가족규칙은 항상성 유지를 위해 가족성원들에게 특정한 방식으로 행동하는 것을 허용하거나 허용하지 않을 수 있는데, 이는 가족 내에서 적절한 행동이라고 간주되는 것을 구체화한 것이며, 가족구성원들이 이해는 되지만 논의하지는 않는 반복된 가족의 상호교류이기도 하다(Kirst-Ashman & Hull Jr., 2002). 따라서 전체 가족과 가족구성원 개인이 효율적이고 생산적으로 기능하도록 하는 규칙을 수립하는 것이 중요하다.

가족 내에 많은 규칙이 존재할 수 있으나 역기능적 가족의 경우에는 가족규칙이 한정되어 있으며, 역기능의 정도가 심할수록 적은 수의 규칙에 의해 운영되는 경우가 많다. 대체적으로 기능적인 가족규칙은 가족에게 해결책을 탐색할 기회를 제공하고 가족구성원들이 서로 협의하고 적응적이며 건강하게 발달하도록 만든다.

〈가족규칙 사정 시의 질문〉

- 가족 내 어떤 규칙이 존재하는가?
- 가족규칙 중 변화가 필요한 규칙은 어떠한 것인가?
- 가족규칙 중 적합한 규칙과 부적합한 규칙은 어떠한 것인가?
- 가족규칙은 명시적인가 또는 암시적인가?
- 가족규칙은 누가 만드는가?
- 가족규칙은 융통성이 있는가?
- 가족규칙을 어길 때 어떻게 반응하는가?

(4) 가족구성원의 의사소통

가족은 가족이라는 체계 안에서 가족원들의 개별적인 경험과 가족이라는 집단 경험을 기초로 가족 특유의 의사소통방식을 발달시킨다. 가족에서의 의사소통 구조는 수평적인 관계인 부부관계의 의사소통과 수직적인 관계인 부모－자녀 관계의 의사소통으로 나뉠 수 있는데, 부부간의 의사소통과 부모－자녀 간의 의사소통은 서로 영향을 주고받는다. 가족구성원 간의 의사소통은 가족기능을 이해하는 핵심개념 중 하나로 언어적 · 비언어적 메시지를 통해 사실적인 정보를 전달하고 생각 및 감정을 상호교류하는 과정이다.

가족구성원 간의 의사소통은 가족 내에서 가족 간의 경계선, 친밀감, 위계질서, 규칙, 역할 등을 표현하는 통로가 된다. 따라서 가족문제를 사정하기 위해서는 가족들이 서로 어떤 내용으로 어떻게 의사소통을 하는지 주의 깊게 살펴보아야 한다.

① 기능적 의사소통의 특징

기능적 의사소통이란 상대방의 말과 비언어적 표현이 일치하지 않을 때 이를 분명히 파악하여 명료화하고, 자유롭게 사실이나 감정을 표현하는 긍정적인 의사소통유형이다. 메시지를 전달할 때 자신의 의견과 생각, 느낌을 분명하고 정확하게 전달하기 때문에 의사소통의 명확성이 높다.

기능적 의사소통의 예로는 Gordon이 부모효율성 프로그램을 통해 소개한 나 전달법(I－message)이란 대화방법을 사용하는 것이다. 즉, 상대방과 갈등이 발생했을 때 자신의 마음을 효과적으로 알리는 대화기술로, '나'를 주어로 하여 자신의 감정을 표현하므로 상대방을 존중하면서도 자신의 주장을 전달할 수 있으며 상대로 하여금 친밀성과 진지함을 가지게 하여 원만한 관계를 유지할 수 있다.

- 나 전달법(I－message): "약속시간이 지났는데 연락도 하지 않고 오지도 않아서 무슨 일이 생긴 건 아닌지 걱정했어. 내가 기다린다는 것을 알 텐데 연락도 없으니까 섭섭하고 화도 나더라."

② 역기능적 의사소통의 특징

역기능적 의사소통은 서로 상대방의 눈치를 보면서 이야기를 하거나 표현을 주저하고 회피적인 태도를 보이는 의사소통 유형이다. 이러한 소통방식은 비난적인 표현을 더 많이 경험하며, 애매모호하고 간접적인 방식으로 의사소통한다. 따라서 역기능적인 의사소통 양식은 가족구성원에게 고통을 안겨줄 수도 있으며 문제를 유발할 수 있다. 나 전달법(I-message)과는 반대로 너 전달법(You-message)은 너(you)가 주어가 되어 비난하거나 명령 혹은 지시하고 상대에 대한 평가를 담은 표현을 많이 하게 한다. 너 전달법은 상대방에게 행동변화를 요구하지만 상대방이 받아들이기 어렵고 오히려 저항하게 만든다.

- 너 전달법(You-message):
  "너는 항상 그런 식이더라."
  "너하고 이제 약속하나 봐라."
  "너는 어떻게 아무 말도 없이 안 나올 수가 있니?"

③ 가족원의 의사소통 사정에서 고려해야 할 요소

- 의사소통하고자 하는 내용은 명확한가?
- 효과적인 의사소통을 방해하는 요인은 무엇인가?
- 의사소통은 분명하게 표현되고 수용되는가?
- 가족의 감정표현이 어느 정도 허용되는가?

Tip

가정폭력 신고 건수를 통해 부부싸움의 원인을 파악한 결과 부부간에 사소한 의견차이가 큰 싸움으로 이어지는 경우가 대부분이었고 결국 의사소통이 제대로 이루어지지 않은 경우가 많았다.

출처: 기호일보(2014. 3) 재구성.

(5) 가족생활주기

가족의 대부분의 문제는 생활주기 가운데 어떤 단계의 중단 또는 위치 변화가 있을 때 발생한다. 가족생활주기(family life cycle)란 시간의 경과에 따른 가족 내의 발달적 경향을 묘사하기 위해 일반적으로 사용하는 용어이다(Carter & McGoldrick, 1999). 가족은 가족생활주기의 단계를 거치면서 각 단계의 적응과정에서 많은 스트레스를 경험할 수 있고, 스트레스가 심하면 가족의 위기 혹은 가족문제가 발생할 수 있다.

가족을 사정할 때는 가족이 생활주기를 어떻게 경험하였고, 현재 어느 생활주기에 처해 있으며 이에 대해 각 성원이 어떻게 반응하는지 등의 적응상태를 사정한다. 가족의 생활주기를 사정함으로써 가족원들의 욕구와 욕구충족 여부를 파악할 수 있다.

3) 가족사정방법(사정도구)

앞 절에서는 가족사정이 무엇이고 가족문제를 사정할 때 무엇을 사정해야 하는가의 사정내용에 대해 알아보았다, 이 절에서는 가족문제를 사정할 때 사용되는 사정도구에 대해 살펴볼 것이다. 각 사정도구의 장・단점에 대해 이해하고 자신의 가족을 사정도구를 사용해 그려보면 사정도구의 이해는 물론 가족관계의 이해에도 도움이 될 것이다.

(1) 면접

면접은 가장 오래되고 널리 사용되는 사회복지실천방법 중 하나이다. 면접은 사회복지사와 클라이언트가 직접 대면하고 문제를 논의하는 과정이므로, 서로 간에 신뢰를 구축할 수 있는 방식이기도 하다. 면접은 클라이언트에 대한 정보를 얻기 위한 것뿐만 아니라 면접 자체를 통해서 클라이언트에게 문제해결에 직접적인 도움을 주기도 한다.

가족문제의 경우 클라이언트가 처해 있는 현재 문제 상황, 문제해결 목표, 목표를 달성하기 위해 어떤 개입방법을 선택해야 할지를 결정해야 하며, 발생한 문제에 대해 가족 모두가 참여할 것인지 개별면접을 할 것인지, 둘 이상의 집단면접을 할 것인지, 그리고 어떤 질문들을 사용할 것인지를 미리 준비하는 것이 중요하다. 따라서 사회복지사의 신중하고 세밀한 면접방법의 선택에 의해 사정과정이 달라질 수 있을 것이다.

(2) 관찰

관찰은 사회복지실천의 모든 과정 동안 사용하는 기술로서 사정과정에서 매우 중요한 역할을 한다. 가족의 역할, 가족관계, 가족의 생활모습 전반을 주의 깊게 살펴보는 도구로 작용할 수 있다. 특히 아동의 경우 자신의 모습에 대해 적절하게 표현할 수 있는 의사표현능력이 부족하므로 관찰을 통해 아동의 일상적 습관, 또래관계, 학교생활, 부모자녀관계 등을 파악할 수 있다.

사회복지사는 관찰을 통해 가족구성원의 표정, 손놀림, 눈 마주침, 얼굴 붉힘, 억양 등 비언어적 형태의 자료를 수집할 수 있는 효과적인 사정도구로 활용할 수 있다. 그러나 관찰자(사회복지사)가 사회적 통념이나 문화적 편견을 가지고 사정을 한다면 왜곡될 가능성이 있으므로 가능한 한 가족원이나 가족원 간의 역동성을 자연스럽게 관찰할 수 있어야 하며, 편견을 버리고 객관적인 사정을 해야 할 것이다.

(3) 사정도구에 의한 사정

① 가계도

가. 특징

가계도(genogram)는 Bowen(1978)의 다세대 가족체계이론에 근거한 사정도구로, 가족의 구조와 기능을 사정하는 데 널리 활용되고 있다. 세대에 걸친 가족구성원에 관한 정보와 그들 간의 관계를 도표로 기록·작성하는 방법으로, 가족 내 역동이나 여러 세대에 걸쳐 발전된 가족역할, 유형, 관계 등을 알아볼 수 있으며, 가족성원들의 세대 간 정서·행동상의 문제행동 패턴을 이해하는 데 도움이 될 수 있다(사회복지실천연구회, 1998).

가족에 관한 정보가 그림으로 표현되기 때문에 복잡한 가족유형의 형태를 한눈에 볼 수 있으며, 사회복지사와 클라이언트가 함께하는 작업 그 자체가 사정과정이고 기록이다.

나. 가계도를 통해 알 수 있는 정보

- 가족구성원에 대한 세부 정보: 연령, 출생 및 사망 시기, 직업, 교육수준, 결혼관계, 동거여부, 병력, 종교 등
- 사회적 정보(사회계층, 인종 등)
- 각 구성원과의 관계표시: 단절, 융합 또는 밀착 정도
- 가족관계: 혈연 또는 인위적 관계
- 가족의 역할 및 유형

가계도는 보통 클라이언트와 사회복지사(또는 상담사)가 함께 작성한다. 그러나 가족성원이 가계도 작성에 거부감을 보일 경우 이를 존중해 주어야 한다. 일반적으로 여성은 원으로, 남성은 네모로 표시한다. 네모나 원 밖의 이중 테두리는 개인 클라이언트를 표시한다. 동일세대의 가족구성원은 수평선으로 그리고 결혼하여 생긴 자녀는 부모의 수평선 밑에 수직선으로 연결한다. 자녀는 연장자부터 연소자 순서로 왼쪽에서 오른쪽으로 서열한다.

가족구성원의 이름과 나이는 네모나 원 안에 표기한다. 가족구성원이 사망하였다면 사망연도, 사망연령, 사망원인을 간단히 기록한다. 사망, 이혼 및 재혼 등과 같은 중대한 사건을 표시하고 또 다른 행동특성을 나타내기 위해 다른 기호 또는 문자해설 등을 사용한다.

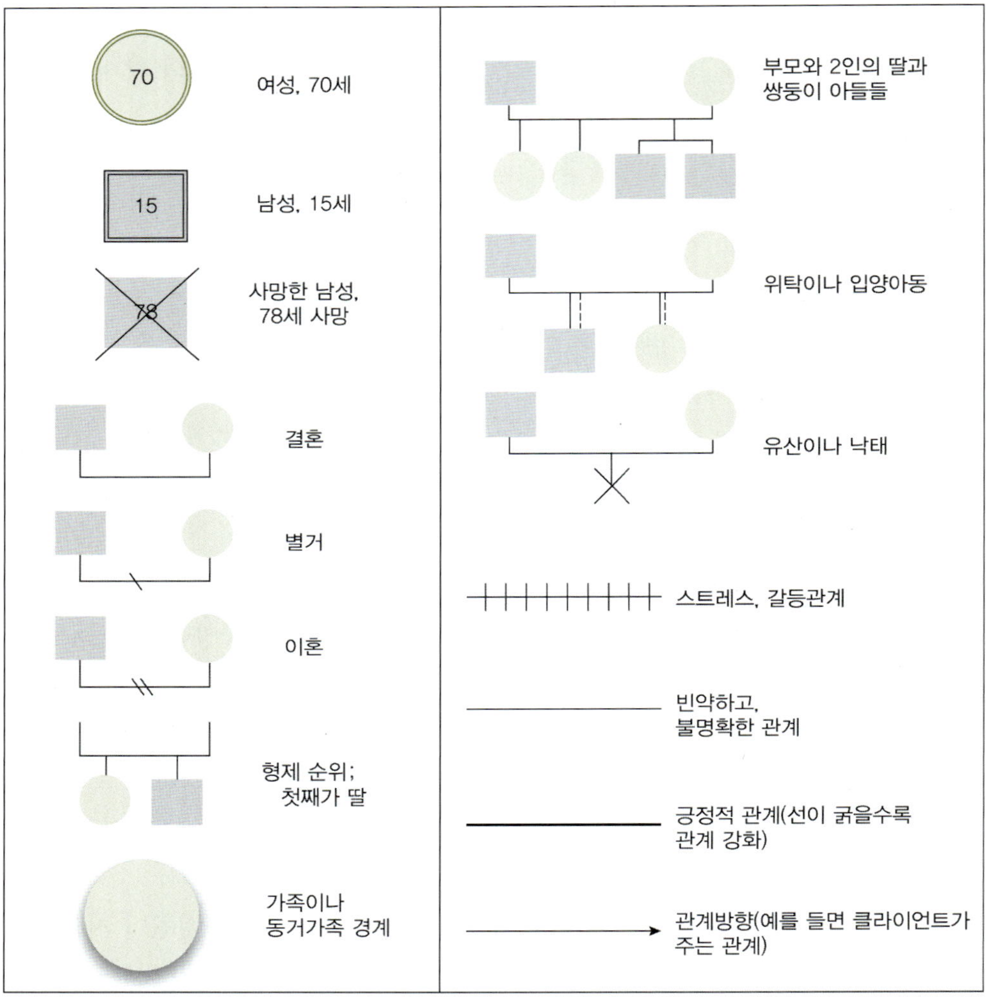

출처: 서울대 사회복지실천연구회 역(1998).

그림 4-1 가계도 상징기호

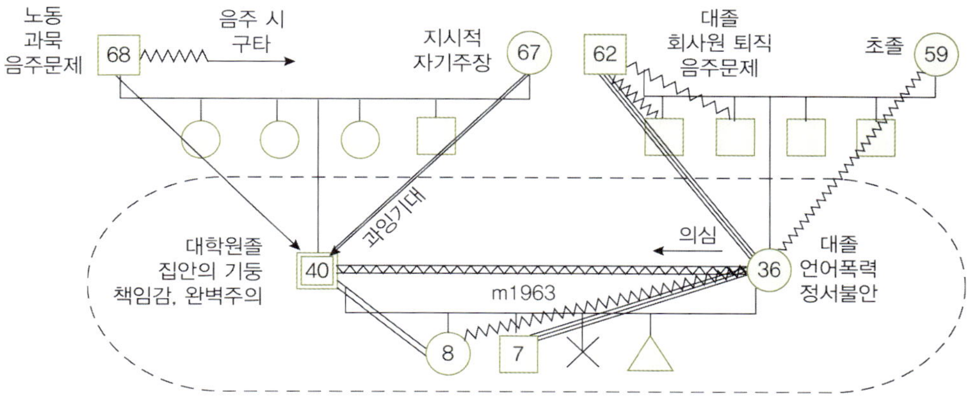

주: [그림 4-2]의 가계도 해석: 클라이언트는 40세 가장으로, 평소 성격이 과묵하고 음주를 하면 어머니를 폭행하는 부친(68세)과 지시적이고 자기주장이 강한 모친(67세) 사이에서 성장했다. 클라이언트는 위로 누나 둘이 있고 아들을 기다리다 태어난 첫 아들이라 부모님의 큰 기대감과 집안의 기둥이라는 책임감을 갖고 대학원까지 졸업했다. 특히 모친이 클라이언트에게 갖는 기대감이 매우 강하다. 클라이언트의 아내(36세)는 회사원으로 퇴직하고 음주문제를 갖고 있으며 대학교를 졸업한 아버지(62세)와 초등학교만 졸업한 어머니(59세) 슬하에서 5남매 중 외동딸로 성장하면서 정서적으로 불안감을 갖고 있으며 언어폭력을 행사하고 있다. 클라이언트의 아내는 친모와는 관계가 좋지 않으며 친부와는 밀착관계이다. 이들 부부는 1963년 결혼하였고 아내가 남편에게 집착하여 밀착관계이면서도 갈등적인 관계를 보이고 있다. 이들은 연년생 남매를 두고 있으며 과거 유산경험이 있고, 현재 아내는 임신 중이다. 아버지와 큰딸(8세)의 관계는 친밀한 관계이며 엄마와 큰딸은 갈등관계에 있고 엄마는 둘째인 아들(7세)과는 매우 밀착되어 있다.

그림 4-2 가계도 예시

② 생태도

생태도(ecomap)는 1975년 Ann Hartman(1975)이 개발한 가족관계에 대한 도식으로, 클라이언트 및 클라이언트와 관련된 사람, 관련된 사회복지기관과 환경의 영향 및 그 상호작용의 변화를 묘사하기 위해 사용된다. 생태도는 '환경 속의 인간'에 초점을 두고 클라이언트를 생태학적 관점에서 이해하는 데 도움이 되며, 클라이언트 가족에게 유용한 자원이나 환경이 무엇인지, 가족체계에 스트레스를 주는 것은 무엇인지, 그리고 이들 체계 간의 관계가 어떻게 유지되고 있는지 등에 관한 많은 정보를 제공한다.

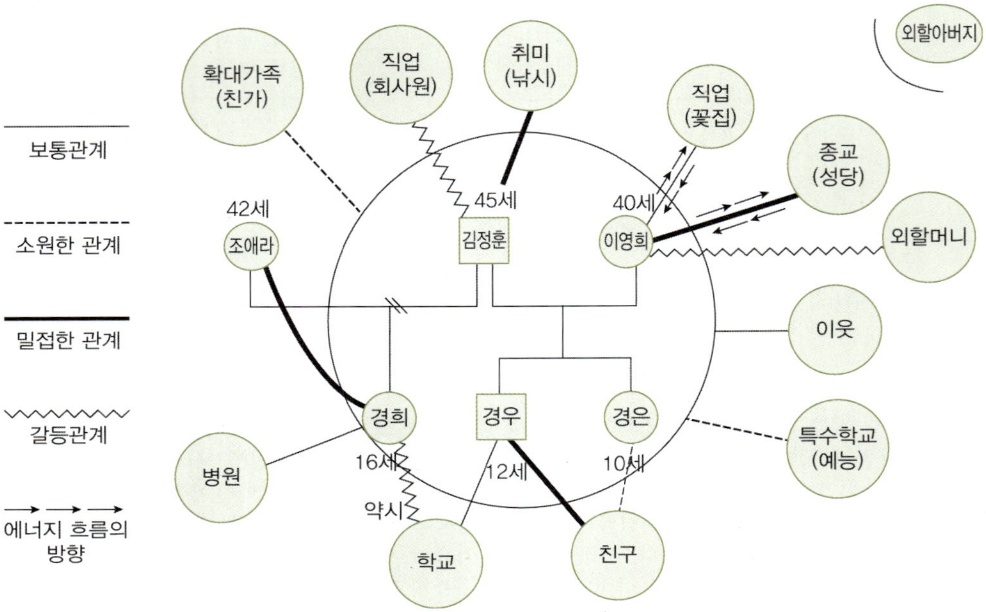

주: [그림 4－3]의 생태도 해석: 위의 가족은 재혼가족이다. 아버지 김정훈(45세)은 첫 부인 조애라(42세)와의 사이에서 딸 경희(16세)를 낳고 이혼한 후 현재의 부인 이영희(40세)와 결혼하여 아들과 딸을 두고 있다. 큰 딸 경희는 약시라는 신체적 장애를 가지고 있으며 학교에 잘 적응하지 못하고, 같이 살고 있는 새엄마 이영희보다 친모인 조애라와 밀착되어 있다. 아들 경우(12세)는 친구관계나 학교생활에는 문제가 없으나 막내 딸 경은(10세)은 예체능에 우수한 아이로 특수학교에 다니지만 친구관계가 원만하지 않다. 이 가족의 외부체계와의 관계는 부모는 모두 직업활동을 하고 있고 아버지는 낚시, 어머니는 종교(성당)에 의지하고 있으나 양가의 확대가족은 모두 별 도움이 되지 못하고 있다. 아버지의 확대가족은 이 가족 전체와 관계가 소원하고 이영희 씨는 아버지와는 관계가 단절되었고 어머니와는 사이가 좋지 않다. 이영희는 성당으로부터 지지를 받고 있고, 꽃집경영에 힘을 쏟고 있으며 도움도 받고 있다. 아버지는 현재 본인의 직업에 대해 갈등을 느끼고 있는 상태이다.

그림 4-3 생태도 예

〈생태도 작성방법〉

- 가족을 표현하는 원을 중앙에 그려 클라이언트를 중심으로 그 가족을 표시한다.
- 가족이 일상적으로 상호작용하는 주변 환경체계(직장, 병원, 학교, 친구, 사회복지기관, 취미, 오락, 확대가족성원, 보호관찰소 등)는 중심원 주변에 각각의 원으로 표시한다.

- 가족과 환경체계의 관계를 다양한 선으로 표현한다.
- 가족 및 관련 체계 사이의 자원 및 의사소통 교환인 에너지의 직접적인 흐름의 방향은 화살표로 나타낸다.
- 실선(─)은 긍정적 관계를 나타내는데 실선이 굵을수록(▬) 밀착관계를 나타내며, 점선(---)은 미약한 관계, 그리고 사선(卌)은 긴장이 많거나 갈등적인 관계를 보여준다.
- 가족 주변의 원의 크기나 선의 길이는 생태도에서 중요하지 않으며 선의 굵기가 가족관계를 나타내는 중요한 표시가 된다.

③ 생활력도표

생활력도표(life chronology)는 가족이나 가족구성원에게 발생한 중요한 사건이나 문제를 시기를 중심으로 연대기적으로 작성하며, 가계도나 생태도처럼 원이나 화살표 등의 기호를 사용하는 것이 아니라 표를 이용한다.

생활력도표는 클라이언트의 생애 동안 발생한 사건이나 문제의 발전과정을 알 수 있으며, 아동과 청소년 대상의 활동에서 유용하게 사용된다. 또한 가족의 다양한 시기의 자료를 조직화하여 표현한다.

표 4-2 생활력도표의 예[클라이언트: 나하늘(여, 40세)]

연도	나이	장소	가족	주요 사건	문제
2002	27	서울시	첫째 자녀	출생	미숙아로 탄생
2004	29	마산	남편	실직과 잠적	심한 빚 독촉으로 남편 잠적
2008	33	마산	남편	입원	남편의 심한 알코올 중독
2010	35	부산	가족 모두	친정 근처로 이사	극심한 생활고

④ 사회적 관계망

가족은 지역사회에서 주변 사회체계와 지속적으로 상호작용한다. 사회적 관계망(social network grid)은 사회적 지지를 제공하는 관계들의 망을 의미한다. 클라이언트가 가지고 있는 사회적 관계의 지지 정도와 질, 그리고 지지의 방향, 관계의 종류를 그림이나 도표로 보여줌으로써 가족의 관계망을 전체적으로 볼 수 있게 해준다.

사회적 관계망은 관계망 안에 있는 사람들이 클라이언트 또는 가족과 어떤 관계가 있고 이들이 주고받는 물질적·정서적·정보적 지원은 어느 정도이며, 도움의 방향은 어떠한지, 친밀성과 접촉빈도는 어느 정도인지 등을 종합적으로 파악할 수 있다.

표 4-3 사회적 관계망 그리드 예

응답자	생활영역	물질적 지지	정서적 지지	정보/조언	비판	원조방향	친밀도	만나는 빈도	알고 지낸 기간
:___	1. 가구원 2. 다른 가족 3. 직장/학교 4. 조직 5. 다른 친구 6. 이웃 7. 전문가 8. 기타	1. 거의 없다 2. 가끔씩 3. 거의 항상	1. 거의 없다 2. 가끔씩 3. 거의 항상	1. 거의 없다 2. 가끔씩 3. 거의 항상	1. 거의 없다 2. 가끔씩 3. 거의 항상	1. 양방향 2. 그들에게만 3. 그들이 당신에게만	1. 거의 친하지 않음 2. 가까운 정도 3. 매우 가까움	1. 1년에 한 번 2. 한 달에 몇 번 3. 주마다 몇 번 4. 매일	1. 1년 이하 2. 1~5년 3. 5년 이상
01									
02									
03									
04									
⋮									
13									

출처: Tracy & Whittaker(1989).

⑤ 맥매스터의 가족사정척도

캐나다의 맥매스터 대학 정신과에 재직하던 Epstein 등(1978)에 의해 개발된 가족사정척도(McMaster Family Assessment Device: FAD) 모델은 가족기능을 평가하고 진단하는 개념적 준거 틀을 제공하고 있다는 평가를 받고 있다. FAD는 문제해결,

의사소통, 가족의 역할, 정서적 반응성, 정서적 관여, 행동통제, 전반적 기능의 7개 하위영역으로 가족기능을 구성한다.

- 문제해결차원: 가족이 효과적인 기능을 유지하는 데 요구되는 수준으로 문제를 해결할 수 있는가.
- 의사소통차원: 효과적인 기능을 위해서 의사소통이 모호하고 위장되어 있기보다는 개방적이고 명백하게 이루어지는가.
- 역할차원: 가족구성원들의 매일의 일상생활을 하기 위해서 수행해야 하는 특수한 행동들이 잘 분담되고 있는가.
- 정서적 반응성 차원: 가족이 주어진 자극에 따라 적절한 내용과 적절한 양의 감정으로 반응할 수 있는 능력이 있는가.
- 정서적 관여 차원: 가족이 그 구성원들의 관심사의 활동에 얼마나 관심을 보이는가.
- 행동통제 차원: 가족구성원들의 행동을 다스릴 규범과 기준들을 가지는가.
- 가족의 전반적 기능 차원: 가족의 건강 및 병리를 총체적으로 측정하는 것, 즉 가족기능의 효과성을 살펴보는 차원

가. 척도구성

FAD의 원 문항은 총 53문항(Epstein et al., 1993)이나 한국인의 문화적 특성을 고려하여 수정된 단축형 34문항(정수경, 1993)이 주로 사용된다. 단축형의 각 하위영역에 해당하는 문항은 다음과 같다.

- 문제해결 문항: 14, 22, 34
- 의사소통 문항: 2, 10, 25, 33
- 가족역할 문항: 8, 13, 20, 27, 30
- 정서적 반응성 문항: 5, 11, 18, 23
- 정서적 관여 문항: 15, 17, 19, 21, 24, 31
- 행동통제 문항: 4, 9, 17, 26, 28
- 가족의 일반적 기능 문항: 1, 3, 6, 12, 16, 29, 32

각 항목의 점수를 합하고, 건강하지 않은 기능을 기술하는 문항은 역으로 채점해서 합산한다. 총점이 높을수록 가족기능이 건강한 것이다.

나. 척도 내용

FAD(Family Assessment Device)

* 다음은 귀하의 가족을 나타낸 질문입니다. 해당하는 곳에 표시해 주시기 바랍니다.

매우 그렇다	그런 편이다	그렇지 않다	전혀 그렇지 않다
1	2	3	4

우리 가족은

1. 서로를 잘 이해하지 못하기 때문에 우리가 해야 할 일을 계획하지 못한다 ( )
2. 누군가가 기분이 나쁘면 왜 그런지 안다 ( )*
3. 위기가 닥치면 서로에게 도와달라고 부탁할 수가 있다 ( )*
4. 갑자기 큰일을 맞게 되면 어찌할 바를 모른다 ( )
5. 서로에 대한 애정표현을 하지 않으려고 한다 ( )
6. 슬픈 일이 있어도 서로에게 그런 얘기를 하지 않는다 ( )
7. 자신에게 중요한 일일 때만 서로에게 관심을 가진다 ( )
8. 집에서 할 일이 충분히 나뉘어져 있지 않다 ( )
9. 규칙을 어겨도 그냥 지나간다 ( )
10. 빗대서 말하기보다는 직접 솔직하게 이야기한다 ( )*
11. 감정적으로 반응하지 않는 식구들이 있다 ( )
12. 우리가 두려워하는 일이나 걱정에 대해 이야기하기를 꺼린다 ( )
13. 각자의 역할을 다하지 못한다 ( )
14. 집단문제를 해결하려고 애쓴 후에 그것이 잘되었는지 아닌지에 대해 얘기하곤 한다 ( )*
15. 지나치게 자기중심적이다 ( )*

16. 서로에게 감정을 표현할 수가 있다 ……………………………………………………( )*
17. 화장실을 사용하는 방식이 정해져 있지 않다 ……………………………………( )
18. 서로에 대한 사랑을 표현하지 않는다 ………………………………………………( )
19. 우리에게 관계있는 일에만 서로 관여하게 된다 …………………………………( )
20. 식구들이 개인적인 관심사를 알아볼 시간이 별로 없다 …………………………( )
21. 개인적으로 얻는 것이 있다고 생각할 때 서로에게 관심을 보인다 ……( )
22. (나쁜) 감정문제가 나타나면 거의 풀고 지나간다 ………………………………( )*
23. 다정다감한 편은 아니다 ………………………………………………………………( )
24. 어떤 이득이 있을 때만 서로에게 관심을 보인다 …………………………………( )
25. 서로에게 솔직하다 ………………………………………………………………………( )*
26. 어떤 규칙이나 기준을 고집하기 않는다 ……………………………………………( )
27. 어떤 일을 부탁하고 나서 나중에 다시 일러줘야 한다 …………………………( )
28. 집에서 지켜야 할 약속들을 어기면 어떻게 되는건지 모른다 ………………( )
29. 함께 있으면 잘 지내지 못한다 …………………………………………………………( )
30. 가족으로서 각자가 해야 할 일에 대해 불만을 가지고 있다 …………………( )
31. 비록 좋자고 하는 것이지만 서로의 생활에 너무 많이 개입한다 …………( )
32. 서로를 믿는다 ……………………………………………………………………………( )*
33. 누가 해 놓은 일이 마음에 들지 않으면 그 사람에게 말한다 ………………( )*
34. 문제를 해결하려고 할 때 여러 가지 방법을 생각해 본다 ……………………( )*

*은 역채점 문항/점수가 높을수록 가족기능이 좋은 것임

출처: 정수경(1993).

2. 가족대상 실천과정

가족복지실천에서는 개인의 문제가 아닌 가족단위의 문제가 주요 실천대상이 되며, 경우에 따라서는 개인의 문제를 해결하기 위해 가족단위의 개입이 이루어지기도 한다. 가족복지실천과정에서는 가족을 하나의 체계로 보고 그 체계 속의

상호작용 및 교류의 양상을 사정하고 이러한 상호관계의 역동에서 나타나는 개인과 가족의 역기능적인 증상에 새로운 변화가 일어나도록 개입한다. 가족복지실천과정도 개인대상의 실천과정과 유사하다.

가족복지실천과정은 가족을 대상으로 접수면접과 관여, 자료수집과 사정작업이 이루어지는 초기과정, 가족들의 변화를 위해 상담자의 개입기술이 활용되고 가족들의 관계가 변화되어지는 중기과정, 가족들이 원하는 정도의 변화가 이루어지고 증세나 문제가 해결되어지는 종결과정으로 분류하여 설명하고자 한다.

1) 가족실천 초기과정

가족실천 초기과정에서는 사례를 확인하고 사례가 기관의 서비스방향과 맞는지 여부를 판단한다. 주요한 과업은 클라이언트와 긍정적 관계를 형성하여 참여를 유도하고 클라이언트의 문제를 이해하기 위한 자료를 수집하는 것이다. 수집된 자료를 해석하고 문제를 규정해야 한다. 가족개입의 초기과정은 접수, 자료수집과 사정, 계획을 포함한다(김혜숙, 2008).

(1) 접수

접수는 사회복지실천과정을 시작하는 단계로 보통 가족 중 한 사람이 직접 상담소를 방문하든지 전화로 접수 예약을 함으로써 시작된다. 접수를 받는 상담자도 상담의 훈련을 받은 사람이 상세하게 잘 듣고 반영하면서 파악해야 한다. 첫 면담하기 전에 접수를 통해 가족들의 전반적인 상황들을 잘 파악해야 한다.

접수면접에서는 상담을 의뢰한 가족구성원에 대한 성명과 전화번호, 가족의 문제가 무엇인지, 문제의 지속기간 및 문제의 강도, 가족들의 현 상태 및 대처방식들에 대해 이야기한다. 가족구성원들의 상담 경험 유무와 상담의 효과성, 문제로 인한 자살시도 경험, 가정폭력의 유무, 이혼의 유무, 정신과 입원경력 여부, 약물 또는 알코올 중독의 유무 등도 파악한다. 또한 가족들의 문제와 관련된 주변 체계들과 환경들의 영향력도 파악한다. 가족 상담의 동기나 가족들의 관심 정도를 파악하며 첫 면접 상담에 참여할 사람과 시간 및 날짜를 합의해서 결정한다.

접수자는 상담이 유료 상담인지 무료 상담인지, 가족의 문제가 우리 기관에서 다룰 수 있는지 없는지도 결정해 주어야 한다, 기관에서 서비스 제공이 불가능하다고 판단되면 다른 기관에 의뢰한다. 접수된 사례에 대해서는 클라이언트와 긍정적인 원조관계를 수립함으로써 클라이언트의 참여를 유도한다.

(2) 자료수집과 사정

이 단계는 내담자 가족과 가족원의 욕구와 문제들을 관찰하고 파악하여 사정하고 개입목표를 설정하고 적절한 개입방법 및 개입기술을 결정하는 과정이다. 자료수집은 클라이언트의 진술과 클라이언트의 비언어적 행동, 가족이나 이웃, 친구, 다른 기관 등의 면접을 통한 부수적인 정보, 상담자 또는 사회복지사와 가족원이 직접 상호작용하면서 느끼는 개인적 경험, 각종 검사기록(학교/병원기록, 심리, 신체검사 등), 관찰과 가정방문 등으로 이루어진다.

사정은 수집 정리된 자료를 분석하고 심사숙고하여 문제를 규정해 내는 작업으로 자료를 해석하고 문제를 규정하며 개입방향을 결정하는 일이다. 사정과 자료수집은 동시에 일어나며 순환적으로 진행된다. 사정과정은 앞의 절에서 설명한 다양한 영역(내용)과 사정도구를 활용하여 이루어진다.

(3) 계획

이 단계는 클라이언트와 사회복지사가 서로의 의무와 과업, 구체적 실천 활동을 상호 약속하는 것으로, 목표달성 전략, 사회복지사와 클라이언트의 역할, 개입방법, 평가방법 등을 기술한 내용에 대해 사회복지사와 클라이언트가 동의하는 것이다. 이 과정에서 상호계약의 공식화, 원조과정과 클라이언트가 실제로 무엇을 기대하고 있는지를 명확하게 한다.

2) 가족실천 중기과정

중기과정에서는 사정을 통해 드러난 문제들 가운데 실천과정을 통하여 해결할 수 있거나 해결해야 하는 표적문제를 설정하고 이에 대한 대안을 모색하여 개입하는 과정이다. 가족체계가 복잡하고 다양하기 때문에 하나의 개입모델이나 실천원칙들을 적용하는 것만으로는 충분하지 못하다. 따라서 문제의 원인과 유형, 그리고 개입계획을 달성하기 위해 필요한 자원의 유형 등에 따라 다양한 실천모델과 기술을 복합적으로 활용하는 것이 효과적이다.

가족대상 사회복지실천에서는 다양한 가족치료학파에서 사용되는 치료기법이 많이 사용되는데 여기에서는 각 학파에서 고안된 대표적이며 많이 활용되고 있는 개입기법으로 가족조각, 탈삼각화, 경계 만들기, 예외질문 등을 소개하고자 한다.

(1) 가족조각

가족조각은 Satir의 경험적 가족치료의 주요 기법으로, 가족구조나 기능을 살펴볼 수 있는 사정기법으로도 활용되며 치료적 개입기법으로도 사용된다. 가족조각은 공간 속에서 가족구성원들이 몸을 이용해 가족구성원이 가족에 대해 어떻게 인식하고 있는지를 시각적으로 표현함으로써 가족에 대한 이해를 돕는 기법이다.

가족성원 중에 한 사람이 조각자가 되어 자신이 지각하고 있는 상황을 각 성원에게 표현하도록 각자의 위치와 신체적 표현을 정해준다. 나머지 구성원들은 조각자가 표현하고 싶은 것이 모두 표현될 때까지 그 자세를 유지한다. 모든 가족이 조각해 보도록 한 후, 조각한 이후에 가족성원 전체가 경험한 것을 이야기하도록 한다. 이때 이성적인 피드백보다는 정서적 피드백이 더 중요하다.

가족원들은 다른 성원들의 조각을 보는 과정에서 통찰력, 이해, 공감, 동정, 후회, 사과 등의 감정을 경험하게 되며, 말 없이도 다른 사람의 관점을 이해하는 수단을 제공하므로 특히 말이 서투른 가족원에게 유용하다.

(2) 탈삼각화

탈삼각화는 Bowen의 가족치료기법이다. 가족 내 두 사람 사이에서 스트레스나 긴장관계가 발생했을 때 제삼자를 두 사람의 상호작용체계로 끌어들이는 것이 삼각화 혹은 삼각관계인데 삼각관계는 문제를 해결하는 데 도움이 되지 못하고 오히려 문제를 은폐하거나 분산하게 한다. 따라서 탈삼각화는 제삼자를 두 사람의 관계에서 분리시켜 삼각관계를 벗어나게 함으로써 가족원들이 자아분화[2)]하도록 하는 것이다. 부부간 갈등이 심한 경우 자녀를 삼각관계로 끌어들이게 되는데 사회복지사는 부모가 그들의 갈등을 스스로 다루게 한다. 또한 사회복지사를 삼각관계로 끌어들이려는 경우에 이에 끼어들지 않고 객관적인 자세를 취해야 한다.

(3) 경계 만들기

경계 만들기는 Minuchin의 가족치료기법이다. 가족 내 하위체계 간 경계선이 모호하거나 너무 경직된 경우 이를 수정하는 개입이 필요한데, 경계만들기는 가족성원 각자가 체계 내에서 적절한 위치에 있도록 하위체계 간 경계를 분명히 유지하게 하는 기법이다.

밀착된 가족은 하위체계 간 경계선을 강화시키고 각 개인의 독립성을 키워주며, 분리된 가족은 가족성원 간 교류를 촉진시키고 경직된 경계선을 완화시킨다. 부모연합이 약한 가족은 부부관계를 강화하고 아이들과 상호작용으로 연합전선을 형성할 수 있도록 돕는다.

(4) 예외질문

예외질문은 해결중심 단기가족치료의 대표적 기법 중 하나로 문제해결을 위해

2) 내적·외적 정서적 압력에 자동적으로 반응하지 않고 생각할 수 있는 능력이며, 불안에 직면하더라도 유연하고 현명하게 행동할 수 있는 능력을 말한다. 분화가 잘 이루어진 사람은 사고와 감정 사이에 균형을 이루어 강한 정서와 자발성을 가지고 있으며 정서적 충동에 저항할 수 있는 자제력과 객관성을 가지고 있다.

우연적이며 성공적으로 실시한 방법을 발견하는 것이다. 문제시되는 실패경험보다는 성공했던 경험을 찾아내어 그것을 의도적으로 계속 실시하여 성공의 경험을 확장하고 강화하는 것이다. 문제가 없었던 상황은 문제가 있는 지금 상황과 어떻게 달랐는지 탐색하게 함으로써 문제해결이 안 된 그 상황을 확대하기 위한 단서를 찾게 한다. 질문의 예는 "문제가 발생하지 않는 때는 언제인가? 문제가 발생하지 않았다는 것을 어떻게 아는가? 문제가 발생하는 상황과 발생하지 않는 상황의 차이점은 무엇인가?" 등이다.

3) 가족실천 종결과정

일반적인 실천과정의 종결단계와 같이 가족대상 실천의 종결단계에서도 종결과 평가가 주요 과업이다. 사정과 개입단계에서 나타난 가족의 변화를 확인하고 가족이 변화를 유지할 수 있도록 지원하며, 필요한 경우 사후면접을 계획한다.

일반적으로 가족의 문제가 해결되었을 때 종결이 이루어지는 것이 가장 바람직하지만 환경적인 상황이 변하거나 가족원이 중도에 종결을 원하여 이루어지기도 한다. 따라서 종결의 시기를 정하는 것이 중요하며, 클라이언트에게 종결은 중요한 감정적인 욕구를 만족시켜 온 관계가 사라진다는 고통스러운 과정이므로 심리적인 스트레스를 최소화하면서 효과적으로 종결하기 위해서는 클라이언트의 정서적인 반응에도 초점을 두어야 한다. 또한 개입단계에서 얻은 효과는 유지·강화하고, 이를 위해 사후관리도 필요하다. 사후관리(follow-up)란 종결 후 일정기간(1~6개월 사이)이 지나서 클라이언트가 잘 적응하고 있는지 변화의 유지 정도를 확인하는 것이다.

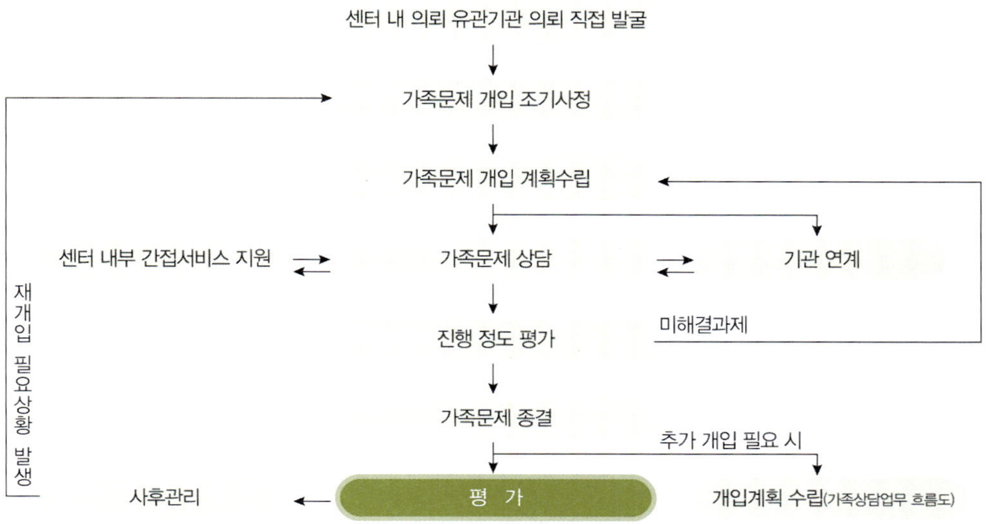

출처: 건강가정지원센터(2013).

그림 4-4 건강지원센터의 가족상담 진행과정

Ⅱ 우리 사회의 다양한 가족

5장 Chapter

빈곤가족[1)]

빈곤가족 형성 메커니즘(mechanism)은 개인의 빈곤 차원에서 가족구성원 전체의 빈곤 차원으로 전이되고 다시 개인의 빈곤 차원으로 반복되는 구조적 악순환으로 이어진다. 즉, 개인이 경험하는 빈곤의 원인과 빈곤가족이 경험하는 빈곤의 원인은 일정부분 중첩된다고 볼 수 있다. 따라서 본 장에서는 사회통합을 저해하는 빈곤가족에 관해 이해하기 위해 빈곤에 대해 알아보고 이를 가족에 접목시켜 살펴보고자 한다. 이를 위해 빈곤, 빈곤가족의 개념과 그 원인을 알아보고 빈곤가족의 추이를 살펴본 뒤 빈곤가족이 경험하는 사회적 배제를 완화하고 해결하기 위한 정책적 대응방안을 복지적 관점으로 접근할 것이다.

1. 빈곤가족의 이해

1) 빈곤의 개념

빈곤은 질병과 더불어 사회가 형성되면서부터 발생한 가장 오래되고 주요한 사회·정치문제이자 사회적 불평등을 초래하여 사회통합을 저해하는 현상이다. 이러한 빈곤이란 용어는 우리의 일상생활에서 가난이라는 단어로 대체되어 흔하게 접할 수 있는 학술용어이다. 영어단어 'poverty'를 뜻하며 이는 고대 프랑스어 'poverte'와 라틴어 'paupertās'에서 파생한 것이며 가난한 사람을 가리키는 단어 pauper와도 관련이 있는 것으로 알려져 있다. 사전적 의미로는 '기본 욕구를 충족

1) 정윤태(2010)와 김윤태·서재욱(2013)의 자료를 일부 발췌하고 참조하여 본 내용에 맞게 수정 보완하였다.

시킬 수 있는 생활수단이 부족한 상태'로 정의된다. 따라서 학술적으로의 '빈곤'은 객관적 상태와 조건을 가리키는, 즉 물질적 부족과 결핍의 의미로 사용하는 것이 일반적이다.

그러나 빈곤을 그저 '가난'이나 '궁핍' 및 '결핍'된 상태라고만 설명하기에는 다소 부족하다 할 수 있다. 빈곤은 질병과 더불어 인간의 삶의 질을 제약하는 가장 큰 요인으로 가족해체를 불러올 수 있으며 해당 가족구성원들은 사회적 배제를 경험하는 등 사회통합을 저해하기 때문이다. 그럼에도 아쉽지만 학계에는 한 가지로 합의된 빈곤에 대한 명확한 개념은 존재하지 않고 있다. 하지만 사회적 불평등을 보여주는 현상으로 반드시 해결해야 하는 사회문제라는 것에는 견해를 같이 하고 있는 실정이며 학자마다 다양하게 개념을 제시하고 있다.

이러한 빈곤은 다양한 의미를 내포하고 있는 개념이며 시대나 장소에 따라 변화하는 상대적인 의미를 가지고 있다고 이해하는 것이 중요하다. 생계유지가 가장 중요한 문제로 간주되던 전통사회에서와 산업화와 정보화 수준이 고도에 도달한 현대사회에서의 빈곤의 의미는 동일하지 않다. 빈곤을 인식하는 정도도 다를 뿐만 아니라 관련 정책도 상이하다. 예를 들면, 광복 이후와 지금에 있어 빈곤의 의미는 크게 다르다. 전통적으로 빈곤을 의식주의 해결에 국한시켰다면 오늘날에는 보다 넓은 의미로서 욕구(need)가 만족할 수 있는 수준으로 충족되지 못한 상태를 의미하므로(Drewnowski, 1976) 이에 관한 정책도 과거와는 다르게 제시되고 집행된다. 또한, 같은 시대라 하더라도 장소에 따른 상대성, 즉 경제발전의 수준이나 사회·문화적 환경에 따라 그 의미는 다르다. 예를 들면, 세계은행(IBRD)에서는 전 세계 빈곤 인구수를 발표할 때 1인당 하루 1.25달러의 소득을 기준으로 삼는다. 반면에 우리나라에서는 빈곤선(poverty line)이라 할 수 있는 기준 중위소득의 50%는 2018년을 기준으로 4인 가구가 2,259,601원, 1인 가구가 836,053원이다. 이처럼 공식적인 국제기구 및 국가들 간의 빈곤에 대한 기준이 다른 것에서도 볼 수 있듯이 한 사회에서 빈곤에 대한 개념을 바라보는 관점에 따라 빈곤을 측정하는 방법과 빈곤을 해결하는 정책은 서로 이질적이다. 그렇지만 빈곤을 정의하고 측정하고 이에 근거하여 정책적 방안을 제시하려는 시도가 지속적으로 이루어지는 이유는 사회의 안녕을 위해 빈곤은 완화하거나 해결해야만 하는 사회문제라는 광범위한 사회적 합의가 형성되어 있기 때문이다. 과거 빈곤의 개념은 일상생활을 위해 필수적으로 요구되는 부족한 상태 또는 최저 생계를 위해 필요한 소득(income)과 부(wealth)의 결핍과 같은 물질적 개념으로 이해되었다. 하지만 빈곤에 대한 개념은 각각의 사회구성원의 가치판단이 내재되어 있으므로 다음과 같은 네 가지 유형에 따라 정의될 수 있으며 그 내용을 살펴보면 다음과 같다.

(1) 절대적 빈곤

가장 오래된 개념인 절대적 빈곤(absolute poverty)은 생존(subsistence)과 기본적 욕구(basic need)를 빈곤의 기준으로 삼고 있다. 이는 인간의 생존의 차원에서 접근한다면 이해가 용이할 것이다. 인간은 생존을 위해 자원 확보와 생산성을 향상시키는 데 많은 노력을 기울여왔다. 하지만 자연재해나 인구급증과 같은 현상에 대응하기에는 기술수준과 생산성이 충분하지 못하였다. 그럼에도 18세기 이전까지 빈곤 탈피를 제도적으로 보장하는 분배정의는 존재하지 않았으며 인간의 권리가 아닌 자선이나 시혜 그리고 규제의 차원에서 이해되었다(Fleishacker, 2004). 본격적인 빈곤 연구는 1889년 영국의 사회사업가 Charles Booth가 수행한 「런던 시민의 삶과 노동(Life and Labor of people of London)」을 시작으로 본다. 그는 빈곤선(poverty line)을 제시하고 체계적으로 빈곤지도(poverty map)를 작성했다. 이후 영국의 사회학자이자 기업가인 Rowntree가 1899년에 자신의 거주지역인 요크 시를 대상으로 대규모 실태 조사를 실시하였다. 그는 Charles Booth의 연구보다 과학적으로 빈곤선을 계산하고 '일차적 빈곤(primary poverty)'과 '이차적 빈곤(secondary poverty)'을 구분하였다. 여기에서 일차적 빈곤은 인간이 생존하는 데 최소한도로 필요하다고 여겨지는 음식, 의복, 주거, 기타 생활비(연료의 획득)를 합산해 가구 규모별로 빈곤선을 제시한 것으로 가족의 소득수준이 단순히 신체적 기능을 유지하는 데에도 불충분한 상태를 의미한다. 이차적 빈곤은 신체적 기능을 유지할 수는 있으나 다른 목적으로는 지출할 여력이 없는 상태를 의미한다. 예를 들면, 빈곤한 사람은 신체적 노동을 시장에 제공하지 않고서는 교통비 또는 난방비조차 지출할 여력이 없다.

이와 같은 역사적 기원을 바탕으로 19세기 말에 등장한 절대적 빈곤의 개념은 다음과 같다. 유엔(UN)이 주최한 세계사회개발정상회담(World Summit for Social Development)에서 발표된 '코펜하겐 선언(The Copenhagen Declaration)'에서는 "음식, 안전한 식수, 위생시설, 건강, 주거, 교육과 정보를 포함하는 기초적으로 인간이 필요로 하는 것들이 심각하게 박탈된 것을 특징으로 하는 조건"을 절대적 빈곤의 개념으로 정의하였다(UN, 1995: 41). 즉, 생존유지를 위해 필요한 일정한 생활수준과 기본 욕구 및 최소한의 소득수준에 도달하지 못한 상태를 빈곤으로 정의한다(Spicker, 1993; Saunders, 2004).

절대적 빈곤 개념의 장점은 첫째, 한 사회에서 빈곤층이 존재하며 이들은 기초적인 육체적 필요와 사회적 필요를 충족하지 못한다는 것을 대중에게 호소하기가 용이하다는 것이다. 둘째, 빈곤선을 정하고 나면 부분적인 조정을 통해 적용할 수 있으므로 정책을 수립하고 결정하는 데 활용하기가 용이하다는 점이다. 반면에, 시간과 장소에 따라 다양한 기준이 존재한다는 이론적인 한계를 가진다(Iceland, 2005). 국가나 시대에 따라 절대적이라고 설정한 기준이 변화하기 때문에 '절대적'이라는 의미 자체가 '상대적'이 되는 문제가 발생할 수 있으며, 최소한의 욕구에 필수적이라고 고려되는 기준설정에 있어서도 자의적 혹은 상대적 판단이 개입될 여지가 있기 때문이다(김교성 외, 2008). 우리 사회만 보더라도 과거에 비해 생활수준이 향상되면서 빈곤이란 무엇인가에 대한 대중의 의식도 변화했다.

(2) 상대적 빈곤

둘째는 상대적 빈곤(relative poverty)이다. 제2차 세계대전이 끝난 1945년부터 대략 1975년까지 기간은 이른바 '자본주의의 황금기'로 불린다. 선진 산업 국가들은 전례 없는 경제호황을 누리고 복지국가의 발전과 시민의 삶의 질도 크게 향상되었다. 이에 빈곤은 더 이상 존재하지 않는 듯이 보였다. 그러나 일부 학자들은 여기에 의문을 제기하였다. 대표적으로 영국의 사회학자인 Townsend는 '생존'의 의미 자체가 자의적인 개념이라고 지적하고 일반적으로 여겨지던 빈곤의 정의에 관해 비판적 시각으로 접근하여 생존에 필요한 자원의 보유 정도만으로는 빈곤 여부를 판단할 수 없다고 주장했다. 특히, 「영국의 빈곤: 가구의 자원과 생활수준에 관한 조사(Poverty in the United Kingdom)」(1979)에서 상대적 빈곤을 상대적 박탈(relative deprivation)로 이해하는 것이 타당하다고 언급하였다. 이와 같은 관점으로 접근한 Townsend가 제기한 상대적 빈곤 개념은 다음과 같다. 첫째, 빈곤은 사회적으로 정의된다는 것이다. '적절한' 음식, 의복, 주거의 상태는 개인이 속한 사회에서 관습적으로 적용되고 있거나 적어도 널리 장려되는 것을 바탕으로 한다. 둘째, 빈곤이 불평등을 반영한다는 것이다. 빈곤한 사람은 자신의 조건뿐만 아니라 주변 환경에 의해서도 빈곤해질 수 있기 때문이다. 셋째, 빈곤의 기준은 해당 사회에 따라 변화한다는 것이다. 어떤 사회에서는 빈곤의 기준이 될 수 없는 것이 다른 사회에서는 빈곤의 기준이 될 수 있기 때문이다(Spicker, 2007).

상대적 빈곤 개념의 장점은 빈곤이 개인적 생존의 문제일 뿐 아니라 개인들이 생활하는 사회의 차원에서 발생하는 문제라는 점을 제기한다는 것이다. 한계점은 자의적이고 주관적인 요소를 가지고 있다는 것이다. 즉, 해당 사회의 생활수준이 전반적으로 풍요롭다고 가정해 보자. 이때 개인이 단지 타인보다 자원이 부족해 일반적인 수준에서 생활을 한다고 해서 그것을 빈곤하다고 바라볼 수 있느냐 하는 것이다.

(3) 주관적 빈곤

셋째는 주관적 빈곤(subjective poverty)이다. 국가마다 형태는 다르지만 현대의 민주주의 사회에서는 빈부와 상관없이 모든 시민이 선거에서 1인 1표를 행사할 수 있는 동등한 정치적 권리 및 생존권과 행복추구권과 같은 기본 인권을 평등하게 보장받아야 한다는 것이 전제되어 있다. 빈곤문제도 마찬가지이다. 빈부를 떠나 시민은 자신이 필요로 하는 자원의 정도에 대해 의견을 나타낼 권리가 있는 것이다. 그럼에도 절대적 빈곤이든 상대적 빈곤이든 개념의 정의와 측정 모두 소수 전문가와 관료에 의해 다루어진다. 일부 전문가들이 빈곤선을 설정하여 빈곤정책을 마련하는 것보다 빈곤계층에 속한 사람들이 참여하는 것이 보다 효율적일 수 있다는 것을 간과한 것이다. 즉, 주관적 빈곤의 개념은 민주주의와 참여의 이념을 내재하고 있다고 할 수 있다(Lister, 2004). 하지만 객관성의 결여와(World Bank, 2002) 비현실성에 대한 지적은 한계점으로 작용한다. 빈곤의 측정이 이루어지더라도 언제든지 커다란 편차가 발생할 수 있다. 지역 내 모든 주민 혹은 빈민의 의견을 취합하여 빈곤의 기준을 설정한다는 것 자체가 현실적으로 매우 어렵다. 또한, 조사과정이 복잡하고 많은 비용과 시간의 투입이 요구된다는 점에서 비효율적이라는 지적이 대두된다.

(4) 능력접근

넷째는 능력접근(capability approach)이다. 인도 출신의 경제학자인 Amartya Sen에 의해 제시된 능력접근은 위에서 설명한 세 가지 빈곤개념 모두 개인 혹은 가구가 보유한 소득 등의 자원을 바탕으로 빈곤을 정의하는 것에 반해 인간의 삶의 만족을 위해서는 물질적 요소 이외에 다른 요소도 필요하다고 바라본다. 개개인이 처한 조건은 서로 다르기 때문에 이를 고려하여 빈곤의 기준을 설정하고 측정하는 것이 타당하다는 것이다. 1943년 인도 벵골 지역에서 발생한 대기근 때 충분한 식량 생산이 이루어졌음에도 많은 농촌 지역 노동자들이 실직으로 인해 식량을 구매할 능력이 없어 그 가족들까지 함께 굶주리다가 약 300만 명이 집단 아사한 것에 주목하였으며 이때부터 능력접근은 시작되었다. Sen(1982)에 따르면 물질적 자원의 풍부함은 단지 빈곤을 해소할 수 있는 가능성을 나타낼 뿐, 실제 개인과 가구의 빈곤을 결정하는 핵심적인 요소는 '인타이틀먼트(entitlement)'라는 것이다. 인타이틀먼트는 개인 또는 집단의 일정한 권리 혹은 자격으로 이해될 수 있으므로 빈곤은 민주적 권리의 결여를 의미한다. Sen의 능력접근 개념의 장점은 빈곤층을 지원하는 데 현금급여 이외에 일자리를 포함한 사회에 참여할 수 있어 능력을 제고하는 것이 중요하다는 것을 일깨웠다는 것에 있다. 실제로 Sen의 능력접근은 1990년 유엔개발계획(UNDP)에서 발표하는 '인간개발지수(Human Development Index: HDI)'의 도입에 중요한 기여를 했다.

이상에서 살펴본 바와 같이 빈곤 개념을 설명하는 네 가지 유형 가운데 절대적 빈곤, 상대적 빈곤, 주관적 빈곤은 빈곤을 줄이기 위한 정책 마련에 있어 가장 널리 활용되는 물질적 자원을 바탕으로 형성된 빈곤의 정의이다. 반면에 능력접근은 인도 출신의 경제학자인 Sen이 제기한 개념으로 단순히 자원의 정도에 따라 빈곤유무를 결정짓는 것이 아니라 자원을 능력으로 변환하는 데 필요한 사회적·문화적 조건을 중시한다. 이상의 빈곤개념은 차이점을 가지고 있으나 각 개념들 모두 빈곤을 예방하고 완화 및 해결해야 할 사회문제라는 인식 속에서 만들어졌으며 각각 고립된 영역으로 남아 있지 않고 서로 영향을 미치며 보완하며 각 국가의 복지정책에 커다란 영향을 미치고 있다는 공통점이 있다. 예를 들어, 우리 사회는 절대적 빈곤에 기초하여 최저생계비를 측정하지만 휴대전화, 컴퓨터, 도서 구매비, 외식비 등을 필수품에 포함시켜 상대적 빈곤 개념을 부분적으로 수용하고 있다. 또한, 개인의 소득을 능력으로 전환하는 과정에서 개인적 특성을 존중해야 한다는 능력 접근 개념을 반영하여 노인이나 장애인 및 한부모가구를 대상으로는 추가적인 비용을 별도로 계측하고 있다.

2) 빈곤가족의 개념

빈곤가족은 빈곤과 가족이라는 두 개의 명사가 결합된 학술용어로서 그 개념에 대한 공식적인 정의는 존재하지 않지만 사회복지학, 가족학 등 학계에서는 빈곤가족이라는 용어를 주로 사용하고 있다. 앞서 살펴본 빈곤의 개념과 가족의 개념을 통해 빈곤가족에 대한 설명은 어느 정도 가능하다고 할 수 있다. 먼저, 빈곤 개념은 기존의 네 가지 유형을 고려해 보면 물질적 자원과 더불어 이를 능력으로 변화시키기 어려운 상태로 정의할 수 있다. 가족의 개념을 사전적으로 정의하면

주로 부부로 이루어진, 친족 관계에 있는 사람들의 집단으로 정의할 수 있다. 따라서 빈곤가족의 개념은 개인 혹은 가구가 보유한 소득과 같은 물질적 자원의 결핍과 그 자원을 능력으로 변환하는 데 필요한 사회적 · 문화적 조건이 결여된 채 사회적 배제를 경험하고 있는 가족이라고 정의할 수 있다. 이러한 빈곤가족의 개념은 학술용어로서 사용되고 있다.

하지만 실상 빈곤가족의 규모를 측정할 때에는 보건복지부에서 고시하는 절대적 빈곤율(poverty rate)을 통해 빈곤가구를 추정하고 이를 적용한다. 다만, 상대적 빈곤 개념과 능력 접근 개념을 빈곤정책에 일부 수용하여 적용하고 있는 것 또한 사실이다. 그렇다면 빈곤가족이라는 용어를 사용하면서 그 규모의 측정은 가족이 아닌 가구를 단위로 적용하는 것일까? 일반적으로 빈곤을 측정하는 단위로는 개인이나 가구 및 가족이 있다. 개인으로 측정하는 것은 가장 이상적이라 할 수 있겠으나 그 주기와 대상을 고려한다면 빈곤 측정이 매우 복잡하고 어려워지는 문제가 발생한다. 이로 인해 빈곤을 측정할 때는 보통 가구나 가족을 기본 단위로 정한다(Alcock, 2006: 85-87). 그중에서도 가구는 한집에서 거주하고 있는 사람으로 구성된 사회적 · 경제적 단위를 일컫기 때문에 친족관계에 있다는 특성으로 인해 범위를 어떻게 설정해야 하는지부터 문제가 발생할 수 있는 가족보다 주로 사용된다. 예를 들어, A라는 가족은 부모와 자식들로 구성되어 있으나 자녀들이 성장하고 취업을 하여 거주지가 서로 다른 경우라고 가정해 보자. 한집에 살고 있지 않아 분리된 가구를 형성하고 있다고 해도 가족이지만 떨어져 사는 부모와 자녀들 각각의 소득수준과 재산에는 차이가 있는 것이다. 다만, 가구로 측정을 할 시에 한계점으로는 개별 가구의 구성원 수가 다르기 때문에 빈곤의 기준이 되는 자원의 양도 가족 규모에 따라 다르게 적용[2)]해야 한다는 것이다.

2) 이때는 균등화 지수를 적용한다. 예를 들어 4인 가구를 기준으로 1인 가구의 균등화 지수가 0.38이라 할 때, 1인 가구가 4인 가구와 효용이 같으려면 4인 가구가 보유한 자원의 38%를 가지고 있어야 한다.

3) 빈곤가족의 형성 원인

빈곤의 원인에 관한 패러다임은 상반된 두 가지의 담론이 주를 이루고 있다. 여기에서 극단적으로 나누어진 담론을 살펴보면 개인주의적 빈곤관과 사회구조적 빈곤관으로 나누어 접근할 수 있다. 개인 스스로의 부주의, 게으름, 나태함, 성적 방종(과다한 출산), 과도한 음주 등 부도덕함에 따른 무책임 그리고 무능력과 같은 개인의 성격적 결함 때문인가 아니면 사회구조적 측면에서 접근한 관점에서는 빈곤은 개인 스스로 통제하기 어려운 사회 · 경제적 환경에 따른 산물인가 하는 상반된 시각으로 접근하는 문제제기에 관한 것이다. 전자의 경우 빈곤의 원인을 근로윤리와 연계시켜 바라본다. 복지국가의 관대한 경제적 지원이 개인의 근로윤리 정신을 약화시키고 복지의존(welfare dependency)을 심화시켜 빈곤이 만성적으로 지속되고 있다는 것이다. 하지만 이러한 개인주의적 빈곤관은 몇 가지 한계점을 지적받는다. 첫째, 개인이 유급노동에 참여하는 경우에도 빈곤의 위험을 경험하는 근로빈곤(working poor)이 심각한 사회문제로 대두되고 있다는 것이다. 둘째, 신자유주의 경제 사조(思潮)에 근거하여 경제적 낙관주의의 전제를 바탕으로 개인의 근로의욕 부재를 빈곤의 원인으로 단정하였다는 것이다. 예를 들면 산업화를 성공적으로 달성하여 경제적 호황을 누리던 우리 사회는 외환 관리 정책의 실패로 인해 경제위기(국가부도)에 봉착하여 1997년 12월 3일 국제통화기금(IMF)으로부터 자금 지원 양해각서를 체결하였다. 이와 같은 상황은 시장경제에서 경기변동에 따른 것으로 개인의 근로윤리에 모든 책임을 전가할 수 없는 것으로 개인이 스스로 통제할 수 없기 때문이다. 셋째, 공공부조를 받는 빈곤계층은 근로윤리가 부재하며 복지에 의존하는 성향이 강하다는 가정은 사회마다 다르게 나타나고 있어 논쟁의 소지가 있다는 것이다. 어떤 사회에서는 일명 영국병이라 일컫는 복지병이 나타나기도 하지만 어떤 사회에서는 오히려 빈곤층 상당수가 공공부조에 기대려 하기보다는 구직을 통해 빈곤에서 벗어나고자 하는 움직임이 강하게 나타나기도 하기 때문이다. 반면에 후자의 경우에는 빈곤은 개인이 통제할 수 없는, 즉 개인은 사회 · 경제적 환경을 '주어진 조건'으로 받아들일 수밖에 없다는 시각으로 접근하고 있다. 따라서 빈곤이 해당 사회의 사회적 제도와 관습 및 정치적 결정에 영향을 받는다고 바라본다. 이와 같은 시각으로 접근할 경우 모든 개인은 '환경 속의 인간'으로 접근하기 때문에 빈곤계층에 대한 편견을 버리고 보다 객관적으로 바라볼 수 있다는 장점이 있다. 하지만 이러한 사회구조적 빈곤관은 다음과 같은 한계를 가지고 있다. 빈곤의 원인을 지나치게 구조적 측면에서만 찾을 경우 개인의 특성에 따라 주어진 환경에 각기 다르게 적응하는 개인의 존재를 간과할 수 있다는 것이다. 즉, 빈곤에 영향을 미치는 요인은 사회구조적 환경뿐만 아니라 동시에 개인적 선택과 책임도 존재한다는 것이다.

이상에서 살펴본 바와 같이 빈곤의 원인은 개인주의적 빈곤관과 사회구조적 빈곤관에 입각한 담론이 주를 이루고 있다. 그런데 최근에는 한쪽의 입장에 서서 빈곤을 바라보기보다는 양측면이 혼합되어 있다는 담론이 형성되었다. 이러한 관점에서는 다음과 같은 경우로 빈곤의 원인을 바라본다. 예를 들면, 개인의 교육수준 정도가 높을수록 고소득이 보장되는 직장과 직결되고 이로 인해 삶의 질이 향상될 가능성이 클 때 높은 교육수준에 이르기 위해서는 많은 비용이 투입되어야 하는 사회라고 가정해 보자. 이때 A라는 학생은 개인의 성격적 결함으로 인해 낮은 교육수준에 도달하여 많은 수입이 보장된 회사에 취업하지 못할 수 있다. 반면 B라는 학생은 가정형편이 어려워 높은 교육 수준에 이르는 데 많은 비용을 투입하지 못하여 낮은 교육수준에 머물러 가족을 구성하기도 힘들뿐만 아니라 가족을 구성하더라도 그 가족구성원들은 빈곤의 재순환을 경험할 수 있다는 것이다. 이러한 관점은 한 사회의 빈곤을 해결하는 정책 마련에 있어 양극단으로 나누어져 있는 기존의 관점에 비해 보다 탄력적으로 대응할 수 있는 가능성이 충분하다.

이를 바탕으로 빈곤가족이 형성된 원인을 살펴보면 다음과 같다.

가족이 빈곤한 상태에 놓이게 되는 원인은 가족구성원 개개인의 선택과 책임이라는 개인주의적 빈곤관과 가족구성원 개개인 스스로 통제하기 어려운 사회·경제적 환경에 따른 산물이라는 사회구조적 빈곤관이 서로 복합적으로 작용으로 인한 것으로 설명할 수 있다. 개인주의적 빈곤관을 적용하여 빈곤가족이 형성된 원인을 살펴보면 가족은 친족 관계에 있는 구성원들로 이루어져 있으므로 그 구성원들 개개인의 성격적 결함(무책임, 개인의 능력)에 따라 가족의 빈곤여부는 결정된다고 할 수 있다. 예를 들어, 성적 무책임, 음주, 도박에 관한 것이다. 빈곤가족이 형성되는 원인을 개인적 차원의 문제로 이해하려는 관점에서는 10대 임신과 혼외 출산의 증가와 한부모가구의 증가 역시 도덕적 무책임에 따른 것으로 바라보는 경향이 있다. 그리고 음주와 도박 등과 같은 가족구성원 개개인의 나쁜 습관과 능력에 따른 차이에 주목한다. 또한, 개인의 능력 차이는 이미 유전적으로 결정되기 때문에 능력 차이로 인한 빈곤의 발생은 방지할 수가 없다고 바라본다. 이러한 관점은 인적 자본 이론과 맞닿아 있으며 공공부조급여가 관대할수록 개인의 무책임을 조장해 오히려 빈곤가족을 확대 재생산하고 있다고 비판적 시각으로 접근한다.

이에 반해 구조적 빈곤관에 입각하여 빈곤가족의 형성 원인을 규명하면 가족구성원 개개인이 통제할 수 없는 사회적·경제적 요소로 인한 것으로 접근할 수 있다. 여기에는 경제체제의 차이, 사회적 제도(복지제도)와 관습(결혼이나 장례)의 차이, 정치적 결정이 있으며 이로 인해 빈곤가족이 확대된다고 바라본다. 한 가지 예를 들면, 우리 사회에서 청년과 노인의 일자리 문제가 발생하고 있는 것처럼, 한 사회에서 충분한 일자리 보장 여부와 고용의 질을 가족구성원 개개인이 결정할 수 없다는 것이다. 더욱이 빈곤가족의 자녀는 부모로부터 사적소득이전 정도가 낮으며, 부모는 자식으로의 사적소득이전[3]으로 인해 빈곤가구의 재생산으로 이어질 개연성이 충분하다. 이러한 맥락에서 사회·경제 환경의 제약, 즉 불평등은 빈곤가족을 유지시키고 확대 재생산하는 기제로 작용한다고 할 수 있다. 이는 불가피하게 시장 외부, 즉 정치의 개입을 통해 완화되거나 해소되어야 한다는 것을 의미한다.

그럼에도 빈곤가족을 위한 우리나라의 복지의지는 매우 낮은 수준을 보이고 있다. 최극빈층 이외에도 국민연금 등 보험 가입의 여력이 없으면서도 기초 보장을 위한 공공부조의 대상에서도 제외된, 즉 국가 복지의 혜택의 사각지대에 방치된

3) 우리 사회의 절대적 빈곤율을 감소시키는 효과는 사적이전(4.45%p), 사회보험 등의 공적이전(4.04%p), 국민기초생활보장제도(2.83%p)로 나타났다(구인회, 2010). 여기에서도 볼 수 있듯이, 사적이전이 가족의 빈곤 완화 및 해결에 가장 큰 기여를 하고 있어 빈곤가족의 재생산 메커니즘, 즉 빈곤가족의 가족구성원이 새로운 가구 및 가족 형성 시 빈곤이 대물림되는 악순환으로 이어질 가능성이 농후하다고 할 수 있다.

준극빈층(대한민국 인구의 약 10%에 해당함) 이른바 차상위계층의 사회적 배제는 여전히 해결되지 못하고 있다(고세훈, 2009). 실제로 현대 우리나라의 빈곤가족은 이혼이나 아동유기와 같은 가족해체 현상을 경험하고 있다. 뿐만 아니라 '비정상적' 행위라 할 수 있는 극단적 표출, 즉 자신에 대한 폭력인 자살을 통해 사회를 이탈하고 있다(고세훈, 2009).

따라서 사실상 사회적 타살인 생계형 자살의 비율이 OECD국가들 가운데 가장 높은 것으로 나타고 있으므로 빈곤가족의 형성원인을 개인의 탓으로 간주하는 반복지 문화의 확산과 선성장·후복지를 정책기조로 하는 정부정책에 대해 심도 있는 고민이 요구된다.

2. 빈곤가족의 추이

1) 빈곤가족의 실태

우리 사회의 빈곤가족의 동향을 살펴보기 위해서는 1997년 발생한 IMF를 기점으로 설명할 필요가 있다. 우리 사회는 1950년대 국민 1인당 연간 소득은 100달러 미만으로 전 세계에서 최빈국의 위치 놓여 있었으나 1960년대의 급속한 산업화로 인해 절대적 빈곤율은 크게 감소하였다. 경제성장에 따라 전반적으로 고용의 증대가 이루어지고 소득이 상승하여 생활수준이 향상된 것이다. 그러나 경제적 호황에 따라 절대적 빈곤이 감소하던 추세는 1997년에 우리 사회의 경제를 강타한 IMF 이후 치솟는 실업률로 인해 빈곤가족의 급격한 증가 추세로 돌아서게 된다. 더욱이 당시의 사회 현실적 배경으로 인해 정부들이 신자유주의를 지향함으로 인해 사회 양극화가 만연해져 빈곤가족의 규모는 더욱 커지게 되었다고 할 수 있다. 물론 신자유주의를 지향함으로 인해 빈곤가족이 증가했다는 것에는 논쟁의 여지가 있을 수 있다. 하지만 각종 통계자료에서도 볼 수 있듯이 신자유주의의 가장 큰 폐단이라고 할 수 있는 사회 양극화가 심화되었다는 것만은 부정할 수 없는 사실이다. 이는 불평등의 심화를 의미하는 것으로 중간계층의 규모가 축소되고 사회계층이 양극단으로 나누어진 것을 의미하므로 빈곤가족 규모의 유지 및 확대에 영향을 미쳤다고 판단된다. 이로 인해 우리 사회의 빈곤가족은 성별, 세대별로 독특한 특징이 나타났다. 남성가구주의 빈곤율보다 여성가구주의 빈곤율이 훨씬 높아 여성가구주의 빈곤이 사회문제화되었다. 이는 여성가구주의 증가 추세가 가파른 상황에서 볼 수 있듯이 가족구조가 변화하였음에도 여전히 낮은 여성의 경제활동 참여율과 낮은 소득수준에 기인한다. 또한, 고령인구의 양적 팽창으로 인해 노인가구의 소득빈곤은 OECD회원국 가운데 가장 심각한 상태이다. 전통적 가족부양문화가 급속하게 약화되고 있는 시점에서 사회안전망이 적절하게 구축되지 못하였기 때문이다.

표 5-1 「국민기초생활보장법」 기준 중위소득[4)]

(단위: 원/월)

가구규모	1인	2인	3인	4인	5인	6인
2017	1,652,931	2,814,449	3,640,915	4,467,380	5,293,845	6,120,311
2018	1,672,105	2,847,097	3,683,150	4,519,202	5,355,254	6,191,307

출처: 보건복지부(2017c).

한편, 우리 사회에서 빈곤가족 실태 파악은 절대적 빈곤을 기준으로 하는 최저생계비를 적용하여 추정하고 정부에서 발표하는 것이 일반적이었다. 1999년에 제정된 「국민기초생활보장법」 제2조 제6호에서는 최저생계비를 "국민이 건강하고 문화적인 생활을 유지하기 위하여 소요되는 최소한의 비용"으로 정의한다. 즉, 우리 사회의 공식적 빈곤선은 최저생계비로 공식적 빈곤율은 개인이 최소 수준의

4) 중위소득은 전국민을 100명으로 가정했을 때 정확히 중간에 해당하는 50번째 사람의 소득을 의미한다. 기준 중위소득은 2015년 기초생활보장제도를 개별급여로 바꾸면서 기존의 최저생계비를 대체한 급여별 선정기준으로 중앙생활보장위원회의 심의 · 의결을 통해 확정된다. 기준 중위소득의 추계는 통계청의 가계동향조사를 활용하여 이루어지며, 매년 인상폭은 이전 3년 동안의 평균 증가율을 적용한다.

생활을 영위하는 데 필요한 최저생계비를 기준으로 측정되었다. 하지만 국민기초생활보장제도가 개별 급여체계로 바뀌면서 현재는 기준 중위소득의 50%를 빈곤선으로 하는 상대적 빈곤율이 공식적으로 활용되고 있다. 「국민기초생활보장법」에 의해 지급되는 급여의 종류에는 생계급여, 주거급여, 의료급여, 교육급여, 해산급여, 장제급여, 자활급여가 있다. 이들 급여의 가구원 수에 따른 수급 기준은 아래 표에 정리되어 있다.

표 5-2 '17년 및 '18년 급여별 선정기준

(단위: 원/월)

가구원 수		1인	2인	3인	4인	5인	6인
교육급여 (중위 50%)	'17년	826,465	1,407,225	1,820,457	2,233,690	2,646,923	3,060,155
	'18년	836,053	1,423,549	1,841,575	2,259,601	2,677,627	3,095,654
주거급여 (중위 43%)	'17년	710,760	1,210,213	1,565,593	1,920,973	2,276,353	2,631,733
	'18년	719,005	1,224,252	1,583,755	1,943,257	2,302,759	2,662,262
의료급여 (중위 40%)	'17년	661,172	1,125,780	1,456,366	1,786,952	2,117,538	2,448,124
	'18년	668,842	1,138,839	1,473,260	1,807,681	2,142,102	2,476,523
생계급여 (중위 30%)	'17년	495,879	844,335	1,092,274	1,340,214	1,588,154	1,836,093
	'18년	501,632	854,129	1,104,945	1,355,761	1,606,576	1,857,392

출처: 보건복지부(2017c).

이러한 최저생계비 계측은 1969년 전국섬유노조에서 최초로 이루어진 것으로 파악되고 있으나 공식적인 최저생계비 계측은 1973년 당시 보건복지부 산하 사회보장심의위원회에서 실시한 것을 인정한다. 그리고 최저생계비 심의는 8회에 걸친 기초생활보장 전문위원회 및 3회에 걸친 중앙생활보장위원회[5)]의 회의를 통한 사회적 합의 과정을 거쳐 이루어지며 보건복지부장관이 매년 9월 1일에 공표한다. 보건복지부는 가장 최근에 2016년 국민기초생활보장 수급자 현황 자료를 공표했다. 2016년 12월 말 기준 국민기초생활보장 수급자는 약 163만 명(112만 6,510가구)

5) 중앙생활보장위원회는 보건복지부장관을 위원장으로 기획재정부, 행정자치부, 고용노동부의 당연직 정부위원 3인과 위촉직 민간위원 8인(전문가 4인과 공익대표 4인)으로 구성된다.

으로 전 인구 대비 국민기초생활보장 수급자의 비율인 수급률은 3.2%였다. 수급자의 종류별로 보면 일반수급자가 94.4%이며, 시설수급자는 5.6%이다.

표 5-3 국민기초생활보장 수급자 수와 구성비율

(단위: 가구, %)

구분	계	일반수급자	시설수급자
가구 수	1,630,614	1,539,539	91,075
구성비	100	94.4	5.6
가구 수	1,126,510	1,035,435	91,075
구성비	100	91.9	8.1

출처: 보건복지부(2017c).

수급자의 가구유형은 대부분 노인, 장애인, 모자·부자가구 등 취약계층 가구가 60.8%이며, 보다 안정된 가구인 일반가구는 31.7%이다. 그리고 기초생활보장 대상자의 수급자대상 선정가구의 소득 규모를 보면 '20만 원 초과~40만 원 이하'인 가구가 31.4%로 가장 많고, 소득이 전혀 없는 가구는 26.8%, '0원 초과~20만 원 이하' 가구가 14.9% 순이다. 반면, 국가 간의 비교를 통한 실태 파악에는 중위소득 40%, 50%, 60%를 기준으로 하는 상대적 빈곤선을 적용하는 것이 일반적이다. 특히, 중위 50%는 OECD에서 사용하는 가장 보편적인 기준으로 학자 및 정부 관계자들은 우리 사회와 국가 간의 비교 시에 적용하고 있다.

표 5-4 국민기초생활보장 가구유형별 수급자의 현황

(단위: 가구, %)

	2008	2009	2010	2011	2012	2013	2014	2015	2016
합계	854,205	882,925	878,799	850,689	821,879	810,544	814,184	1,014,177	1,035,435
노인세대	243,132	244,529	243,708	237,213	236,617	235,601	236,548	262,124	261,680
소년소녀 가장세대	14,276	13,533	11,565	9,798	8,105	6,945	5,882	5,188	4,324
모자세대	82,880	86,961	85,970	83,525	78,333	76,270	74,925	123,497	132,277
부자세대	19,744	21,115	20,879	20,479	18,820	18,366	18,362	37,753	37,753

	2008	2009	2010	2011	2012	2013	2014	2015	2016
장애인 세대	162,527	171,330	173,322	173,751	174,112	175,867	178,397	193,585	193,585
일반세대	291,680	302,202	291,774	277,081	259,866	251,372	251,333	328,282	328,282
기 타	39,966	43,255	51,581	48,842	46,026	46,123	48,737	77,534	77,534

출처: 보건복지부(내부행정자료).

표 5-5 국민기초생활보장 수급자의 소득 구간별 현황

(단위: 가구, %)

구분	계	소득 없음	0원 초과 ~20만 원 이하	20만 원 초과~ 40만 원 이하	40만 원 초과~ 60만 원 이하	60만 원 초과~ 80만 원 이하	80만 원 초과~ 100만 원 이하	100만 원 초과~ 120만 원 이하	120만 원 초과
가구 수	1,035,435	277,522	154,361	325,455	71,646	58,671	39,332	29,098	79,350
구성비	100	26.8	14.9	31.4	6.9	5.7	3.8	2.8	7.7

출처: 보건복지부(2017c).

표 5-6 급여별 수급자 및 수급가구 현황

(단위: 명, 가구)

구분	계	생계급여	의료급여	주거급여	교육급여
수급자 수	1,630,614	1,240,677	1,409,548	1,387,915	381,200
가구 수	1,126,510	896,221	977,216	945,348	262,903

출처: 보건복지부(2017c).

한 사회에서 빈곤 범위를 측정하는 것은 빈곤율, 즉 전체 사회구성원 가운데 빈곤에 빠진 인구의 비율을 계량화하는 것이다. 이때 빈곤율을 측정하려면 기준인 빈곤선을 설정해야 하며 여기에는 절대적 방식, 상대적 방식, 주관적 방식이 있다. 첫째, 절대적 방식은 생존과 기본적 욕구의 충족에 필요한 소득이나 소비의 수준을 빈곤선으로 정해 빈곤을 측정하는 방법이며 측정 기법으로는 마켓 바스켓(market basket) 일명 장바구니 방식이라고 불리우는 전물량 방식과 반물량 방식이 있다. 전물량 방식은 1930년대 영국의 Rowntree가 사용했던 방법으로 우리 사회의 빈곤선인 최저생계비를 측정할 때 사용된다. 반물량 방식은 소득 대비 식료품비 지출 비율을 통해 빈곤선을 정하는 것으로 1960년대 미국의 경제학자인 Orshansky가 고안한 것이다. 또한, 최저수준의 엥겔계수를 정한 뒤 소득에 따른 엥겔계수의 변화를 계측해 최저 수준의 엥겔계수에 해당하는 소득수준을 빈곤선으로 구하는 방법도 있다. 둘째, 사회구성원들이 보편적으로 향유하는 생활수준을 기준으로 빈곤을 측정하기 때문에 경제적으로 부유한 국가에서 주로 사용하는 상대적 방식이 있다. 여기에는 상대적 빈곤율, 지니계수, 5분위 분배율 등의 방법을 적용한다. 셋째, 대상자 스스로 생존 혹은 적절한 생활을 유지하기 위한 최소한의 수준이라 여기는 소득이나 소비의 수준을 빈곤선으로 설정하는 주관적 방식이 있다. 여기에는 민주적 방식은 합의적 방식 또는 라이덴 방식이라고도 일컬어지는 민주적 방식과 빈곤에 대해 가장 잘 알고 있는 사람은 빈곤층 자신이라는 전제하에 이루어지는 참여식 방식이 있다(Lister, 2004). 한편, 기초생활보장제도의 혜택을 받는 수급자는 2009년부터 계속해서 감소하다가 2015년 이후 반등하는 추세이다. 2009년 157만 명에 이르던 기초생활 수급자 수는 2013년에 135만 명까지 감소했다가 2015년에는 165만 명 수준으로 증가했다. 국민기초생활보장제도가 개별 급여로 변화하면서 수급자 수도 증가한 것으로 보인다. 그러나 여전히 적법한 행정절차에 따라 이루어졌다 하더라도 수급대상자에 포함되어야 함에도 불구하고 수급탈락자로 선정된 저소득층에 해당하는 국민들이 존재한다는 점은 우려스럽다. 그리고 생계급여의 수준이 대단히 낮은 점과 다소 완화되었지만 부양의무자 기준이 여전히 적지 않은 수급 탈락자를 발생시키고 있다는 점도 문제로 지적된다. 따라서 이에 대한 대책이 조속히 마련되어야 기초생활보장제도가 최후의 사회안전망으로서 적절하게 기능할 것으로 판단된다.

출처: 통계청(2017a).

그림 5-1 한국의 상대적 빈곤율 추이

표 5-7 국민기초생활보장 수급자 수와 수급률

(단위: 천 명, %)

	2008	2009	2010	2011	2012	2013	2014	2015	2016
수급자 수	1,530	1,569	1,550	1,469	1,394	1,351	1,329	1,646	1,630
수급률	3.2	3.2	3.1	2.9	2.7	2.6	2.6	3.2	3.2

출처: 보건복지부(내부행정자료).

2) 빈곤가족이 경험하는 사회적 배제

빈곤가족의 생활실태를 이해하기 위해서는 물질적 결핍과 부족에 기초한 단일 차원적인 빈곤개념에서 벗어나 빈곤으로 인한 다차원적인 사회적 배제 개념으로 접근할 필요가 있다. 사회통합을 저해하는 사회적 배제는 빈곤이나 실업과 같은 장기적이고 역동적인 사회문제를 일차원적인 상태에서 파악하는 한계를 극복하고 사회변화에 따른 복잡하고 다양한 사회문제에 대한 동태적이고 다차원적인 접근을 가능하게 한다(Silver 1994; Burchardt et al., 2002; 문진영 2004). 이로 인해 다양한 빈곤의 영역을 바탕으로 한 취약계층에 대한 배제론적 접근은 유럽연합을 비롯하여 많은 선진국가에서 주도적으로 수행되고 있는 사회통합 패러다임의 중요한 한

축으로 연구되고 있다(Muffels et al., 2002; Pantazis et al., 2006; 김안나, 2014). 서구의 사회적 배제 측정 연구결과들은 한국사회의 학계에 영향을 미쳤다. 물론 학자들마다 사회적 배제를 측정하는 데 있어 지표설정이 조금씩 상이하지만 유럽연합의 연구결과를 토대로 한국사회의 사회적 배제 측정방법과 지표설정에 적용하고 발전시켰다(문명진, 2004; 강신욱 외, 2005; 유현숙 · 곽현근, 2007; 김안나 외, 2008; 노혜진 · 김교성, 2008; 최재성 외, 2009; 정윤태, 2010; 강현정 · 김윤정, 2011; 이상은 · 전세나, 2012; 김안나, 2014).

한국사회의 빈곤가족은 비빈곤가족에 비해 물질적 자원의 획득과 보장된 삶 속에서 권리와 자유를 누리기 어려운 불평등을 경험하게 된다. 즉, 빈곤은 인간이 생활을 영위해 나가기 어려운 문제를 가져오므로 사회적 배제의 중요 요소가 된다. 빈곤은 지출에 위축을 가져오고 그 정도가 심할 경우 필수적인 생활재를 획득하지 못할 수 있다. 이와 같은 빈곤한 상황에 처해 있는 빈곤가족은 질병을 가지고 있음에도 좋은 병원에서 진료를 받지 못하는 의료배제, 주거공간을 소유하지 못하거나 막대한 주거비용을 해결하지 못해 불량주거지(비닐하우스, 쪽방 등)로 이동하게 되는 주거배제를 받는다. 빈곤가족의 아이들은 의무교육 후 교육을 받고자 하는 의지가 있음에도 질 좋은 교육을 받기 어렵고, 학교생활 중 빈곤으로 인한 심리적 위축 및 낙인은 원만한 학교생활을 어렵게 하며, 체육활동, 미술활동, 음악활동 등을 할 기회가 제한되는 문화적인 배제를 경험하게 된다. 이러한 교육배제는 빈곤가족 아이들이 성장하여 다시 빈곤에 빠지게 되는 이전 준비단계로 충분한 교육을 받지 못하는 빈곤가족의 아이들의 경우 고소득에 안정적인 일자리를 얻지 못할 개연성이 충분하므로 훗날 다시 빈곤한 가구의 가장이 된다. 즉, 빈곤은 교육을 받을 자유, 주거의 자유, 적절한 의료행위를 받을 자유의 기회가 제한되는 것이다. 또한, 빈곤가족 구성원들은 경제적 결핍과 함께 그들이 할 수 있는 선택의 폭이 제한되어 있다. 이는 사회적 연결망에서 오는 정보 획득의 폭이 적기 때문이기도 하다. 이로 인해 심리적으로 위축되어 사회관계망을 좁혀, 스스로를 사회적 고립 상태에 빠지게 하며, 사회적 관계망과 단절된 사람들은 빈곤의 악순환을 끊을 기회조차 스스로 배제하는 것이다. 또한, 장기간 빈곤한 가족은 무능력, 무책임하다는 일부 편견으로 인해 좋은 일자리를 구하기 힘들 가능성이 농후하다. 만일 일할 기회를 얻는다고 해도 저임금과 고된 노동으로 빈곤으로부터 벗어나기 힘들며, 노동 중 사고 또는 노동으로 인한 질병으로 인해 많은 비용을 의료비로 지출해야 하는 경우 빈곤 정도는 더욱 심각한 상황에 처하게 된다. 한편, 빈곤한 노인가족의 경우 부양에 어려움이 있으므로 가족 및 자녀와의 관계망이 단절될 수 있으며, 신체 및 정신의 약화로 노동의 배제, 건강의 배제, 사회관계의 배제 등 다양한 배제를 동반하는 문제들이 고령인구가 증가하는 추세인 현재 심각하게 사회문제화되고 있다. 이러한 경우 국가적 차원의 사회안전망이 체계적으로 구축되어 있어 정상적으로 기능하였다면 빈곤가족이 사회적 배제에 빠지지 않을 수 있다.

그러나 사회적 배제에 빠질 위험에 많이 노출되어 있는 빈곤가족 구성원들은 적절하게 구축되지 못한 사회안전망으로 인해 고립된 생활을 하게 되어 더욱 심각한 빈곤에 빠져 사회적 배제를 경험하게 된다. 빈곤으로 인해 사회적 배제를 경험하게 되는 악순환이 재생산되는 사회구조적 모순인 것이다. 또한, 빈곤가족 구성원들은 삶의 질의 향상을 위해 필수적인 것을 획득하기 위해 시도할 경우 그들은 사회에서 거부되거나 제약을 받는다. 결과적으로 빈곤가족 구성원들의 경우 비빈곤가족 구성원들에 비해 빈곤에 따른 사회적 배제가 악순환되는 구조적 모순으로 인해 삶에 있어 필수적인 것을 획득하기 어려우며, 선택의 여지가 적어지는 것에서도 사회적 배제를 받는다.

이상에서 살펴본 바와 같이 한국사회의 빈곤가족은 다양한 영역에서 사회적 배제를 경험한다. 따라서 빈곤가족의 사회적 포섭을 위해 복지정책을 수립하고 집행하는 데 있어 다양한 차원에서의 포괄적이고 통합적인 정책 지원이 요구된다.

3. 빈곤가족을 위한 복지정책 개선방안

우리 사회는 1960년대 이후 정부의 주도하에 괄목할 만한 경제성장을 이루었다. 하지만 한강의 기적이라 일컬어지는 경제성장은 1997년 발생한 IMF경제위기를 거치게 되었고 이후 신자유주의를 기조로 하는 정책을 추진하는 동안 빈곤가족은 더욱 확대되었다. 이에 반해 빈부격차에 따른 빈곤가족의 상대적 박탈감을 완화 및 해소할 수 있는 사회안전망이 적절하게 구축되지 못하여 이들의 삶의 만족은 매우 낮은 수준에 머무르고 있는 실정이다. 따라서 빈곤가족의 사회적 배제를 완화 및 해결하기 위한 정책적 개입에 있어 사후 복지정책보다는 사전에 예방하는 빈곤정책의 강화도 모색할 필요가 있다. 그럼에도 우리 사회의 빈곤가족을 위한 대응정책은 대부분 선별적 복지를 특성으로 하는 사후적 복지정책이 주를 이루고 있다는 점은 아쉬운 대목이다.

빈곤가족의 삶의 질을 증진시키기 위한 학계의 논지 또한 상이한 시각[6]으로 접근한다. 선별적 복지와 보편적 복지 사이의 견해 차이가 존재하는 것이다. 선별적 복지로 접근해야 한다는 입장에서는 우리 사회의 재정건전성을 고려해야 하는 것에 초점을 맞춘다. 보편적 복지에는 많은 예산이 소요된다는 단점이 있어 정책의 시행에 있어 가능한 정책 수단을 모두 동원하는 전방위적 정책을 시행할 재정적 여력이 충분하지 못하다면 탄력적으로 접근해야 한다는 것이다(염명배 · 김경미, 2011). 반면 보편적 복지에 주목한 입장에서는 한국사회의 빈곤과 불평등의 심화 경향을 제어하기 위해 국가역할의 확대가 정책기조로 적절하다고 접근한다. 이상에서 살펴본 바와 같이 재정건전성을 고려한다면 선별적 복지를 전략적으로 택할 수밖에 없다는 논리도 일리가 있고 사전에 예방적 차원에서 접근해야 한다는 보편적 복지도 일리가 있다고 할 수 있다.

하지만 양자의 입장이 첨예하게 맞서는 상황에서 간과해서는 안 될 중요한 사항은 한국사회의 빈곤가족은 고착화되고 확대되어 심각한 사회적 배제를 경험하고 있으므로 이를 완화 및 해결하기 위한 바람직한 정책이 조속히 시행되어야 한다는 것이다. 이러한 문제의식을 바탕으로 빈곤가족을 위한 주요 정책방안을 제시하면 다음과 같다.

6) 여기에는 보편적 복지와 선별적 복지가 있다. 각각의 특성을 바탕으로 역할을 살펴보면 다음과 같다. 예를 들어, 우리가 독감에 걸렸다고 가정해 보자. 이때 병원에 가서 진찰을 받은 후 처방전을 가지고 약국에서 받은 약을 통해 치료를 받는 것은 선별적 복지라 볼 수 있고 이를 예방하기 위해 미리 예방주사를 접종하는 것은 보편적 복지라고 볼 수 있다.

1) 국민기초생활보장제도의 개선

현재 우리나라의 국민기초생활보장제도는 적절성 · 포괄성 · 형평성 차원에서 많은 문제점이 노출되어 정책적 실효성에 대한 의견이 분분한 상태이다. 이에 국민기초생활보장제도의 개선 방안에 대한 논의가 이루어지고 있는데 그 내용은 통합급여체계 개선과 개별급여체계로의 변화로 구분하는 것이다. 2015년부터 개별급여체계로의 변화가 이루어져 논의는 일단락된 것처럼 보인다. 그러나 국민기초생활보장제도가 빈곤가족에게 '사회안전망'으로서 적절하게 기능되기 위해서는 복지사각지대를 줄이기 위한 제도의 근본적인 개혁이 필요하다. 먼저, '부양의무자 기준'을 완화하는 방향으로 개선할 필요가 있다. 예를 들어, 노부모의 경우 자신들이 희생을 하더라도 자녀에게 부담을 주는 것을 기피하는 경향이 만연하다. 또한, 비혈연 1촌의 경우 장인이나 장모에 대한 부양부담을 기피하기도 한다. 따라서 부양의무자 기준을 중위소득 수준으로 상향 조정하는 방안을 고려할 필요가 있다고 판단된다. 두 번째, 근로연령 수급가구를 대상으로 국민기초생활보장제도의 '보충성의 원리'를 더욱 관대하게 적용해야 한다. 현행 국민기초생활보장제도는 빈곤가족 구성원이 기준 중위소득의 일정 비율 이상의 소득을 얻을 경우 수급대상자에서 제외되는 시스템으로 되어 있다. 때문에 빈곤가족은 국민기초생활보장제도를 이용하기 위해 낮은 소득을 얻을 수밖에 없는 일자리를 구직하거나 구직활동 자체를 포기해 버리고 있다. 의료 · 주거 · 교육 등 급여가 개별급여로 바뀌면서 다소 관대한 기준이 적용되었지만 송파 세 모녀 사건에서 볼 수 있듯이 공무원이 임의로 추정소득을 산정해 급여 지원을 중단할 수 있는 권한은 오히려 강화되었다. 따라서 수급자가 기준 중위소득의 50% 이상의 근로소득을 올리더라도, 소득수준이 저임금(시간당 중위임금의 3분의 2) 이하라면 일정 기간 이상 의료 · 주거 · 교육 급여 지원을 받을 수 있게 개선해야 하며(김윤태 · 서재욱, 2013), 빈곤가족 가운데 근로능력이 있는 것으로 판정된 수급자가 노동을 통해 기초수급대상에서 벗어났다고 할지라도 일시적 빈곤탈피가 아닌 지속적 빈곤탈피를 위해 추가적으로 필요하다고 판단되는 지원기간을 고려하여 정책에 반영해야 할 것이다.

2) 좋은 일자리를 확대하는 방안

빈곤가족 구성원들이 저임금 일자리에 놓이게 될 경우 만성적인 빈곤에 처할 가능성이 높아진다. 빈곤가족 구성원 가운데 청년들의 경우 좋은 일자리를 얻고자 구직을 하는 기간이 길어지기도 하고 구직을 아예 포기해 버리기도 한다. 취업을 하더라도 가족이 빈곤의 덫에서 벗어나기도 힘들고 결혼을 통해 새로운 가족을 이루기도 힘들 뿐만 아니라 노후에도 빈곤이 지속될 가능성이 농후하기 때문이다. 이에 정부에서는 비취업 대상자와 취업 대상자를 위해 자활지원서비스를 제공하고 있다. 그러나 현실적으로 빈곤에서 벗어나기에는 다소 부족한 면이 많아 실질적인 빈곤탈피 대책으로 작동하는 것에는 한계를 보이고 있다. 특히, 현재 시행되고 있는 방식은 복지수급대상자가 서비스를 신청하는 시스템으로 이루어지고 행정의 기계적 판단에 의해 지원되고 있어 부작용으로 작용하고 있다. 따라서 양질의 고용을 창출하기 위해서는 빈곤가족에게 능동적으로 접근하여 그들이 자립 및 자활할 수 있도록 적극 지원하는 방안을 고려해야 할 것이며, 민간부문의 책임으로 간주하기보다는 공공부문에서의 일자리 확대를 적극 모색해야 한다. 이를 위해 사회복지전담공무원과 돌봄서비스 인력의 대대적 확충을 시행한다면 공공부문의 무분별한 팽창에 따른 국민의 불신을 해소하는 동시에 빈곤가족의 복지체감도가 상승되는 효과가 발생할 것이라고 판단된다.

3) 주거비용과 의료비용의 경감

빈곤가족은 빈곤에 따른 주거배제를 경험하고 있다. 김태완(2010)에 따르면 경제활동을 하면서도 소득이 최저생계비 미만인 가구의 약 40%, 중위소득의 50% 미만인 가구의 약 20%가 소득의 30% 이상을 주거비용으로 지출하고 있어 최소한의 생활권을 위협받고 있는 실정이다. 더욱이 국토해양부에서 2011년 말에 조사한 결과에 의하면 우리나라의 전체 주택에서 공공임대주택이 차지하는 비중은 5.0%에 불과한 것으로 밝혀져 빈곤가족이 주거문제로 인해 삶의 질이 저하되는 상황이다. 이는 경제협력개발기구 국가 평균 11.5%의 절반에도 미치는 못하는 수준이다. 따라서 빈곤가족의 주거비용에 따른 부담을 완화 및 해결할 수 있도록 정부가 적극 개입해야 한다. 이를 위한 방안으로 민간임대사업자의 등록을 유도하고, 임대료 인상의 상한선을 정해야 하며, 공공임대주택을 경제협력개발기구의 평균 수준으로 확충할 필요가 있다. 한편, 빈곤가족은 빈곤에 따른 의료배제를 경험하고 있으므로 이를 해결하기 위한 정부의 적극적인 개입이 필요하다. 중증질환에 대한 의료비 부담은 빈곤가족을 형성하는 중요한 원인이다. 실제로 의료비 지출(18%)은 실직(29%)이나 수입 감소(2%)에 이어 기초수급자가 되는 중요한 사유가 되고 있다(보건복지부, 2010). 이에 우리 사회에서는 국민건강보험제도를 시행하고 있으며 이는 세계적으로도 우수한 것으로 평가되고 있다. 다만, 본인부담률이 지나치게 높다는 것이 한계로 지적되고 있다. 2012년을 기준으로 40% 수준에 달하는 본인부담률은 경제협력개발기구 국가의 평균 본인부담률인 15%와 비교하였을 시 지나치게 높아 빈곤가족에게 과중한 부담으로 작용하고 있다. 따라서 빈곤가족의 의료부담을 경감하기 위해 사회적 합의를 통한 조세지원을 확대하고, 건강보험료 비율을 인상해 본인 부담률을 낮추며, 국민건강보험의 보장률을 높여야 한다(이상이, 2010). 또한, 사전 예방 서비스를 강화하는 것이 필요한데 이를 위해서는 공공의료체계를 보다 체계적으로 구축하고 빈곤가족을 위한 사전 건강보호 서비스를 제공해야 한다.

4) 조세를 개혁하는 방안

빈곤가족의 삶의 질을 향상시키기 위해 앞서 설명한 세 가지 방안을 시행하기 위해서는 상당한 재원이 필요하다. 충분한 복지예산을 확보하기 위해서는 현재의 조세체계에 대한 개혁은 반드시 필요하다고 판단된다. 이를 위한 방안으로는 성장 친화적인 조세체계를 마련하는 것이다. 즉, 기업의 경쟁력은 보장하면서 고소득자와 저소득자 간의 지나친 불평등을 완화하는 방향으로 조세를 개혁해야 한다(김윤태 · 서재욱, 2013). 기업의 경쟁력을 보장하는 것에 있어서도 시장에 충격이 최소화하는 선에서 대기업과 중소기업의 성장을 보장하고 체질을 강화할 수 있는 측면으로 접근해야 한다. 복지와 성장의 선순환을 고려한 조세개혁을 위해 북유럽의 사례를 살펴볼 필요가 있다. 대체로 이들 국가의 경우 개인소득세나 사회보장기여금, 소비세의 비중은 상대적으로 높은 반면에 법인세 비율은 높지 않은 것으로 나타났다. 이는 복지와 성장을 동시에 추구하기 위해 우리 사회가 추진해야 할 조세개혁에 시사하는 바가 크다.

6장 Chapter

이혼가족

1. 이혼에 대한 이해

2016년도 우리나라 총 이혼 건수는 10만 7,300건으로 나타났다(통계청, 2017b). 이는 1997년 IMF경제위기를 기점으로 이혼율이 급증하였다가 최근 감소 추세이다. 그러나 혼인율의 감소 수치가 이혼율보다 훨씬 높기 때문에 실제로 이혼은 계속 증가한 것으로 볼 수 있다. 특히 우리나라의 정서적 이혼율까지 포함한다면 이러한 수치는 훨씬 높아질 것이다. 우리나라는 부모 때문에, 자식 때문에, 그리고 가문과 다른 사람들의 이목 때문에 이혼을 하지 않고 법적으로 결혼 관계만 유지하는 소위 정서적 이혼을 하고 사는 사람들이 상당히 많이 있기 때문이다.

한편, 이혼에 대한 연구가 시작된 1950년대에는 이혼을 하나의 일탈로 규정하였다. 그러나 1970년대부터는 이혼을 불행한 결혼관계, 스트레스와 갈등으로부터의 해방, 그리고 새로운 자기 발견의 기회라는 긍정적인 측면이 강조되면서 최근에는 이혼을 하나의 사회현상으로 간주하고 결혼에서 생기는 문제를 해결하기 위한 하나의 과정으로 인식하는 경향이 증가하고 있다. 사실 이혼은 어떤 가족에게는 서로의 갈등과 고통으로부터 벗어나 좀 더 만족스럽고 행복한 삶을 만들 수 있는 새로운 기회가 되기도 한다. 그러나 많은 경우 이혼을 하는 가족의 구성원들은 갑작스런 생활의 변화와 함께 정서적, 신체적, 경제적으로 다양한 스트레스를 경험하게 된다.

본 장에서는 이혼의 예방책과 더불어 이혼과정에서 일어날 수 있는 부정적인 영향을 줄이고 이혼 후 이혼 당사자와 자녀들의 적응을 도울 수 있는 사회복지적 개입방법을 살펴보고자 한다.

1) 이혼의 개념

이혼은 유효하게 성립한 혼인을 부부 쌍방의 생존 중에 당사자의 의사에 기하여 해소시킬 수 있는 제도이다. 본래 남녀의 영속적 공동생활을 목적으로 하는 결합관계를 형성할 의도로 체결한 혼인을 도중에 해소하는 이혼은 혼인의 본질에서 벗어난다. 그러나 사실상 아무리 노력해도 유지할 수 없을 정도로 파탄된 혼인을 법률상 유지하도록 당사자를 강제한다면 오히려 이혼보다 더 큰 비극을 가져올 수도 있다. 즉, 이혼을 인정하지 않는 해악은 이혼을 인정하는 해악보다 크다고 볼 수 있을 것이다. 그러므로 현재 모든 국가는 약간의 차이는 있지만 이혼제도를 인정하고 있다(김민중 외, 2003).

2) 이혼의 과정

최근에는 이혼을 하나의 사건(event)으로 보기보다는 일련의 과정(process)으로 보려는 관점이 많다. Bohanan(1970)은 이혼은 법적으로는 간단한 하나의 사건이지만 심리·사회적으로는 일련의 사건들이 고리를 이룬 복합적인 과정으로 보았다. 따라서 이혼의 과정을 법적 이혼, 정서적 이혼, 경제적 이혼, 공동부모역할 이혼, 공동체 이혼, 정신적 이혼으로 구분하였다. 이는 개인에 따라 그 양상이 다를 수 있고, 여러 단계가 함께 나타날 수도 있다.

2. 이혼의 현황과 실태

1) 이혼 건수와 이혼율

2016년 우리나라 총 이혼 건수는 10만 7,300건이며 평균 이혼연령은 남자가 47.2세 여자가 43.6세로 나타났다(통계청, 2017b). 혼인 지속기간은 20년 이상 이혼이 전체 이혼의 30.4%로 가장 많았으며 다음으로 5년 미만의 이혼이 22.9%로 나타났음을 볼 때 황혼이혼이 늘어나고 있는 추세임을 알 수 있다.

이러한 이혼의 대표적인 원인은 성격차이, 경제적 문제, 외도 등이 주된 요인이 되고 있다. 이혼을 시기별로 볼 때 결혼 후 4년 미만의 신혼커플이 전체 중 27%에 해당하고, 20년 이상의 황혼이혼이 25%를 차지하고 있어, 과거에 비해 참고 살기보다 과감해지는 경향을 볼 수 있다. 특히 이혼의 절차에서 법률적 분쟁에 따르는 어려움이 당사자 간에 심각한 대립 수준으로 이어지고 있다. 이는 재산분할, 친권, 양육권, 양육비 등 이혼 후에 남겨질 자녀 문제를 둘러싼 크고 작은 분쟁이 남아 있기 때문이다.

이혼의 법률적 문제에 있어서 당사자 간 협의로 이루어지는 협의이혼은 서로 간의 마음에 깊은 상처를 주는 소송분쟁으로 이어지는 것을 막을 수 있다. 그러나 지난 4년간 협의이혼은 계속 줄어든 반면 재판상 이혼은 꾸준히 늘어났다(법원행정처, 2010). 전체 이혼신고 중 협의이혼이 줄고 재판상 이혼이 늘어나는 추세는 이혼 시 협의가 잘 안 되는 분쟁적인 사건이 많을 뿐만 아니라 재산분할이나 양육권 등에서 협의가 어렵다는 것을 의미한다.

2) 다문화가정의 이혼과 국적취득

통계청에서 발표한 2016년 다문화가정의 이혼 건수는 2015년 5,743건에서 5,610건으로 다소 감소한 것으로 나타났다(통계청, 2017b). 그러나 여전히 다문화가정은 일반가정보다 갈등의 요소가 더 많고 원만한 해결책을 찾기가 쉽지 않아 이혼 건수는 감소했으나 이혼상담은 계속 증가추세이다. 다문화가정의 부부갈등 요인은 부부간 연령차가 심하고, 결혼 형태면에서도 재혼의 비율이 높았다. 특히 외국인 아내는 혼인의 진정한 의사보다는 한국 입국을 위한 수단으로 국제결혼을 선택하는 경우도 있으며, 남편은 동등한 인격체로 아내를 대하기보다 대가를 지불하고 결혼했다는 인식이 있어 일반가정보다 갈등요소가 더 많이 내포되어 있는 것으로 파악되었다. 또한 재혼에 따른 전혼자녀와의 문제, 의사소통의 어려움, 생활양식의 차이, 자녀교육의 어려움, 열악한 경제적 여건, 양육비 지급 문제가 심각하게 나타났다. 결혼이주여성의 국적별로는 중국, 베트남, 필리핀 순으로 이혼율이 높게 나타났다.

한편, 다문화가정의 이혼은 한국인 간의 결혼과 달리 결혼이주여성의 국적취득과 관련하여 다양한 문제가 발생되고 있다. 결혼이주여성은 이혼을 원하지만 남편들이 반대할 경우, 남자들은 아내의 국적 신청에 협력하지 않는 경우가 많다. 비자 연장에 동의해주지 않음으로써 일정 시기가 되면 강제 추방될 수 있다는 것을 무기삼아 여성을 자기 옆에 묶어두려고 하는 경향이 있기 때문이다. 만약 결혼이주여성들이 한국남편의 폭력을 피해 집을 나올 경우 비자 연장을 하지 못하면 불법체류자의 신분이 된다. 그러나 가정폭력 등으로 한국남편이 형사판결을 받거나 이혼소송 판결문에 적어도 남편이 유책배우자로서 위자료 책임이 인정된다는 내용이 기재된 조정문을 받게 되면 결혼이주여성들은 귀화 신청 시 일반적인 혼인의 경우보다 완화된 요건으로 국적취득을 신청할 수도 있다(강길복, 2012).

3. 이혼이 가족에게 미치는 영향

한국에서 이혼은 자식의 죽음 다음으로 힘든 생활사건이며(황의 · 정도언, 1982), 미국에서는 배우자의 사망 다음으로 스트레스가 많은 심각한 위기라고 한다(Holmes & Hahe, 1967). 부모의 갈등에서부터 이혼에 이르는 과정을 지켜보는 자녀 또한 심각한 스트레스를 경험한다. 이에 이혼이 부부와 그 자녀에게 미치는 영향을 다양한 측면에서 살펴보고, 이혼가족을 위한 적절한 지원책을 살펴보고자 한다.

1) 이혼부부에게 미치는 영향

(1) 심리 · 정서적 측면

이혼한 부부들은 일반적으로 자아존중감 저하, 분노, 상실감, 무기력, 우울증 등의 심리·정서적 반응을 나타낸다. 이혼 직후에는 이혼으로 인한 사회·경제적 변화와 이에 따른 분노, 우울함, 두려움 등의 정서적 혼동을 겪으며, 전 배우자에 대한 애착, 이혼에 대한 후회, 정서적 불안 등을 경험한다. 시간이 다소 경과한 후에는 사회적 고립이나 사회적 지원체계의 상실로 인한 외로움과 자녀들에 대한 죄의식을 경험하기도 한다(성정현, 2002; Marks, 1996).

특히 과거 남편과 자녀에게 지나치게 의존적인 삶을 살았던 여성들은 이혼을 인생의 실패로 여기며, 이로 인해 자아상실감을 크게 느낄 수 있다. 또한 이혼을 자신의 잘못이나 사나운 팔자라고 여기며 죄책감을 갖거나 이혼이 자녀에게 미칠 영향을 두려워하고 죄의식에 빠져 우울증이 나타나기도 한다.

(2) 경제적 측면

이혼은 대다수의 남성과 여성에게 수입의 감소를 가져온다. 특히 여성들은 이혼 전보다 낮은 수준으로 생활하는 경우가 많다. 자녀양육을 맡은 여성은 양육비용으로 인해 경제적 부담이 커지며 배우자가 자녀양육비를 제대로 주지 않을 때에는 빈곤이 악순환되기도 한다. 또한 경제적 부담을 덜기 위해 구직을 원하나 자녀로 인해 취업에 제한을 받기도 한다. 수입 감소로 인한 경제적 압력은 심한 스트레스의 원인이 되어 자녀양육에도 부정적인 영향을 미친다.

남성의 경우에도 이혼 시 재산분할로 인한 재산 감소와 위자료, 양육비 지불 등으로 경제적 어려움을 겪기 쉽다. 이러한 경제적인 어려움은 생활 적응에도 악영향을 미치게 된다.

(3) 역할변화

이혼 이후 가정의 일과 역할이 달라지고 일상적으로 두 부모가 해야 하는 일들을 한 부모가 담당해야 하므로 부담이 크다. 여성의 경우 가장의 역할을 수행하고 자녀훈육을 단독으로 책임지게 되면서 역할부담과 두려움, 부적절감을 느낀다. 결혼기간에 경제활동의 경험이 없었던 경우 경제활동 책임이라는 새로운 역할의 부여로 직장과 자녀교육의 양립에 어려움을 겪게 된다. 남성의 경우 가사문제 내지 자녀양육에 대한 부담감과 어려움 등 생활상 불편함을 절실히 느끼며, 정서적으로나 심리적으로 불안정하게 되기 쉽다.

(4) 자녀양육 및 교육문제

이혼 후 자녀양육의 어려움이 가장 크다고 볼 수 있다. 자녀가 어리거나 장애가 있는 경우 항상 곁에 있어야 하는 등 부모 역할과중으로 인한 부담이 크다. 여성의 경우 직장과 가사 및 자녀양육을 모두 해야 하는 부담이 크고, 특히 남성의 경우 자녀양육 경험과 지식이 없고 직장생활과 가정양육을 병행해야 하기 때문에 어려움은 더욱 크다. 또한 이혼 후 자녀에 대한 죄책감 때문에 제대로 훈육을 하지 못하게 되기도 한다.

(5) 이혼에 대한 부정적 인식

이혼을 바라보는 사회구성원의 인식은 각 사회의 문화, 규범, 가치에 따라 다르며 시대에 따라 변화하였다. 우리 사회는 전통적으로 이혼을 부정적으로 간주하여 왔으나 점차 이에 대한 인식과 태도가 수용적으로 변하고 있다. 그럼에도 불구하고 아직도 이혼 당사자들은 이혼 후 부모나 형제들이 외면하거나 친구들이 멀리하는 등 사회적인 편견 때문에 어려움을 겪고 있으며, 취업이나 자녀의 결혼 시에도 이혼가족은 불리한 위치에 있다.

(6) 대인관계 및 사회적인 문제

우리나라의 경우 이혼을 하면 가족이나 가까운 사람도 이혼의 경험을 잘 이해해 주지 못하고 이들을 지지해 주지 않아 이혼자들은 고통을 겪는다. 이혼자가 겪는 고통과 이혼이라는 어려운 결정을 이해하고 지지하기보다는 외면하는 것이 보통이다. 어떤 이유에서든 이혼한 사람 특히 이혼 여성은 이혼의 낙인으로 온갖 고통을 참고 견디어야 한다. 따라서 이혼당한 희생자로서 평가되는 경우를 제외하고는 이들을 수용하지 않고 쉽사리 '철없는 여자', '잘난 여자', '이기적인 여자'로 비난하는 것이 일반적인 경향이다(김혜련, 1995). 그러나 산업사회 이후 이혼의 급증과 함께, 이혼에 대한 가치관도 점차 변화하고 있다.

(7) 신체적 · 정신적 건강상의 문제

자발적이거나 비자발적이든 상관없이 이혼은 많은 협상과 요구, 절차 등을 거치는 과정이므로 이혼자들은 심리적 · 정서적 · 신체적 부작용을 경험한다. 특히 이혼한 사람들의 경험을 주변에서 잘 이해해주지 못하면, 이혼 당사자들의 정신적인 외로움은 더욱 심해진다. 우리 사회보다 이혼에 대한 사회적 낙인이 심하지 않은 서구에서도 이혼자들이 기혼자나 미혼자보다 건강하지 않은 것으로 나타났다. 이혼 후 조기사망률, 교통사고 및 기타 상해, 만성적 무능력과 질병, 자살, 우울증, 알코올 중독, 마약 등의 유혹에 빠지는 경우가 더욱 높은 것으로 조사되고 있다(Kurdek, 1996; Hemstrom, 1996).

2) 자녀에게 미치는 영향

이혼자들의 대부분이 미성년 자녀를 둔 20대 후반에서 40대 초반에 해당되기 때문에 부모의 갑작스런 이혼은 자녀에게 큰 충격으로 작용하여 사회적인 문제가 되고 있다. 특히 최근에는 부모가 이혼하면서 양측 모두가 무책임하게 양육권을 포기하여 '고아 아닌 고아'까지 급증하고 있다. 서울시립아동상담소 조사에 따르면 보육원 등에 위탁된 어린이 가운데 30% 이상이 부모가 생존해 있는 이혼가정의 자녀들인 것으로 밝혀졌다. 이러한 이혼가정의 자녀는 사회적 · 경제적 · 심리적으로 부정적인 영향을 받게 된다.

(1) 심리 · 정서적 측면

이혼하는 부모에게는 이혼이 하나의 선택일 수 있지만, 자녀들의 경우는 그렇지 않다. 부모가 이혼함에 따라 자녀들이 타격을 입는다는 것은 기정사실이다. 부부관계가 해체되어도 부모역할은 남기 때문이다. 그러나 이혼 당사자인 부모는 자신의 문제를 돌보느라 자녀에 대한 배려에 소홀하거나 포기해 버리기까지 하고, 이혼가정의 자녀에 대한 학교와 사회, 국가의 관심은 적어 안타까운 현실이다.

부모의 이혼으로 인한 타격이 자녀에게 미치는 정도는 일반인들이 생각한 것보다 훨씬 더 오래 지속되며, 부모의 이혼 후 자녀들은 스트레스와 우울, 낮은 자존감에 시달리게 된다. 이는 부모의 이혼 전 불화로 인한 양육태도의 불일치, 이혼으로 인한 주위 사람들의 태도 변화 등의 영향을 받아 자신을 낮게 평가하는 것으로 해석될 수 있다. 또한 부모로부터 유기에 대한 두려움을 느끼며, 부모에 대한 적개심, 가족에 대한 열등감을 갖기 쉽다. 특히 자녀가 어린 경우에는 이혼 후에 더 많은 파괴 행동을 보여주는 반면, 나이 든 아이들은 우울 증상이 더 많이 나타나기도 한다(Amato, 1993). 이러한 연구 결과는 사춘기 때의 청소년들보다는 오히려 어머니, 아버지 관계에 높은 관심을 보이는 4~6세 아동이 가장 치명적인 타격을 입는다는 사실을 보여준다. 한편 부모의 이혼 당시 아주 나이가 어린 유아는 이혼 당시의 고통스러운 기억이 적기 때문에 고통을 덜 받는 것으로 보고되고 있다(Wallerstein, 1984; 정현숙 외, 2001 재인용). 따라서 부모의 이혼에 대한 자녀들의 반응은 연령에 따라서 다르게 나타나고 있음을 알 수 있다.

(2) 행동 측면

이혼가족의 자녀들은 이혼으로 인한 심리적 상처뿐 아니라 가족생활의 전반적인 변화를 경험하게 되며, 변화에 적절히 대처하지 못하게 되는 경우 문제행동으로 나타날 수 있다. 이혼가정의 아이들은 비이혼가정 아동에 비해 학업에 어려움을 더 많이 겪고, 성경험을 일찍 하며, 자신을 비관적으로 평가하고, 우울증에 시달리며, 비행과 약물남용을 더 많이 하는 경향이 보고되고 있다. 미국 청소년들의 경우 학교중퇴, 십대임신, 비행에 가담, 행동문제로 인한 치료기관 의뢰 등을 가질 확률이 일반가정보다 2~3배 더 높게 나타났다(Emery, 1999; Wallerstein et al., 2000; 연문희, 2005 재인용). 일반적으로 남아가 여아보다 행동문제를 더 많이 보이며 여아는 사춘기 이후 이성관계에서 문제를 나타내기도 한다.

(3) 대인관계 측면

이혼 후 아이들은 부모의 이혼사실이 알려질 경우 친구들의 놀림을 받거나 거부당할 것에 대한 두려움 때문에 대인관계에서 어려움을 겪는다. 실제로 사람들은 이혼가정 아동을 비이혼가정 아동에 비해 부정적인 이미지로 기억하는 경우가 많다. 이혼가정의 자녀들은 부모의 이혼 사실을 숨기기를 원하며 자신의 가족 상황이 드러날 것에 대한 두려움을 가지고 있고 이것이 드러날 경우 또래의 놀림 또는 거부에 민감하게 반응한다. 이혼가정의 자녀들은 타인관계에서의 열등감, 자격지심, 불편감, 부적절감을 나타내는 대인예민 척도에서 높은 점수를 보이고 있다(주소희, 1992). 또한 이혼가정의 자녀들은 부모로부터 적절한 대인관계 모델을 학습하지 못하여 성인기가 되었을 때 안정적이고 만족스러우며 친밀한 관계를 맺는 데 어려움을 느끼기도 한다(Amato, 2000; 연문희, 2005 재인용).

(4) 학교생활 측면

이혼가정의 자녀는 학업성적이 이혼 전보다 떨어지는 경향이 있으며, 교실 내 행동에서도 문제를 드러낼 가능성이 높다. 이들은 교실에서 분노 감정을 미숙하게 표출하거나 부모 이혼에 대한 자책감으로 위축되어 있는 경우가 많다. 또한 갑작스러운 생활 변화로 인한 혼란감 때문에 학교생활에 흥미를 가지지 못하고 친구관계에서 불안하고 미숙한 특성을 보일 수 있다. 특히 교사들이 이혼가족 자녀들의 심리적 · 발달적 어려움을 이해하지 못할 경우 어려움은 더욱 커질 수 있다.

(5) 경제적 어려움

부모의 이혼으로 인해 청소년들은 학교를 그만두고 경제적으로 가계에 보탬이 되어야 한다는 강박감을 느껴 역할 혼돈과 전환을 경험하기도 한다. 또한 경제적인 어려움은 청소년 비행을 부추길 수 있다. 이혼한 가족의 수입은 학업 성취, 행동, 심리적 적응과 자아 개념, 사회적 관계와 정적인 관련이 있는 것으로 나타났다(Williams, 1990).

4. 이혼 관련 법

1) 이혼의 유형

이혼은 크게 협의이혼과 재판상 이혼(소송이혼, 조정이혼)으로 나눌 수 있다.

(1) 협의이혼(의사합치에 의한 이혼)

협의이혼은 부부 양쪽 모두 이혼을 원할 경우 당사자 간 이혼하기로 합의가 이루어진 이혼을 말한다. 우리나라 이혼부부의 80% 이상이 협의이혼을 하고 있다. 그러나 협의이혼은 자녀가 있을 경우 재산분할, 위자료, 양육비 등의 부분에 대한 합의도 잘 이루어져야만 가능하기 때문에 당사자의 합의만으로 이혼하기란 쉽지 않다.

우리나라 기존의 협의이혼은 당사자 간의 합의와 가정법원 판사의 확인만으로 이루어졌기 때문에 이혼이 쉽게 이루어졌으며 이로 인한 이혼율이 증가하는 경향이 있었다. 또한 이혼과정에서 경제적 약자와 자녀에 대한 보호가 미흡할 수 있다는 한계점이 있었다. 따라서 2007년 12월에 이혼절차와 관련한 「민법」 조항 일부를 개정함으로써 협의이혼 절차를 개선해 가고 있다.

개정된 「민법」(제836조의 2)에 따르면 가정법원은 협의이혼을 하려는 부부에게 이혼에 관한 안내를 해야 하고, 자녀가 있는 부부는 안내를 받은 날로부터 3개월, 자녀가 없는 경우에는 1개월의 기간이 경과한 후에 가정법원으로부터 이혼의사를 확인받아야만 이혼이 가능하도록 이혼숙려제도를 실시하고 있다. 따라서 가정법원은 숙려기간에 부부가 전문상담인의 상담을 받도록 권고하고 있다. 이혼당사자는 숙려기간 중에 자녀의 양육과 양육비 및 친권자 결정 등에 관한 협의를 한 후에 이혼의사 확인을 받도록 함으로써 자녀에 대한 부모의 책임을 강조하고 있다. 숙려기간은 이혼에 따른 법적인 문제나 심리에 관하여 전문가에게 상담을 받을 수 있는 기회를 법적으로 보장하는 한편, 이혼 후 자녀를 누가 어떻게 보호할 것인지 협의하는 데 필요한 기간으로 볼 수 있다. 이 밖에도 부모의 친권자 결정이 자녀의 복리에 반하는 경우에는 가정법원이 친권자를 직접 정하는 등 이혼자녀의 복지를 위해 개입할 수 있다.

(2) 소송이혼[1](법원판결에 의한 이혼)

소송이혼은 부부 중 한쪽은 이혼을 원하는 데 다른 한쪽은 이혼을 원하지 않는 경우 법원에 이혼을 청구하여 판사의 심판을 거쳐 이혼이 이루어지는 제도이다. 소송이혼은 「민법」에 규정된 재판상 이혼사유에 해당되어야만 이혼이 가능하다. 우리나라는 이혼에 있어 유책주의를 택하고 있으므로 원칙적으로 유책배우자는 이혼을 청구할 수 없다. 「민법」에는 6가지 이혼 사유가 규정되어 있지만 결국 대부분의 사안에서는 '기타 혼인을 계속하기 어려운 중대한 사유'에 따라 재판상의 이혼 가능 여부가 결정된다. 대법원 판례는 이와 관련하여 일부 예외적인 경우를 제외하고는 파탄주의가 아닌 유책주의를 취하고 있기 때문에 재판상의 이혼도 쉽지는 않다.

1) 소송이혼은 재판상 이혼의 한 유형으로 언급하였기에 재판상 이혼보다는 소송이혼으로 표현하는 것이 적절하다.

2) 이혼에 따른 법적 문제

이혼이 성립되면 부부의 신분관계의 종료와 그 결과로서 부부간의 권리의무의 소멸 및 재혼의 가능, 인척관계의 소멸, 호적의 정리, 자의 조치, 재산분할의 과제를 해결해야 한다(김민중 외, 2003). 이혼 후에 해결해야 할 과제들을 항목별로 살펴보면 다음과 같다.

(1) 자녀의 양육권

우리나라의 협의이혼제도는 자녀양육에 관한 사항 및 친권자 지정에 관한 합의 없이도 이혼 당사자의 합의만 있으면 이혼이 가능하였기 때문에 이혼가족 자녀의 복지에 위협이 되는 경우가 많았다. 이를 보완하기 위해 개정된 법령에서는 협의이혼 시 자녀양육사항 및 친권자 지정 협의서 제출을 의무화하고 있다(제836조의 2 제4항에 신설). 협의서에는 자녀양육자의 결정, 양육비용의 부담에 관한 내용, 면접교섭권의 행사 여부와 방법 등을 기재하여야 한다. 재판이혼의 경우에 양육자 결정과 양육비용 부담에 관한 당사자의 청구가 없을 때에는 가정법원이 직권으로 양육자 등을 정할 수 있다.

(2) 자녀양육비

부모는 자녀를 공동으로 양육할 책임이 있으므로 양육에 필요한 비용도 공동으로 부담하는 것을 원칙으로 하며, 이혼 후에도 마찬가지로 적용된다. 자녀의 양육에 필요한 비용은 자녀가 비양육부모에게 직접 청구할 수 있으며, 양육부모가 청구할 수도 있다. 양육비의 산정은 자녀 연령, 부모의 재산 상황, 양육에 소요되는 비용 등을 고려하여 산정하게 된다. 그러나 그동안 양육비를 제대로 지급하지 않는 경우가 자주 발생하고, 양육비를 강제로 집행하기 위한 절차가 번거로워 자녀의 양육환경이 침해되는 사례가 많았다. 이에 2007년 12월 개정된 법률(가사소송법)에서는 자녀양육비를 확보하기 위한 방안들을 마련하고 있다.

(3) 면접교섭권

면접교섭권이란 이혼 후에 비양육부모와 자녀가 직접 만나거나 편지, 전화 등 연락을 할 수 있는 권리이다. 면접교섭에 대한 법원의 결정에서 중요한 것은 '자녀의 복지, 자녀의 이익'이다. 자녀의 심리상태, 비양육부모와의 면접교섭에 대한 자녀의 태도, 자녀의 양육상황, 양육부모의 의향 등을 종합적으로 고려하여 자녀의 복지에 해가 되지 않는다고 판단하면 면접교섭이 인정된다. 면접교섭의 횟수는 주 1회, 월 1회 내지 2회 등으로 정하고 방학을 이용하여 5일 내지 10일간 비양육부모와 만나도록 하는 경우가 가장 많다.

(4) 재산분할

'재산분할'이란 이혼한 후에 배우자 사이에서 혼인 중의 재산관계를 청산 · 정리하는 절차를 말하며, 이와 더불어 이혼 후 경제적으로 어려운 배우자를 부양한다는 의미를 갖고 있다(김소영, 2006). 재산분할청구권은 이혼한 배우자 일방이 상대방에 대하여 부부공동생활을 하면서 마련한 재산에 대하여 분할을 청구할 수 있는 권리이며, 이혼한 날부터 2년을 경과한 때에는 소멸한다.

(5) 손해배상청구권

이혼의 원인을 야기한 자는 이혼으로 인한 피해당사자에게 손해배상의무를 부담해야 한다. 손해배상의 범위에는 재산상 손해는 물론 정신적인 고통도 포함된다. 특히 정신적인 손해에 대한 손해배상을 위자료라 한다. 이혼 손해배상청구에서는 대부분 상대방의 유책행위(예: 부정, 유기, 학대)에 의한 정신적 손해에 대한 위자료만을 청구하고 있다. 한편, 재산분할청구권과 위자료청구권은 그 요건과 성격이 서로 다른 청구권으로 양립이 가능하다. 따라서 재산분할청구권으로 재산분할을 받은 경우에도 별도로 불법행위를 이유로 하는 위자료청구권을 받을 수 있다.

5. 이혼가족을 위한 사회복지대책

이혼에 관한 최근 연구들은 개인이 갖고 있는 차원을 강화함으로써 이혼가족이 경험하는 부정적 결과를 경감시키고 복지감을 증진시킬 수 있음을 보고하고 있다(Amato, 1999). 이에 따라 이혼가족을 임파워먼트 할 수 있는 사회복지대책을 이혼 진행 단계별로 구분하여 이혼예방 단계, 이혼과정상의 개입, 이혼 후 적응을 돕는 방안으로 살펴보고자 한다.

1) 이혼예방을 위한 지원

(1) 학교 교육과정에 결혼관 정립에 관한 교육

이혼에 대한 예방대책은 장기적인 관점에서 접근하는 것이 바람직하므로 삶에 대한 기본적인 가치관이 정립되는 중·고등학교 교육에 교과과정을 마련하는 것이 중요하다. 학생들에게 인생설계교육과 양성평등교육을 실시하여 현대사회에 적합한 결혼관을 정립하고, 결혼에 대한 책임과 의무에 대해 현실적으로 인식하며, 건강한 인간관계를 맺는 의사소통기술을 교육해야 한다. 이러한 결혼관 정립은 장기적인 안목에서 행복한 부부관계를 돕고 이혼을 예방할 수 있는 효율적인 방안이 된다(공정자 외, 2005).

(2) 결혼적령기에 결혼준비교육

결혼적령기에 있는 성인을 대상으로 결혼에 대한 가치와 태도를 서로 논의하고 결혼생활에 필요한 기술을 익히며, 성에 대한 정보를 교환할 수 있는 결혼준비교육 프로그램의 보편화가 시급하다. 이러한 교육을 통해 예비부부들이 배우자와 결혼의 선택에 있어서 보다 신중하게 임하고, 결혼생활에서 생길 수 있는 갈등에 효율적으로 대처할 수 있는 능력을 갖춘다면 불행한 결혼을 예방하는 데 크게 기여할 것이다(공정자 외, 2005).

(3) 부부대상 가족생활교육

가족생활을 원만하게 유지하고 있는 부부를 대상으로는 부부관계의 질을 높이고 부부관계를 더욱 강화할 수 있는 가족생활교육이 필요하다. 교육내용으로는 가족의 발달단계에 따른 문제영역과 발달 과업, 부부 간의 효율적 대화방법, 갈등해결방법 등을 포함하여 앞으로 생겨날 수 있는 가족문제에 능동적으로 대처능력을 키울 수 있도록 구성하는 것이 도움이 된다. 또한 갈등이나 위기를 겪고 있는 부부에게는 보다 전문적인 가족상담과 치료프로그램을 통해 개입할 수 있도록 지원하는 것이 필요하다(김미숙 외, 2005).

(4) 가족상담 치료프로그램

가족상담 치료프로그램을 통해 부부, 가족갈등이 있는 가정을 대상으로 개인상담, 부부상담, 가족상담 및 치료프로그램을 여러 유형으로 다각적인 접근을 실시하여 자아를 통찰하며 성급한 이혼을 예방할 수 있도록 지원하는 것이 필요하다.

2) 이혼과정상의 지원

(1) 조정과 중재 서비스

이혼을 결심한 부부라 할지라도 신중을 기하도록 권고하며 가족원을 위해 상호협조적인 이혼 협상이 이루어져야 한다. 이혼과정에서 재산분할, 위자료, 자녀양육권과 양육비, 면접교섭권 등에 대한 법률적 문제는 조정과 중재과정에 중요한 이슈가 되기 때문이다. 현재 가정법원에서 가사조정제도를 실시하고 있으나 부부가 심각한 파탄에 이른 후에 대부분 가사조정을 신청하고 있어서 조정이 힘든 경우가 많다. 따라서 협의이혼에 적용되는 이혼숙려제도를 충분히 활용하여 상담을 통해 조정과 중재가 적절히 이루어질 수 있도록 지원함이 필요하다.

미국이혼중재협회(American Arbitration Association)의 Family Dispute Service는 화

해, 조정, 중재를 권하고 있다. 즉, FDS는 부부에게 위기가 발생되었을 때 1단계 화해(conciliation), 2단계 조정(mediation)을 하여 이혼을 평화적으로 동의하도록 하며, 동의가 이루어지지 않을 때 조정관에게 조회하는 과정이다. 그러나 실제로 대부분의 부부가 파탄에 도달해서야 조정 신청을 하기 때문에 조정이 원만하게 성립되지 않을 때가 많다.

(2) 법률적 재판

재판에서 재산 분할, 위자료, 자녀양육권 및 양육비, 면접교섭을 결정할 때 이혼 후 불리한 배우자를 고려하여야 하며 남녀 공정하게 이루어져야 한다. 또한 자녀의 의견도 반영하는 것이 중요하다.

(3) 자녀에 대한 배려

부모가 이혼한 경우 자녀를 위해서 부모의 세심한 배려가 필요하다. 국내 연구 결과에서는 자녀들은 부모가 이혼한다는 사실을 미리 알려주기를 바라는(78.9%) 것으로 나타났다(김병옥 · 박병규, 1993). 따라서 자녀가 이해할 수 있고 마음의 준비를 할 수 있도록 하여 자녀에게 나름대로 대처할 수 있는 기회를 주는 것이 중요하다.

이혼할 때 자녀를 대하는 지침

이혼하는 부모들이 자녀들에게 어떻게 해야 하는지 지침을 소개하면 다음과 같다.

- 이혼이 무엇인가를 분명하게 이야기해 주는 것이 좋다. 특히 어린 자녀에게는 여러 번 반복하여 이야기하며 준비시키는 것이 필요하다.
- 결혼생활을 유지하기 위하여 부모가 노력해 왔다는 것을 설명하라.
- 부모는 여전히 자녀를 사랑하고 잘 보살필 것이라는 것을 강조하라.
- 자녀 앞에서 배우자를 비난하지 마라. 부모의 분노와 불행을 자녀와 나눌 수는 있지만 자녀 앞에서 배우자를 비난하게 되면 자녀들에게 부모 중 한 사람에게만 편들 것을 요구하는 것과 같다.

- 이혼 후 일상생활에서 어떤 변화가 있을 것인가를 자녀에게 이야기하라.
- 자녀는 부모의 이혼 사유와는 아무런 관계가 없으며, 부모의 문제에 대하여 아무런 책임이 없다는 것을 강조하라. 부부가 이혼하는 것이지 자녀와 이혼하는 것이 아니다.
- 자녀들이 자유롭게 부와 모를 사랑할 수 있다는 것을 확신시켜라.
- 이혼과정에 있어서 자녀들이 알고 싶은 것을 질문하도록 권장하라.
- 부모들은 자녀들과 함께 이야기하여 부모가 합리적이고 이성적인 의사결정을 하였다는 점을 전달하라.
- 자녀들이 함께 있을 때 이야기하여 자녀들끼리 서로 도울 수 있도록 하라.
- 부모가 이혼에 대하여 합리적으로 의사결정을 했으나 심리적으로는 이에 대하여 슬프다는 것을 표현하라. 부모가 슬프다고 이야기하게 되면 자녀들이 자신의 감정을 숨기지 않고 상실에 대한 슬픔을 표현할 수 있게 된다.

출처: Cox(1990); 서동인(1995: 313) 재인용.

3) 이혼 후의 지원

(1) 교육 프로그램 지원

이혼자들에게 이혼에 대해 발전적인 사고와 인식을 증진시킬 수 있는 교육 프로그램이 제공되어야 한다. 또한 부모의 이혼으로 인하여 편부모와 지내게 된 자녀들에게 각종 적응 교육 프로그램의 필요성이 증가하고 있다. 개정 가족법에서는 자녀의 면접교섭권을 보장받게 됨으로써 이에 대한 법적인 보장이 되었으므로 미시적 관점에서의 효과적인 프로그램 개발이 요구된다.

(2) 자녀양육 지원

현재 우리나라 이혼가족의 60% 이상이 미성년자녀를 양육하고 있는데, 이들은 자녀양육에 따르는 시간적 · 정신적 · 육체적 부담과 아울러 양육비와 사교육비로 인한 경제적 어려움을 겪고 있다. 과도한 자녀양육 부담은 이혼가족의 사회적 적응을 더욱 어렵게 만들며 자녀양육을 포기하게 만드는 원인이 되기도 한다. 따라서 이혼가족의 자녀양육에 대한 사회의 체계적인 지원은 아동의 복지를 위해서도 가장 우선시되어야 할 부분이다. 현재 「민법」과 「가사소송법」 개정을 통해 비양육부모의 자녀양육비 지급을 강화할 수 있는 방안을 마련하고 있으나 이에 대한 보완이 필요한 것으로 보인다. 최근 자녀 한 명당 약 40~50만 원 정도의 양육비가 결정되고 있으나 이는 사교육비 비중이 높은 우리나라의 실정을 고려할 때 너무 낮다는 지적이 있으므로 양육비산정 기준을 현실화하도록 해야 할 것이다.

독일의 경우와 같이 비양육부모가 자녀양육비를 지급하지 않아 곤란을 겪고 있는 가족에게 국가가 이를 선지급하고 양육비 지급 의무자에게 구상권을 행사하는 양육비 선지급제도의 도입도 고려해 볼 만하다(정문자 · 김은영, 1999).

이혼가족은 한부모가족에 해당되며, 한부모가족지원사업에 의해 지원을 받을 수 있다. 다음은 2018년도에 개정된 한부모가족지원사업 중에서 이혼가족이 지원받을 수 있는 자녀 양육비와 무료법률구조, 이혼전/후 가족관계 회복사업을 정리해 보았다(2018년 한부모가족지원사업 안내).

표 6-1 2018년 한부모가족지원사업 중 이혼가족 부분

사업명 및 개요	사업대상	수행기관
〈한부모가족자녀 양육비 등 지원〉 • 아동양육비: 만 14세 미만 자녀, 월 13만 원 • 추가아동양육비: 조손 및 만 25세 이상 미혼한 부모가족 5세 이하 자녀, 월 5만 원 • 학용품비: 중학생 · 고등학생 자녀, 연 5.41만 원 • 생활보조금: 시설 입소가구, 월 5만 원	소득인정액 기준 중위소득 52% 이하 한부모 및 조손가족	자치단체
〈한부모가족 무료법률구조〉 • 한부모가족 대상 법률상담, 소송대리, 기타 법률 사무 등 무료법률구조 지원	「한부모가족지원법」 제5조, 제5조의2제2항 한부모가족	대한법률구조 공단
〈이혼전 · 후 가족관계 회복사업〉 • 이혼위기 또는 이혼 후 가족 대상 가족기능 강화를 위한 상담 · 교육 · 문화 서비스 제공	이혼을 준비 중인 가족 또는 이혼 후 부부와 아동	지방자치단체 (전문기관 선정 · 운영)

(3) 심리 · 정서적 지원

대체로 이혼 후에 이혼한 당사자들과 자녀들은 이혼과정에서 경험한 갈등과 좌절감, 이혼 후 생활변화에 따른 불안감, 사회의 부정적 인식과 편견으로 인한 심리·정서적 어려움에 직면하게 된다. 따라서 이혼가족이 겪는 심리적 갈등을 줄이고 변화된 환경에 안정적으로 적응할 수 있도록 돕는 심리적 지지체계를 사회적으로 마련하는 일이 중요하다.

한편, 1990년대 말부터 가정법률상담소, 여성단체, 사회복지기관을 중심으로 이혼가족을 위한 집단 프로그램을 운영하고 있다. 건강가정지원센터가 전국에 설치되면서 차츰 이혼 관련 프로그램을 실시하고 있으나 개발된 프로그램이 다양하지 못하고 프로그램 실시에 대한 경험과 지식이 부족하여 기관에 따라 임의적으로 프로그램을 구성하여 적용하고 있는 실정이다.

(4) 취업지원

이혼가족이 겪는 주요한 어려움 중 하나는 경제적 문제이다. 특히 여성들은 구직에 있어서 남성보다 더 많은 어려움을 갖고 있으며, 직업을 갖게 되더라도 저소득 직종이 많아 빈곤상태에 빠지기 쉽다. 이혼가족의 자활과 경제적 안정을 위해서는 먼저 직업훈련과 취업알선 등 고용안정을 위한 대책이 필요하다(김미숙 외, 2005).

(5) 사회적 자원의 강화

사회적 자원의 강화는 가족의 사회적 기능을 강화시켜 주어 구조적 결손에도 불구하고 가족원이 각각의 역할을 원만히 수행할 수 있도록 지지해주는 것을 말한다. 대표적인 사회적 자원으로서는 비공식 혹은 공식적 차원에서 제공되는 각종 서비스를 들 수 있으며, 가사보조서비스, 아동양육서비스, 혹은 정보 제공 서비스 등이 해당된다. 각종 법률, 제도적 지원도 가족에 대한 사회적 자원의 강화를 촉진하는 사회적 지원체계로서의 역할을 할 수 있다.

(6) 지지집단을 통한 관계망 형성

지지집단을 통해 관계망을 형성시키는 것은 개인의 인적 자원을 강화시켜 주는 가장 좋은 방법 중의 하나이다. 관계망이 크고 튼튼할수록 심리·정서적 그리고 나아가 경제적 자원을 확대할 수 있다. 결혼 전에 참여했던 사회모임이나 친구들, 이웃, 종교모임, 기타 여러 모임 등에 적극적으로 참여할 수 있도록 주변에서 지지해주는 것이 필요하다.

4) 국외 이혼가족 프로그램

이혼율의 증가를 일찍부터 경험한 미국과 유럽에서는 이혼가족의 정서적·사회적 적응을 돕기 위한 집단개입 프로그램들이 1970년대에 개발되기 시작하였다. 1980년대부터는 정부와 사회단체 및 학교의 적극적인 지지와 협조하에 사회복지기관과 상담기관, 학교를 중심으로 실시되어 왔으며, 이에 대한 효과 검증도 이루어지고 있다. 이혼부모를 위한 프로그램의 내용은 다소 차이가 있으나, 이혼이 자녀에게 미치는 영향, 아동의 발달단계와 이혼에 대한 자녀의 반응, 자녀양육과 의사소통기술 훈련, 전 배우자와의 갈등관리기술, 이혼 당사자의 이혼 후 반응과 대처 방법, 양육권과 자녀방문 등에 관련한 법원의 절차와 소송에 대한 이해 등으로 이루어져 있다(Braver et al., 1996).

7장 Chapter

재혼가족

1. 재혼가족의 이해

동서를 막론하고 일반적으로 여자의 재혼은 불미한 일로 생각되어 왔다. 그러나 최근 우리 사회에 이혼과 재혼이 급격히 늘어나면서 재혼에 대한 인식이 과거에 비해 점차 긍정적으로 변해가고 있다. 특히 재혼가족은 이혼이나 사별로 인한 가족해체의 기능을 회복할 수 있는 해결책으로 보는 등 우리 사회에서 다양한 가족의 한 형태로 재구성이 이루어지고 있다. 이런 시점에서 기존의 혈연가족 중심의 답습적인 정책만 고수해 나갈 것이 아니라 가족해체와 재구성이라는 시대적 조류에 맞추어 적절한 대책을 마련하는 것이 중요하다.

따라서 이 장에서는 재혼가족에 대한 개념을 비롯한 전반적인 이해를 통하여 재혼가족을 위한 가족복지대책을 살펴보고자 한다.

1) 재혼가족의 개념

재혼이란 이혼이나 사별로 인해 전혼(前婚)관계가 해체된 후 또 다른 혼인관계를 맺는 것을 의미한다. 우리나라에서 최근 사용되기 시작한 재혼이라는 용어는 이미 한 번 또는 그 이상 결혼하여 가정을 이룬 남성이나 여성이 다른 배우자와 새롭게 가정을 재구성하는 것으로 사별자의 재혼 및 이혼자와 이혼자의 결합의 경우까지 모두 포괄하는 개념이다. 재혼가족(remarriage)은 자녀의 유무에 관계없이 한쪽 배우자가 전혼의 경험을 가진 후 구성된 가족이라고 할 수 있다. 재혼가족은 이와 비슷한 의미의 '의붓가족', '계부모가족', '재결합가족', '혼합가족' 등의 용어로 혼용되고 있다.

2) 재혼가족의 유형

일반적으로 미혼 남녀가 결혼을 하여 두 사람이 한 가족이 된다. 이러한 초혼의 경우에는 일정기간 동안 2인 관계를 유지하다가 자녀의 출산과 함께 가족의 양적 규모가 확대된다. 그러나 재혼가족은 가족의 출발시점부터 다양한 형태를 띤다. 재혼가족을 연구한 학자들은 재혼가족의 다양한 형태를 제시하고 있다. Clingempel 등(1987)은 재혼부부의 전혼(前婚)여부, 자녀의 유무(有無)와 동거여부, 양육권의 유무 등에 따라 9가지 유형으로 분류하기도 한다.

2. 재혼가족의 현황과 실태

최근 우리나라 재혼은 두 가지 경향을 띠고 있다. 총결혼 건수는 매년 감소하는데 비해 재혼비율은 지속적으로 증가하고 있다. 또한 재혼형태의 변화로, 과거와 달리 남성보다 여성의 재혼 건수가 많으며, 초혼남과 결혼하는 재혼녀의 비율도 지속적으로 늘어나고 있다.

1) 재혼가족의 현황

2016년 기준 '신혼부부통계' 결과 최근 5년 이내 혼인신고한 후 국내에 거주하면서 혼인관계를 유지 중인 부부는 총 143만7천쌍으로 전년대비 2.4% 감소했다. 남편과 아내가 모두 초혼인 초혼부부의 비중은 전체의 80.1%, 재혼부부 비중은 19.8%로 나타났다(통계청, 2016). 이는 결혼 10쌍 중 2쌍 이상이 재혼을 하고 있음을 의미한다.

통계청(2013)에서 발표한 1982년부터 2012년까지 지난 30년 간 이혼·재혼 현황을 살펴보면 여자 재혼은 227.6%, 남자 재혼은 93.5% 증가하여 여자 재혼 증가율이 남자보다 높게 나타났다. 또한 남자와 여자 모두 '사별 후 재혼' 구성비는 감소하고 '이혼 후 재혼' 구성비는 증가하였으며, 전체 재혼 중 '남자 초혼과 여자 재혼' 부부의 구성비는 26.9%로 증가하였다.

통계청(2014)에 의하면, 남자 평균 초혼은 32.2세이며 남자 재혼연령은 46.8세, 여자 평균 초혼은 29.6세이며, 재혼연령은 42.5세로 나타나 남녀 재혼 나이 차는 약 4세로 나타났다.

한편, 미국은 초혼의 60%가 이혼으로 끝나고 이혼자의 75%가 일반적으로 3~4년 안에 재혼을 하고 있다. 따라서 조만간 재혼가족이 초혼가족을 앞지를 것으로 보고 재혼가족이 미국의 가장 일반적인 가족유형이 될 것으로 전망하고 있다(Visher & Visher, 1996).

2) 재혼가족의 실태

재혼가족은 일반적으로 초혼보다 다양한 장애물에 직면하기 마련이다. 재혼가족은 계자녀의 부적응과 돌봄문제, 전혼자녀에 대한 미안함, 재정에 관련된 문제, 생활방식이나 서로의 다른 기대로 인한 갈등, 재혼 후 자녀 출산의 고민, 시어머니 혹은 다른 가족과의 갈등 등 다양한 어려움을 경험하고 있다. 재혼 후 이러한 가족관계에 부적응할 경우는 다시 이혼하는 비율도 매우 높게 나타나고 있다.

(1) 초혼보다 높은 이혼율

재혼가족 중에는 심각한 가족갈등을 경험하다가 결국에는 이혼으로 끝나는 경우가 많다. 실제 초혼의 이혼율보다 재혼의 이혼율이 높게 나타나고 있으며, 특히 계자녀가 있는 재혼은 자녀가 없는 재혼보다 훨씬 비율이 높다. 연구조사에 따르면 두 사람 모두 이혼한 경험이 있을 때 재혼에서의 이혼은 초혼에서 이혼하는 경우의 약 2배가 된다고 한다. 이는 재혼을 이혼갈등의 해결책으로 생각하거나(Furstenberg & Spanier, 1984), 이혼에 적응하지 못한 상태에서 재혼하거나 혹은 재혼에 대한 준비가 부족한 데 기인한다. 이들은 독신으로 되돌아온 이후부터 재혼을 하기까지의 기간이 매우 짧다.

많은 사람들이 이전 결혼에 대한 상실감과 분노, 슬픔을 극복하지 못한 채, 재혼을 통해 해결하려는 경우가 많다. 또한 부부간에 서로의 장점을 보며 신뢰를 쌓거나 자녀와의 적응에 대한 충분한 시간이 부족하여 재혼에 대해 실망하는 경우도 적지 않다. 이런 태도는 결과적으로 재혼 이후 부딪히는 어려움을 극복하지 못하고 소진되어 다시 이혼하도록 만드는 원인이 되기도 한다. 이러한 성급한 이혼을 예방하기 위해서는 사전에 재혼교육을 하거나 인간관계교육을 충분히 한다면 이혼율을 보다 낮출 수 있을 것이다.

(2) 재혼의 기대나 생활방식 차이로 인한 부부갈등

재혼부부들은 새 배우자에게 전 배우자가 갖추지 못했던 많은 것들을 갖출 것을 기대한다(성정현 외, 2011). 또한 서로의 생활방식에 대한 지향점의 차이를 인식하지 못해 갈등을 경험하기가 쉽다. 하지만 재혼 이전에 이런 사실에 대해 개방적으로 논의하는 경우는 많지 않다. 새로운 배우자가 자녀를 위해 따스한 가정을 재현해 줄 것이라고 기대하거나 혹은 자녀의 영향이 얼마나 클지 예측하지 못하고 부부관계에 대한 낭만적 기대로 재혼을 하기도 한다. 이런 차이점이 처음에는 사소하고 다소 불편한 것처럼 인식될 수 있지만, 재혼가족으로서 경험하는 문제가 갈등으로 심화될 수도 있다. 그러므로 재혼 이전에 중년의 남자와 여자가 어떻게 다른지, 재혼 이후 부부의 관심사는 어떻게 서로 다른지, 어떻게 조정해 나갈지에 대해서도 충분한 대화를 할 필요가 있다.

(3) 계부모와 자녀의 갈등

재혼가족이 겪는 어려움 중 가장 심각한 것은 자녀와 계부모 간에 경험하는 문제들이다. 부모가 이혼한 경우 자녀는 부모에 대한 충성심 때문에 계모와 어려움을 겪을 수 있다. 또한 자녀는 아버지보다 어머니에게 애착을 많이 느끼는데, 생물학적 어머니가 아닌 또 다른 어머니를 받아들이는 데 어려움을 겪는다. 이러한 계부모와의 갈등이 심화될 경우 자녀들은 정서적 어려움을 경험한다.

특히, 재혼가정의 아동들은 이미 부모의 이혼과정을 보면서 가족의 내외적 변화를 경험하며 적응해야 했고, 재혼으로 새로운 가족의 유입에 따른 또 다른 가족변화들을 경험함으로써 민감한 아동 발달기의 특성상 문제를 겪기 쉽다.

한편, 계부모와 자녀의 관계는 재혼부부의 결혼만족도뿐만 아니라, 재혼부부가 이혼하는 원인으로 작용하기도 한다. 특히 계모가족은 갈등이 많고 적응 수준도 낮으며, 계모 역시 스트레스와 불만, 우울증, 분노를 많이 경험하는 것으로 나타나고 있다(임춘희, 1996; 정현숙 외, 2000).

(4) 재정문제

재혼 이전에 서로의 자산에 대한 명확한 이해와 수입 및 지출방식에 대한 논의가 이루어지지 않는 경우, 경제적 문제로 갈등을 경험한다. 특히 재혼을 하면서 가족규모가 확대되는 경우에는 경제적 자원의 가용성이 그만큼 줄어들기 때문이다. 게다가 전 배우자와 자녀양육비에 대해 합의하지 않은 경우, 양육비를 주고받는 과정에서 지속적인 만남이 이루어질 수 있기 때문에 더욱 심각한 갈등을 겪게 된다. 재혼부부가 맞벌이를 하는 경우에는 각자의 소득을 어떻게 활용할 것인지에 대해서도 논의해야 한다. 서로의 소득과 지출을 알지 못하고 논의도 이루어지지 않는다면 이 문제는 부부갈등이 발생할 때마다 거론되기 쉬우며 배우자에 대한 불신의 원인으로 작용하기도 한다. 그러므로 재혼하기 이전에 서로의 자산을 공개하고, 누구의 집에서 거주하며, 자산과 소득을 어떻게 관리할 것인지에 관해서도 충분한 대화를 나누어 대처방안을 마련하는 것이 중요하다.

3. 재혼가족의 특성

재혼가족이 성공적으로 적응하기까지 가족구성원은 여러 가지 어려움과 예측하지 못한 변화를 경험한다. 단지 새로운 계부 혹은 계모가 가족구성원이 되어 부재상태였던 아버지 혹은 어머니의 자리를 채우는 것이 아니라 가족구성원이 가지고 있는 가족에 대한 신화, 구조, 역사, 가족관계, 역할 등의 조절을 통해 새로운 가족으로서의 재혼가족을 만들어 가야 한다.

1) 재혼가족의 발달단계

결혼을 통해 가족을 이루게 되면, 부부 당사자들의 개인적 발달단계와 동시에 가족도 발달과정을 거치게 된다. 대부분의 생식가족은 개인의 발달주기, 부부의 주기 그리고 가족생활주기가 거의 일치하여 조화를 이룬다. 즉, 초혼의 경우 가족생활주기는 자녀의 발달을 중심으로 전개되며, 연령에 따라 보편적으로 경험할 수 있는 발달과정 및 과업을 예측할 수 있다. 그러나 재혼가족은 이와 다른 특징을 보인다. 결혼 이전에 이미 자녀가 있고 또 자녀의 발달단계가 다를 수 있으며, 부부의 연령차가 많은 경우에는 미성년 자녀와 성인 자녀가 함께 존재할 수도 있어 가족생활주기를 제시하기는 어렵다.

Carter와 McGoldrick[1)]은 재혼가족의 발달과정을 다음과 같이 제시하였다.

(1) 새로운 관계에 들어가는 단계

재혼가족이 새로운 관계로 들어가기 위해서는 이전 결혼관계의 상실감으로부터의 회복이 필요하다. 재혼하는 당사자들은 이전의 결혼관계 및 이혼과정과 관련된 미해결된 문제들을 먼저 해결할 때 재혼 후에 새 가족의 복잡성과 불명확성을 다룰 수 있는 준비와 가족을 형성하는 재헌신을 할 수 있다.

(2) 새로운 결혼생활과 가족에 대한 개념화를 계획하는 단계

재혼으로 인한 복합가족을 잘 형성하기 위해서는 새 배우자 및 자녀에 대한 두려움을 수용하는 태도가 필요하다. 복잡성과 불명확성에 적응하기 위해서는 시간

1) Carter & McGoldrick(1977); 박태영(2003: 51) 재인용.

과 인내가 필요하며 새로운 관계에 개방적인 태도가 필수적이다. 또한 이전의 배우자와 협력적인 재정과 공동의 부모관계를 유지하기 위해 계획을 수립해야 한다. 그리고 두 가족체계 내에서 발생될 수 있는 두려움, 충성심, 갈등 등을 겪을 수 있는 자녀들을 지원할 수 있도록 구체적인 계획을 세우는 것이 중요하다.

(3) 재혼과 가족의 재구성 단계

새로운 배우자와 계부모를 포함하는 새로운 가족경계선을 재구성하는 단계이다. 따라서 추억이나 역사를 함께 공유함으로써 복합가족의 통합을 증진시킨다.

2) 가족관계가 복잡한 구조

재혼가족은 일반적으로 초혼가족보다 복잡한 집단이다. 재혼가족은 점차적으로 만들어가는 가족이 아니라 처음부터 완전하게 형성되어 가족 하위체계와 역할관계, 감정의 구조 등이 이미 이루어진 새로운 가족체계이다. 따라서 재혼은 초혼보다 가족관계, 친척, 사회적 관계가 훨씬 더 복잡하고 더 많은 위험에 노출되어 있으므로 다양한 형태의 지원과 사회적 지지가 필요하다. 이에 재혼가족 하위체계를 관계별로 나누어 그 특징을 살펴보고자 한다.

(1) 재혼부부 관계

부부관계는 재혼가족 적응의 핵심이다. 견고한 부부유대가 성공적인 재혼가족의 필수조건 중 하나이며 부부간의 강한 유대는 긍정적인 계부모-자녀 관계 성장을 수월하게 하고 다른 가족관계가 힘들 때 완충작용을 한다(Ganong & Coleman, 1997). 그럼에도 불구하고 재혼가족의 심각한 문제는 새로 결합한 부부관계보다 더 강력하고 친밀한 각각 부모의 애착관계가 선행되어 있어 부부관계 형성에 악영향을 미치는 경우가 많이 발생되고 있다는 점이다.

(2) 계부모-계자녀 관계

계부모와 계자녀의 관계가 결혼만족도에 많은 영향을 미치고 있다. 재혼가족에 있어서 계부모-계자녀 관계는 문제와 스트레스가 많은 관계이며 계자녀들은 이혼율을 높이는 주요 원인을 제공하기도 한다(Ganong & Coleman, 1997). 특히 계부의 역할보다 계모의 역할이 더 어려운데, 이것은 일반적으로 남성보다 여성에게 부모역할에 대한 기대가 더 높게 나타나기 때문이다. 계자녀는 생모에게서 받은 상처와 분노를 계모에게 투사하기도 하며, 계모에 대한 사회적 낙인이 계모와 계자녀 관계를 어렵게 만들기도 한다.

또한 계부모는 계자녀보다 자신의 자녀들에게 정서적으로 더 친근함을 느끼며, 자신의 자녀들과 더 많은 시간을 함께 보내고 의사소통을 더 많이 하는 경향이 있기 때문이기도 하다(Ihinger-Tallman & Pasley, 1997). 그러나 계부모-계자녀 관계가 좋을수록 재혼으로 야기되는 부정적 감정을 잘 다루며, 재혼가족 체계 내의 경계도 명료한 것으로 나타났다. 따라서 계부모-자녀 관계는 재혼가족의 성공적인 적응에 중요한 요인이 되고 있다(정현숙 외, 2000).

(3) 형제 · 자매 관계

재혼가족의 자녀들은 자신의 의사와 관계없이 부모의 재혼으로 인하여 환경의 변화와 심리적인 갈등을 경험하게 된다. 부모의 결혼으로 인해 재혼 전에 있었던 가족 내에 계형제 · 자매가 생겨 결과적으로 모든 것이 두 배가 된다(Ganong & Coleman, 1997). 계형제 · 자매 관계가 늘 적대적인 것은 아니지만 친형제 · 자매처럼 가깝게 지내는 경우는 드물다. 또한 형제 · 자매 간에 경쟁의식을 가질 수 있는데 이는 부모의 관심과 주거공간과 같은 자원분배에 대한 경쟁으로 나타나기도 한다.

(4) 전혼 배우자 관계

재혼가족에서 전혼 배우자들을 접촉하는 일은 대개 자녀들을 위한 공동 부모역할을 할 경우이다. Ganong과 Coleman(1997)은 4가지 유형(협동적, 적대적, 무관심 또는 안도형, 분개형)으로 나누었는데, 이 유형들 중 협동적인 유형이 가장 바람직한 것으로 나타나고 있다.

3) 재혼가족의 환상

재혼자들은 재혼가족의 환상을 가지고 있다. 초혼에서의 실패를 만회하고자 하는 욕망은 비현실적인 기대 혹은 환상을 가지게 한다. 문제가 많았던 전 배우자가 갖추지 못했던 모든 것을 새 배우자가 갖출 것으로 기대한다. 그러나 초혼의 경험을 바탕으로 하여 결혼이 불완전한 인간에 의한 불완전한 제도라는 사실을 깨닫게 되고 이에 대한 현실적 기대를 인정하고 받아들일 때 재혼가족의 환상을 극복할 수 있다. 다음은 재혼가족에서 흔히 발견되는 위험한 환상이다.

① 핵가족 신화: 계부모가족이 핵가족처럼 기능할 것이라 기대한다.

② 보상신화: 불만족한 첫 번째 배우자를 가졌던 사람이 두 번째 배우자를 일종의 보상으로 간주하는 사람들에게서 발생한다.

③ 인스턴트 사랑에 대한 기대: 결혼이 부모로서의 자격을 준다는 믿음에 따라, 계부모는 친밀감과 권위가 인스턴트처럼 즉시 형성될 것이라고 생각한다.

④ 신데렐라에 대한 환상: 계부모가족의 권력 문제가 확대된 형태를 신데렐라에 대한 환상이라고 한다. 아동의 환상과 동화에서 보편적으로 나타나는 현상은 부모를 '좋은' 부모와 '나쁜' 부모로 이분화한다. 이는 지역사회 가치체계에까지 영향을 미칠 수 있다. 이에 따라 계모와 사는 아동에 대한 동정심이 유발되고 계모는 어찌할 수 없는 위치(no-win status)에 처하게 된다(Hetherington & Kelly, 2002: 174-176; Stanton, 1986: 202).

4) 모호한 법적 관계

현재 계부모는 법률상 아무런 부모권리가 없다. 따라서 계부모-자녀 관계는 법적 관계가 없거나 모호하다. 우리나라는 1989년 가족법이 개정되기 이전까지 계모자 관계가 법정 모자관계로 인정되었다. 계모자 관계란 '자의 부가 자의 모 아닌 다른 여자와 혼인함으로써 그 여자(계모)와 전처의 출생자 사이에 그들의 의사에 의하지 않고 당연히 발생하는 관계'를 말한다. 그러나 이러한 친자관계는 가부장제도와 결합된 제도로서 계자녀의 의사를 무시하고 있으며, 계모에 의해서 불이익을 받는 경우가 많다. 더구나 계부자 관계는 인정하지 않으면서 계모자 관계만 인정하는 것은 불평등한 것이라는 취지하에, 이러한 친자관계를 단지 인척관계로 하여 상호간의 혼인만을 인정하는 것이 타당하다고 하여 개정법에서 폐지되었다.

4. 재혼가족 관련 법

2008년부터 '자녀는 아버지의 성을 따른다'라는 부성주의 원칙이 수정되어 성 선택과 변경이 가능해지고 친양자제도가 도입되었다(손병덕 외, 2011). 자녀의 성과 본은 아버지를 따르는 것을 원칙으로 하되, 혼인신고를 할 때 어머니의 성과 본을 따르기로 협의한 경우 자녀가 어머니의 성과 본을 따를 수 있다. 재혼한 여성의 경우 가정법원에 청구하여 변경허가를 받으면 새아버지의 성과 본으로 바꿀 수 있다.

1) 국내 '새로운 가족제도법'의 도입과 시행

한국가정법률상담소는 재혼여성의 60~70%가 전 남편과의 사이에서 태어난 미성년 자녀를 데리고 결혼하는 것으로 추산하고 있다. 과거에는 계부모-계자녀 관계는 법적 관계가 없거나 모호하므로 계부모는 계자녀에 대해서 법률상 부모로서의 권리를 갖지 못하였다. 이러한 부담은 계부모가 부모로서의 역할이 애매하여 계부모와 계자녀 간의 관계에 걸림돌이 되어 왔다. 우리나라에서는 2008년 1월

1일부터 새로운 가족제도를 내용으로 하는 「민법」이 개정 · 시행되어 재혼가족관계에 커다란 변화를 가져왔다.

(1) 호주제 폐지

재혼여성들이 사회에 바라는 것 1순위는 호주제 폐지였다. 호주제 폐지로 인해 재혼여성 자녀의 법적 문제가 해소되었다. 그동안 호주제는 재혼여성 및 그녀의 전혼자녀의 새로운 적응에 있어서 커다란 장애가 되어 왔다. 전혼자녀와 배우자와의 관계에서 가장 문제되는 것도 '자녀의 호적문제'였다. 재혼하여 가족을 이룬 계부모가족에게는 어머니와 자녀가 동거인으로 남아 있게 되어 받을 부당함과 계부와 계자녀의 성이 달라 자녀가 심적으로 받은 상처로 인해 많은 정서적인 문제가 발생하였다. 그러나 부계주의 원칙을 갖던 호주제의 폐지로 인해 자녀들은 어머니의 성과 본을 따를 수 있게 되었다.

(2) 성 변경제도 시행

자녀의 복리를 위하여 부 또는 모의 청구로 법원의 허가를 받아 자녀의 성과 본을 변경할 수 있게 되었다. 성 변경은 두 가지 방법으로 가능하다. 그중 하나는 어머니가 법원에 성과 본의 변경심판을 청구하여 법원의 판결문 등본을 첨부하여 자녀의 성 변경 신고를 하면 된다. 이 경우 전 남편의 동의는 필요가 없다. 다른 하나는 계부가 그 자녀를 친양자로 입양하는 것이다. 다만, 이 경우에는 그 자녀가 15세 미만의 자녀이어야 하고, 친생부의 동의서를 구하여 법원의 친양자 입양 결정을 받아야 한다.

(3) 친양자제도 시행

만 15세 미만인 자에 대하여 가정법원의 친양자 재판을 받아 친생자 관계를 인정받는 제도이다. 친양자는 혼인 중의 출생자로 보아 친생부모와 친족관계가 모두 소멸되며 입양제도와 달리 성과 본의 변경이 가능하다. 재판 확정 시부터 혼인 중의 자로 간주되며 동시에 친생부모와의 법적인 관계가 모두 소멸하게 된다. 그러나 이처럼 친양자제도의 내용으로 재혼과정의 미성년 자녀가 반드시 비동거 친부모와의 관계를 끊지 않으면서도 비동거 친부모로서의 책임과 의무가 지속되는 가운데 그 혜택을 받을 수 있도록 하는 방법도 생각해 볼 수 있다. 즉 비동거 친부모가 법적 권리를 포기하지 않고서도 계부모와 계자녀 간의 법적인 유대를 형성할 수 있다는 법률적인 관점에서 이를 고려해 볼 만하다(정현숙, 2003).

2) 국외 재혼가족 관련 법

미국은 높은 이혼율과 재혼율로 인해 초혼만큼 필요하고 절실한 문제로서 재혼가족과 관련한 정책 및 프로그램이 많이 논의되고 있다. 따라서 정부의 지원으로 재혼가족협회가 결성되어 재혼가족에게 필요한 모든 정보를 제공하고 있다. 또한 계부모의 법적 지위를 보장하여 법적 지위 부재로부터 발생하는 다양한 문제들을 해결하여 왔다. 법학자들은 초혼을 유일한 모델로 보는 관점에서 벗어나 재혼가족의 다양성과 복합성을 받아들일 수 있는 다양한 가족구조를 수용하고 있는 추세이다.

영국은 1989년에 아동법(Children Act)이 통과함에 따라 2년 이상 양육부모와 함께 결혼생활을 한 계부모는 거주권한(residence order)을 신청할 수 있다(김은영 외, 2010). 이런 경우 계부모는 자녀의 친부모와 똑같은 권리와 책임을 부여받게 된다. 예를 들면, 계부모가 계자녀의 학교기록을 열람할 권리, 의료시술에 대한 동의, 기타 부모로서 역할을 하는 자격이 허용된다. 거주권한을 청원한 계부모에게 부모의 책임을 부여하지만 비동거 친부모의 지위와 책임이 끝나는 것은 아니며, 친부모와 계부모 모두 자녀에게 책임과 의무를 갖게 한다(Ganong et al., 1998).

5. 재혼가족을 위한 가족복지대책 및 실천

이혼한 사람의 재혼은 성공할 것인가? 이에 대한 해답은 일률적일 수 없다. 재혼한 사람의 일부는 두 번째 결혼상대자와 결혼생활을 지속시켜 성공적인 재혼생활을 하고 있으며, 이혼한 경험이 없는 상대와 결혼할 경우에는 더욱 성공적일 가능성이 크다. 이혼한 사람에게 있어서 재혼은 초혼의 경우보다 인간적으로 성숙되었기 때문에 보다 성공적인 결혼생활을 이끌 수 있다. 이는 자신과 배우자를 이해하는 것이 결혼생활에서 중요하다는 것을 첫 번째 결혼을 통해 경험했기 때문이다. 뿐만 아니라 재혼은 이혼한 부모와 자녀에게 정서적·사회적 지지를 제공할 수 있으며, 이혼여성이 빈곤에서 벗어나는 가장 빠른 길이다. 많은 사람들은 재혼이 생활수준을 향상시켰다고 지적한다. 또한 재혼은 정서적 문제에도 진전을 가져온다. 외로움과 우울증이 감소되고 사회적 생활이 개선된다.

이와 같은 재혼의 긍정적 장점에도 불구하고 재혼가족의 이혼율은 매우 높다. 재혼가족이 경험하는 다양한 장애물을 극복하고 우리 사회에 행복한 가족의 한 유형으로 자리 잡혀 갈 수 있도록 우리 사회가 노력해 가야 한다.

1) 재혼가족을 위한 복지대책

(1) 사회적 관점과 인식의 전환

재혼가족이 증가하는 현실을 고려할 때 무엇보다 재혼가족에 대한 진지한 사회적 관심의 재고와 수용적이며 지지적인 태도의 변화가 필요하다. 특히 계모가족은 아직까지 부정적인 사회문화적 선입견이나 편견이 가장 많은 가족이다. 우리 사회에서 여러 재혼가족의 유형 가운데 차지하는 비중이 큰 현실을 감안할 때 계모에 대한 편견, 선입견을 불식하며 개인적으로나 사회적으로나 열린 마음으로 인정하고 지지해 주는 자세가 요구된다. 이러한 인식의 전환을 위해서는 언론의 적극적인 개입이 요구된다. 또한 요즘 우리 사회가 직면하고 있는 다양한 가족유형에 초점을 맞추고 긍정적인 면들을 부각시켜, 적어도 부모의 이혼으로 인해 자녀가 겪게 되는 정서적 위축감이 최소화되도록 사회의 관점과 인식전환이 절실하다.

(2) 재혼가족모델의 정립

재혼가족은 초혼가족과 다른 부분이 있으므로 시대에 맞는 재혼가족의 모델을 정립하는 것이 필요하다. 먼저 재혼가족에 대한 심층적 이해를 바탕으로 한 재혼가족에 대한 연구가 활성화되어야 하며 가족의 개념을 새롭게 인식하고 재혼가족을 정상가족으로 받아들이는 사회의식의 변화가 요구된다.

또한 초혼과 달리 재혼가족의 다양한 유형과 발달단계에 따른 이론정립이 필요하다. 대부분의 생식가족에서는 개인의 발달주기, 부부의 주기, 그리고 가족생활주기가 거의 일치하여 조화를 이루나 재혼가족은 그렇지 않은 경우가 많다. 질서에 맞고 순차적인 개인과 가족 전체의 발달과정을 거치지 않은 재혼가족은 가족원들의 발달단계가 상호보완적이지 않으므로 대처방안이 필요하다.

나아가 계부모–자녀와 계친척 관계에 적합한 호칭 제정이나 제도의 보완 등 다각적인 접근이 필요하다(현은민, 2003).

(3) 학교 교과서의 다양한 가족유형 내용 보완

재혼가정 내 자녀들의 입장을 고려할 때 가족생활을 다룬 교과의 내용 중에 사회의 변화에 따른 다양한 가족유형(이혼가정, 한부모가정, 재혼가정)의 장단점과 갈등양상, 그리고 슬기로운 대처방안, 건강한 가족생활을 위해 노력해야 하는 내용들을 좀 더 많이 포함시켜야 한다.

(4) 재혼가족을 위한 지침서 개발

재혼가족을 대상으로 하는 전문화된 가족관계 증진 프로그램, 안내책자, 지침서 등의 개발이 필요하다. 신문이나 방송 같은 대중매체를 통해 건강한 재혼가족의 모델을 제시하는 홍보 등 정보적인 지원활동이 요구된다.

2) 재혼가족을 위한 실천 프로그램

(1) 가족상담 및 치료

높은 재이혼율이 시사해 주듯이 재혼부부의 관계는 초혼부부에 비해 상호 간의 부정적인 감정이 더 크며, 문제해결기술도 미숙하고, 의견일치도가 낮아 갈등이 더 많을 수 있다(전춘애 외, 1998). 또한 재혼가족은 경계선이 모호하여 부부간의 관계(의사소통, 친밀감 및 애정표현, 경제적인 문제, 여가활동)에 문제가 발생될 수도 있기 때문이다(김은영 외, 2010). 따라서 재혼에 발생할 수 있는 심리·사회적인 문제를 알려 주고, 미리 준비할 수 있도록 돕는 전문상담이 필수적이며, 이는 지속적으로 이루어져야 한다. 또한 정서적인 지지를 통해 재혼에 대한 후회, 전 배우자에 대한 애착, 자녀에 대한 죄의식을 감소시키고 재혼에 쉽게 적응할 수 있도록 지원하는 것이 중요하다.

한편 재혼가족의 심리·사회적 문제를 해결하고 적응할 수 있도록 원조하는 상담은 개인상담, 가족상담뿐만 아니라 집단상담이 매우 효과적이다. 집단은 사회적 고립과 외로움으로 고통받고 있는 개인들에게 소속감을 갖게 한다. 집단은 구성원들의 사회적 관계망의 일부가 될 수 있다는 장점 때문에 유용하다.

(2) 가족생활교육

대부분의 재혼가족은 재혼의 준비 없이 재혼생활을 시작하기 때문에 다양한 어려움을 겪고 있다. 일반적인 결혼 준비를 위한 예비교육은 주로 초혼에 초점이 맞춰져 있다. 그러나 재혼가족은 초혼가족보다 훨씬 더 복잡한 체계를 가지고 있고 특히 자녀가 개입된 경우는 문제가 더욱 복잡하다. 따라서 재혼을 앞둔 사람과 재혼가족을 대상으로 성공적인 재혼생활을 위한 체계적 준비를 돕는 예비교육이 보다 효과적이다. 부모역할 교육이나 부부관계 교육, 자녀적응을 위한 양육방식 개선 등의 교육이 필요하다.

(3) 개방적 의사소통 강화

재혼가족은 다양한 역사와 문제를 가지고 있으므로 그 차이점이 발견될 때에는 개방적으로 노출하여 원만한 의사소통이 지속적으로 이루어져야 한다. 재혼부부는 이미 자녀가 있는 중년의 연령대인 경우가 많으며 자녀의 양육과 교육 이외에 사회적으로도 매우 바쁜 인생의 시기이다. 그러므로 재혼한 부부가 자연스럽게 자녀나 가족의 문제, 일상의 문제 등을 함께 논의할 시간을 갖기는 어렵다. 이러한 미해결된 문제들이 쌓이게 되고 이것이 갈등의 소지가 되어 결국에는 이혼으로 몰고 가기가 쉽다. 따라서 부부가 대화를 하는 시간을 계획적으로 마련하고 또 자녀와 함께 의사소통을 하고자 지속적으로 노력하여야 한다.

(4) 동년배 지지집단 형성

재혼가족을 대상으로 동년배 지지집단을 형성하여 서로 지지하며, 가정에서 발생하는 여러 가지 문제를 해결할 수 있도록 서로 지원한다. 재혼부부의 동년배 지지집단이 주는 유익은 다양하다. 먼저 비슷한 처지에 있는 사람끼리 자신들의 문제와 갈등, 관심사를 표현하면서 그 상황이 자기 가족만의 독특한 것이 아니라는 것을 이해하게 되며, 서로 따뜻한 지지를 받게 된다.

3) 성공적인 재혼가족의 특성

재혼가족은 적어도 부부 중 한 사람이 제2의 기회에 대한 희망을 가지고 출발한 가족이다. 따라서 초혼가족과는 달리 통합되는 과정에서 여러 적응과제에 직면하게 되지만, 성공적인 재혼가족은 현실적으로 가능한 목표이다. 성공적인 재혼가족은 초혼가족과 차이점을 이해하고 수용하고 적응과제를 수행하는 데 필요한 충분한 시간을 가지고 이를 위해 노력을 한다. 특히 이들은 적응상의 어려움이 어느 구성원이 부족해서라기보다는 과도기적 난관임을 인지하고 가족구성원 모두가 만족하고 행복할 수 있는 방법을 찾아나간다. 최근 계부모가족에 대한 '결함 모델'에서 탈피하여, 성공적 재혼가족의 특성에 대한 관심이 대두되고 있다. 다음은 성공적인 재혼가족의 특성을 제시하고 있다(Visher et al., 2003: 163-171 인용 및 재인용).

(1) 기대가 현실적이다

성공적인 재혼가족의 구성원들은 가족에 대한 기대가 현실적이다. 인스턴트 사랑이나 재혼가족을 초혼가족과 동일시하는 재혼가족에 대한 잘못된 통념을 받아들이지 않는다. 이들은 사랑과 돌봄은 시간이 걸리며 재혼가족과 초혼가족은 서로 다르다는 점을 인식하고 있어서 초혼가족의 형태에 억지로 맞추려고 시도하지 않는다.

(2) 상실이 애도될 수 있다

재혼가족은 사별 혹은 이혼 이후에 형성되었다는 점에서 흔히 '상실에서 태어난(born of loss)' 가족이라고 불린다. 이혼과정에서 고통스러운 상실을 경험했기 때문에 이러한 상실이 인정되고 충분히 애도되지 않는다면 만족스러운 재혼가족으로의 통합과정에 장애가 될 것이다. 재혼과 같은 삶의 변화에 자녀들은 거의 통제력이 없다. 따라서 부모는 자녀들이 두려움, 기대, 분노와 같은 감정을 언어적으로 표현하도록 지지하고 자녀들이 변화에 적응할 시간을 준다.

(3) 튼튼한 부부관계가 수립되어 있다

초혼가족과 마찬가지로 튼튼한 부부관계는 성공적인 재혼가족의 주요 특성이다. 기능적인 재혼가족은 안정적인 가족분위기가 얼마나 중요한지를 알고 있다. 재혼부부의 관계는 부부에게 행복을 가져올 뿐 아니라 다시 한 번 부모가 헤어지는 데 대한 불안을 감소시킬 수 있다.

(4) 만족스러운 계부모-자녀, 계형제 · 자매관계가 형성된다

계부모는 부모역할을 서서히 그리고 점진적으로 시작한다. 자녀의 입장에서 보면 계부모는 부모로서의 권위를 가지지 않았다는 점에서 자녀가 아주 어리지 않는 한 점진적 역할을 수행하는 것은 매우 중요하다. 생물학적 부모의 지위는 출산으로 저절로 획득되지만, 재혼가족에서의 지위는 노력으로 얻어지는 것이기 때문이다. 따라서 계부모는 계자녀와의 관계를 점진적으로 구축하고 훈육기능을 서서히 시작하도록 한다.

(5) 만족스러운 일상과 의식이 수립된다

재혼가족구성원은 서로 다른 가족배경을 가지고 있다. 부부가 모두 재혼을 하였다면 각기 원가족, 초혼가족, 한부모가족 그리고 재혼가족을 경험한 셈이다. 예를 들어, 세탁하는 방법, 요리하는 방법, 생일을 축하하는 방법, 명절을 즐기는 방법이 각기 다를 수 있다. 재혼가족이 새로운 일상과 의식을 수립하기까지는 융통성과 창의성이 필요하다.

(6) 가구들이 서로 협동한다

기능적 재혼가족은 전 배우자의 가구를 포함하여 자녀들이 속해 있는 복합적 가구들(multiple households) 사이에 협조체계를 유지한다. 이 가구들이 자녀양육에 서로 경쟁하는 것이 아니라 협동할 때, 자녀들은 충성심 갈등을 덜 겪게 되고 성인들도 보다 마음 편하게 가족생활을 즐길 수 있음을 알고 있다(이원숙, 2012).

8장 Chapter

미혼한부모가족

우리 사회에서 미혼모나 미혼부가 된다는 것은 많은 편견과 불이익을 감수해야 하며 정신적·육체적·경제적 어려움이 시작되는 것을 의미한다. 물론 미혼부·모들 가운데는 결혼제도에 얽매이지 않는 삶의 방식을 지향하여 홀로 자녀를 양육하며 살아가거나 또는 사회적 도움 없이도 자립하여 꿋꿋이 살아가는 소수의 미혼한부모가족들도 있다. 그러나 어떠한 경우도 미혼부·모와 그 자녀를 따듯하게 바라보지 않는 것이 우리 사회의 현실이다.

1. 미혼한부모가족의 개념

이 장에서 미혼한부모가족이란 미혼모가족과 미혼부가족을 함께 지칭하는 용어로 사용하고자 한다. 이 용어를 이해하기 위하여 미혼모와 미혼모가족, 미혼부와 미혼부가족에 대하여 설명하면 다음과 같다.

1) 미혼모와 미혼모가족

미혼모(Unwed mother: unmarried mother)의 사전적 정의는 "합법적이고 정당한 결혼절차 없이 아기를 임신 중이거나 분만한 여성"(NASW, 1965)으로 혼전에 분만한 여성뿐 아니라 앞으로의 분만 여부와 관계없이 현재 혼전 임신 중인 여성과 사실혼 관계에서 자녀를 가진 여성들 모두를 포함한다. 이 정의는 미혼의 상태에서 혼전 임신 및 출산, 인공임신중절을 하거나, 별거·이혼·사별 상태에서 배우자와 관계없는 아이를 가진 경우 모두를 포함한다. 그러나 현재 우리나라 법률에서의 미혼모란 정당한 혼인관계에 의하지 않고 성관계를 통해 자녀를 분만한 여성만을 의미하고 있어 출산하지 않은 임산부는 법률적으로 미혼모의 범주에서 제외되고 있다(한국여성정책연구원, 2010).

미혼모가족이란 '혼전에 출산을 한 미혼모와 그 아동으로 구성된 미혼모자가족'을 말한다. 물론 미혼모의 원가족도 넓은 의미로 미혼모가족이라 부를 수 있지만 미혼모가 자신의 자녀와 새로이 이룬 가족에 사회복지적 의미를 부여하기 위해 이와 같이 정의한 것이다.

최근에는 자발적인 미혼모가 증가하고 있는데, 자발적 미혼모는 법적으로 혼인하지 않은 상태에서 의도적으로 임신과 출산을 한 여성을 말한다. 즉, 법적으로나 문화적으로 결혼을 안 한 여성은 어머니 자격이 없는 것으로 간주했던 우리 사회에 이를 '자발적으로 거부'하는 여성이 늘고 있는 것이다. 여성학계에서는 '미혼모'란 용어에는 '현재는 결혼을 하지 않았지만 이후 결혼이라는 제도 안으로 흡수되어야 하는 존재'로 보는 시각이 담겨 있는 반면에, '비혼모'는 '결혼을 거부 또는 선택의 문제로 생각하는 용어'라 보고 '미혼모' 대신 '비혼모'라는 용어를 사용하고 있다(김혜경 외, 2012). 또한 열심히 살아가는 양육미혼모들에 대한 우리 사회의 편견을 줄이기 위해서 미혼모라는 이름은 바뀌어야 한다는 생각으로 새 이름을 공모한 결과 '두리모'(둘이 둘레가 되어 험한 세상을 둥글게 살아간다는 뜻인 우리말 두리에 어미 모를 합친 신조어)가 만들어져 사용되고 있다(한국두리모지원협의회, 2013).

2) 미혼부와 미혼부가족

미혼부란 용어는 미혼모에 대한 상대적 개념으로 사용되어 왔다. 이제까지 미혼부는 직접적 서비스의 대상이라기보다는 미혼모 지원을 위한 '지지대상' 또는 미혼모 자녀의 친부 개념으로 아이 양육을 포기하였거나 혼전 자녀 출산에 대해 미혼모와의 책임을 공동으로 소유하지 않는 '회피자' 혹은 미혼모 발생의 '원인제공자'로 인식되어 왔다.

그러나 최근 아이를 양육하는 미혼부가 조금씩 증가하면서 미혼부가족, 즉 미혼부자가족의 양육미혼부와 그 자녀에 대한 사회복지적 개입의 필요성이 제기되고 있다.[1] 「한부모가족지원법」에서는 제4조 제1항에서 한부모를 '미혼자(사실혼 관계에 있는 자는 제외)로서 아동인 자녀를 양육하는 자'로 정의하고 있어 미혼모와 더불어 미혼부도 이 법의 지원 대상이다.

2. 미혼모의 임신 중 경험

미혼모들은 임신 사실을 인지하고 대부분 큰 충격을 경험한다. 특히 원치 않는 임신을 한 미혼모들이 겪게 되는 심리상태와 임신 중 경험하고 결정해야 할 내용들을 살펴보면 다음과 같다.

1) 임신 인지 시 미혼모의 심리적 단계

원치 않는 임신을 한 미혼모들의 경우 충격, 부인, 사실 직면, 의사결정에 이르는 심리적 단계를 겪는다. Kubler-Ross도 "죽음을 직면할 때뿐 아니라 자신이 귀중하게 생각하는 것들을 상실했을 때 아래와 같이 충격, 부인, 분노, 타협, 우울, 수용 그리고 의사결정의 단계를 겪게 된다"고 하였다(Roles, 1987; 오재숙, 1999).

① 충격(shock): 임신사실을 알게 되었을 때 일어나는 첫 단계로 두려움, 공포, 분노, 죄의식, 자포자기, 절망, 불안, 우울, 죽고 싶다는 생각, 절망감 등과 같은 감정이 혼돈되어 일어나며, '왜 나에게?', '나에게 이런 일이 어떻게 일어날 수 있을까?'라는 생각이 들 수 있다. 이 단계에서 미혼모는 자신을 도와 줄 수 있는 사람을 찾아야 하며, 주위에 아무도 없다면 살고 있는 지역사회의 도움을 받도록 한다. 미혼모는 자신에게 무슨 일이 일어나고 있는지에 대해 받아들이는 시간이 필요하다.

---

1) 우리 사회에서 양육미혼부를 이슈화하여 직접 조명하기 시작한 사례로 SBS의 "그것이 알고 싶다"에서 방영된 '미혼부, 아이를 선택한 어린 아빠들(2005년 9월 10일 방영)'이란 방송이 있다.

② 부인(denial): 마치 아무 일도 일어나지 않은 것처럼 행동하고 생각하려는 것이다. 부인 단계란 정서적 고통으로부터 자신을 지키기 위한 중요한 방어기제로, 미혼모들이 일반적으로 경험하는 과정이다. 오랫동안 부인하는 시간을 갖게 되면 대처방법을 찾는 것이 지연되어 바람직하지 못하다. 태어날 아기에게 영향을 줄 수 있는 술, 담배 등에 대한 태내보호를 적절히 할 수 없고, 이로 인해 살아가면서 이 시기에 대한 죄책감을 갖게 된다. 그러므로 이 단계를 빨리 넘기고 자신의 임신에 대한 감정과 생각들을 구분할 수 있어야 한다.

③ 분노(rage & anger): 사건에 대한 정확한 인지 및 수용에 관계없이 임신과 관련이 있는 사람이나 관련이 없는 사람에게까지 분노하게 된다. 즉, 자기 자신, 아기, 미혼부, 부모, 절대자 등에 대하여 분노하는 단계이다. 또한 임신으로 인하여 자신의 삶이 좌절되고 변화되는 것에 대해서도 분노하게 된다.

④ 타협(bargaining): 신이나 목적달성에 힘이 된다고 생각되는 대상에게 가치 있는 다른 것들을 하겠다는 조건을 걸어 협상하며 타협안을 찾으려고 한다. '하나님, 임신이 사실이 아니게 해주시면 일생을 좋은 일을 하며 살겠습니다'라는 다짐을 하기도 한다.

⑤ 우울(depression): 현실을 인지하고 임신으로 상실된 것들에 대해 이야기하고 우울해하며 앞으로 발생할 상실을 슬퍼한다. 우울감은 자신의 행동에 대한 부끄러움이나 죄의식에 의해 더 악화될 수 있다.

⑥ 수용(acceptance): 현실을 완전히 인지하고 상실을 최소화하며 대처할 수 있는 작업을 시작한다. 이 시기에 많이 울 수 있고 앞으로 일어날 일들에 대해 두려움을 느낄 수 있다. 이 단계에서 다른 사람들에게 임신사실을 알리고 그 사람들이 도울 수 있도록 허락하는 것이 필요하다.

⑦ 의사결정(decision): 미혼모는 태어날 아기문제를 결정하기 위해 선택할 수 있는 것들에 대한 많은 정보를 얻어서 각 대안에 대해 조사해 보아야 한다. 쉬운 답은 있을 수 없고 모든 방법이 어렵지만 일단 결정이 되면 지금까지 겪어온 혼돈에서 점차 벗어날 수 있게 된다(오재숙, 1999).

2) 임신 인지 시 미혼모의 심리상태

원치 않는 임신을 한 10대 미혼모들은 임신으로 인하여 다음과 같은 심리적 상태를 경험한다.

(1) 스트레스

10대 미혼모는 가족생활주기에서 청소년기로서의 자신의 변화, 청소년기 원가족의 변화, 부모로의 변화와 같은 최소한 3가지 변화를 동시에 겪게 되는데 이는 커다란 스트레스(stress)가 된다.

일반적인 10대들도 청소년 시기는 가족응집력과 적응력수준이 가장 낮게 나타나 가족과의 소원한 관계변화를 경험하게 되는데, 실제로 미혼모들의 50%가 가장 큰 스트레스의 근원을 원가족(family of origin)과의 관계로 인식한다. 여기에 어린 나이의 임신은 자신의 개인적 발달과업과 부모라는 새로운 역할 적응을 필요로 하기 때문에 부가적인 스트레스를 받게 된다. 게다가 청소년기의 특성인 자기중심적 성향이 임신과 갈등을 일으키기도 하며, 부모라는 새로운 역할의 추가는 10대 미혼모에게 대인관계에서 심리적 위축감을 초래한다(김만지, 2000).

(2) 실패 신드롬

10대 미혼모들은 심리적으로 자주 '실패 신드롬'에 빠지는데, 10대 임신에서 동반되는 정신적 스트레스에 의해 강화된 이런 신드롬은 중단되기 어렵고 가족불안 및 사회문제를 야기시키며 이런 정신적 스트레스에 의한 좌절과 분노는 아동을 학대하거나 방임하게 만들기도 하고 자살로 이어지기도 한다(윤미현, 2000).

(3) 상실감

임신기간 동안 임신으로 인한 미혼모 자신들의 고통이 아기에게 투사되어 아기를 미워하기도 한다. 그러나 한편으로는 태아를 불쌍하게 여기며 미안하다고 느끼는 양가감정을 갖게 된다. 임신이 진행되는 동안 점차 아기와 정이 들고 진통을 통해 분만을 하면 새 생명에 대한 애착이 생긴다. 이때 대부분의 미혼모는 경제적인 능력이 되면 아이를 키우고 싶어 한다. 그러나 자신이 양육하면 아기가 불행해져 아기에게 미안할 것으로 생각하여 입양을 결정하기도 한다.

아이를 입양 보낸 미혼모들은 아기와 헤어져 다시 볼 수 없게 되어 서운하고 슬프며 혼란스럽다. 슬픔은 중요한 대상을 상실했을 때 생기는 심리적 반응현상으로, 미혼모의 경우는 모성애의 상실감으로 볼 수 있다.

실제로 많은 미혼모들은 아기를 포기하는 순간에 해리상태를 경험한다고 한다. 이는 감정에 백비(하얀비) 또는 안개가 끼어 있는 상태로서 감정과 이성이 분리되어 있어 겉으로 보기에는 자신의 행동에 무관심하고 아무런 슬픔이나 죄책감을 느끼지 못하는 것으로 보인다. 특히 출산한 아기를 보지도 못하고 아기와 이별하는 미혼모의 경우는 끝없는 우울함과 외로움, 죄책감 등이 다른 미혼모들에 비하여 더 장기화된다고 한다. 미혼모가 겪는 상실감은 사별로 인한 상실감보다 더 극복하기 힘들다. 왜냐하면 아기와는 헤어졌지만 그 아이가 어딘가에 살아 있다는 것을 알기 때문에 포기가 될 수 없기 때문이다. 연구에 의하면 입양 후 많은 미혼모들이 표면상으로는 자신의 정체감을 되찾은 것으로 보이지만 아기를 포기한 후 2년 이내가 가장 힘들었다고 한다. 때로 미혼모들의 슬픔은 일생을 통해 계속되는 것으로 나타났다(허남순, 1996). 이러한 슬픔은 상실감을 극복하는 한 과정이므로 미혼모들이 슬픔을 느끼는 것이 오히려 더 좋으며 그 슬픔을 상담을 통해 표현하는 것이 필요하다.

3) 아기장래결정이 미혼모에게 미치는 심리적 영향

임신을 한 미혼모가 아기에 대해 선택할 수 있는 대안은 첫째로 인공유산을 하거나, 둘째로 아기를 입양시키거나, 셋째로 한부모로 혹은 혼인이나 동거 상태에서 양육하는 3가지 방법이 있을 수 있다. 이러한 결정들이 미혼모에게 미치는 영향을 살펴보면 다음과 같다.

(1) 인공유산

원치 않는 임신을 한 많은 미혼모들은 인공유산을 하지만 인공유산이라는 결정이 미혼모들에게 쉬운 결정은 아니다. 임신의 충격 속에서 인공유산이 유일한 해결책이라고 결정하기까지 미혼모들은 오랜 시간 갈등한다. 인공유산을 시도하는 미혼모들은 깊은 수치심과 죄책감을 느끼며, 사회의 낙인을 두려워하여 비밀을 지키기 위해 고심하게 된다. 인공유산을 해야 하는 상황 자체뿐 아니라, 법적으로 보호받지 못하는 상태에서 비밀리에 하는 인공유산 과정도 심리적 외상(psychological trauma)의 원인이 된다. 인공유산 후 이들은 자주 분노와 죄책감을 느끼지만 이러한 심리가 인공유산으로 인한 것임을 의식하지 못한 채, 가끔씩 폭발할 것 같은 감정을 경험하며 당황하곤 한다. 중년의 나이에 심리치료를 받으러 온 여성들 중에서 자신의 문제가 과거의 인공유산으로 인한 것임을 깨닫고 치료의 도움으로 한 번도 보지 못한 아기를 슬퍼하게 되는 것도 볼 수 있다(Sanders, 1992; 오재숙, 1999 재인용). 이들이 제일 처음 해야 하는 과업은 스스로를 용서하고 자책에서 벗어나는 것이다. 그래야 스스로에 대한 신뢰를 회복할 수 있으며 다른 사람을 다시 신뢰할 수 있게 된다.

(2) 입양

미혼모가 출산을 하게 되면 친구, 상담원, 가족 등 주변 사람들이 일방적으로 입양을 권하는 경향이 있다. 미혼모들은 입양 이외의 다른 대안들에 대한 정확한 정보나 친모로서의 권리 그리고 입양 과정에 대한 정보를 거의 제공받지 못하며, 친권포기 이후에 얼마나 강한 상실감과 심리적 고통을 경험하게 될 것인지 그리고 그런 감정을 표현해도 되는 것인지에 대한 조언을 듣지 못한다. 이런 상태에서 분만과 거의 동시에 입양동의서류에 사인을 하게 되는데 이 과정은 모든 친모들에게 충격을 주고 있다. Jones는 친권을 포기한 경험이 있는 미혼모들에게 나타나는 독특한 감정과 행동을 친모증후군(birth mother syndrome)[2)]이라 하였다. 친권포기

2) 친모증후군의 증상으로는 해결되지 않는 심리적 고통(계속해서 부인하고 분노하거나 우울증

로 인한 상실감과 절망을 극복하지 못하면 연령이나 장소와 관계없이 친모증후군이 점점 더 그들의 삶을 지배하는 주체가 된다(Jones, 1993).

(3) 양육

아이를 양육하는 미혼모들은 별다른 주위의 조언이나 도움이 없이 아기를 키워야 하므로 육아법에 대한 교육을 필요로 하며, 아기를 맡길 장소, 양육비, 취업, 거주지 등 모든 면에서 도움이 절실히 필요하다. 따라서 심리적으로 매우 혼란스러운 상태에 놓이게 되는데, 아기의 양육이 그들의 인생에 미칠 영향, 즉 학업, 직장, 친구, 가족, 삶의 목표 등의 변화를 정확히 직시하도록 하고, 구체적이고 현실적인 출산 후 삶의 계획을 세우도록 도와주어야 한다(박인선, 1998). 일반적으로 미혼모는 홀로 아이를 양육하거나, 미혼부와 함께 아이를 양육할 수 있는데 애정과 신뢰가 없는 관계에서 아기양육을 위해 미혼부와 동거나 결혼을 선택한다면 또 다른 위기를 맞게 될 수 있다.

3. 원가족의 영향

미혼모의 임신과 출산, 아기장래결정, 자녀양육 등 삶의 모든 부분에 원가족은 지대한 영향을 미치게 된다. 원가족이 미혼모에게 미치는 영향을 살펴보면 다음과 같다.

상을 보임), PTSD 증세(충격적인 회상, 악몽, 불안, 기피 또는 공포반응), 자존심의 상실과 수동성(목표들을 포기, 무력감과 가치상실감을 느끼고 피동적인 자세), 두 개의 정체감(완벽함과 정상을 연출하면서 동시에 비밀스런 수치심, 자기 저주, 그리고 고립감을 느낌), 감정발달의 정지(감정이 친권포기순간에 멈춰 있음), 설명되지 않는 이차 불임, 극과 극을 오가는 생활, 자기학대, 약물이나 술의 남용, 섭식장애, 자신을 파괴시키는 행동 등이 있다.

1) 자녀임신에 대한 원가족의 태도

미혼모가 자녀양육을 결정할 때 가장 힘든 부분은 '경제적 이유'가 53.75%이며 '가족의 반대'가 26.25%, 그리고 '미혼부의 반대'가 8.75%로 나타났고, 양육결정 후 가장 어려웠던 점도 경제적인 부분이 67.5%이고 다음으로 가족과의 힘든 관계가 15%로 나타났다(정용순, 2003).

그러나 많은 미혼모들은 분만 후 집으로 돌아가기를 원하며, 출산 후의 가장 필요한 도움도 가족의 이해와 용서라 하였다. 특히 십대 미혼모의 경우는 40% 이상이 집으로 돌아가기를 원하며, 실제로 70~80%가 집으로 귀가하고 있다. 따라서 이들을 맞는 부모들의 역할이 어떠한가가 미혼모의 재임신을 예방하고 원만한 사회복귀를 돕는 데 중요하다(허남순, 1991). 따라서 이들의 부모들을 위한 상담과 교육 프로그램이 필요하다.

과거에 비해 많은 부모들이 자녀의 임신사실을 알고 있다. 조사에 의하면 60%가 넘는 부모들이 임신사실을 알고 있으며, 임신사실을 안 후 가족의 반응은 '무관심이나 냉대(15.5%)'보다는 동정적인 경우가 더 많아 가족이 미혼모의 가장 중요한 사회적 지지원이 될 수 있음을 보여준다. 혼전임신 이후 미혼모와 가족 간의 긍정적인 관계는 미혼모의 자존감을 높이고 스트레스에 잘 적응하도록 도와줄 수 있으며, 이러한 측면이 미혼모의 임신 · 출산 · 양육이라는 어려운 상황을 극복하는 데 긍정적인 영향을 미친다(한영주, 1998). 즉, 관계가 개선된 원가족은 양육미혼모에게 정서, 정보, 물질적 도움을 제공할 수 있는 좋은 지지원이 될 수 있다.

2) 원가족의 양육지원이 미혼모가족에게 미치는 영향

Furstenberg(1989)의 볼티모어(Baltimore) 종단연구에 따르면, 십대 미혼모들이 가족구성원에게 도움을 받는 것은 십대 엄마와 아기 모두에게 도움이 되었다. 즉, 가족이 함께 있는 상태에서 출산한 미혼모들은 큰 위안을 얻으며 아기와 원가족이 함께 거주할 경우 가족들이 day care 및 양육에 도움을 제공하므로 미성숙한 십대 미혼모들의 과중한 책임감을 줄이는 역할을 하여 원가족의 지지는 효과적이었다(Downs & McFadden, 1996; 김원희, 2003 재인용).

King과 Fullard(1982)의 연구에 의하면, 원가족과 함께 사는 십대 모들은 다른 십대 모들에 비해 영아에게 덜 처벌적이었고, Wilson(1989)은 십대 모의 경우 본인과 친정어머니 사이에 양육방법이나 역할분담에 대한 갈등만 없다면, 친정어머니와 같은 집에 사는 것이 이롭다고 제안하였다(Luster & Mittelstaedt, 1993). 미국의 경우 십대 미혼모들 중에 원가족과 함께 자녀를 양육하는 경우가 많다. Furstenberg와 Crawford(1978)의 "5년 후 후속연구"에 따르면, 어머니와 사는 미혼모들은 독립적으로 사는 미혼모들보다 고등학교를 졸업하고 취직할 가능성이 더 커서 결과적으로 복지연금 혜택에 의존할 가능성이 적었으며, 할머니와 함께 사는 것은 아동의 인지발달에 긍정적인 영향을 주는 것으로 나타났다. 그러나 Furstenberg와 Crawford(1987)의 「17년 후 후속연구」를 보면, 지속적으로 할머니와 동거해온 십대 모의 자녀는 또래에 비해 성취력이나 적응력에서 열등함을 보였는데 장기간 할머니에게 의존해 살았다는 것은 그들의 어머니가 무능했다는 사실을 반증하는 것이었다고 Furstenberg는 이 연구들의 차이를 설명하였다(Luster & Mittelstaedt, 1993).

따라서 국가나 사회의 지원이 부족한 우리나라에서 미혼모들, 특히 십대의 미혼모들이 자신의 어머니와 함께 자녀를 양육하는 것은 여러 면에서 바람직하나 가족원들의 아동양육에 참여하는 적정한 기준을 정하는 것과 적절한 시기에 독립을 하는 것이 중요하다.

3) 미혼모 가족상담의 필요성

미혼 자녀의 임신, 출산, 자녀양육으로 인한 가족 간의 스트레스, 긴장과 갈등 등 미혼모와 원가족 사이의 문제는 미혼모만의 상담으로는 해결되지 않는다. 이런 경우 가족상담 또는 가족치료는 필수적이다.

Bolton(1980)에 따르면, 미혼모와 원가족의 가족상담의 목적은 첫째, 가족과의 대화를 증진시키는 것이며, 둘째, 미혼모와 그 가족구성원의 자존감을 확립 또는 재확립하는 것이고, 셋째, 가족 모두에게 임신에 관한 교육을 하는 것이며, 넷째, 위기에 대처하기 위해서 가족 전체가 한 팀으로 서로 협력하도록 교육하는 것이라고 했다(김영숙, 1998). 딸의 원치 않는 임신과 미혼모로 자녀를 양육하는 것이 가족 모두에게 상처를 주고 자존감을 저하시키게 되므로 가족상담을 통해 가족 간의 갈등을 묻어버리지 말고 대화의 기술을 통해 잘 처리하도록 도와야 한다는 것이다. Baptiste(1986)는 미혼모상담을 가족상담으로 해야 하는 이유를 다음과 같이 설명하고 있다.

① 아이의 임신으로 인해 가족 전체가 서서히 느끼게 되는 실패감에 대처할 필요성이 있다.
② 임신과 아기에 대한 각자의 견해를 명확히 할 필요성이 있다.
③ 임신 전부터 있었던 부모 자녀 간의 갈등과 특히 임신한 이후 일어난 갈등을 해결할 필요성이 있다.
④ 위기상황에서 미혼모와 가족 간의 대화를 유지하고 더 나아가 관계를 개선할 필요성이 있다.
⑤ 부모는 미혼 딸의 임신이라는 위기상황에서도 부모의 역할을 잘해 줌으로 부모-자녀 관계를 잘 유지할 필요성이 있다.
⑥ 부모와 미혼모가 함께 독립-의존의 문제를 해결할 필요성이 있다. 이와 같은 상담에서 상담자는 어느 한 개인만 계속적으로 지지하는 것을 피하고, 가족이 전부 다 같이 잘 지낼 수 있는 해결 단계에 이르도록 도와주는 것이 중요하다고 하였다(김영숙, 1998).

미혼모가 된 자녀와 부모 혹은 원가족이 함께하는 상담은 미혼모와 원가족 모두에게 지지가 되며 서로를 이해하게 되고, 과거나 현재의 갈등을 함께 해결함으로써 부모와 미혼모 그리고 그 자녀와의 관계까지 잘 유지하게 만들 수 있다.

4. 미혼한부모가족 현황

법률혼에 진입하지 않은 여성들의 자녀출산을 용인하지 않는 우리 사회의 분위기로 인해 간접적으로 미혼모와 그들 자녀의 증가추이[3]를 확인하고 있을 뿐이다. 여성가족부에서 실시한 한부모가족 실태조사(2013)에서 전체 미혼한부모가구 수를 9,452가구에서 3만 5,809가구의 범위로 예측하고 있으며, 2015년 기준 통계청 인구주택총조사에 따르면 혼인상태가 법적으로 미혼이고, 18세 이하 자녀를 양육하는 미혼모는 2만 4,000명(자녀 2만 9,000명)이며, 미혼부는 1만 1,000명(자녀 1만 3,000명)으로 조사되었다(통계청, 2015b).

이러한 수치들은 상당한 격차가 있어 정부는 현재 미혼한부모에 대한 실태를 정확하게 파악하지 못하고 있는 상황이다. 따라서 향후 미혼한부모에 대한 정확한 통계와 이들의 생활 상태에 대한 자료구축은 매우 긴급한 과제이다.

한국여성정책연구원(2010)[4]의 727명의 양육미혼모에 대한 양적·질적 조사에 근거하여 양육미혼모의 현황을 살펴보면 다음과 같다.

1) 자녀양육 결정

양육미혼모들의 자녀양육 결정시기는 임신사실을 인지한 직후와 자녀를 낳기 전이라고 응답한 경우가 76.3%로 자녀 출산 전에 이미 양육을 결심한 것으로 나타났다.

3) 정확한 통계자료가 없기 때문에 관련 부처인 여성가족부에서는 최소 발생가구를 추정하고 있는데, 양육미혼모 발생인원 추계방법으로 “매년 발생하는 요보호 아동 중 미혼모 아동 수+통계청에서 제공하는 미혼한부모가구”를 합산하여 활용하고 있다. 매년 발생하는 요보호 아동 중 미혼모 아동 수는 평균 2,600~2,700명 정도이고, 통계청의 인구주택총조사표에 의한 미혼한부모 연 증가인원은 약 3,800가구이다. 이에 따라 연간 총발생추정 미혼모는 대략 6,400~6,500여 가구로 파악되고 있다(조주은, 2012).

4) 여성가족부의 의뢰로 한국여성정책연구원의 「미혼모의 양육 및 자립실태조사(2010)-여성가족부 연구보고 2010-56」는 재가미혼모 449명(61.8%), 모자원이나 공동생활가정에 거주하는 시설미혼모 278명(38.2%), 총 727명의 양육미혼모를 대상으로 양적연구와 질적연구를 병행한 연구조사이다.

표 8-1 자녀양육 결정시기

(단위: 명, %)

임신 인지 직후	자녀 출산 전	자녀 출산 후	입양의뢰 후 마음이 바뀜	기타	전체
289(39.8)	265(36.5)	92(12.7)	67(9.2)	14(1.9)	727(100)

출처: 한국여성정책연구원(2010) 재구성.

양육미혼모의 자녀양육 결정에 가장 영향을 준 사람은 본인(66.3%)이었다고 응답했으며, 다음으로는 미혼모의 가족(12.9%), 미혼부(12.5%)로 나타났다.

표 8-2 자녀양육 결정에 가장 영향을 준 사람

(단위: 명, %)

나 혼자 결정	미혼부	나의 가족	미혼부 가족	시설·기관 상담자	종교인	또래 친구	미혼모 경험자	기타	전체
482(66.3)	91(12.5)	94(12.9)	6(0.8)	11(1.5)	11(1.5)	10(1.4)	11(1.5)	11(1.5)	727(100)

출처: 한국여성정책연구원(2010) 재구성.

2) 직업 및 고용상태

일자리가 있는 양육미혼모는 전체의 45%로서, 전체 여성 취업률인 47.3%를 밑돌고 있다. 특히 자녀 연령이 2세 이하인 집단에서는 취업자 비중이 24%로 가장 낮다. 직종별 분포를 살펴보면, 서비스 및 판매직이 가장 많고(35.3%), 그 다음으로 사무직(24.5%), 관리직 및 전문직(19%), 단순노무직(15%) 순이다. 관리직 및 전문직은 대학 재학 이상 고학력자 그룹과 정부지원을 받지 않는 그룹에서 많이 관측되었고, 단순노무직은 중학교 재학 이하인 저학력 그룹의 비중이 컸다.

고용형태별 분포를 살펴보면, 전체 취업자 중에서 전일제 취업자 비중이 41.3%로 가장 높았고 시간제 취업자의 비중도 39.8%나 되었다. 평균보다 낮은 임금을 받는 그룹은 시설 거주자, 20대 이하 젊은 층 및 고교 이하의 저학력 그룹으로 나타났다. 한편 일자리가 없는 응답자들 중에서는 64.8%가 일자리를 원했고, 그중

73.4%가 적극적으로 일자리를 찾고 있는 것으로 나타났다.

이들의 연령이나 생계를 홀로 책임지고 있는 양육미혼모의 경제상황으로 볼 때 양육미혼모의 취업률이 전체 여성의 평균치보다 더 높아야 함에도 불구하고 현실은 오히려 그렇지 못함을 알 수 있다.

3) 자녀양육 실태

자녀양육과 관련하여 미혼모들이 경험하는 어려움으로는 '양육비 · 교육비 등의 비용부담'이 63.1%로 가장 많았고, '양육시간의 부족(16.4%)', '자녀의 훈육지도(9.1%)' 등의 순이었다.

자녀에게 가장 필요한 서비스로는 '돌봄서비스 및 보육지원서비스'가 56.4%로 가장 많았고, '의료지원서비스(15.4%)', '심리정서적 상담(8.4%)', '예체능 등 특기교육(8.1%)' 등의 순으로 나타났다.

자녀의 연령에 따라 만 2세 이하 영아의 경우 돌봄서비스 및 보육지원서비스에 대한 수요가 높았던 반면, 만 6~11세의 자녀들을 위해서는 예체능 등 특기교육과 기초교과 지도에 대한 수요가 많았고, 만 12세 이상의 자녀에 대해서는 예체능 등 특기교육과 함께 진학지도 관련 서비스에 대한 욕구가 크게 나타나 자녀 연령별로 서비스 수요 측면에서 상당한 차이가 발견되었다. 따라서 미혼모와 이들 자녀들에 대한 실질적인 지원이 이루어지기 위해서는 보육지원서비스 중심으로 이루어지고 있는 현행 자녀양육 지원 정책이 미혼모와 그 자녀의 생애주기에 맞추어 보다 세분화되고 확충되어야 할 것으로 나타났다.

표 8-3 미취학자녀의 주 돌봄자

(단위: 명, %)

본인	봐주는 사람 없음	나 이외의 가족	파출부 도우미	이웃, 친구	아이돌보미 자원봉사자	기타	전체
208(71.0)	7(2.4)	47(16.0)	3(1.0)	3(1.0)	22(7.5)	3(1.0)	293(100.0)

출처: 한국여성정책연구원(2010) 재구성.

자녀돌봄 실태를 보면 미취학자녀와 취학자녀 모두 미혼모 본인이 주 돌봄자인 경우가 가장 많았고 그 외에 가족을 제외하면 이웃, 친구 등으로부터의 돌봄 지원은 거의 이루어지지 않고 있었으며, 공적돌봄서비스 이용률 또한 매우 저조한 것으로 나타났다(표 8-3).

낮은 공적돌봄서비스 이용률은 관련 인프라가 수요에 비해 부족하다는 점도 있지만, 공적서비스 이용 시 추가 비용에 대한 경제적 부담과 서비스 질에 대한 불안감도 중요한 원인으로 분석되었다. 따라서 만 2세 이하의 어린 자녀를 믿고 맡길 수 있는 돌봄기관 및 서비스의 확충과 아이돌봄서비스의 안정적인 운영 및 지원, 그리고 이러한 서비스를 이용 가능케 하는 경제적 지원 확대가 절실하다고 할 수 있다.

4) 원가족과의 관계

표 8-4 상황별 도움 요청 1순위 대상자 분포

(단위: 명, %)

	집안일에 일손이 필요	갑자기 돈이 필요	자녀에게 위급상황	우울해서 이야기 상대 필요	어려움 토로 및 조언 구함
전체	727(100.0)	727(100.0)	727(100.0)	727(100.0)	727(100.0)
부모	221(30.4)	288(39.6)	312(42.9)	61(8.4)	109(15.0)
형제·자매	84(11.6)	115(15.8)	78(10.7)	70(9.6)	66(9.1)
친구	72(9.9)	90(12.4)	66(9.1)	365(50.2)	250(34.4)
이웃	45(6.2)	12(1.7)	30(4.1)	37(5.1)	30(4.1)
선생님	23(3.2)	13(1.8)	36(5.0)	25(3.4)	89(12.2)
자녀의 아버지	16(2.2)	25(3.4)	30(4.1)	12(1.7)	4(0.6)
친척	9(1.2)	8(1.1)	12(1.7)	4(0.6)	12(1.7)
조부모	3(0.4)	2(0.3)	3(0.4)	0(0.0)	1(0.1)
직장동료	3(0.4)	7(1.0)	3(0.4)	13(1.8)	20(2.8)
아무도 없다	251(34.5)	167(23.0)	128(17.6)	140(19.3)	146(20.1)

출처: 한국여성정책연구원(2010).

부친 혹은 모친과 만나지도 않고 연락도 하지 않는 경우를 '완전단절'의 상태라고 정의할 때 부친, 모친이 생존해 계심에도 불구하고 부친과의 완전단절상태는 22.4%, 모친과의 완전단절상태는 12.8%였다. 그러나 완전단절상태가 아닌 경우에는 일상생활에서 부모와 형제·자매로부터 도움을 받는 비중이 〈표 8-4〉와 같이 상당히 높은 것으로 나타났다. 반면에 도움을 요청할 대상이 '아무도 없다'의 응답 비중이 매우 높아 미혼모들에 대한 사회적 지지가 매우 부족함을 보여주고 있다.

5) 미혼부와의 관계

미혼모의 80% 이상은 미혼부에게 출산 및 양육사실을 알렸다고 응답하였다. 양육사실(80.0%)보다는 출산사실을 알린 비율(86.0%)이 조금 더 높았으며, 이를 통해 대다수의 미혼부들은 미혼모의 출산사실 및 양육사실을 인지하고 있음을 알 수 있다. 미혼부에게 자녀양육 사실을 알리지 않은 이유로는 '자녀의 친권을 빼앗길까 봐'가 26.1%로 가장 많았고, '사는 곳이나 연락처를 몰라서'와 '연락해도 도움을 받기가 어려워서' 등의 순이었다.

표 8-5 미혼부에게 자녀양육 사실을 알리지 않은 이유

(단위: %)

사는 곳이나 연락처를 몰라서	자녀의 친권을 빼앗길까 봐	연락해도 도움을 받기 어려워서	판단이 되지 않아 망설이는 중	기타
24.3	26.1	24.3	6.3	18.9

출처: 한국여성정책연구원(2010).

자녀가 성장하면서 미혼모들이 경험하는 또 다른 양육의 어려움으로 미혼부의 부재로 인한 자녀의 심리·정서적 문제나 자녀와의 갈등문제를 들 수가 있다. 이러한 문제는 자녀가 성장하면서 더 구체화되는데, 이 과정에서 미혼모들은 자녀에게 적절한 설명을 하지 못해 고민하거나, 자녀와 심각한 갈등을 경험하기도 한다.

양육미혼모들의 63.4%가 미혼부와 이미 관계가 끊어진 상태라고 답하고 있다(강영실, 2002). 그러나 미혼모들 중에는 관계는 단절되었다고 하지만 미혼부에 대한 감정이 정리되지 않은 채 분노와 배신감 속에서 자녀를 양육하며 사는 경우도 있다. 이와 같이 미혼부와의 관계단절과 더불어 정서적 단절이 이루어지지 않았거나, 결혼에 대한 막연한 기대로 미혼부와 만남이 이어질 때 오히려 미혼모는 지속적인 불안과 의존 속에서 생활하고 자녀양육에 부적응을 나타낸다. 따라서 결혼으로 이어질 수 없는 미혼부와의 관계나 해결되지 못한 미혼부에 대한 감정은 미혼모를 불안정적 · 갈등적 · 의존적으로 만드는 부적요인으로 작용하므로 명확한 감정정리와 분리가 이루어져야 한다(최경화, 2006).

미혼모들의 절반 이상은 미혼부의 자녀양육 책임을 인정하고 있으며 미혼부에게 기대하는 아버지의 역할로는 자녀양육비 지급이 가장 높게 나타났다. 그러나 실제로 미혼부에게 자녀양육비를 요구하거나 양육비청구소송을 준비하는 미혼모는 그리 많지 않다. 양육비를 계기로 미혼부와의 교류를 원치 않는 경우나, 자녀의 양육권을 빼앗길 것에 대한 두려움 같은 개인적 · 심리적 요인과 함께 양육권 청구소송에 대한 인지도가 낮거나, 절차의 번거로움, 소요되는 시간 등 구조적 요인이 작용하고 있다. 미혼부로부터 양육비를 받고 있는 미혼모는 조사 참여자 727명 중 30명(4.7%)에 불과했다(한국여성정책연구원, 2010).

5. 미혼한부모가족 지원정책의 문제점 및 개선방안

이제까지의 우리나라 미혼모정책은 미혼모의 발생을 미연에 방지하는 것을 우선시해 왔기 때문에 적극적으로 미혼모의 자녀양육을 인정하고 지원하지는 못하였을 뿐 아니라 미혼모에 대한 지원이 비현실적이고 부족한 상황이었다(강영실, 2002). 또한 사회적 편견으로 인한 가족과 사회의 지지 부족으로 미혼모와 미혼부의 자녀양육은 매우 어려운 실정이다(이명희, 2007). 특히 10대 미혼부 · 모는 학업 중단과 취업의 어려움으로 생계유지가 곤란해 빈곤문제를 야기하고 있는데, 이는 아동빈곤문제로 연결되고, 사회적 참여기회와 미래의 기회 박탈로 이어져, 결과적으로 사회복지 의존을 초래하여 앞으로도 지속적으로 높은 사회비용을 부담시킬 수 있다(조주은, 2012).

미혼한부모가족 지원정책은 미혼한부모가족을 대상으로 제공되는 특화된 정책(한부모가족지원법)과 소득 및 자녀연령에 따라 일정기준을 충족하면 자격을 부여하는 포괄적 정책(기초생계급여, 아동보육지원 등)으로 구분할 수 있다. 미혼한부모가족 지원정책에는 어떤 것이 있으며 문제점과 개선방안은 무엇인지 살펴보면 다음과 같다.

1) 시설 중심의 미혼모 지원정책

우리나라의 미혼모정책은 미혼모 관련 시설 운영을 중심으로 미혼모를 보호하고 자립을 지원하고 있으나 실제로 미혼모시설에 입소하여 지원을 받는 미혼모는 1/3도 되지 않는다. 양육미혼모를 위한 프로그램도 시설 중심으로 이루어지고 있다(한국여성정책연구원, 2010).

이와 같은 시설 위주의 지원정책은 미혼모들의 현실적응력을 떨어뜨릴 수 있고, 외부와의 단절로 인해 시설에 입소해 있는 동안 자립하기가 힘들어 대부분 입소기간이 종료되면 준비되지 않은 채 퇴소하게 된다. 또한 미혼모가 점차 고연령·고학력화되어 가고 있는 현실에서 시설에서 제공되는 취업훈련은 당사자의 욕구에 부합하지 않고 노동시장의 변화 흐름에 뒤떨어지고 있다(조주은, 2012).

따라서 앞으로는 지역사회거주 미혼한부모 중심 지원정책으로의 방향전환이 필요하고, 시설미혼모 지원은 그들의 욕구에 부합한 지원이 이루어져야 하겠다.

2) 생계비지원

임신 시점부터 가족관계의 단절로 생계의 어려움을 겪을 수 있는 미혼모들의 자립지원을 위하여 생계비와 의료서비스에 대한 보장이 이루어져야 한다. 그렇게 되어야 건강한 아기를 출산할 수 있고 자립적으로 아이를 양육하여 빈곤의 대물림이 발생하지 않으며, 미래의 복지부담을 줄이는 길이 될 것이다.

우리나라의 대표적 공공부조제도인 국민기초생활보장제도의 생계급여나 의료급여, 해산급여를 통해서 저소득 미혼모가 보장을 받을 수 있는데, 이 제도는 부양의무자 기준을 만족시켰을 때 지원을 받을 수 있기 때문에 문제가 되고 있다. 임신을 전후로 원가족과 심한 갈등과 단절을 경험하는 미혼모들은 부양의무자 예외 기준이 있음에도 불구하고 수급자격에서 제외되곤 한다(조주은, 2012). 따라서 미혼한부모가족의 생계비지원을 위해 「국민기초생활보장법」을 개정하여 미혼한부모들이 부양의무자 기준에 의해 수급자가 될 수 없는 부분을 변경할 필요가 있다. 또한 미혼한부모가 아이를 양육하는 경우 안정적으로 양육할 수 있도록 '미혼한부모수당'의 신설이 필요하다고 본다.

3) 자녀양육지원

현재 우리나라 아동지원정책은 공보육과 무료급식 등 보편적 복지의 형태로 나아가고 있다. 2013년 3월부터 출산장려정책으로 가족의 소득수준에 관계없이 보육시설을 이용하는 모든 아동에게 보육료를, 어린이집을 이용하지 않고 가정에서 아동을 양육하는 부모에게 양육수당을 지급하고 있다. 따라서 미혼한부모의 아동도 나이에 따라 보육료나 양육수당을 받을 수 있게 되었다. 바람직한 현상이나 미혼한부모들은 혼자 양육과 생계를 책임져야 하기 때문에 사회에서 좀 더 다양한 양육지원을 하지 않으면 경제활동과 양육을 병행할 수 없다. 이를 위해서 현재 실시되고 있는 아이돌봄서비스의 활성화,[5] 24시간 보육시설 운영 확대,[6] 아동양육

5) 시설보육의 사각지대를 해소하여 아동의 안전한 보호 및 가족의 아동 양육 부담을 경감하기 위하여 2006년도에 도입된 가정보육서비스이다. 한부모, 맞벌이 등 취업부모의 만 12세 이하 자녀의 가정에서 아이돌보미가 돌봄을 제공하는 서비스로, 이용요금은 소득수준에 따라 차등지원한다. 미혼한부모들에게 자녀가 일정 연령이 될 때까지 한 달에 일정시간 아이돌봄서비스를 이용할 수 있는 바우처를 지급하는 것도 바람직한 대안이 될 것이다.

6) 비공식부문에 취업해 있거나 장시간 또는 교대제형태로 근무하는 대부분의 미혼모들은 근무

비[7])의 현실화 등이 이루어져야 할 것이다.

또한 비양육부모의 양육비지원을 의무화하는 정책이 필요하다.

현재 우리나라 법체제하에서 미혼부가 양육비를 제공하지 않을 때 재판을 통해 양육비를 청구[8])할 수 있다. 그러나 실질적인 아동복리를 위해서는 비동거양육자가 경제적으로 무능력하거나 양육소송기간(6개월에서 1년) 동안 아동이 빈곤에 처하는 것을 방지하기 위하여 우선 국가에서 양육비를 지급하고 나중에 비양육부모에게 구상권을 행사할 수 있는 '자녀양육비 선지급제도'가 필요하고, 양육비 지급의무자의 재산파악 등을 위한 사회통합관리망을 활용할 수 있어야 한다(장명선, 2013). 이와 같은 문제점을 보완하기 위하여 양육한부모(미혼한부모 포함)가 비양육부모로부터 양육비를 받기 위해 "양육비이행관리원"에 신청하면 원스톱으로 지원받을 수 있는 「양육비 이행확보 및 지원에 관한 법률」[9])이 2014년 3월 제정되어 2015년 3월부터 시행되고 있다.

시간이 일정하지 않아 보육시설의 운영시간(7:30～19:30까지를 원칙으로 하고 있음)에 맞춰 시설을 이용하는 데 어려움이 있다. 따라서 미혼한부모들의 교육권과 경제활동이 보장되기 위해서는 아이돌봄서비스의 활성화와 더불어 보육시설의 연장 운영이 시급하다고 본다.

7) 2018년부터 소득인정액 기준 중위소득 52% 이하 한부모 및 조손가족을 대상으로
① 만 14세 미만의 자녀에게 아동양육비로 자녀 1인당 월 13만 원,
② 만 25세 이상 미혼한부모의 만 5세 이하 아동에게 추가아동양육비로 자녀 1인당 월 5만 원을 아동양육비에 추가하여 지급하고 있다.
그러나 아동이 고학년으로 갈수록 교육비가 증가함을 고려하여 현재 14세까지로 제한하고 있는 수혜아동의 연령의 범위를 확대해야 할 것이다.

8) 「가사소송법」 제63조의 2(양육비 직접지급명령)
① 가정법원은 양육비를 정기적으로 지급할 의무가 있는 사람이 정당한 사유 없이 2회 이상 양육비를 지급하지 아니한 경우에 정기금 양육비 채권에 관한 집행권을 가진 채권자의 신청에 따라 양육비채무자에 대하여 정기적 급여채무를 부담하는 소득세원천징수의무자에게 양육비채무자의 급여에서 정기적으로 양육비를 공제하여 양육비채권자에게 직접 지급하도록 명령할 수 있다(이 명령을 "양육비직접지급명령"이라 한다).

9) 「양육비 이행확보 및 지원에 관한 법률」(2014.3.24. 제정하여 2015.3.25. 시행)은 양육한부모(미혼한부모 포함)가 비양육부모로부터 양육비를 받을 수 있도록 지원하는 "양육비이행관리원"을 통해 한부모를 위한 상담, 양육비 채무자(전 배우자, 미혼부 등)의 소재 파악 및 재산·소득 조사, 금융정보 조회, 양육비 관련 소송 대리 및 채권추심, 채무자에게 구상권을 행사할 수 있도록 한다. 또한, 비양육부모가 양육비를 지급할 능력이 없는 미성년자인 경우 비양육부모의 부모가 양육비를 지급하도록 의무화하여, 양육에 대한 부모의 책임성을 강화하였다.

4) 주거지원

미혼모들을 위한 주거지원은 시설제공과 저소득층 주택정책이 있다. 지금까지 미혼모정책은 미혼모자시설, 미혼모공동생활가정, 모자보호시설 등 시설을 통한 서비스제공이 중심을 이루었다. 그러나 이들 시설은 출산 전후나 자녀를 양육하는 미혼모를 위한 주거공간을 제공하고 있으나, 보호기간이 정해져 있고 퇴소 후 거주할 곳을 구하는 것은 개인의 책임이다. 미혼한부모들은 전세임대주택 입주를 가장 선호하고 있다. 그러나 이러한 지역사회 주거공간은 미혼한부모만을 대상으로 하는 것이 아니며 기초생계 수급자, 보호대상 한부모가족, 여타 저소득층으로 공급에 비해 수요가 초과되기 때문에 현재 이 혜택을 받는 미혼모는 극소수에 불과하다. 사실상 전세임대주택 자격기준인 '국민임대주택 입주자격・순위 및 가점제도'[10]는 미혼모가 되면서 원가족으로부터 분리되어 이주하는 미혼모들의 특성을 고려해 볼 때 미혼모들에게는 배점을 받기에 불리한 항목들이 많아 입주가 거의 불가능하다. 또한 입주하게 되어도 최장 10년이라는 임대 기간은 취학아동을 양육하는 양육미혼모의 안정에는 미흡할 뿐 아니라 양질의 주택으로 이주할 수 있는 체제도 마련되어 있지 않은 상태이다. 따라서 국민임대주택 가점계산방식의

양육비이행관리원 설치 전	양육비이행관리원 설치 후
상대방 연락두절・재산은닉, 불편한 상대방 대면, 감정 대립, 소송 번거로움, 생계활동 지장, 오랜 시일 소요, 비싼 소송비용, 중간에 불이행하면 다시 처음부터 소송 등 어려움	가장 효과적인 서비스를 콕 집어! 자녀가 성년이 될 때까지 계속 지원! ⇒ 한부모 아동의 안정적 성장 도모

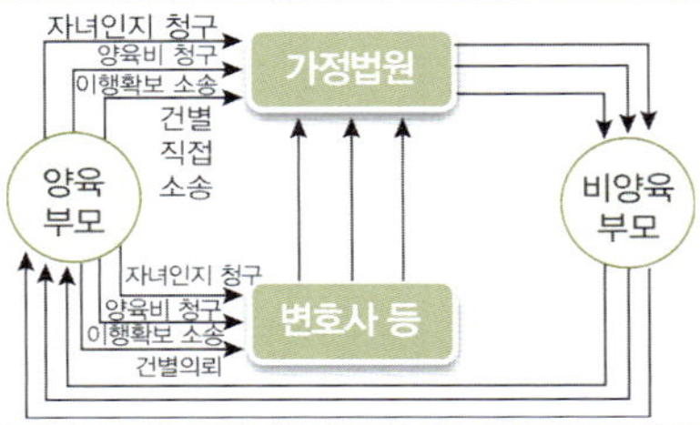

⇨

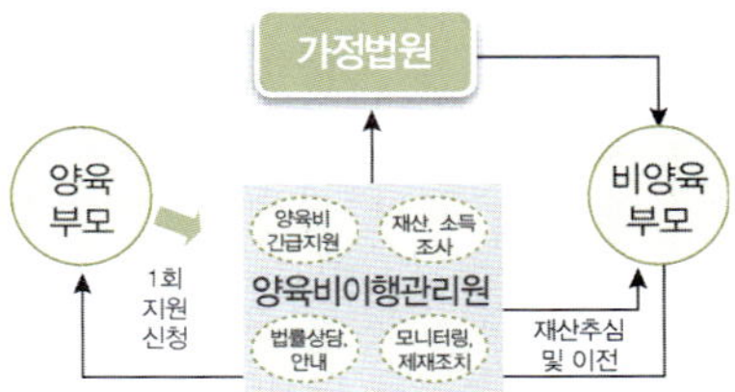

〈원스톱 종합지원 서비스〉

10) '세대주 나이' 항목은 나이가 많을수록, '당해 주택건설지역 거주기간' 항목은 해당 지역에서 거주기간이 길수록 점수가 높다. 또한 '65세 이상 직계존속 1년 이상 부양 시' 가점, 청약저축 납입횟수 가점 항목 등도 미혼한부모가족들에게는 불리한 조건들이다.

가점항목들을 미혼한부모가족에게는 예외 적용하는 방안이 마련되어야 할 것이며, 안정적으로 아이를 양육할 수 있도록 임대기간을 10년 이상으로 연장하는 방안도 고려해 보아야 할 것이다.

또한, 미혼모와 달리 미혼부의 경우 양육을 지원하는 전문시설이 전국에 단 한 곳도 없는 실정이다. 부자가족복지시설은 3곳 있으나 대부분 이혼남들이 이용 중이고 미혼부는 이용을 못하고 있다. 따라서 미혼부를 위한 공동생활가정 형태의 시설이 설립되어 미혼부의 경제활동을 돕고 양육을 책임질 수 있는 환경이 제공되어야 하겠다.

5) 청소년한부모 지원

청소년한부모의 학업과 양육을 지원하기 위해 청소년한부모 자립지원 사업이 실시되고 있다. 서비스 대상은 24세 이하의 청소년한부모 중 소득인정액 기준 중위소득 60% 이하인 자를 대상으로 25세 미만까지 최장 5년간 아동양육비(월 18만 원), 의료비(월 2만 4,000원), 검정고시 학습지원(연 154만 원), 가구별 자산형성계좌 지원(IDA, 월 5~20만 원), 친자검사지원(가구당 40만 원) 등이 이루어지고 있으나, 만 24세 이하의 미혼한부모만 혜택을 받을 수 있다는 한계를 지니고 있다.

표 8-6 청소년한부모 자립지원 사업

구분		
지원 대상	한부모가족 중 모 또는 부의 연령이 만 24세 이하이고 소득인정액이 기준 중위소득 60% 이하인 청소년한부모가족(최장 5년간 지원)	
지원 내용	아동 양육비	소득인정액 기준 중위소득 60% 이하(기초수급자 제외) 청소년한부모가구의 아동 1인당 월 18만 원 지원
	검정고시 학습비	소득인정액 기준 중위소득 60% 이하(기초수급자 포함) 청소년한부모가구의 부 또는 모가 검정고시 학습 시 연 154만 원 이내 지원
	고교생 학비	소득인정액 기준 중위소득 60% 이하(기초수급자 제외) 청소년한부모가구의 부 또는 모가 정규 고교과정 이수 시 입학금·수업료 실비 지원
	자립지원 촉진수당	만 24개월 이하의 아동을 키우는 기초수급자인 청소년한부모가구의 부 또는 모가 학업이나 취업 등 자립활동 시 월 10만 원 지원

출처: 여성가족부 홈페이지.

6. 미혼한부모가족을 위한 복지과제

우리 사회는 급격한 가족의 변화가 일어나고 있다. 이혼율의 증가, 만혼이나 비혼, 심각한 저출산과 고령화 현상은 새롭고 다양한 가족형태를 양산했고, 점차 일종의 사회현상으로 인식되고 있다. 그러나 이러한 다양한 가족문화에 대한 수용에도 불구하고 여전히 미혼한부모들은 명시적이고 암묵적인 사회적 낙인과 함께 양육자인 동시에 생계부양자의 역할을 수행해야 하는 삼중고를 경험하고 있다. 더구나 현재 우리는 세계 최저 출산국가임에도 불구하고 미혼모는 사회의 부정적 인식 때문에 아이를 낙태하거나 해외에 입양을 보내고 있다. 그러나 국가적 차원에서 미혼한부모가족에게 양육과 관련된 지원이 보장된다면 입양이나 낙태를 선택하는 미혼모의 수는 크게 감소할 것이고, 원가족과의 이별로 고통을 안고 살아가는 사람들의 수도 줄어들 것이다. 이를 위해 미혼한부모와 그 자녀를 위한 복지서비스 개선을 위한 방향을 제시하면 다음과 같다.

1) 미혼한부모만을 위한 제도가 필요하다

「한부모가족지원법」 안에서 미혼한부모지원이 통합적으로 이루어지고 있으나, 미혼한부모가족의 특성이 일반 한부모가족과 다르며 더 다양한 위험에 직면할 수 있기 때문에 특성에 맞는 프로그램이 개발되고 제도화되어야 한다.

또한 미혼한부모에게 유용한 정보 및 프로그램 모델을 제공해 줄 수 있는 전문화된 핵심기관과 미혼한부모의 개별화된 욕구에 대응하여 적절한 서비스를 제공하고 연계할 수 있는 전문인력 육성이 필요하다.

2) 미혼한부모가족 지원정책은 시설 중심에서 지역사회 통합지원서비스로 전환되어야 한다

시설 위주의 지원정책은 미혼한부모들의 현실적응력을 떨어뜨릴 수 있고, 외부와의 단절로 인해 시설에 입소해 있는 동안 자립하기 힘들기 때문에 대부분 기간이 종료되면 준비되지 않은 채 퇴소하게 된다.

지역사회 통합지원서비스 구축이란 지역사회를 기반으로 관련 실무자들과 지역사회의 학교, 지역 실무자 협의체조직, 사회복지사와 담당 공무원과의 연계성을 갖도록 하는 것을 말한다. 이와 같이 지역사회 내 단체, 기관, 기업과의 협력관계를 통해 미혼한부모가족의 자립생활이 가능하도록 지원해야 하며, 생계비지원의 현실화, 자녀양육지원 강화, 주거시설 확충, 비양육부모 양육비지급의 효율성 강화, 그리고 원가족과의 관계회복 등을 내용으로 한 지역사회 중심의 통합서비스가 이루어져야 한다.

3) 미혼한부모의 학습권을 보장한다

청소년미혼한부모의 양육결정과정에서 나타난 공통된 특징 중 하나는 학업중단 현상이다. 미혼모는 임신 자체 때문에, 미혼부는 양육을 위한 근로를 위해 학업을 중단한다. 그러나 이들 모두 학업에 복귀할 것을 원하고 대안학교나 직업훈련학교보다는 정식 학교로의 복귀를 더 선호하고 있다. 복귀하고 싶은 이유는 아기에게 창피한 부모가 되지 않기 위해, 아이에게 직접 가르쳐 주기 위해, 저학력으로 불안정한 직업을 가져 양육에 부정적인 영향을 미칠까봐 등 '아기를 위해서'라고 하였다.

미혼모가 학습권을 존중받지 못하는 일들이 이슈화되며 미혼모시설을 중심으로 미혼모 재교육을 실시하려는 움직임이 일어나고 있지만 미혼부들은 이러한 대상에서도 벗어나 있기 때문에 미혼모보다 열악한 상황에 처해 있다. 이렇게 학업을 중단하고 양육을 위해 돈을 벌어야 하는 현실이 미혼부들로 하여금 미혼모를 떠나게 하는 요인이 될 수 있다는 것을 심각하게 고려해볼 필요가 있다(이현주, 2011). 빈곤의 대물림과 가족해체를 막기 위해서는 미혼모나 미혼부의 학습권을 보장하기 위한 대책 마련이 시급하다고 본다.

4) 원가족과의 관계회복을 위한 지원이 필요하다

가족들과 좋은 관계를 유지하는 것은 임신, 출산, 입양, 양육이라는 큰 사건을 경험하면서 심각한 스트레스를 받는 미혼부모들에게 심리적·물질적 차원에서 중요한 지지원이 될 수 있다. 반대로 가족과의 불화는 미혼부모들에게 또 하나의 스트레스 요인으로 작용하여 심리적 부담을 가중시키게 된다. 특히 10대들의 경우 임신과 출산에 대한 대처능력이 낮아 출산준비를 하는 과정에서 원가족의 도움이 절실하게 필요하다. 따라서 미혼모 관련 시설에서는 임신, 출산, 입양, 양육 과정에서 미혼모 본인과 원가족과의 관계향상과 상호 간의 원활한 의사소통을 위한 적극적인 노력과 가족상담이 필요하다고 본다.

9장 Chapter

입양가족

대한민국 입양 50년.
모든 아동은 가정을 가질 권리가 있으며,
따뜻한 가정에서 사랑으로 건전하게 자라야 합니다.

과거 50년 간 시대적 변화와 그 흐름을 같이 해온 입양은 전쟁고아와 혼혈아동에게 가정을 찾아주기 위한 목적으로 시작되었다. 최근에는 경제성장과 삶의 질 향상에 따른 국내입양 증가로 '입양의 날'이 제정되는 등 입양에 대한 인식이 조금씩 변하고 있는 것은 사실이나, 입양은 지속적인 사후서비스를 필요로 하며 국제사회에서는 입양에 있어 '아동 최선의 이익보장'을 위한 정부 주도의 입양대상아동 및 입양사후 관리를 요구하고 있다.

가족은 아동이 건강하게 성장할 수 있도록 도울 뿐 아니라 아동이 가진 잠재력을 발현할 수 있도록 지지해주는 사회집단이다. 아동은 가정 안에서 돌봄과 양육을 받으며 성장할 권리가 있다. 입양은 친가족으로부터 이탈된 아동들을 위한 사회복지대책으로서의 대리적 서비스의 한 형태라고 할 수 있다. 이 장에서는 입양가족에 대한 기본적인 이해와 함께 국내·외 입양의 실태 및 제도, 입양활성화 방안 등에 대해 살펴볼 것이다.

1. 입양의 개념 및 유형

1) 입양의 개념

입양은 "한 아동과 그 아동의 친생부모 사이의 관계를 법적으로 끊고 혈연관계로 얽히지 않은 사람을 법적으로 아동의 새로운 부모로 만듦으로써 새로운 가족 단위를 구성하는 법적 과정"이다(Kadusin & Martin, 1988). 즉, 입양가족이란 출생에 의하지 않고 법적·사회적 과정을 통해 친부모–친자와 같은 동등한 관계를 형성하게 된 가족을 말한다. 법적 과정이란 합법적인 가족구성을 위해 입양과 관련된 법률에 의해 소정의 절차를 마치는 것이고, 사회적 과정은 다른 구성원들로부터 가족으로서 정서적 유대와 친밀감을 공유하게 되고 사회적으로 인정받는 것을 말한다. 가정법원의 입양허가를 통해 입양이 성립되면 친생부모에 대한 모든 권리와 의무는 소멸되고, 입양부모에게 입양아동에 관한 모든 권리와 의무가 이양된다. 「입양특례법」에 따라 입양된 아동은 「민법」상 친양자와 동일한 지위를 가진다. 친양자는 부부의 혼인 중 출생자로 간주되는 것을 말하며, 가족관계등록부에도 양친의 친생자로 표기된다. 그 효과는 아동이 법적으로뿐만 아니라 실제 생활에 있어서도 양친의 '친생자와 같이' 입양가족의 구성원으로 편입·동화되는 제도이다(중앙입양원).

2) 입양의 유형

입양은 그 기준에 따라 다양하게 구분되는데, 입양아동과 입양부모 사이의 가족관계 유무에 따라 친족입양과 비친족입양으로, 입양이 기관을 통해 이루어지는지 아니면 개인적으로 이루어지는지에 따라 기관입양과 독립입양으로, 입양 사실의 공개여부와 친부모와의 접촉유무에 따라 비밀입양과 공개입양으로 분류할 수 있다.

(1) 친족입양과 비친족입양

친족입양은 아동이 혈연이나 가족관계를 가지는 가정에 입양되는 경우를 말하며, 비친족입양은 전혀 가족관계를 이루고 있지 않은 입양부모에 의해 입양되는 경우를 말한다.

(2) 기관입양과 독립입양

기관입양은 입양기관의 전문가에 의해 친부모로 하여금 친권을 포기하게 하고 기관이 모든 법적 대리인이 되어 입양이 이루어지는 경우를 말한다. 입양에 대한 전문가가 친부모, 아동, 입양가정을 조사하여 가장 적절한 가정을 연결시켜 주므로 입양 후 발생하는 문제가 적은 편이며, 입양 후 사후관리까지 입양 전 과정에서 체계적인 관리가 이루어지는 장점이 있다.

독립입양은 입양기관을 통하지 않고 친부모와 입양부모 간의 협의에 의해 입양이 성립되는 형태이다. 입양에 대한 전문적 지식이 없는 개인에 의해 입양되는 것으로, 비밀보장이 어려우며, 입양 후 친부모와의 문제가 야기될 수 있다.

(3) 비밀입양과 공개입양

비밀입양은 입양사실을 입양아동은 물론 주변의 모든 사람들에게 알리지 않고 입양아동의 생물학적 부모인 것처럼 가장하여 입양의 비밀을 계속 유지하는 것이다. 반면 공개입양은 입양부모가 입양사실을 입양아동은 물론이고 주변의 사람들에게 공개하며 친부모와도 접촉을 한다.

2. 입양의 구성요소 및 절차

1) 입양의 구성요소

입양은 요보호 아동이 안정적인 가정환경에서 건정하게 성장할 수 있도록 지원함으로써 아동의 복지증진을 도모하는 것을 목적으로 한다. 입양의 주된 목적은 입양아동의 복지이지만 입양이 성공적으로 성립되기 위해서는 친자녀를 입양보내야 하는 친부모, 출생한 가정에서 성장하지 못하고 사회적 보호가 필요한 입양아동, 자녀를 원하는 입양부모 등 삼자를 위한 아동 및 가족복지사업이라 할 수 있다.

입양은 입양대상 아동, 아동을 입양하는 입양부모, 입양아동의 친권을 포기하는 친부모, 이들 3자의 조화를 위해 조정하고 전문적인 서비스를 제공하는 입양기관으로 구성된다.

(1) 입양아동

입양아동은 18세 미만의 요보호 아동으로서 부모, 직계존속이나 후견인의 동의가 있는 아동이며, 15세 이상의 아동의 경우에는 본인의 동의가 있어야 한다.

(2) 입양부모

아동을 입양하고자 하는 부모는 「입양특례법」(제10조)에 입양부모의 자격을 다음과 같이 규정하고 있다.

첫째, 25세 이상으로 아동과의 연령 차이가 60세 이내일 것(독신자의 경우 35세 이상, 연령 차이 50세 이하),

둘째, 양자를 부양하기에 충분한 재산이 있어야 하고,

셋째, 양자가 될 아동이 복리에 반하는 직업이나 그 밖에 인권침해의 우려가 있는 직업에 종사하지 아니하고,

넷째, 양자에 대하여 종교의 자유를 인정하고 사회의 구성원으로서 그에 상응하는 양육과 교육을 할 수 있어야 하며,

다섯째, 양친이 될 사람이 아동학대, 가정폭력, 성폭력, 마약 등의 범죄나 알코올 등 약물중독의 경력이 없어야 하며,

마지막으로 양친이 되려는 사람은 입양의 성립 전에 입양기관 등으로부터 보건복지부령으로 정하는 소정의 교육을 마쳐야 한다. 2017년 10월부터 입양아동의 권익향상을 위해 「입양특례법」상 입양에서 의무적으로 실시하던 부모교육을 민법상 입양에도 확대 실시한다.

(3) 친생부모

입양대상 아동의 친부모는 아동에 대한 친권포기를 자발적 또는 비자발적으로 할 수 있다. 친부모가 친권을 포기하는 경우는 경제적 빈곤, 이혼 및 별거로 야기된 가족해체, 가정결손, 미혼모, 사망 등이며, 친권을 박탈당하는 경우는 아동을 학대하거나 유기하는 경우이다.

(4) 입양기관

입양기관은 입양부모, 입양아동, 친부모 이 3자의 조화를 위해 조정하고 전문적인 서비스를 제공하는 역할을 한다.

2) 입양의 절차

우리나라 대부분의 입양기관에서 이루어지는 입양절차는 〈표 9-1〉과 같으며, 입양 시 필요한 내용은 다음과 같다.

- 초기상담 시 구비서류: 원본, 6개월 이내의 서류. 단, 건강진단서는 3개월 이내
  - 기혼가정: 가족관계증명서, 혼인관계증명서, 주민등록등본, 가족사진, 건강진단서(부부각각)
  - 독신가정: 가족관계증명서, 주민등록등본, 건강진단서, 가족사진, 입양적격추천서, 자녀양육계획서, 소득수준 관련 증명

  ※ 구비서류는 입양기관에 따라 차이가 있을 수 있음.

표 9-1 입양절차

① 가족 간의 충분한 합의: 입양에 대한 가족구성원들 간의 의견 교류

↓

② 입양상담 및 신청입양기관에 입양상담 및 양친가정 조사신청서 제출

〈구비서류〉

1. 양친가정조사신청서(별지 제6호 서식)
2. 가족관계증명서
3. 혼인관계증명서
4. 주민등록등본

↓

③ 입양부모의 가정조사 및 가정방문

1. 입양기관 사회복지사의 가정방문(2회 이상)
2. 양친가정조사서 작성(입양기관/별지 제7호 서식)
3. 신청인에게 양친가정조사서 발급(입양기관)
4. 양친될 자의 범죄경력조회(입양기관, 경찰관서)

↓

④ 입양부모 교육입양기관으로부터 소정의 입양 관련 내용 교육 이수 후 양친교육 이수 증명서(별지 제1호 서식) 발급

↓

⑤ 아이 선보기(입양기관의 아동 추천 후 아이 선보기)

↓

⑥ 가정법원에 입양서류제출가정법원에 입양허가 신청

〈구비서류〉

1. 입양허가신청서
2. 신청 관련 사항 목록
3. 기본증명서, 가족관계증명서, 주민등록등본(사건본인)
4. 혼인관계증명서, 가족관계증명서, 주민등록등본(청구인들)
5. 입양대상 아동 확인서
6. 양친될 사람의 범죄경력조회 회보
7. 양친가정조사서
8. 양친될 사람의 교육 이수 증명서
9. 입양동의서

↓

⑦ 입양의 허가가정법원의 인용심판 확정으로 입양허가

↓

⑧ 입양 & 아동의 인도

1. 가정법원의 입양허가가 결정된 후 아동을 양부모에게 인도
2. 인도 시 아동 관련 기록 및 물품 전달

↓

⑨ 입양신고가정법원의 허가서를 첨부하여 가족관계 등록 등에 관한 법률에 정하는 바에 따라 신고(친양자 입양신고)

↓

⑩ 사후관리

입양 성립 이후 입양기관은 1년 동안 양친과 양자의 상호적응을 위하여 사후서비스를 제공하여야 함

출처: 중앙입양원(www.kadoption.or.kr).

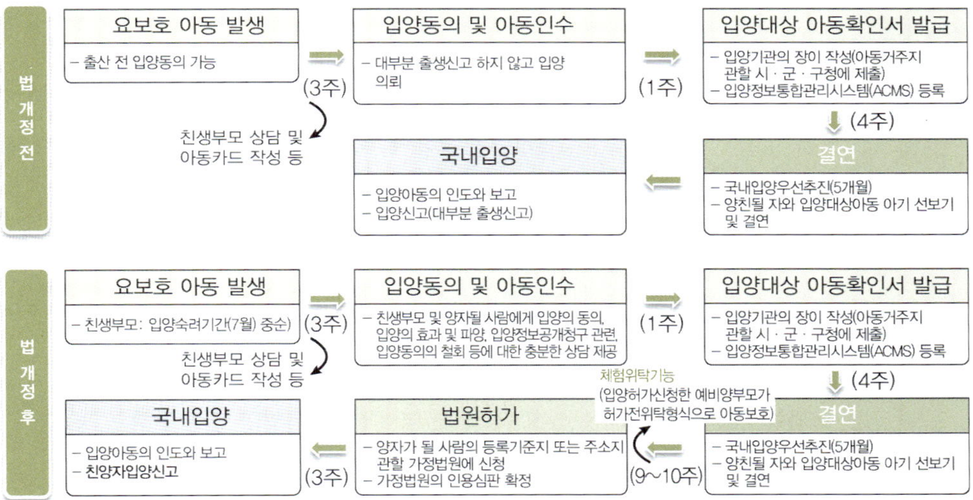

출처: 보건복지부(2015).

그림 9-1 입양특례법 개정 전 · 후 입양절차 비교(국내 입양 기준)

3. 입양정책의 변화와 실태

1) 입양정책의 변화

현대적 의미에서의 우리나라의 입양의 역사는 1950년대 한국전쟁과 함께 시작된다. 전쟁 후 많은 전쟁고아와 혼혈아가 생겨나면서 시설아동의 해외입양을 허용할 수 있도록 1961년 해외입양에 관한 법적 근거를 마련한 「고아입양특례법」이 제정되었다. 1970년대에는 산업화로 경제성장을 이루었으나 미혼모와 요보호 아동이 증가하였고, 요보호 아동에 비해 국내의 아동복지시설의 수는 턱없이 부족하여 해외입양이 급격하게 증가하였다. 이로 인해 국제사회의 비난이 일자 1976년에는 국내외입양 과정과 절차 간소화 및 아동의 복리증진을 위해 「입양특례법」이 제정되었다.

표 9-2 입양제도의 변천과정

시기	입양제도의 변화	주요 내용
1950년대	• 미국을 중심으로 해외입양	• 전쟁고아 및 혼혈아의 보호정책으로 보육시설의 동의 없이도 정부가 시설아동의 해외입양 허용
1961년	• 해외입양의 법적 근거 마련	•「고아입양특례법」 제정
1970~80년	• 해외입양 제한 • 국내입양 부양책	•「입양특례법」 제정(1977), 「고아입양특례법」 폐지 • 입양절차 간소화
1981~88년	• 입양정책의 전환기 • 해외입양 전면 개방	• 입양쿼터제와 해외입양 금지정책 • 이민 확대 및 민간외교 차원
1989~94년	• 국내입양 활성화방안 모색 • 해외입양 축소정책	• 입양사업개선지침 마련 • 출산율저하 및 경제성장으로 요보호 아동 수의 감소/정책 영향으로 입양아동 수 감소
1995년	• 해외입양 단계적 축소 및 절차에 관한 정책	•「입양특례법」을 「입양촉진 및 절차에 관한 특례법」으로 전면 개정 / 국내입양의 활성화 기반 마련

시기	입양제도의 변화	주요 내용
2005년	• 입양의 날 제정	•「입양특례법」 개정 • 5월 11일을 입양의 날로 제정 • 입양취소청구의 소의 제한 기간을 1년~6개월로 단축 • 입양아동을 위한 의료급여 실시
2006년	• 입양휴가제 도입	• 공무원 대상으로 입양휴가제(20일) 실시
2007년	• 양육수당/입양수수료 지원 • 국내입양우선추진제	• 13세 미만 아동을 입양한 국내입양가족에 1인당 월 10만 원 입양양육수당지원 • 독신가정 입양 허용
2012년	• 입양숙려제 도입 • 가정법원허가제 도입	•「입양촉진 및 절차에 관한 특례법」이 「입양특례법」으로 변경 • 입양아동 친생부모의 동의/입양동의는 출생일부터 1주일이 지난 후에 이루어져야 함

출처: 한국보건사회연구원(2011). 중앙입양원 재구성.

또한 국내입양 실적에 따라 해외입양을 할당해주는 '해외입양 쿼터제'를 실시하였으며, 1980년대에는 입양정책의 전환기로서 '입양 쿼터제'와 '해외입양금지정책'이 철회되면서 해외입양이 전면 개방되었다. 1989년 '입양사업 개선지침'을 마련하고 국내입양 활성화방안을 모색하였으나 출산율 저하 및 경제성장으로 인해 요보호 아동 수가 줄었고, 해외입양 축소정책으로 입양아동 수는 감소하였다. 1995년 「입양특례법」을 「입양촉진 및 절차에 관한 특례법」으로 개정하며 국내입양의 활성화 기반을 마련하였다.

2000년대 이후에는 국내입양 활성화를 위해 입양절차에 들어가는 비용을 국가가 부담하기 시작하였고, 사회인식개선을 위한 서비스를 확대하였다. 2005년 「입양촉진 및 절차에 관한 특례법」을 개정하여 5월 11일을 입양의 날로 제정하였으며, 입양아동의 파양을 줄이고자 입양취소청구의 소의 제한기간을 1년에서 6개월로 단축하였다. 2007년에는 독신가정의 입양을 허용하고 입양가정에 양육수당을 지원하기 시작하였다. 2012년에는 입양에 관한 많은 정책의 변화가 있었는데 입양 시 가정법원의 허가를 받게 하는 '가정법원허가제'와 아동출생 후 바로 입양이 이루어지지 못하고 1주일간의 숙려기간을 갖게 하는 '입양숙려제 도입' 등이 있다. 입양동의는 아동의 출생 후 1주일이 경과한 후에만 가능하다(법 제13조).

2) 입양실태

(1) 입양현황

한국전쟁 이후 현재까지(2016) 국외로 입양된 아동은 약 17만 명(67.8%), 국내로 입양된 아동은 약 7만 9천 명(32.2%) 정도이다. 오늘날 한국의 경제 수준은 급성장하여 왔고 복지 또한 수혜국에서 후원국으로 전환되어 그 역할을 담당하고 있다. 그럼에도 불구하고 우리나라는 OECD국가 중 국외입양을 보내는 유일한 국가에 속한다.

한국에서 입양은 국내입양과 국외입양으로 분류되는데 2007년을 기점으로 국내입양비율이 국외입양비율보다 높아지기 시작하였다. 이러한 상황은 2007년부터 입양대상 선정 후 5개월간 국내입양을 우선적으로 추진하는 '국내입양 우선제도'가 시행되었기 때문이며, 아울러 국내입양 활성화를 위한 정책의 일환으로 입양기관이 입양서비스를 추진할 때 국내입양실적에 따라 국외입양을 할당하는 쿼터제방식을 도입하였기 때문이다. 하지만 2012년 8월 전면 개정된 「입양특례법」이 시행됨으로써 국내입양은 다시 감소추세를 나타내고 있다. 이는 입양 희망 건수가 전체적으로 감소한 것도 있지만 전반적으로 매년 요보호 아동이 줄어드는 것도 하나의 원인으로 보인다.

표 9-3 국내외 입양현황

(단위: 명, %)

구분	계	2007년 이전	2008	2009	2010	2011	2012	2013	2014	2015	2016
계	245,600	230,635	2,556	2,439	2,475	2,464	1,880	922	1,172	1,057	880*
국내	79,088 (32.2%)	70,327 (30.2%)	1,306 (51.1%)	1,314 (53.9%)	1,462 (59.1%)	1,548 (62.8%)	1,125 (59.8%)	686 (74.4%)	637 (54.4%)	683 (64.6%)	546 (62.0%)
국외	166,512 (67.8%)	160,308 (69.8%)	1,250 (48.9%)	1,125 (46.1%)	1,013 (40.9%)	916 (37.2%)	755 (40.2%)	236 (25.6%)	535 (45.6%)	374 (35.4%)	334 (38.0%)

* 저출산 심화, 요보호 아동 감소 등 복합적인 원인으로 전년대비 입양아동 수 감소

우리나라 요보호 아동은 세계경제 위기와 미혼모에 의한 발생 등의 이유로 2009년까지 9,000명을 넘는 아동들이 발생되고 있다. 이후 경기가 안전국면에 접어들고 전체적인 저출산현상으로 인한 출생률 감소로 요보호 아동의 발생은 감소추세에 있다(보건복지부 요보호 아동 현황보고, 2016). 그러나 여전히 해마다 수천 명의 아동들이 원가정 보호에서 이탈되고 있으며, 후에도 성개방과 결혼에 대한 가치관의 변화 등으로 인해 미혼모의 지속적인 발생과 가족해체는 증가할 것으로 보인다. 〈표 9-4〉는 2016년 요보호 아동의 보호유형 중 입양현황을 나타낸 것이다. 〈표 9-4〉에서 보이는 바와 같이 2016년 국내 입양된 아동은 총 546명으로 미혼모 아동 481명(88.1%), 유기아동 18명(3.3%), 결손가정 등 아동이 47명(8.6%) 순으로 나타났다.

표 9-4 입양아동의 발생유형

(단위: 명)

연도	국내입양				국외입양			
	계	미혼모 아동	유기아동	결손가정 등	계	미혼모 아동	기아 등	결손가정
2014	637 (100%)	578 (90.7%)	28 (4.4%)	31 (4.9%)	535 (100%)	509 (95.1%)	- (0.0%)	26 (4.9%)
2015	683 (100%)	618 (90.5%)	54 (7.9%)	11 (1.6%)	374 (100%)	358 (95.7%)	16 (4.3%)	- (0.0%)
2016	546 (100%)	481 (88.1%)	18 (3.3%)	47 (8.6%)	334 (100%)	327 (97.9%)	2 (0.6%)	5 (1.5%)

출처: 중앙입양원.

(2) 선별적인 입양형태

국내입양에서는 입양아동 중심의 입양이 아닌 부모 중심의 입양이 이루어지므로 전통적인 가족관과 혈연 중심의 사회로 인해 비밀입양을 선호하고, 특히 입양아동 중 여아선호가 강하며(보건복지부, 2013), 장애아동 기피, 어린 연령의 아동 선호 등 불균형적인 입양이 이루어지고 있다. 또한 국내입양 전문기관의 부족과 전문

종사자의 부족, 그리고 입양기관의 국외입양 선호와 상담원의 적극적인 국내입양 성사의지 결여가 문제점으로 지적되고 있다(정용주, 2011).

(3) 입양기관 현황

우리나라 국내 · 외 입양기관은 〈표 9-5〉에 제시된 바와 같이 보건복지부 기준 총 20개 기관이 등록되어 있다.

표 9-5 입양기관

업무	기관명	주소
국내 · 외	홀트아동복지회	서울 마포구 양화로 19
국내 · 외	동방사회복지회	서울 서대문구 창천동 493
국내 · 외	대한사회복지회	서울 강남구 역삼동 718-35
국내 · 외	한국사회봉사회	서울 도봉구 쌍문동 533-3
국내	대한대구상담소	대구 수성구 국채보상로
국내	성가정입양원	서울 성북구 성북2동 산 9-15
국내	서울아동복지센터	서울 강남구 수서동 산4-1
국내	부산아동보호 종합센터	부산 서구 아미동2가 125-1
국내	해성보육원	인천 남구 용현4동 183-6
국내	광주영아일시보호소	광주 동구 소태동 446
국내	울산양육원	울산 울주군 언양읍 송대리 산6-2
국내	동방안양상담소	경기 안양시 동안구 비산2동 570-9
국내	대한의정부상담소	경기 의정부시 녹양동 318-5
국내	자비아동 입양위탁소	강원 강릉시 포남 1동 1156
국내	꽃동네천사의집	충북 음성군 맹동면 꽃동네길 47-93
국내	홍성사회복지관	충남 홍성군 홍성읍 오관리 701-1
국내	전주영아원	전주 완산구 중화산동 2가 623-2
국내	이화영아원	전남 나주시 보산동 127-1
국내	임마뉴엘영육아원	경북 김천시 교동 591
국내	홍익아동복지센터	제주시 도련1동 1888번지

출처: 보건복지부(2014).

4. 입양가족의 문제

입양가족은 다른 일반가족과 달리 입양한 부모의 문제와 입양아의 부적응행동, 입양가족체계의 변화에 따른 문제 등 여러 가지 문제에 직면하게 된다.

1) 입양아동이 겪는 어려움

입양아동이 겪게 되는 문제는 원가정 또는 친부모로부터 분리를 경험하는 것이다. 즉, 애착관계를 맺고 있던 사람과 분리를 경험하는 것은 아동의 신뢰감과 자존감 형성에 해로운 영향을 미치고, 다른 사람과 정서적 관계를 형성하는 능력을 저하시킬 수 있다.

입양아동은 가족의 형성과 가족의 상실이 동시에 일어나는 모순과 두 부모(친부모와 입양부모)가 존재한다는 사실을 이해해야 한다. 이러한 점은 입양아동의 정체성 찾기와 함께 일생의 과업이 된다(도미향 외, 2013).

또한 입양아동은 유전학적 당혹감을 경험하게 되는데 이는 친부모와 떨어져서 성장하는 사람들은 누구나 갖는 욕구로 자신의 배경, 가족력과 개인력에 대해 알고자 하는 것이다. 대부분의 입양아동은 자신에 대한 이해를 높이고 자신이 타고난 신체적·개인적 특징을 이해하기 위해 친부모에 대한 정보를 얻고자 한다. 입양아동의 이러한 욕구는 자신의 뿌리를 알고자 하는 것이지 양부모가 아닌 또 다른 부모를 원하는 것은 아니다(Kadushin & Martin, 1988).

입양아동에게 있어 또 하나의 어려움은 흔하지는 않지만 입양 후 입양이 취소되어 무효화되는 파양(disruption)의 경우이다. 아동이 입양과 파양을 동시에 경험할 경우 겪게 되는 정서적 충격은 매우 크므로 입양부모들은 가족과 합의하여 입양아동에게 영구적 가정이 될 수 있게 신중한 입양이 이루어져야 할 것이다.

Tip

양부모가 친양자를 학대하거나 유기(6건), 양부모의 이혼(26건), 입양가정의 부적응(9건), 사정변경 등으로 파양이 인정된 사건이 총 45건이었다.

출처: 세계일보(2014.5) 재구성.

2) 입양부모의 어려움

입양이 이루어지면서 입양아동과 생물학적으로 연결되어 있지는 않지만 심리적인 부모역할을 수행하며 부모로서의 경험을 하게 된다. 특히 불임으로 인한 입양부모들은 친자녀에 대해 가졌던 환상의 상실감을 극복해야 하며, 입양전후에 여러 가지 심리적인 어려움을 경험하게 된다. 또한 친척들과 지역사회가 입양에 대해 갖고 있는 태도에도 대처해야 한다.

친자녀가 있는 입양부모는 친자와 양자를 차별하지 않는지 바라보는 주변의 시선 때문에 중압감을 느끼기도 한다. 입양부모는 입양아동에게 입양사실을 알려주는 것에 두려움을 갖는다. 언제・어떻게 말해야 하는지, 입양아동이 어떻게 받아들일지 염려하게 된다. 그러나 입양부모가 입양을 긍정적으로 받아들이면 아동의 생각도 긍정적이다. 입양부모와 아동의 관계가 긍정적이면 입양사실을 말하는 것이 이들 관계를 위협하지 않는다. 그러나 반드시 부모가 먼저 입양사실을 알리는 것이 좋다. 어떻게 입양이 이루어졌는지 보다는 입양부모가 아동을 얼마나 사랑하는지가 더 중요하다. 성공적인 입양을 위해서는 철저한 입양준비와 입양관계가 가진 본래의 문제들을 다루는 능력이 중요한 요인이 될 것이다.

3) 친부모의 어려움

친부모가 친권을 포기하는 경우는 가정의 경제적 빈곤이나 부모의 사망, 이혼 등으로 가정이 해체되어 더 이상 자녀를 양육할 수 없을 때나 합법적인 혼인관계가 아닌 친부모가 아동을 양육할 능력이 없거나 양육할 의사가 없을 때 입양을 의뢰한다.

입양과정에서 친부모는 부수적 존재로 간주되며 친권 포기 후에 얼마나 강한 상실감과 심리적 고통을 경험하게 될 것인지, 그런 감정을 표현해도 되는 것인지에 대해 아무런 조언도 듣지 못한다. 또한 친권을 포기하면서 아이와의 신체적 분리로 인한 죄책감, 입양을 결정하도록 한 가족, 친구, 사회복지사 등에게 분노를 느끼기도 한다. 입양 후에도 아동의 발달단계에 맞춰서 자신의 아이에 대한 상상을 하고, 아이를 되돌려 받는 환상을 갖는가 하면 한편으로는 비밀이 탄로 날 것에 대해 두려워한다.

친권을 포기한 여성에게서 나타나는 독특한 행동으로 친모증후군[birth mother syndrome (Jones, 1993)]은 충격적 회상, 악몽, 불안, 기피 또는 공포반응과 같은 외상 후 스트레스 장애 등으로 나타난다. 또한 자존감의 손상, 피동적 자세, 외형적으로는 완벽하고 정상인 것처럼 행동하지만 내적으로는 수치심, 자기저주 또는 고립감을 느끼는 정체감의 이분화현상, 자기학대 등의 행동이 나타나며, 애정관계, 가족관계, 자녀양육, 직무태도, 자아상 등 삶 전반에 걸쳐 감정과 행동이 양 극단을 오가는 듯한 증상들이 포함된다(Kadushin & Martin, 1988).

한편 아이를 직접 키우는 것보다 입양을 선택하는 미혼모의 경우는 입양에 대해 긍정적이며, 부모역할 능력은 부족하나 높은 교육적 기대를 가지고 있으며, 가족이나 친척 중 입양 경험 유무, 성관계 시 미혼부와의 감정 일치도, 어릴 때의 성 학대 경험 및 성폭행 경험 유무 등이 입양 결정에 영향을 미치는 것으로 나타났다(윤미현 · 이재연, 2001).

5. 입양가족 및 입양아동에 대한 지원서비스 및 정책[1)]

1) 입양휴가제 실시

입양아동과 부모의 심리적 적응을 위해, 또한 입양은 제2의 출산이라는 사회적 인식 개선을 위해 우선 공무원을 대상으로 2007년 1월부터 2주간의 입양휴가를 실시하였다. 해외입양을 줄이고 국내입양활성화를 위해 공무원이 자녀를 입양하는 경우에는 입양일을 포함하여 20일의 입양휴가를 받을 수 있다.

2) 입양아동의 양육수당 및 입양수수료 지원

(1) 입양아동의 양육수당 지원

① 지원대상: 「입양특례법」상 허가를 받은 입양기관에 의해, 동법의 요건과 절차를 갖춰 국내 입양한 가정

② 선정기준: 「입양특례법」의 요건과 절차를 갖춰 국내 입양한 가정에 입양아동이 16세가 될 때까지 지원한다. 아동이 만 16세가 될 때까지 지원하며, 「민법」에 의한 입양아동 및 해외이주신고로 주민등록이 말소된 자는 지원대상이 아니다. 또한 장애아동 양육보조금과 동시 지급이 가능하다.

③ 서비스 내용: 입양아동에게 월 15만 원의 양육수당을 지급한다. 국내 입양수수료로 인해 아동을 금전으로 매매한다는 부정적 인식을 개선하고 입양가정의 경제적 부담을 덜어주며 국내입양을 활성화한다는 취지에서 입양부모가 부담하던 입양수수료를 2007년부터 정부와 지방자치단체에서 지원해주고 있다.

1) 보건복지부(2017)에서 재구성.

(2) 입양수수료 지원

지원대상은 「입양특례법」상 허가를 받은 입양기관에 의해, 동법의 요건과 절차를 갖춰 국내 입양한 가정으로 선정기준은 다음과 같다.

① 입양 알선비용 지원: 「입양특례법」상의 입양기관을 통하여 아동을 입양한 국내 입양가정에 입양 알선에 소요되는 인건비, 아동양육비(위탁모비용 포함), 입양 알선절차에 소요되는 비용, 입양기관의 운영비 및 홍보비, 사후관리비 등 입양 알선에 실제로 드는 비용(전문기관 270만 원, 지정기관 100만 원 정액 지원)

- 지원방법: 입양절차가 완료되면 입양기관(지부)은 입양기관(지부로 운영되고 있는 아동 상담소의 경우 해당 지방자치단체)이 속한 시·군·구청에 입양비용 지급신청서를 작성하여 입양 알선비용 일괄 청구
- 청구시기: 1개월, 2개월, 3개월 단위로 하되 입양기관과 해당 시·군·구가 협의하여 선택(지급). 입양 알선비용은 해당 시·군·구청에서 입양기관 계좌로 지급

※ 입양기관은 입양부모에게 일체의 입양수수료를 받을 수 없으며 후원금 등을 강요할 수 없음

② 입양 철회비용 지원[2]: 「입양특례법」상의 입양기관에 아동 입양의뢰 후 입양 동의 철회를 한 가정에 입양대상 아동 인수부터 철회 시까지 아동을 보호하는 동안 소요된 비용을 지원한다.

- 철회 비용 산정 기준(아동 보호 기간)
  - ~2주 미만(15만 원)
  - 2주 이상~4주 미만(30만 원)
  - 4주 이상~6주 미만(45만 원)
  - 6주 이상~8주 미만(60만 원)
  - 8주 이상~(73만 원)
- 지원방법: 입양절차가 완료되면 입양기관(지부)은 입양기관(지부로 운영되고 있

2) 입양 철회비용 지원은 2014년 신규로 지원되는 서비스이다.

는 아동 상담소의 경우 해당 지방자치단체)이 속한 시 · 군 · 구청에 입양비용 지급신청서를 작성하여 입양 철회비용 일괄 청구

- 청구시기: 1개월, 2개월, 3개월 단위로 하되 입양기관과 해당 시 · 군 · 구가 협의하여 선택(지급). 입양철회비용은 해당 시 · 군 · 구청에서 입양기관 계좌로 지급

3) 입양아동의 교육비 및 1종 의료급여 지원

1994년부터 중 · 고등학교 재학생 또는 입학생인 입양아동에게는 수업료와 입학금을 면제해 주고, 국 · 공립 어린이집과 민간 어린이집에 우선 입학할 수 있게 하고 있다. 또한 입양아동에 대해 의료급여 1종[3]으로 지정하여 의료비를 지원하고 있으며, 입양아동의 심리치료비로 만 18세 전 월 20만 원 한도에서 지원하고 있다.

4) 장애 입양아동에 대한 지원

(1) 지원대상

「입양특례법」상 허가를 받은 입양기관에 의해, 동법의 요건과 절차를 갖춰 장애아동을 국내입양한 가정이 지원대상이 된다.

(2) 선정기준

① 입양 당시 「장애인복지법」 제32조 제1항에 따라 장애인 등록을 한 아동

② 분만 시 조산 / 체중미달 / 분만장애 또는 유전 등으로 입양 당시 질환을 앓

3) 의료급여 1종은 근로무능력가구이며(병원비 본인부담 없음, 비급여만 본인부담 100%) 2종은 근로능력가구이며(병원비 15% 부담, 역시 비급여 본인부담 100%) 급여가 되는 항목들은 1종의 경우 무료이다.

고 있는 아동

- 조산 / 체중미달 / 분만장애 및 유전 등으로 질환을 앓고 있던 아동이 지원을 받다가 완치된 경우 지급을 중단

③ 입양 후 선천적 요인으로 인한 장애가 발견되어 장애인 등록을 하거나 질환이 발생한 아동

- 질환이 있는 아동의 지원 대상 유무 판정 기준: 진단별 특성에 적합한 대학병원급 전문의의 소견서(또는 진단서)를 첨부 받아, 담당의사와 협의하에 결정
  - ※ 상기 요건에 해당하는 경우에 만 18세까지 지원, 중지일이 속하는 달의 급여 전액 지급
  - ※ 고등학교에 재학 중일 때에는 만 18세를 초과하더라도 졸업 시까지 지원 가능

(3) 서비스 내용

중증장애 입양아동의 경우는 월 62만 7,000원, 경증장애 입양아동은 55만 1,000원을 지원한다. 입양아동의 진료, 상담, 재활 및 치료(심리치료 포함) 등의 의료비 지원은 연 260만 원 한도에서 지원한다. 장애인보조기구에 대한 의료비 청구도 포함한다('13.1.1부터 적용). 다만, 장애인 보조기구에 대한 의료비 지원액은 연간 의료비 지원 한도액의 50% 이내로 한다.

5) 국내 · 외 입양인 사후서비스 지원

입양인의 정체성 확립을 돕고 건강한 사회인으로 성장할 수 있도록 지원하며, 입양인 개인뿐만 아니라 입양인의 전반적인 사회적 관계를 강화하고 지속성을 가지는 서비스로, 국외 · 국내 입양인 및 가족구성원들이 지원 대상이다.

국외로 입양인에게는 모국방문, 모국어 연수지원, 모국에 관한 자료를 제공하

고 그 밖에 국외로 입양된 아동을 위해 보건복지부장관이 필요하다고 인정하는 사후서비스를 제공한다.

6) 「입양특례법」 전면 개정

요보호 아동의 입양에 관한 요건 및 절차 등에 대한 특례와 지원에 필요한 사항을 정함으로써 양자가 되는 아동의 권익과 복지를 증진하는 것을 목적으로 하는 「입양특례법」은 1976년 12월 제정되었고, 1995년 「입양촉진 및 절차에 관한 특례법」으로 전문 개정된 뒤 2011년 8월 4일 법률 제11007호로 「입양특례법」으로 명칭이 변경되어 전면 개정되었고 2012년 8월부터 시행 중이다.

종전의 절차 중심의 입양제도를 요보호 아동의 권익보호를 위한 실질적인 복지서비스로 발전시키고 입양아동 등에 대한 복지시책을 강구하기 위해 전문 개정을 하게 되었다. 그러나 「입양특례법」 개정에 따른 부작용도 있다. 2012년 8월부터 입양이 지방자치단체 신고만 하던 방식에서 법원 허가제[4)]로 바뀌면서 아동을 입양 보내는 입장도 아동을 입양하는 입장도 반발이 일어나고 있다. 또한 입양허가를 받기 위해서는 아이를 일단 친모의 호적에 올려놔야 하기 때문에 입양아동 수가 눈에 띄게 줄고 있으며 입양기관들은 아기를 낳은 친부모의 동의를 얻는 것에 대한 어려움을 호소하고 있다. 「입양특례법」 전면 개정으로 베이비박스[5)]에 버려지는 아이들이 증가하고 있는 것도 문제이다.

4) 법원허가제: 요보호아동의 국내/외 입양은 가정법원의 허가로 성립(법 제11조)
5) 베이비박스(baby box)는 부득이한 사정으로 아기를 키울 수 없는 산모가 작은 철제 상자 안에 아기를 두고 갈 수 있도록 만든 것으로 유기되는 아이들의 안전을 위해 현재 서울 주사랑공동체교회의 이종락 목사가 베이비박스를 운영하고 있다. 일본의 경우 구마모토현 지케이(慈惠) 병원에 '황새의 요람'이라는 이름의 베이비박스가 있으며 아시아권 나라에서는 최초로 베이비박스를 공식적으로 운영하고 있다.

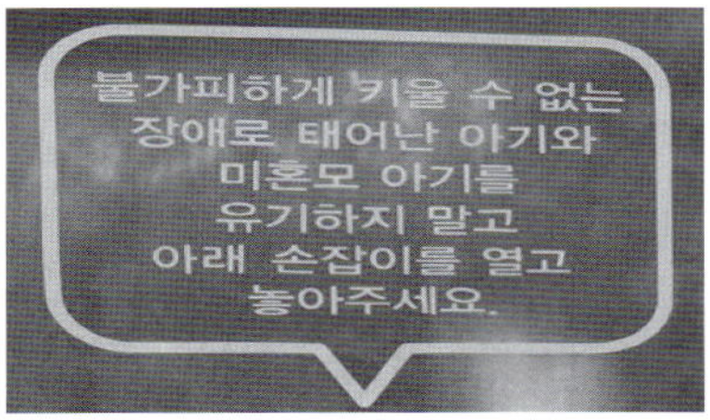

'베이비박스'를 둘러싸고 찬반 논란이 일고 있는 가운데 버려지는 아기들이 갈수록 증가하는 것으로 나타났다. '베이비박스(Baby Box)'는 부득이한 사정으로 아이를 키울 수 없게 된 산모가 아이를 두고 갈 수 있도록 만들어진 상자로, 주사랑 공동체교회의 이종락 목사가 운영하고 있다. 베이비박스는 이 목사가 교회 앞 대문에서 버려진 신생아가 늦게 발견돼 저체온증으로 생명을 잃을 뻔한 일을 경험하고 설치한 것으로 알려졌다. 이 목사는 교회 담장에 가로 70cm, 높이 60cm, 깊이 45cm의 공간을 만들어 '아기를 여기에 넣어 달라'는 안내문을 붙이고 누군가 아기를 두고 가게 되면 벨이 울려 알 수 있도록 만들었다.

이 베이비박스를 두고 버려지는 아기들의 생명을 위해 꼭 필요하다는 찬성의견과 아기를 버릴 수 있는 환경을 조성하고 있다는 이유로 반대하는 의견들이 팽팽히 맞서고 있다. 하지만 지난 2012년 8월 「입양특례법」이 개정된 이후 베이비박스에 버려지는 아기의 수가 급증한 것으로 나타나면서 근본적으로 아기가 버려질 수밖에 없는 환경을 조장하는 제도에 대한 근본적인 문제 제기와 함께 대책 마련이 시급하다는 지적이다.

한 사회복지단체의 자료에 따르면 「입양특례법」이 제정된 이전까지 연간 베이비박스에 버려지는 아기들은 2010년 4명, 2011년에 37명이었다가 법이 제정된 2012년 79명으로 2배 이상 늘더니 2013년에는 239명으로 급증한 것으로 나타났다.

출처: 뉴시스(2014. 5. 12) 재구성.

6. 입양의 문제점과 개선방안

1) 입양제도의 문제점

우리나라 입양 후 복지서비스의 문제점을 살펴보면 다음과 같다. 첫째, 입양 후 복지서비스가 입양의 사후관리에 국한되고 있다는 점이다. 입양과 관련된 여러 문제들의 해결과 예방을 위한 사회복지서비스를 제공하는 것이 입양 후 사회복지서비스라고 볼 때 우리의 사후관리서비스는 입양 후 복지서비스라기보다는 입양이라는 법적 절차를 마무리하는 사후절차라고 볼 수 있다.

둘째, 「입양특례법」에서 입양 후 복지서비스에 대한 규정이 너무 제한적이라는 점이다. 현재 「입양특례법」, 「입양특례법 시행령」과 「입양특례법 시행규칙」에는 사후관리에 관한 규정만 있고 사후관리도 국내입양의 경우 입양 성립 후 6개월까지, 국외입양은 입양국가의 국적을 취득할 때까지로 제한함으로써 전문적인 입양 후 복지서비스를 제공할 기회를 원칙적으로 차단하고 있어, 「입양특례법」에서 규정하는 세 가지 사후관리서비스를 입양아동과 입양부모에게 제공할 충분한 시간이 마련되고 있지 않다.

셋째, 아동상담원이 사후관리를 담당하게 되어 있는데 「입양특례법 시행규칙」에 의하면 아동상담원은 입양될 아동, 입양희망가정과의 상담, 그 가정상황의 조사 및 입양된 아동과 그 가정에 대한 사후지도 등에 관한 업무를 담당하도록 규정하고 있다. 대부분의 입양기관에서 아동상담원의 업무가 과다하다는 현실을 고려할 때 아동상담원의 프로그램의 개발과 시행을 통해 입양아동, 입양가정, 친부모에 대한 입양 후 복지서비스의 제공이 필요하다.

2) 국내입양의 활성화 방안

(1) 법적 · 제도적 경제 지원

경제적인 부담 때문에 입양을 망설이는 부모가 없도록 정부가 도와주어야 한다. 영유아 보육부터 고등교육까지 적정수준의 보육과 교육 지원이 보장되어야 할 것이다. 국내 입양가족의 아동양육 시 가장 어려운 점은 경제적 어려움이었다. 입양가족의 양육부담 경감 및 입양아동의 교육권 보장을 위해 실효성 있는 정책이 모색되어야 할 것이다.

(2) 개방 입양실무 강화

입양기관을 통하지 않고 개인적으로 이루어지는 불법 비밀입양을 제도적 정비를 통해 차단하고 현재의 폐쇄적 입양실무에서 입양사실을 밝힐 수 있는 개방실무로의 전환이 필요하다. 보다 공개적으로 적절한 입양실무 및 서비스제공이 이루어진다면 입양은 증가하고 파양은 최소화될 것이다.

(3) 입양 전 입양부모교육기능 강화

입양기관은 입양부모에게 교육을 통해 입양이 갖는 특수성, 결혼 및 가족체계에 미치는 영향 등에 대해 이해하도록 하여 입양에 대해 현실적으로 준비하도록 해야 할 책임이 있다. 아동발달에 대한 지식 및 입양아가 가질 수 있는 특수한 욕구, 행동에 대한 이해를 할 수 있고 적절히 대응할 수 있도록 준비하기 위해 강행규정으로의 전환이 필요하다. 특히 입양의 비밀을 강조하는 우리나라에서는 입양사후서비스가 매우 제한되므로 입양 전의 세심한 준비는 입양의 안정을 도모하고 파양을 예방하는 데 중요한 요인이 될 것이다.

2017년 한 해 동안 아동의 권익을 강화하고 효과적인 자녀양육과 부모자녀관계 증진을 위한 민법상 입양부모교육 첫 시범교육을 실시, 모두 1,126명이 수료하였다. 4월부터 9월까지 6개월간 수원지방법원과 청주지방법원에서 시범교육을 진행한 후 10월부터 전국 15개 법원으로 확대된 민법상 입양부모교육은 입양의 법률적 이해, 자녀의 발달과 적응, 아이와 부모의 행복한 소통법에 대해 교육한다. 전국 법원에서 실시되는 민법상 입양부모교육은 2018년에는 인천가정법원을 시작으로 약 180회의 교육을 진행할 예정이며, 민법상 입양부모교육 수료 후에도 지속적으로 교육정보를 제공받을 수 있도록 '민법상 입양부모교육' 학습 동영상도 오픈한다(www.kadoption.or.kr).

(4) 입양가정에 대한 사후관리강화

입양기관이 제공하는 사후관리는 국가와 입양기관이 제공해야 하는 의무규정을 넘어 입양사후관리서비스에 입양부모의 참여 및 협조를 의무적으로 요구하는 것을 규정하는 것이 필요하다.

(5) 사회적 인식개선

입양홍보사업을 지속적으로 실시하여 입양에 대한 긍정적인 인식을 가질 수 있도록 적극적인 홍보활동이 필요하다. 다수의 국민들이 TV나 라디오 등의 대중매체와 인터넷 등을 통해 입양에 대한 정보를 얻고 있으므로 이들 매체를 적극적으로 활용한 정책홍보와 교육이 효과적일 것이다.

과거에 비해 입양에 대한 사회적 인식의 변화가 있다 해도 여전히 혈연 중심의 가부장적 가족관이 지배적이므로 입양문화를 수용하기에는 한계가 있다. 따라서 어린 시절부터 입양가족은 다양한 가족형태 중 하나라는 인식을 가질 수 있도록 하는 입양 관련 교육이 필요하다. 또한 아동복지단체 종사자, 교사, 공무원, 보건의료인 등 사회적 보호가 필요한 아동을 직접 만나는 전문가 집단을 대상으로 입양에 대한 인식개선 교육을 제도화하여 지속적으로 실시해야 한다.

입양에 대한 여러 가지 문제점을 해결하고 입양아동의 건전한 발달과 국내입양의 진정한 발전을 위해서는 양부모의 입장보다는 입양아동의 입장에서 고려하는 공개입양으로 전환되어야 할 것이다. 그러나 「입양특례법」이 개정되어 법원허가제로 바뀌면서 공개입양을 주저하는 가정과 출생기록을 남기기 꺼리는 미혼모들이 많아서 결국 인터넷 등을 통한 비공식적 입양이 늘어날 우려가 있다. 또한 사회문제로 발생하고 있는 신생아거래문제 등을 해소하기에는 부족한 대응방안이라는 생각이 개정된 「입양특례법」의 부작용으로 지적되고 있는 현실이다. 따라서 아동을 위한다는 제도 개선이 자칫 입양 자체를 어렵게 하는 것은 아닌지 보다 세심한 보완책이 필요하다.

입양아동의 건강하고 올바른 성장은 곧 국내입양 활성화를 위한 장기적인 투자이므로 모든 아동이 국내 가정에서 안전하게 양육받고 보호될 수 있도록 사회적 관심과 배려가 필요하며, 무엇보다 입양대상 아동의 발생을 사전에 예방하는 것이 중요하다. 입양대상 아동의 대부분이 미혼모에 의해 발생되는 만큼 입양대상 아동의 발생을 사전에 예방하기 위해서는 미혼모에 대한 사회적 편견과 차별을 없애고, 자신의 아이를 스스로 키울 의지가 있는 미혼모에 대해서는 국가적 차원의 경제적 지원이 있어야 할 것이다.

10장 Chapter

조손가족

과거에는 일종의 일탈적 가족유형으로 간주되었던 우리 사회의 조손가족은 1995년 처음으로 하나의 가족유형으로 분류된 이래 지속적인 증가 추세를 보이고 있다. 이러한 조손가족은 긍정적 측면과 부정적 측면이 공존하고 있다. 다만, 여러 조사에서도 드러나듯이 조손가족의 실태는 조부모의 신체능력 저하문제와 경제적 여력이 부재한 경우가 빈번하여 사회문제화된 실정이다. 이에 학계를 비롯한 우리 사회에서는 조손가족을 주목하게 되었으며 여러 연구 및 정부정책보고서에서도 의미 있는 빈도로 등장하고 있다. 따라서 본 장은 후기 근대가족의 주요 유형으로 자리 잡고 있는 조손가족에 대해 이해하고 대응정책을 모색하는 것을 목적으로 한다. 이를 위해, 먼저 조손가족의 개념과 형성원인을 알아보고, 조손가족의 실태를 파악한 후, 조손가족을 위한 국가적 개입 현황을 살펴보고자 한다. 그리고 관련 복지정책 개선방안을 모색하고자 한다.

1. 조손가족의 이해

1) 조손가족의 개념

과거 확대가족이 주를 이루던 우리 사회의 가족형태는 핵가족화되었다. 이는 농경사회에서 산업사회로 이행된 것에 기인한 것이다. 경제활동을 위한 사회참여를 위해 젊은이들이 거주하던 지역에서 벗어나 공업화가 발달한 지역으로 이주하고 그곳에서 가족을 형성하였기 때문이다. 이처럼 급속한 경제발전을 통해 가족형태가 핵가족으로 변화한 것과 더불어 사회충격, 즉 1997년 12월 3일 외환위기가 발생함으로 인해 가족해체 현상은 더욱 증가하였다. 기존의 가족형태가 산업화·도시화로 인해 형성된 것과는 달리 핵가족화가 이루어진 이후 경제적 어려움으로 인해 가족해체 현상이 이루어진 것으로 볼 수 있다. 이러한 가족해체 현상은 새로운 가족 구조 및 형태를 형성하게 되는데 그 가운데 한 가지가 바로 조손가족이다.

조손가족에 대한 관심이 증가하면서 사회학, 사회복지학, 가족학, 노년학, 아동학, 교육학 등 학계에서는 다양한 주제와 방법을 통해 연구가 활발하게 진행되고 있다. 하지만 해당 학문과 학자의 성향에 따라 조손가족의 개념은 조금씩 상이하게 정의되고 있다. 김미혜와 김혜선(2004)은 조부모가 18세 이하의 손자녀와 함께 동일한 거주단위에서 6개월 이상 생활하면서 손자녀의 일상생활에서 일차적 책임을 지고 있는 합법적인 관계의 가족으로 규정하고 있다. 이화영(2006)에 따르면 자녀세대의 가족해체로 그들이 자신의 자녀를 양육할 수 없는 경우 조부모가 손자녀와 한 가정에서 6개월 이상 동거하면서 손자녀의 기본적인 의식주 및 생활 전반에 일차적 책임을 지고 있는 가족으로 정의하였다. 박충선(2010)은 조손가족을 부모 대신 조부모가 18세 이하의 손자녀와 함께 동일한 거주지에서 생활하면서 손자녀의 양육책임을 지는 기능적 핵가족으로 언급하였다. 한편, 우리나라보다 조손가족에 대한 연구가 일찍 시작된 외국에서는 '조손가족'을 grandparent-headed home, skipped generation household로 부르면서(김혜영 외, 2011), 조손가족의 요건으로, '조부모가 18세 이하의 손자녀들과 동일한 주거단위, 즉 건물 안에 동거하며 손자녀의 기본적인 생활 욕구에 일차적 책임을 가져야 한다'거나 '손·자녀를 전담 양육하는 조부모는 손·자녀의 의료적인 보호, 교육, 훈육과 관련하여 의사결정을 할 수 있는 법적 보호권과 아동의 일상생활에 대한 보호에 책임을 지는 신체적 보호권이 있어야 한다'라고 명시하고 있다(U.S Census Bureau, 2000). 이처럼 조부모-손자녀로 구성된 조손가족은 성인자녀가 가구 내에 구조적으로 부재하거나 또는 가구 내에 존재한다 할지라도 부모로서의 기능을 적절히 수행하지 못하는 기능적 부재로 인해 일반가족과 비교하여 상대적으로 열악한 사회·경제·심리적 여건에 처해 있는 가족을 지칭한다(Fuller-Thomson, 1997).

이상에서 살펴본 바와 같이 조손가족에 대한 학술적 용어의 개념 정의가 조금씩 차이를 보이고 있다. 하지만 가족에서의 혈연관계를 부모-자녀 관계로 하고 그 확장을 포함하는 것[1]에 기초해 바라보면 조손관계는 부모-자녀 관계가 수직적으로 확장(직계친)된 것이다. 따라서 조손가족의 개념은 사회적 요인에 따라 성인자녀 세대의 가족해체 현상이 증가한다는 것을 전제로 그들의 자녀를 의료적인 보호, 교육, 훈육할 수 없는 경우 조부모가 성인자녀를 대신하여 손·자녀와 6개월 이상 동거하면서 생활전반에 걸쳐 일차적 책임을 지고 있는 것이라는 개념 정의에 대해서는 어느 정도 합의를 보이고 있다고 볼 수 있다.

2) 조손가족의 형성 원인

우리 사회에 급격한 증가추세를 보이고 있는 조손가족이 형성되는 원인은 다음과 같다. 여성가족부가 2007년도에 조사한 조손가족 실태조사 및 지원방안 연구에 따르면 친부모의 이혼과 재혼에 따른 가족해체(45.0%), 친부모의 사망(20.2%), 친부모의 가출 및 실종(18.3%)으로 나타났다. 여성가족부(2007)에 의해 조사된 보고서에서 나타난 원인을 보다 깊이 있게 살펴보면 조손가족의 형성원인으로 지목된 가족해체나 친부모의 사망 및 친부모의 가출 및 실종에는 사회·경제적 측면과 개인적 측면이 공존하고 있다고 판단된다. 이를 사회변동에 따른 가족유형의 변화와 가치관의 변화로 설명하고자 한다.

먼저, 농경사회에서 1960년대 이후 산업사회로 이행됨에 따라 우리 사회의 주된 가족유형이었던 대가족은 부모와 자녀 중심으로 핵가족화되었다. 가족과 개인의 경제문제를 해결하기 위해 공업이 발달한 지역으로 이주하고 그곳에서 가족을 형성하였기 때문이다. 부모와 자녀 중심으로 대표되던 우리 사회의 핵가족은 노동시장 유형 변화에 따라 계속해서 새로운 유형으로 대체되거나 변형되고 있다. 이처럼 산업화 이래 가족의 경제적 안정성은 개인의 노동시장 위치에 의해 크게 좌우되게 되는데 최근의 신자유주의 이데올로기에 입각한 시장질서와 이에 따른

1) 일반적으로 우리 사회에서 가족은 혈연·인연·입양으로 연결된 일정 범위의 사람들(친족원)로 구성된 집단을 의미한다(한국민족문화대백과).

노동환경의 변화로 인해 가족에게 부정적인 영향을 미치고 있다. 즉, 노동과정의 지구화로 설명할 수 있는 노동시장의 환경변화는 고용구조의 불안전성 증가로 이어지고 있으며 결과적으로 소득분배의 양극화가 만연하게 되며 빈곤가구의 증가를 불러온 것이다. 더욱이 1997년에 발생한 외환위기로 인해 가족해체는 또 다른 변화를 맞이하게 된다. 무엇보다 경제순환에 따라 불황에 의한 실업 사태가 증가할 경우에는 새로운 직장을 찾거나 혹은 경제기반을 마련하기 위한 가족해체가 일어나고, 이로 인해 부모와 그의 자녀를 근간으로 한 핵가족은 부모의 이혼으로 인해 자녀만 남게 되거나 부모가 자녀를 방임하고, 가출하여 부모 자녀가 아닌 다른 유형의 가족관계를 바탕으로 하는 가족을 등장시키는 결과를 낳게 되는 것이다(여성가족부, 2007).

반면에 우리 사회의 역사적·문화적 배경에 근거한 서구화에 따른 가치관의 변화를 들 수 있다. 우리 사회는 전통적 가치관에서 서구적 가치관으로 이행되고 있는 단계이다(정윤태, 2013). 과거 우리 사회는 가족구성원 개인의 이해관계보다 가족구성원 전체의 복지를 우선시하는 가족주의(familism)에 의해 유지되어 왔다(Petersen, 1993; 정윤태, 2013 재인용). 그러나 급속한 산업화와 개인주의의 확산, 여성의 노동시장참여 확대 등으로 인한 젠더관계 및 가족가치관이 변화하면서 가족 전체의 복리나 안정성 못지않게 개인의 행복추구 역시 가족이라는 가치에 희생될 수 없는 중요한 가치라는 인식이 확대되면서 이제 가족이란 개념은 개인에 우선하는 가치가 아니라 개인에 의해 선택되는 상대적 가치로 변했다(김혜영, 2006). 가족주의에서 개인의 행복추구를 선호하는 경향이 사회전반에 걸쳐 확산된 것이다. 실제로 남성과 여성의 라이프스타일은 과거와는 상당히 이질적으로 변했다. 예를 들어, 결혼생활에 있어 남성은 기존의 성역할에 반하는 여성의 사회참여를 선호하는 경향이 상당히 증가하였다. 여성의 사회참여를 통해 경제적 안정을 도모하고자 하는 것이다. 또한, 여성들도 사회참여를 통해 스스로의 well-being을 추구하고자 하는 성향이 뚜렷하게 증가하였다. 이처럼 여성의 취업증가로 맞벌이부부가 증가하면서 자녀양육부담이 조부모 세대에게 이전되고, 가족해체와 경제적인 어려움으로 자녀를 돌보기가 어려워졌을 때의 대안 역시 조부모가 되는 등 조부모는 가족위기 시 부모가 자녀에게 제공해주지 못하는 유대감을 대신해 주고 여러 부정적인 변화로 인한 충격을 완화해주는 가족체계로서의 역할을 하게 된다(이정화·한경혜, 2008). 이러한 조손가정의 형태는 평균수명의 증가로 인한 노령인구의 증가(1세대, 2세대, 3세대가 함께 생존하는 가능성을 높여 주어 성인자녀 세대는 부모세대에게 의존하는 경향이 높아짐), 개인의 가치관의 변화에 따른 여성의 사회참여율 증가 그리고 이혼율의 증가, 미혼모의 증가 등과 같은 현상이 증가하는 것에서 살펴볼 수 있듯이 사회·경제적 측면과 개인적 측면이 상호작용하여 앞으로도 지속적으로 증가될 것으로 전망되는바 그에 따른 문제를 살펴보고 대책을 모색해야 할 것이다.

2. 조손가족의 실태

1) 조손가족의 현황

현재 우리 사회의 조손가족의 현황을 파악할 수 있는 자료는 통계청이 실시하고 있는 '인구주택 총조사'이다. 인구주택 총조사는 1925년 처음 실시된 이후 5년을 주기로 실시하고 있으나 1995년에 이르러서야 비로소 조손가구를 하나의 가족유형으로 분류하였다. 이에 조손가구를 2세대 가구에서 분리하고 조사하여 보다 정확한 규모와 변화추이를 파악할 수 있게 되었다.[2)]

1995년에는 조손가구가 3만 5,194가구이던 것이 2000년 조사 시 4만 5,224가구로 증가하고 이러한 추세는 2005년에도 5만 8,101가구로 나타나 꾸준히 증가하여 2010년에는 6만 9,175가구로 집계되었다(통계청, 2010). 특히, 2005년에 전체 가구의 0.36%였던 조손가구 수는 2010년 전체 가구의 0.7%로 나타나 약 두 배가량 증가한 것으로 나타나 그 증가추세의 급격함을 알 수 있다. 2010년 이후 전국적인 조

2) 우리 사회의 정서상 가족의 일을 외부로 알리는 것을 금기시하는 경향으로 인해 조손가족의 정확한 집계는 어려운 실정으로 정부의 통계 집계보다 그 규모는 훨씬 클 것으로 추정되고 있다.

손가구 실태조사는 이루어지지 않아 그 이후의 자세한 추이는 파악하기 어렵다. 다만 몇 가지 통계자료를 보면 조손가구가 줄어들지 않고 계속 증가하고 있을 가능성이 높아 보인다. 먼저 서울시의 자체 조사에 따르면 서울시의 조손가구는 2010년 19,159가구에서 2013년 23,344가구로 증가했고, 그 비중도 0.5%에서 0.7%로 높아졌다(서울시, 2014). 그리고 한부모가족법 및 국민기초생활보장법에 따라 지원을 받는 조손가구의 수는 2010년 3,152가구에서 2015년 4,918가구로 증가했다. 이처럼 조손가구 수의 급격한 증가는 아동 수와 조손가구의 아동 수를 비교한 통계수치를 통해서도 그 심각성을 알 수 있다. 실제로 전체 아동 수는 감소추세인 반면, 조손세대 아동 수는 1995년 4만 5,551명에서 2013년 13만 9,346명으로 오히려 증가한 것으로 나타나고 있다(초록우산어린이재단, 2015). 한편, 여성가족부의 조손 실태 조사(2007)에 따르면 손자녀를 양육하는 조부모의 경우 유배우자가 아닌 비율이 과반수를 넘고 있는 것으로 나타났다. 이는 응답노인의 절반가량이 70세 이상인 고연령층이므로 부부가 모두 생존할 가능성이 상대적으로 매우 낮은 인구학적 특성 때문이다. 이들 조부모를 성별로 재구분해 보면, 남성 응답자인 조부 102명 가운데 배우자와 동거하면서 손자녀를 양육하는 경우는 80.4%(82명)인 반면, 여성 응답자인 조모의 경우에는 498명 가운데 177명(35.5%)만이 배우자와 동거하고 있었다. 배우자도 없이 혼자서 손자녀를 양육하는 조모의 비율은 무려 64.5%이나 혼자서 손자녀를 양육하는 조부는 19.6%에 불과한 것으로 나타났다. 물론 여성이 남성보다 평균 수명이 길고, 그에 따라 노년기의 독신이 남성보다 여성이 많다는 점에서 이러한 결과가 예상될 수 있으나, 이와 아울러 전통적으로 자녀양육이 주로 어머니에 의해 이루어져 왔던 우리의 가족문화 속에서 부모를 대신하는 손자녀의 주된 양육담당자 역시 조모에게 편중되어 나타난 결과이기도 하다. 친손자녀를 양육하는 경우가 외손자녀를 양육하는 경우보다 많은 것으로 조사되었는데, 조부모가 양육하는 손자녀 가운데 친손자녀의 비율이 80.3%로 압도적이었고, 외손자녀인 경우는 19.7%에 불과한 것으로 나타나고 있다. 이는 혈통을 중시하는 것과 여성, 즉 어머니들이 주로 양육을 담당하던 우리 사회의 가족문화와 관계가 있다고 할 수 있다. 이상에서 살펴본 바와 같이 조부모를 가구주로 하는 조손가족의 수는 날로 증가하고 있는 가운데 유배우자와 함께 조손가족을 이루기보다는 무배우자인 상태에서 손자녀와 함께 동거하고 있으며, 주로 여성이 가구주로 친손자녀와 함께 조손가족을 형성하고 있었다.

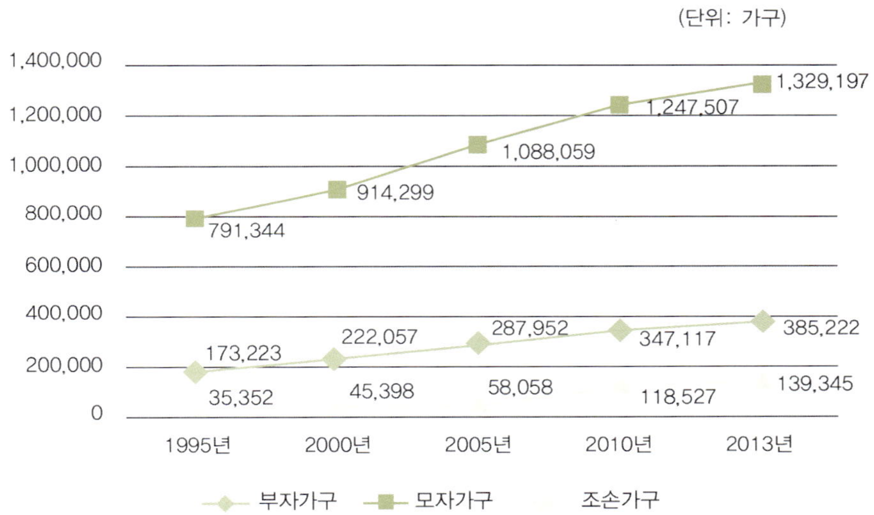

출처: 초록우산어린이재단(2015; 27); 통계청(각 연도). 인구주택 총조사.

그림 10-1 조손가족 증가추세

2) 조손가족의 긍정적 측면과 부정적 측면

(1) 긍정적 측면

사회교환이론 관점으로 접근하여 바라보면, 긍정적 측면은 보상이라는 변수로 설명할 수 있다. 보상은 개인에게 주어지는 만족감, 기쁨 등 가치가 있다고 여겨지는 모든 것들을 통칭하는 개념으로 신체적, 사회적인 모든 것들을 포함하여 설명된다(Sabatelli & Shehan, 1994). 이러한 보상적 측면은 한경혜 외(2008)의 연구에 자세히 설명되어 있다. 그 내용을 살펴보면 조모들은 친밀감이나 사랑 등의 심리적 보상, 삶의 의미 발견, 사람들과의 관계 개선, 만족감, 가족 간 유대관계 개선 등 다양한 긍정적 보상을 경험하고 있으며(Cox, 2006; Jendrek, 1994), 젊어지는 기분, 생의 영속감 획득, 자녀에 대한 실패 경험 갱신의 기회를 가진다고 느끼며(Neugarten, 1968; 이영세 외, 2001 재인용), 성인자녀를 도우면서 심리적 복지감을 느끼고 있다는 것이다(Lee, 1988; Chen & Silverstein, 2000). 이에 근거하여 바라보면 개인의 특성과 해당 조손가족의 환경에 따라 차이가 있겠지만 손자녀들 또한 조부모와의 생활을 통해 심리적인 안정감을 느낄 수 있어 양자 간의 관계의 질에 따라 긍정적 측면이 존재하고 있다고 판단된다. 이상에서 살펴본 바와 같이 조부모와 손자녀 간의 질적인 관계를 통해 긍정적인 측면이 존재함을 알 수 있다. 조부모의 경우 부양자로서의 자신의 역할에 대해 기쁨과 만족감을 경험하며, 손자녀는 조부모와 친밀한 관계를 형성하게 되고 미래를 준비할 수 있는 기술을 배운다(Waldrop & Weber 2001; Roberto & Stroes, 1992; Orel & Dupuy, 2002).

(2) 부정적 측면

위에서 살펴본 바와 같이 조손가족의 긍정적 측면이 존재함에도 불구하고 여러 문제를 안고 있다는 한계로 인해 사회문제화되었다. 이를 사회교환이론 관점으로 접근하여 바라보면, 경제적인 부분을 비롯해 긴장이나 부담감, 스트레스와 같은 개인이 싫어하는 감정, 상태, 관계, 상호작용, 주변 환경 등으로 설명할 수 있는 비용과 관련이 있다(Sabatelli & Shehan, 1994). 먼저 조손가족이 공통적으로 안고 있는 가장 큰 문제는 물질적 부담으로 설명할 수 있는 빈곤이다. 조손가족은 다른 가족유형에 비해 보다 많은 빈곤을 경험하고 있으며(Grinstead et al., 2003), 특히, 저소득층에서 발생하고 심화되는 경향을 보이고 있어(Minkler & Roe, 1993), 조부모의 경제적 여력이 부재한 경우 손자녀에게도 영향을 미쳐 자칫 빈곤의 대물림으로 이어지는, 즉 빈곤이 악순환되는 메커니즘을 형성할 수 있다는 점에서 그 심각성을 알 수 있다. 주지하다시피 조부모는 노동시장에서 은퇴한 경우가 대부분이며 행여 노동시장에 참여한다 해도 시장구조와 노화에 따른 신체적 능력의 저하에 따라 좋은 일자리를 확보하기가 어려워 경제적 여력이 부재한 경우가 다반사이다. 물론 조부모의 경제상황이 좋은 경우도 존재하지만 여러 연구에서도 드러나듯이 조손가족은 빈곤을 경험하는 것으로 지적되고 있다. 여성가족부의 조사(2007)에 따르면 각종 지원금과 소득을 합한 조손가족의 월평균 소득은 70만 원 수준이며, 광역시와 중소도시보다 열악한 농촌지역의 조손가족 월평균 소득은 57만 원에 불과하였다. 김혜영(2011)의 연구에서 볼 수 있듯이, 조손가족의 경우 한부모가족보다도 소득 수준이 낮고, 소득의 구조에서도 큰 차이를 보이는 것으로 나타나고 있는데, 근로나 사업, 재산 소득으로 분류되는 1차 소득이 가장 크고 중요한 비중을 차지하는 한부모가족, 양친부모가족과 달리 조손가족은 소득의 반 이상이 가족과 이웃 등으로부터의 사적소득이전이며 다음으로는 공공부조나 기타 수당 명목의 정부지원이 중요한 소득 원천이다(윤혜미 · 장혜진, 2012).

두 번째, 양육부담에 따른 부정적 감정이다. 조부모가 그들의 성인자녀를 대신하여 손자녀를 양육하게 되는 주요한 계기는 먼저, 사고나 질병, 실직, 이혼이나 사망 등의 이유로 기성의 가족관계가 해체되면서 성인자녀가 더 이상 부모역할을 수행할 수 없는 경우와 성인자녀의 취업과 사회참여로 인하여 조부모가 일시 혹은 특정 시기까지만 손자녀를 양육하는 경우로 대별된다(이미영, 2007). 이러한 계기로 손자녀에 대한 양육을 책임지게 되는 조부모는 노화에 따른 신체능력의 저하를 앓고 있는 경우가 다반사이며, 손자녀를 양육하는 스트레스가 건강문제를 악화시키고 있다(Burton, 1992; Haglund, 2000; 이윤화, 2010 재인용). 또한, 조손가족의 조부모는 손자녀를 양육한 경험이 없는 조부모에 비해 신체적 건강과 기능수준이 낮은 편이라는 연구결과가 보고되었다(Minkler & Rice, 1992). 여성가족부의 조사(2007)에 따르면 조부모의 절반 이상인 52.7%가 6개월 이상 앓고 있는 만성질환을 하나 이상 가지고 있는 것으로 밝혀졌으며, 이 외에도 질병을 앓고 있는 경우도 20% 이상으로 나타나 손자녀 양육에 어려움을 느낄 수 있다. 한편, 조부모들 가운데 특히, 경제적 여력이 부재한 저소득층의 경우 조부모 자신뿐만 아니라 손자녀의 양육에 부정적인 영향을 미칠 개연성이 충분하다. 이에 대한 문제의 심각성을 인지한 김경호 · 소순창(2011)은 저소득층 조손가족의 양육지원에 대한 요구를 살펴보고 이를 개선하기 위한 정책적 개선방안을 제시하였다. 더욱이 최혜지(2006)의 연구에서도 드러나듯이 조부모의 손자녀에 대한 양육부담은 조부모와 손자녀의 관계에 가장 큰 영향을 미치고 있다는 데 문제의 심각성이 있다. 이처럼 손자녀를 양육하는 조모의 신체적 기능이 손자녀의 삶의 질을 위험에 처하게 할 수 있으며(Whitley et al., 2001), 경제적 여력이 부재한 경우 이는 손자녀의 심리문제 또는 적절한 사회적응에도 제약을 초래할 가능성이 충분하다고 판단된다.

세 번째, 손자녀의 심리 · 사회적응문제이다. 여러 선행연구에서 드러나듯이 조손가족의 손자녀들은 부모의 부재에 대한 허탈감(Houtman, 1999), 두려움, 당혹감, 분노 등으로(Brown, 2003) 과잉행동, 우울, 공격성 등의 정서와 행동에서 문제를 드러내고 있으며(Grant et al., 1997; 신은정, 2004 재인용), 조손가족이라는 이유만으로 친구들에게 조롱거리가 되어(Roger & Henkin, 2000) 높은 수준의 우울감과 학업 관련 어려움을 가지고 있는(Pruchno, 1999; Strom & Strom, 2000; 김혜선, 2009 재인용) 돌봄의 대상으로 지적되고 있다. 이처럼 조손가족의 손자녀들은 우울과 같은 심리적 문제가 부적응의 문제로 나타나고, 조손가족 손자녀들 중 상당수가 학교생활에 적응하는 데 어려움을 경험하는데(Grych & Finchman 1992; Hethering et al., 1982) 조손가족의 경제적 여력의 부재와 조부모의 신체능력이 저하된 상태에서 손자녀들은 과도한 부담감을 가지게 될 개연성이 충분하다. 이를 성인역할 부담감으로 설명할 수 있다. 성인역할 부담감이란 부모의 실질적 · 정서적 역할 부재 상황에서 아동이 자신의 발달단계에 맞지 않는 과도한 성인역할을 수행함으로써 경험하는 정서적 과부하를 의미한다(박현선 외, 2006). 물론 이러한 상황에서 조손가족 손자녀의 책임감이 강화될 수도 있지만, 과도한 성인역할 부담감은 아동의 발달에 심각한 영향을 주는 것으로 밝혀져 있다(Meredith 1992). 보호를 받아야 하는 아동임에도 불구하고 성인역할을 위해 시간과 에너지를 과도하게 사용하면, 그 시기에 필요한 친구관계의 형성이나 학교생활에 대한 관심이 줄어들어 적응에 어려움이 초래된다는 것이다(이윤화, 2010).

3. 조손가족의 복지향상을 위한 국가적 개입

현재 정부가 시행하고 있는 기존 정책 및 제도에 조손가족이 포함되고 있어 복지수급권자로서의 지위를 누리고 있다. 하지만 우리 사회에서는 조손가족을 주요 대상으로 국한하여 접근한 별도의 정책적 지원 법령과 제도가 부재한 실정으로 복지사각지대에 놓여 있는 조손가족을 적절하게 지원하기에는 다소 제한적이라고 볼 수 있다. 본 절에서는 조손가족의 복지향상을 위한 국가의 정책적 개입에 대해 살펴보고자 한다.

1) 빈곤가족지원정책

(1) 국민기초생활보장제도

국민기초생활보장제도는 1961년에 제정된 국가에 의한 보호적 성격을 가지고 있는 「생활보호법」에서 벗어나 수급권자의 권리성을 부각하고 빈곤에 대한 사회적 책임을 강조하는 「국민기초생활보장법」에 따라 기초생활 유지가 어려운 빈곤층의 최저생활보장을 목적으로 2000년 10월에 시행된 법이다. 국민기초생활보장제도의 수급자로 선정되기 위해서는 소득인정액 기준과 부양의무자 기준을 동시에 충족해야 한다. 즉, 부양의무자가 없거나 부양의무자가 있어도 부양능력이 없거나 부양을 받을 수 없는 자로서 소득인정액이 기준 중위소득의 일정 비율 이하(교육급여의 경우 50% 이하)여야 한다(보건복지부, 2017c). 수급자인 조손가족은 의료비 중 본인부담금을 면제받을 수 있다. 또한 조부모가 갑자기 중대 질병으로 생계를 유지할 수 없는 위기상황에는 긴급복지지원제도를 통해 최대 300만 원 범위에서 검사와 치료 등의 의료비를 지원한다(한국농촌경제연구원, 2010). 「국민기초생활보호법」에 의해 수급자로 선정되면 「초·중등교육법」 제2조의 규정에 의한 중·고등학교에 입학 또는 재학하는 자와 이와 동등한 학력이 인정되는 각종 학교, 「평생교육법」 제20조에 의한 평생교육시설의 학습에 참가하는 자에 대해 학비(입학금, 수업료),

교과서비, 부교재비, 학용품비를 지급하고 있다(강원도여성정책개발센터, 2009; 김경호 · 소순창, 2011 재인용).

(2) 한부모가족지원정책

「한부모가족지원법」은 2007년 「모 · 부자복지법」이 개정되면서 조손가족을 특례조항으로 규정하여 조손가족을 보호지원대상으로 포함하게 된 것이다. 「한부모가족지원법」 제5조 제2항(보호대상자의 범위에 대한 특례)에 따르면 조손가족으로 법적인 지원이 보장된 가족은 부모가 사망하거나 생사가 분명하지 않은 아동, 부모가 정신 또는 신체의 장애 · 질병으로 장기간 노동능력을 상실한 아동, 부모의 장기복역 등으로 부양을 받을 수 없는 아동과 그를 양육하는 조부 또는 조모로서 여성가족부령으로 정하는 자이다(염동훈 외, 2007). 현행 「한부모가족지원법」에 의한 조손가족지원은 ① 저소득 한부모가구에 대한 양육비 · 교육비 지원과 ② 저소득 한부모가족 세대 건강보험료 지원, ③ 가족역량강화 지원서비스(취약 한부모가족 역량강화서비스, 조손가족통합지원 프로그램, 자녀양육비 이행지원서비스 등)가 있다(김혜영 외, 2011). 다만, 일부 조손가족의 경우 부모와의 교류 및 약간의 경제적 지원으로 인해 생계를 유지하기 어려움에도 해당 법률에 일부 저촉되어 복지사각지대에 놓일 가능성이 충분하다는 데 문제의 심각성이 있다.

(3) 조손가족지원조례에 기초한 지원

지방자치단체의 조손가족지원조례에 의한 지원도 제공되고 있다. 2009년까지 1개의 광역지방자치단체(제주특별자치도)와 13개 기초지방자치단체에서 조손가족지원조례를 제정하여 지원했고, 2010년에는 충청남도에서 조손가정지원조례를 공포했다. 제주특별자치도의 경우 조손가족지원조례는 조부모와 손자녀가 모두 국민기초생활보장 수급자로 구성된 세대에는 월 3만 원 이상의 조손가정아동학습수당, 손자녀만 국민기초생활보장 수급자인 세대에는 월 5만 원 이상의 조손가정수당을 제공하고 있다(한국농촌경제연구원, 2010; 김경호 · 조순창, 2011 재인용).

(4) 건강가정기본법

지난 2003년 12월 국회를 통과하고 2004년 2월에 제정·공포되어 2005년 1월 1일부터 「건강가정기본법」이 제정되었다. 「건강가정기본법」은 외환위기(IMF)로 인해 경제적·사회적 위기를 경험하며 흔들리게 된 가족의 문제를 해결하고, 가족복지에 대한 국가적 안전지원망의 토대를 마련하기 위해 체계적인 대응을 시도한 정부의 첫 번째 개입이라는 점에서 의미가 있다. 여성가족부에서 전국의 지방자치단체에 건강가정지원센터를 설립하고 가족지원프로그램을 지원하고 있으나 가족해체 위기에 처한 가족 전체를 대상으로 하기 때문에 조손가족을 지원하기 위한 전문기관이 아니다. 2007년 전북 익산과 충남 천안 건강가정지원센터에서 조손가족지원사업을 추진한 이래 2010년에는 서울시 송파구, 경기도 광명시, 경기도 연천군, 강원도 동해시, 충남 논산시, 경남 김해시 등 총 6개소에서 조손가족지원프로그램을 실시했다(한국농촌경제연구원, 2010).

2) 조부모 관련 지원정책

(1) 기초연금제도[3)]

기초연금제도는 2014년 7월 1일부터 시행되었다. 기존에는 기초노령연금제도가 시행되고 있었으나 2014년 5월 2일, 「기초연금법」이 국회 본회의를 통과함으로써 기초연금으로 통합된 것이다. 이로 인해 우리나라의 노인최저소득보장제도는 "노령수당제도(1991년) → 경로연금제도(1998년) → 기초노령연금제도(2008년) → 기초연금제도(2014년)"의 변천과정을 거치게 되었다(윤성주, 2014).

노령화가 급속도로 확산되고 있는 우리나라에서 기초연금제도가 도입된 배경

3) 기초연금 소득인정액 산정방식은 다음과 같다. 소득인정액＝소득평가액(①)＋재산의 소득환산액(②)

① 소득평가액＝{0.7×(근로소득－52만 원)}＋기타소득

② 재산의 소득환산액＝[{일반재산－기본재산액)＋(금융재산－2,000만 원)－부채}×0.05(재산의 소득환산율, 연 5%／12개월]＋고급자동차 및 회원권의 가액

은 다음과 같다. 국민연금과 퇴직연금이 성숙 단계에 진입하지 못한 상황에서 기초노령연금의 급여 수준이 낮기 때문에 상당수 노인들은 결국 최후의 소득안전망으로 국민기초생활보장제도에 의존하지 않을 수 없게 되었다. 현 노인세대가 공적소득보장의 사각지대에 방치되고 있다는 문제가 지속적으로 제기되어 왔다(우해봉, 2012). 이러한 상황으로 인해 지난 2012년 12월 대선에 이루어진 제18대 대통령선거 과정에서 기존의 기초노령연금제도를 기초연금제도로 확대 개편하는 문제가 핵심 선거공약에 포함되면서 본격적인 논의가 이루어졌다. 이후 대통령직인수위원회의 기초연금 도입방안 설계, 국민행복연금위원회의 논의를 거쳐 2013년 9월 25일에 보건복지부가 발표한 '기초연금제도 도입 계획'과 그 후속조치로 이루어진 '기초연금법안' 작성 및 국회 제출을 통해 구체화되었다(곽채기, 2013; 곽채기 · 서민순, 2014 재인용). 정부가 국회에 제출한 기초연금법안에 따르면 당초 선거공약에서 제시하였던 보편적 기초연금에서 후퇴하여 기초연금의 수급 대상자 범위가 소득 인정액 기준으로 상위 30%를 제외한 하위 70%의 노인으로 설정되었다. 이는 재정건전성에 대한 고민에 기인한 것이다. 실제로 기초연금제도의 대상 범위가 축소되었다 하더라도 이를 시행하기 위해서는 대규모의 재정 확보가 요구되기 때문이다(곽채기 · 서민순, 2014).

이러한 기초연금제도의 시행은 다음과 같이 평가된다. 먼저, 그동안 오랫동안 논쟁이 되어온 두 가지 큰 기초노령연금의 발전방향인 선별적 부조제도와 보편적 기초연금의 절충제도로 정의되지만 보편적 기초연금으로서의 성격이 종전에 비해 더욱 강화된 제도라는 점이다. 둘째, 기초연금의 도입은 국민연금 중심의 단일 노후보장체계를 중층적 보장체계로의 질적 전환을 가져왔다는 점이다. 마지막으로, 종전의 노후보장체계에 비해 적은 비용으로 노인빈곤문제 해결에 기여한다는 점이다(김원섭 · 이용하, 2014).

그러나 기초연금제도의 시행이 조손가족의 빈곤을 해결하기에는 한계를 보인다. 기초노령연금제도에 비해 대상 범위가 확장되고 금액 또한 최대 20만 원으로 두 배 정도 상향되었다고 할지라도 가족단위의 지원체계가 아닌 노인을 지원하는 제도의 성격으로 인해 조부모가 65세 미만인 경우 복지수급권자로서의 혜택을 기대할 수 없으며, 지급액이 적어 조부모의 손자녀 돌봄에 있어 현실적인 대책이 되기에는 다소 제한적이다.

(2) 노인복지서비스

최근 지역사회복지의 일환으로 조손가족을 위한 다양한 서비스가 시행되고 있다. 지역사회기관 및 노인복지관에서 정서서비스 및 교육문화서비스, 가족단위서비스(가족교육, 가족역할훈련, 상담서비스 등) 등이 시행되고 있다(이화영, 2006). 그 내용을 살펴보면 이들 기관을 통해 조부모의 양육기술을 함양하여 손자녀 양육에 대한 부담을 완화하고, 지지집단 프로그램을 시행하여 손자녀 양육과 관련된 경험을 나누고 필요한 지지를 발견하여 사회적 지원체계를 구축하는 기회를 마련할 수 있다는 데 그 의의가 있다고 할 수 있다(김혜영 외, 2011).

(3) 손자녀 관련 지원정책

① 가정위탁제도[4]

「아동복지법」 제2조에 의해 요보호 아동을 보호 양육하기 적합한 가정에 일정 기간 위탁 양육하게 하는 가정위탁제도가 시행되고 있으며, 이 중 대리양육가정위탁이 친조부모 또는 외조부모에 의한 손자녀 양육이므로 조손가족의 가족형태로 볼 수 있다(강원도여성정책개발센터, 2009). 그러나 대리양육가정위탁제도 또한 가족해체상황에서 아동을 보호하기 위한 제도이므로 조손가족에 대한 지원이라기보다는 아동에 대한 지원정책에 가깝다(염동훈 외, 2007). 보건복지부는 지방이양사업으로 대리양육가정에 대해 아동 1인당 월 10만 원의 양육보조금을 지원하며, 아동을 국민기초생활 수급자로 책정하여, 생계・의료・교육 등의 해당급여를 지원하고 있다(여성가족부, 2007). 그러나 지방자치단체의 재정 상태에 따라 해당 제도는

4) 대리양육가정위탁제도에 대한 자세한 내용은 보건복지부(2010)의 「2011년 아동분야사업 안내」를 참조하기 바란다.

영향을 받을 수밖에 없다. 실제로 강원도의 경우 위탁아동 1인당 월 7만 원을 지급하며, 아동이 만 18세 이상이 될 경우에 중지하고 있다(강원도여성정책개발센터, 2009). 또한, 형태상 대리양육가정위탁의 조건을 갖추고 있으나 실제로 대리양육가정으로서 기능할 만한 여건이 안 되는 조손가족도 있다는 점과 가정위탁지원센터에서 담당해야 할 지역이 광범위하여 전문 인력이 부족하게 됨에 따라 질적 관리에 어려움을 겪고 있다는 것이 한계로 지적되고 있다(강기정, 2008).

② 드림스타트

드림스타트는 저소득층 아동의 정서발달과 건강한 성장을 위해 시행하는 능동적 복지사업이다. 이러한 의미에서 드림스타트 사업은 국가가 취약지역 아동에게 영유아기부터 집중 투자하여 공정한 출발선을 보장하는 사업으로서, 영국의 슈어스타트(Sure Start), 미국의 헤드스타트(Head Start Project)와 유사한 성격을 지닌다고 할 수 있다. 드림스타트 사업은 한국형 포괄적 빈곤아동 조기지원 서비스를 제공하는 것을 목적으로 2004년 민간단체와 지방자치단체를 중심으로 추진해온 '위스타트 마을 만들기 사업'을 모델로 하여 2007년부터 보건복지부가 추진하는 사업이다. 2007년 전국 16개 시범사업으로 시작하였고(당시 '희망스타트'), 2008년에는 32개 지역으로 확대되었다(이봉주, 2010). 이후 설치 지역이 더욱 늘어나 2009년 75개 지역, 2013년에는 전국 211개 지역으로 확대되어 6만 명 이상의 아동에게 꿈과 희망을 심어주고 있다. 드림스타트의 서비스대상은 국민기초생활보장 수급가정과 차상위계층 등 취약계층의 0~12세 아동과 임산부, 그리고 가족이며, 가정방문을 통한 사례관리로 빈곤아동의 성장, 발달에 필요한 필수서비스를 제공하고 아동의 개별적 욕구와 상황에 맞춰 신체 및 건강 서비스, 인지 및 언어 서비스, 정서 및 행동 서비스, 가족 및 통합지원 서비스 등을 제공한다(한국농촌경제연구원, 2010). 하지만 법적 근거가 없이 시범사업 형태로 진행되어 매년 예산편성 및 인력확보에 어려움을 겪고 있다는 것이 한계점으로 지적되고 있다.

③ 아동돌보미 지원사업

아이돌보미 지원사업은 일시적이고 긴급한 돌봄이 필요한 가정(전국가구 월평균 소득의 100% 이하, 0세(3개월 이상)~만 12세 아동이 있는 서비스 이용 희망가정 대상)에 아이돌보미 서비스를 제공한다. 이를 통해 시설보육의 사각지대를 해소하고 아동의 안전한 보호 및 가족의 아동양육 부담을 경감시키는 것을 목적으로 한다. 특히, 조손가족의 경우 우선적으로 지원받을 수 있도록 조치를 취하고 있다(김혜영 외, 2011).

④ 지역아동센터

지역아동센터는 사회적 돌봄이 필요한 아동·청소년들에게 통합교육 및 복지활동을 제공한다. 지역사회 내 보호를 필요로 하는 만 18세 미만 이용 아동에게 생활지원, 사례관리, 지역자원 연계를 통해 아동의 복지를 지원하고 있으며, 저소득층 조손가족 아동에게 실질적인 복지서비스 제공이 가능한 대표적 기관이다(김혜영 외, 2011).

4. 조손가족을 위한 대응정책 개선방안

최근 들어 우리 사회에서 조손가족이 급격한 증가 추세를 보이고 있으며 조손가족의 형성에 따라 해당 가족구성원들은 긍정적·부정적인 경험을 하고 있는 것으로 드러났다. 그러나 대부분의 조손가족은 빈곤계층이라는 데 문제의 심각성이 있다. 조손가족에서 조부모들은 성인자녀들이 양육능력을 상실함에 따라 손자녀들이 독립하는 순간까지 양육을 책임지게 되고 손자녀들은 경제적 여력의 부재와 조부모의 신체능력이 저하된 상태에서 성인역할 부담감에 따라 삶의 질이 저하되고 있다. 그런 의미에서 조손가족은 사회적 관심과 지원이 필요한 가족형태인 것이다. 그럼에도 현행 조손가족을 위한 지원정책은 개별지원 형태를 보이고 있으며, 그마저도 적절한 예산투입이 이루어지고 있지 않아 이들이 체감하는 정책 효과의 체감이 낮아 정책적 실효성에 대한 근본적인 의문점을 제기할 수 있다고 판단된다. 그러므로 조손가족의 삶의 질을 향상시키기 위한 정책 방안을 모색하는 것은 당위성을 가진다 할 수 있으며, 그 내용은 다음과 같다.

첫 번째, 조손가족의 가장 근본적인 문제로 대두된 경제문제를 해결하는 방안이다. 이를 위한 방안으로는 정부의 책임에서 접근하는 방식과 가족, 즉 2세대의 양육에 대한 의무와 책임을 부여하는 방식이 있다. 먼저, 정부는 조손가족에 대한 생계비 지원, 교육비 지원, 사례관리 지원 등을 비롯한 경제적 지원을 확대해야 한다. 예를 들어, 국민기초생활보장제도를 수정 및 보완하는 것이 있는데 그 방안으로는 급여수준을 현실화하고 기초생활 수급권자 선정기준을 완화하여 우선적으로 보호를 받을 수 있게 하는 정책적 개선이 필요하다. 조손가족의 조부모들은 성인자녀들에게 일체의 부양을 지원받지 못하는 경우가 상당수 존재하기 때문이다. 「국민기초생활보장법」 제5조 제2항의 '수급권자에 해당하지 아니하여도 생활이 어려운 자로서 (중략) 수급권자로 본다'는 조항에서도 드러나듯이, 부양의무자의 부양능력 유무를 기준으로 빈곤한 조부모가 수급자에 해당하지 않는다는 것에는 문제가 있다고 판단된다. 따라서 동법 제46조에 규정된 비용의 징수를 적용하면 부양능력이 있는 부양 의무자가 부양의무를 다하지 않을 경우 조부모에게 우선 급여를 지급하고 부양 의무자에게 그 비용을 강제 징수하는 방안을 고려해야 한다. 한편, 기존의 사업방식에 변화를 주는 방안도 좋은 대안이 될 수 있다. 여기에는 좋은 일자리를 확대하는 방안이 있다. 빈곤한 조손가족의 조부모들은 대부분 폐지 수거나 지하철 택배를 통해 낮은 임금과 열악한 환경에서 생계를 유지하고 있는 실정이다. 그나마 보건복지부 주도의 '노인일자리 사업'에 선정된 조부모의 경우에도 한 달에 36시간 정도를 근무하며 받는 수당이 시간당 5,560원으로 손자녀를 돌보며 생활하기에는 어려움이 있다. 가난에 대한 국가의 책임을 상기하면 '노인일자리사업'의 대부분을 차지하는 사회공헌형 일자리 예산을 '기초연금'에 보태어 가난한 조부모들에게 지급하고 경제 우선이 아닌 일할 의지와 능력을 기준으로 선발하여 어르신이 주체가 되는 어르신 일자리 사업단을 공동체, 사회적 기업 또는 협동조합 형태로 운영할 수 있도록 지원하는 방안을 모색해야 한다

(양철호, 2012). 무엇보다 노인일자리사업의 취약한 소득보충 기능을 보강하는 동시에 일자리사업이 한시적 소득 확보 수단을 넘어서 건강한 생활양식의 기제가 될 수 있도록 연중실시, 지속참여 가능의 구조를 만들 필요가 있다(이경욱, 2011). 아울러, 영국의 슈어스타트(Sure Start) 프로그램처럼 가정적 배경과 무관하게 영유아가 최상의 상태에서 인생을 출발할 수 있도록 정책적으로 지원하는 프로그램을 도입하고, 취약계층 청소년의 학업성취를 지원하기 위한 교육지원수당, 학습멘토제, 취약지역 학교에 대한 예산지원 확대 등의 방안이 마련되어야 한다. 나아가 저소득층 조손가족을 위한 '조손가족지원법'과 같은 독자적인 법령을 제정하고 지방자치단체에 조손가족을 전담하는 전담조직을 설치하여 조손가족에게 통합적 서비스를 제공하는 방식으로 행정서비스를 개선해야 한다(김경호 · 소순창, 2011). 그 다음으로는 2세대의 양육에 대한 의무와 책임을 부여하는 방식이 있다. 이를 위해 가족의 의무와 책임을 부여하기 위해 강제성 있는 제도를 마련하고 실시해야 한다고 판단된다. 그 예로 미국의 아동부양강제법(TANF)을 들 수 있는데 그 내용은 의무적으로 2세대의 소득에서 자녀의 양육비를 원천징수하는 것을 골자로 하고 있다.

두 번째, 조손가족을 위한 양육부담 경감을 위한 지원 방안을 확대하는 것이다. 조부모들은 신체적 노화와 2세대를 양육하던 기존의 방식으로는 손자녀를 양육하는 데 어려움을 경험하고 있기 때문이다. 또한, 손자녀들도 해당 가족의 경제적 여력이 부재하고 조부모의 신체능력이 저하된 상태에서 성인역할 부담감이 부모와 생활을 하는 일반가족의 아이들에 비해 높아 삶의 질이 저하될 가능성이 충분하다. 그러므로 저소득층 대상의 보육정책을 보완 및 확대해야 한다고 판단된다. 이를 위해, 조손가족을 대상으로 지역사회의 기관 및 단체에서 개별 보육서비스 및 가사도우미 파견서비스를 제공하는 것을 적극 검토하고 시행하는 것이다. 그리고 낮은 학력으로 인해 손자녀를 양육하는 데 어려움을 겪고 있는 조부모들을 위해 이들을 대상으로 교육 강좌를 개설하고 활성화시키는 것을 적극 검토하고 추진하여 조손가족의 삶의 질 증진을 도모해야 할 것이다.

세 번째, 취약계층 아동을 대상으로 자산 형성을 지원하는 디딤씨앗통장을 확대 · 강화해야 한다. 조손가족은 소득이 생계를 유지하기에도 충분하지 않기 때문에 저축을 할 여유는 더욱 없다. 그러나 아동이 성인이 된 이후에 발생하는 학비, 주거비, 생활비 등 다양한 지출은 저축의 필요성을 말해준다. 정부는 그 필요성을 인식하여 아동의 저축액만큼 정부매칭금을 지원하는 디딤씨앗통장을 운영하고 있다. 그러나 그 지원대상이 '만 18세 미만 아동양육시설, 소년소녀가정, 가정위탁, 공동생활가정, 장애인생활시설 아동 또는 중위소득 40% 이하(생계, 의료급여 수급자) 가구의 아동 중 만 12세, 만 13세 아동(2004년생, 2005년생)'으로 매우 협소하다. 조손가족의 아동들이 디딤씨앗통장을 통해 충분한 자산을 축적할 수 있도록 지원대상을 확대하고 정부매칭금을 증액해야 한다.

11장 Chapter

맞벌이가족

"국가가 아무리 발전한다 해도 국민의 삶이 불안하다면 아무 의미가 없을 것입니다. 아이를 낳고 기르는 것이 진정한 축복이 될 때 국민행복시대는 만들어지는 것입니다. 국민들이 근심 없이 각자의 일에 즐겁게 종사하면서 자신의 역량을 발휘하도록 할 것입니다."[1)]

1. 맞벌이가족에 대한 이해

1) 맞벌이가족의 개념

급속한 사회변화 속에서 최근 우리 사회 가족의 모습은 전통적인 방식의 가족 형태와는 구분된다. 산업화 및 자본주의가 급속하게 진행되는 가운데 여성의 경제활동 참여 및 기혼남성들의 맞벌이 선호경향의 증가와 더불어 각 가정의 가계 소비지출이 증가하면서 맞벌이가정은 보편적인 가족유형으로 자리 잡고 있다. 여성의 취업률은 1980년 42.8%에서 2015년 현재 51.8%로 증가했으며, 특히 1980년 미혼 여성의 경제활동 참여율은 50.8%에서 2015년 54.2%로 3.4% 증가했음에 비해, 같은 기간 기혼 여성의 경제활동 참여율은 40%에서 51.0%로 미혼 여성의 그것보다 크게 증가하고 있다(주재선, 2015).

이뿐만 아니라 여성들의 취업에 대한 의식 또한 크게 변화하여 이전에는 '결혼 전까지만' 하거나 '가정에 전념' 또는 '첫 자녀 출산 전'까지만 일한다고 생각한 데 비해 오늘날에는 절반 이상(52.8%)이 '가정과 관계없이 일하겠다'고 응답하고 있다(통계청, 2015a). 특히 맞벌이를 선호하는 기혼남성이 급증하고 있다.

1) 2013년 2월 25일 제18대 대통령 취임식 연설문 내용 중

초기 맞벌이가족은 대부분 경제적 이유 때문에 일을 해야 하는 경우로 간주되었으나 최근에는 남편과 아내가 동시에 직업을 가짐으로써 자아실현의 욕구충족, 사회적 지위 확보, 가정경제 기여 등 자아만족과 행복감을 경험하는 새로운 가족형태라 할 수 있으며, '취업부부가족', '취업부모가족'과 같은 의미를 가진다. 기존의 가족형태에서 남편은 도구적 역할, 아내는 표현적 역할을 하는 것의 역기능적 문제가 지적되면서 맞벌이가족은 부부역할의 공유, 동등한 의사결정, 평등한 동반자적 관계의 유지와 같은 가족의 역할분담이나 가족이데올로기의 변화가 요구된다.

2) 맞벌이가족의 유형

맞벌이가족은 여성의 취업동기에 따라 분류할 수 있는데, 여성의 주요 취업동기는 경제적 필요나 개인적 성취동기이다. 경제적 필요는 남편의 홀로 수입보다 수입원이 증가되면서 가정의 경제수준이 향상되고 자신의 수입에 따른 심리적 안정감과 소비수준의 향상 및 그에 따른 추가소득에 대한 욕구의 강화가 여러 가지 어려움이 있음에도 불구하고 경제활동을 하게 하는 동기로 작용한다. 또한 개인적 성취동기는 자아실현의 욕구, 양성평등의식에 의해 가정의 역할만으로는 만족하지 못하고 가정 밖에서 또 다른 역할을 추구하도록 하는 동기이다. 맞벌이가족의 유형 또는 기혼여성의 취업유형은 여성의 취업동기에 따라 다음과 같이 분류된다.

(1) 생계유지형 맞벌이가족

기혼여성이 가족의 경제적인 필요에 의해 자발적 혹은 비자발적으로 취업하는 형태로, 학력이 낮을수록 많고, 연령층이 40대 이상인 경우가 많다.

(2) 내조형 맞벌이가족

생계의 위협을 받지는 않지만 가족의 보다 나은 경제적 여유를 위하여 취업을 하는 경우와 남편이 학업을 계속하거나 남편의 출세를 위하여 여성이 생계를 전적으로 담당하기 위해 취업하는 형태이다. 취업은 하였지만 여성의 성역할 태도는 매우 보수적이며 남편에 종속된 삶을 그대로 받아들이는 경우가 많다. 농촌보다는 도시가 많고 학력수준이 낮을수록 이 유형에 속한다.

(3) 자아실현형 맞벌이가족

중산층 이상의 고학력여성들이 가사노동의 사회적 불안정 속에서 취업을 통하여 자아를 실현하고 근대적인 성역할에 입각하여 평등한 부부관계를 정립하기 위해 취업하는 형태이다. 이들은 주로 도시에 많으며 학력수준은 대졸 이상이 가장 많고, 고졸, 중졸 순이다. 젊은 연령층이 이 형태의 대부분을 차지한다.

(4) 여가활용형 맞벌이가족

주로 중산층을 중심으로 경제적 이유, 내조 또는 자아실현 등을 크게 의식하지 않고 자신의 취미를 살리면서 여가 활용을 위하여 직업을 갖는 형태이다. 다른 유형의 맞벌이가족에 비해 취업동기가 낮은 편이다.

2. 맞벌이가족의 실태 및 문제

1) 맞벌이가족의 현황[2)]

(1) 맞벌이가족 비율

2015년 10월 기준으로 유배우가구는 1,185만 8천 가구이며, 이 중 맞벌이가구는 520만 6,000가구로 유배우가구의 43.9%를 차지하였으며, 비맞벌이가구는 665만

2) 2015년 하반기 맞벌이가구 및 1인 가구 고용현황에서 정리(통계청).

2천 가구로 유배우가구의 56.1%를 차지하는 것으로 나타났다. 2014년과 비교하면 맞벌이가구는 2만 가구(0.4%)증가하였으며, 유배우가구 중 맞벌이가구 비율은 2014년과 동일한 43.9%를 유지하였다(통계청, 2015b).

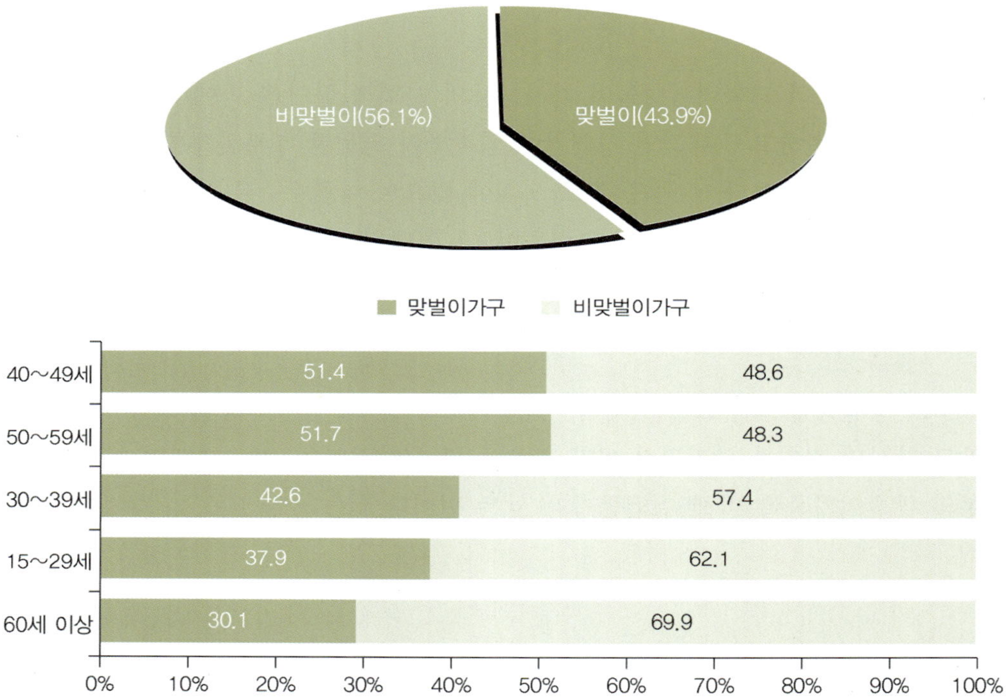

그림 11-1 맞벌이가족 현황

표 11-1 가구주의 연령계층별 맞벌이가구 비율

(단위: 천 가구, %)

전체	2014년		2015년	
	유배우	맞벌이(비율)	유배우	맞벌이(비율)
	11,824	5,186(43.9)	11,858	5,206(43.9)
15~29세	174	65(37.4)	163	62(37.9)
30~39세	2,015	848(42.1)	1,952	831(42.6)
40~49세	3,191	1,654(51.8)	3,116	1,602(51.4)
50~59세	3,287	1,685(51.3)	3,313	1,713(51.7)
60세 이상	3,159	934(29.6)	3,314	999(30.1)

주: 비율=(맞벌이가구/유배우가구) × 100
출처: 통계청(2015b).

(2) 맞벌이부부의 주당 평균 취업시간

맞벌이부부의 주당 평균 취업시간은 남자가 46.7시간으로 여자 40.9시간보다 많은 것으로 나타났다. 2014년과 비교하면 남자보다 여자의 주당 평균 취업시간이 더 크게 줄어든 것으로 나타났다.

표 11-2 맞벌이 부부의 주당 평균 취업시간

(단위: 시간)

	2014년			2015년		
	맞벌이부부	동거부부	비동거부부	맞벌이부부	동거부부	비동거부부
남자	46.8	47.1	44.5	46.7	47.1	43.0
여자	41.4	41.3	41.8	40.9	41.0	40.0
차이(남-여)	5.4	5.8	2.7	5.8	6.1	3.0

출처: 통계청(2015b)

(3) 18세 미만 자녀를 둔 맞벌이가구 고용현황

① 자녀 연령별 자녀를 둔 맞벌이가구 고용 현황

유배우가구 중 18세 미만의 자녀 연령별 맞벌이가구 비율을 보면 자녀가 어릴수록 낮게 나타났다. 6세 이하 자녀를 둔 맞벌이가구(38.1%)가 다른 연령대에 비해 가장 낮게 나타났다(2015년 기준).

표 11-3 자녀 연령별 가구유형 비율

(단위: 천 가구, %)

	2014년			2015년		
	유배우	맞벌이	비맞벌이	유배우	맞벌이	비맞벌이
전체	4,838	2,286(47.3)	2,552(52.7)	4,701	2,222(47.3)	2,479(52.7)
6세 이하	2,131	797(37.4)	1,334(62.6)	2,084	794(38.1)	1,290(61.9)
7~12세	1,352	696(51.4)	656(48.6)	1,315	678(51.6)	637(48.4)
13~17세	1,335	793(58.6)	561(41.4)	1,303	750(57.6)	553(42.4)

주: 막내자녀 18세 미만 기준, 18세 미만 자녀가 없는 경우는 제외

② 자녀 연령별 가구유형 비율

유배우가구 중 18세 미만의 자녀 수별 가구유형을 살펴보면 3명 이상의 자녀를 둔 맞벌이가구 비율이 42.2%로 가장 낮게 나타났다(2015년 기준).

표 11-4 자녀 수별 가구유형 비율

(단위: 천 가구, %)

	2014년			2015년		
	유배우	맞벌이	비맞벌이	유배우	맞벌이	비맞벌이
전체	4,838	2,286(47.3)	2,552(52.7)	4,701	2,222(47.3)	2,479(52.7)
1명	2,119	1,022(48.2)	1,097(51.8)	2,082	994(47.7)	1,088(52.3)
2명	2,305	1,090(47.30)	1,216(52.7)	2,211	1,056(47.7)	1,156(52.3)
3명 이상	413	175(42.3)	239(57.7)	407	172(42.2)	235(57.8)

주: 18세 미만 기준, 18세 미만 자녀가 없는 경우는 제외

③ 동거맞벌이 부부의 근로형태

동거맞벌이 가구 중 18세 미만 자녀를 둔 가구의 근로형태 구성비를 보면 가구주와 배우자 모두 상용근로자 비율이 44.5%를 차지하였고, 가구주가 상용근로자이면서 배우자가 임시·일용근로자인 비율은 12.4%로 나타났다.

표 11-5 동거맞벌이 부부의 근로형태

가구주 \ 배우자	전체	임금근로자	상용근로자	임시·일용근로자	비임금근로자
전체	2,020(100)	1,573(77.8)	1,178(58.3)	395(19.5)	448(22.2)
임금근로자	1,454(72.0)	1,284(63.5)	97.0(48.0)	314(15.5)	170(8.4)
상용근로자	1,300(64.4)	1,1,50(56.9)	898(44.5)	252(12.4)	150(7.4)
임시·일용근로자	153(7.6)	134(6.6)	72(3.5)	62(3.1)	20(1.0)
비임금근로자	567(28.0)	289(14.3)	208(10.3)	81(4.0)	278(13.7)

주: 막내자녀 18세 미만 기준, 18세 미만 자녀가 없는 경우는 제외
( )은 동거맞벌이 전체 대비 비율임

④ 자녀 연령별 주당 평균 취업시간

18세 미만 자녀가 있는 맞벌이가구의 가구주 주당 평균 취업시간은 43.2시간으로 비맞벌이가구(47.1시간)보다 3.9시간 적은 것으로 나타났다. 자녀 연령이 어릴수록 맞벌이가구의 취업시간이 적게 나타났다.

표 11-6 자녀연령별 주당 평균 취업시간

	2015년			
	0~17세	6세 이하	7~12세	13~17세
맞벌이가구	43.2	41.3	43.6	44.8
남자	47.2	47.0	47.1	47.5
여자	39.2	35.6	40.0	42.2
비맞벌이가구	47.1	47.7	46.7	46.1
남자	47.5	48.1	47.1	46.5
여자	41.1	39.0	40.9	43.1

주: 막내자녀 18세 미만 기준, 18세 미만 자녀가 없는 경우는 제외

2) 맞벌이가족의 문제

맞벌이가족은 사회적 통념상 맞벌이를 하지 않는 가족에 비해 많은 어려움이 있다고 인식되고 있는데, 이 중 맞벌이가족이 직면하고 있는 가장 핵심적인 어려움은 일과 가정생활을 양립하기 위해 노력하는 과정에서 겪게 되는 갈등이다. 이러한 갈등은 스트레스와 결혼생활에 대한 불만족을 고조시킴으로써 맞벌이부부의 가족생활 및 삶의 질에 부정적인 영향을 끼칠 가능성도 있다(Saginak & Saginak, 2005; 박기남, 2009). 맞벌이가족의 어려움을 자녀양육, 가사참여, 가족관계 등으로 구분하여 알아보고자 한다.

(1) 자녀양육

여성의 사회진출 증가로 맞벌이가족이 보편화되어 가고 있으나, 사회전반적인 의식은 전통적인 가부장적 성역할 사고틀에 머물러 있어 사회와 가족의 빠른 변화에 따른 정서적 혼란과 실제적인 어려움에 부딪히게 되었다. 즉, 맞벌이가족의 아내는 높은 자아가치인식과 사회활동으로부터의 물질적 보상, 심리적 보상, 경제적 이로움 등으로 인해 자신들의 생활양식에 만족하지만 여전히 사회가 여성에게 부여해온 '주부'역할로 인해 역할갈등과 스트레스를 경험하고 있다(강기정 · 박수선, 2007).

맞벌이가족은 자녀양육의 문제를 가장 심각하게 생각하는 것으로 나타나고 있다. 여성취업의 장애요인에 대해 살펴보면(2009), 육아부담과 가사분담이 가장 큰 문제로 나타났다. 맞벌이가족의 부인은 자녀에 대한 불안감과 죄책감을 가지는 것으로 나타나고 있는데 이러한 현실은 맞벌이여성의 직업생활에서의 만족도를 감소시킬 뿐만 아니라 경제활동에 전념할 수 없게 만드는 요인이 되기도 한다. 또한 자녀양육의 대리인이 시부모나 친정부모인 경우 과잉보호에 따른 갈등, 가정부나 파출부인 경우 애정 없는 양육에 대한 우려, 형제끼리 방임하는 경우에는 자녀에 대한 죄의식 등으로 취업여성의 대부분은 자녀양육에 있어 심각한 갈등을 느낀다.

또한 맞벌이가족의 자녀입장에서 보면 어머니의 취업으로 인해 스스로를 보호해야 하는 상황에 처할 가능성이 높아 삶의 질에 위협을 받을 수 있다. 특히 맞벌이가족의 어린 아동에게 사회적 지지가 제대로 주어지지 않는다면 학교폭력이나 가정폭력에의 노출 증가, 학업에 대한 압력증가, 비행이나 일탈의 증가 등과 같은 현대사회 가족의 문제에 더 취약할 수 있다는 우려도 있다(도미향 외, 2009). 그러나 어머니의 역할을 대신하거나 보충하는 사람이 지속적으로 자녀를 돌본다면 아동의 정서적 유대나 대화에는 별 문제가 없다고 보는 입장도 있다. 따라서 어머니의 취업여부보다는 자녀를 어떻게 양육하는가 하는 양육의 질적 수준이 더 중요한 요인이 된다.

사례

중학교 3학년, 초등학교 6학년 두 아이를 둔 맞벌이 주부로 3년 전부터 직장생활을 시작하였으며 여러 가지 역할을 하느라 좀 힘들었지만 내가 좀 고생하면 된다 생각하고 참으면서 직장과 가정 두 가지 일을 열심히 해왔다. 그런데 말 잘 듣고 착하던 아이들이 작년부터 조금씩 말대꾸를 하는가 하면 혹 바빠서 못하는 일을 부탁하거나 맡겨두고 가면 말은 '알았다', '하겠다'라고 해놓고선 약속을 어기는 일이 다반사다. 맞벌이부부로 사회활동과 자녀를 양육하고 가사일까지 돌봐야 하는 주부로서 많은 어려움이 있으며 아이들이 부모의 마음을 이해하고 도와주었으면 하는데 오히려 뭔가 얻기를 바라고 잘 도와주지 않는 것 같아서 부담되고 아이들에게 섭섭한 마음도 들고 일이 한결 힘들게 느껴진다. 아이들마저 힘들게 하는 상황이 되니 아이들을 이해해야 함에도 서럽기만 하다. 아빠한테는 너그러운 아이들이 엄마의 일은 겉으로만 이해하는 것 같아 어디에다 하소연을 해야 할지 모르겠다. 일을 그만두는 것이 가족을 위한 일인지… 너무 힘들다…

(2) 가사참여

우리의 전통적인 부부역할은 음식준비, 세탁, 청소와 같은 가사 일은 여성의 역할로 간주되어 왔다. 남성은 직업을 가져도 가사노동의 책임을 느끼지 않는 반면 여성은 취업을 하더라도 가사노동에서 해방되지 않는다. 오히려 남편에게는 가사 역할의 분담보다는 가족의 도구적 역할만이 강조되었고 여성에게는 직장을 가졌기에 오히려 가사노동을 더 잘해내야 한다는 자격지심까지 작용하기 때문이다. 따라서 가정에서의 역할이 재조정되지 않는다면 여성의 취업에 따른 문제들을 해결하기 어려울 것이다.

맞벌이가족의 삶의 질과 관련된 요인으로는 배우자의 가사참여가 중요하다. 남편이 아내의 가사부담에 대한 지나친 요구와 기대가 높을수록 역할갈등이 높은 것으로 나타났으며, 여성은 남편의 가사참여가 높을 때 역할갈등이 낮게 나타났다. 맞벌이가족의 소득과 가사분담과의 관련성에 대한 연구에서는 부부의 상대적 소득이 가사분담에 많은 영향을 미친다는 것을 보고하였는데, 남편의 상대적인 소득과 지위가 높을 경우에는 대개 남편의 가사참여가 낮고 전통적 가사분담의 형식을 가지며, 부인의 가사노동시간이 더 많은 것으로 나타났다(이명신, 2001; McHale & Crouter, 1992).

여러 연구에서(김경신 · 김오남, 1996; 하현숙 · 김득성, 1996; 강기정 외, 2005) 남편의 가사참여와 남편의 지지여부가 맞벌이부부의 역할갈등 차이를 감소시킬 수 있는 중요한 요인으로 작용하고 있음이 밝혀졌다. 따라서 가족구성원들의 유기적인 관계를 재구성하여 가족구성원들이 능동적으로 가사에 참여할 수 있는 분위기를 조성하고 수직적 부부관계에서 벗어나 수평적 부부관계로 전환하여야 할 것이다.

사례

시대가 바뀌어도 달라지지 않아!

'모든 가사 일은 여성의 몫이고 어찌 하늘 같은 남자가 부엌에 출입할 수 있으리오'

아직도 이런 가부장적 사고방식을 갖고 있는 남성들이 계신가요?

혹시 부인이 돈도 벌어오고 가사노동까지 완벽하게 해내는 슈퍼우먼이길 바라는 이기심 또한 갖고 계신 것은 아닌지요?

(3) 가족관계

맞벌이가족은 부부의 역할구조나 다른 가족구성원들과의 관계가 전통적인 가정과는 차이가 있다. 기존의 기혼여성들에게는 가족에 대한 책임과 의무감이 가장 우선시되는 가치였으나 사회가 변화함에 따라 기혼여성들의 가치관도 변화하여 개인의 자아실현욕구를 중요한 가치로 여기는 여성들이 늘고 있다. 이러한 변화로 자신의 자아실현에 대한 욕구가 증가함에 따라 가족의 지원이 부족한 경우 가족과의 갈등을 보이기도 한다. 여성의 자아실현의 욕구가 가족에 대한 책임과 의무감보다 높은 경우 갈등이 생길 수 있으며 이로 인해 이혼 등의 가족해체의 문제까지 발생한다.

또한 맞벌이로 인해 가족구성원들과 보내는 시간이 감소하게 되면 가족 간의 정서적 관여가 낮아져 가족의 결속력이 약화된다. 특히 부모-자녀 간의 관계에 있어서 자녀와 보내는 시간의 부족으로 의사소통의 부재, 또는 이로 인한 갈등 악화 등의 문제가 발생해 가족관계가 약화되는 문제가 발생할 수 있다.

사례

워킹맘보다 더 힘든 워킹맘 엄마

저도 한 때 '워킹맘'이었습니다. 1년 남짓한 그 시간 동안, 저는 그 어느 곳에도 하소연하기 힘들 만큼 힘든 시간을 보냈습니다. 아직 어린 아이를 돌보기 위해서는 누군가의 도움이 필요했고, 저는 친정엄마에게 그 역할을 부탁했었습니다. 연로한 엄마는, "이제 겨우 널 다 키워놨더니 다시 육아냐"며 힘들어하셨고, 실제로 몸 이곳저곳이 아파지시기도 했습니다. 부모님께 죄인이 된 심정이었습니다. 마찬가지로 회사에서도, 저는 죄책감을 내려놓기 어려웠습니다. 야근이나 회식이 있을 때마다 마음 한구석이 불편했고, 오롯이 일에만 집중하기 힘든 시간이 많았습니다.

퇴근 후의 시간이나 주말에는, 마음과 몸이 함께 불편했습니다. 평일 동안의 근무로 인해 육체적으로도 지칠 대로 지쳐 있었고, 아이와 엄마, 회사와 남편에 대한 어떤 역할도 100% 해내지 못하고 있다는 죄책감으로 마음 역시 지쳐갔습니다. "나는 뭘 해도 죄인이다, 절대 둘째를 낳지 않겠다"며, 세상에서 내가 제일 힘들다는 불평으로 가득했던 저는 육아를 여성에게만 짐 지우는 세상을 원망했었고, "엄마가 없으면 내 애를 키울 수 없다니 이건 비정상이 아니다"라고 생각했었습니다. 그리고, '워킹맘'만큼이나, 어쩌면 그보다 더, '워킹맘 엄마'에게도 힘든 시기라는 생각을 했습니다. 결국 일을 그만둔 지금, 여전히 힘들게 지내고 있는 친구 워킹맘의 엄마, '워킹맘 엄마'를 인터뷰했습니다.

Q1. '워킹맘 엄마'로 산 지 얼마나 되셨나요?

A. 벌써 2년째죠. 이제 그러려니 하고 살아요.

Q2. 자녀를 키울 때랑, '자녀의 자녀'를 키울 때랑, 뭐가 더 힘든가요?

A. 사실 내 자식 키울 때보다는 연륜이 있어선지, 어쩌면 부담이 덜해선지, 그때보다는 지금이 심적으로는 훨씬 나아요. 손주들이 귀엽기도 하고요. 근데 문제는 아무래도 체력적인 거예요. 우리 애들(딸과 사위)은 평일에는 둘 다 밤 늦게야 퇴근을 해서 주말에만 애들을 데려가는데, 주말에 손주들 가고 나면 나는 뭘 하냐면, 평일에 손주들 때문에 못 갔던 병원에 가요. 거기서 허리 치료받고, 평일에 다시 애보고 그래요.

Q3. 자녀분이 원망스럽지는 않으신가요?

A. 솔직히 한 번씩 전화로 한소리 하긴 해요. 일단 내가 몸이 피곤하면 그렇게 되는 거 같은데, 곧바로 후회를 하죠. 딸이 너무 안쓰러워요. 나 때도 아기 키우는 게 힘들긴 했어요. 우리 때는 한둘만 낳는 게 아니기도 했으니까. 그래도 나는 집에만 있었고, 그게 당연했으니까 한편으로는 애들 키우는 데만 집중하면 됐었고, 그게 내 일이었으니까 자부심 같은 것도 있었거든요. 그런데 우리 딸 보면, 이제는 여자도 사회적으로도 인정을 받아야 하고 그런 게 있잖아요. 남녀가 평등하게 일을 하고 자신을 찾고 그런 게 필요한 사회가 왔는데, 아기 보는 것에 대해서는 평등한 세상이 안 온 것 같아요. 그래서 우리 딸이 고생하는 거라는 생각이 들면 너무 안쓰러워요. 지 애들 노는 거 마음껏 보지도 못하고 일하는 사위도 당연히 불쌍하지만, 엄마로서 죄책감까지 갖고 힘들어하는 딸이 너무 안됐어요. 요즘 애들은 다들 어떻게 그렇게 열심히 사는지 모르겠어요. 한번은 내가 "내가 돈 좀 줄 테니까 일하지 마라"고 딸한테 그랬거든요. 그랬더니 딸이 돈만이 문제는 아니라고 그러더라고요. 우리 때랑은 다른 문제들이 많은 거 같아요.

Q4. 여성에게도 자아실현이 중요한 사회가 와서 그렇겠죠. 어머니는 이루고 싶은 게 있으신가요?

A. 내가 손주들을 둘이나 보면서 느끼는 게, "나 없었으면 어쩔 뻔 했냐"는 생각이에요. 우리 딸이나 사위나 밤에도 급한 일이 생기면 갑자기 출근할 때도 있고 그런 직업이거든요. 밤에 갑자기 나갈 일 있고, 그럴 때 내가 없었으면 진짜 어디에 자식들을 맡기고 일하러 가겠어요? 오후부터는 어린이집이나 유치원을 이용할 수도 없잖아요. 그래서 지금은 나름대로 자부심을 갖고 있고, 만족도 하고 있고 그래요. 다만 나는 아니지만, 아예 할머니들이 애들 보는 거를 정책적으로 연계하거나 할 수 있는 그런 방법이 있으면 좋겠다는 생각은 해봤어요.

할머니들은 사실 애들을 좋아하거든요. 심심한 사람도 많고. 이래저래 상생할 수 있는 방법이 있지 않을까 싶어요. 우리 손주 다니는 어린이집에는 이야기할머니라는 것도 있던데, 뭐 그런 방법들을 찾아보면 좋은 게 많이 나오지 않을까요?

출처: 여성가족부(2014) 재구성.

3. 맞벌이가족에 대한 복지대책

맞벌이가족의 일·가정 양립이 여성에게 전통적 역할, 보살핌노동과 소득제공자로서의 이중역할을 강조하고 있는 현실에서 맞벌이가족의 삶의 질을 높일 수 있는 정부의 지원 대책[3]과 선행연구에서 밝혀진 일·가정 양립전략에 대해 알아보고자 한다.

3) 여성가족부 2018년 맞벌이가족 지원정책에서 정리하였음

1) 맞벌이가족을 위한 정부의 지원 대책

(1) 아이돌봄 지원사업

맞벌이가족의 가장 큰 문제점으로 지적되고 있는 것은 자녀양육이며, 여성의 경제활동 증가, 핵가족화 진전 등에 따라 양질의 보육서비스에 대한 요구와 기대 수준이 높아졌다. 아동의 연령별, 부모의 취업여부 등에 따라 보육에 대한 요구가 다양해지고 안전하고 쾌적한 보육환경과 연령에 맞는 보육과정 프로그램에 대한 요구 또한 증가하고 있다.

여성가족부에서는 가정의 아이돌봄을 지원하여 아이의 복지증진 및 보호자의 일·가정 양립을 통한 가족구성원의 삶의 질 향상과 양육친화적인 사회환경 조성에 목적을 둔다(아이돌봄 지원법 제1조). 이에 부모의 맞벌이 등의 사유로 양육 공백이 발생한 가정의 만 12세 이하 아동을 대상으로 아이돌보미가 찾아가는 돌봄서비스를 제공하여 부모의 양육부담을 경감하고 시설보육의 사각지대를 보완하고자 한다. 지원대상은 만 12세 이하 아동에 시간 단위 돌봄을 제공하는 시간제와 만 36개월 이하 영아를 종일 돌보는 영아종일제로 구분한다. 시간제 돌봄서비스는 맞벌이가정, 다자녀가정 등의 만 12세 이하 아동에게 아이 돌보미가 집으로 찾아가 임시보육, 놀이활동, 준비된 식사 및 간식 챙겨주기, 하원동행 등의 돌봄을 제공한다. 지원시간은 연 600시간 이하, 1회 최소 2시간 이상 사용을 원칙으로 한다. 영아종일제 돌봄서비스는 생후 3~36개월 영아 대상으로 이유식 먹이기, 젖병소독, 기저귀 갈기, 목욕 등 종일 돌봄을 제공한다. 지원 시간은 월 120~200시간 이내, 1일 최소 4시간 이상 사용을 원칙으로 한다. 아이 돌봄서비스 이용을 위해서는 서비스 신청인 명의의 국민행복카드가 필요하며, 정부 지원 가구는 읍·면사무소, 동주민센터에 정부지원 신청 및 소득유형 결정 후 지역서비스 제공기관에 서비스 연계신청하면 된다. 반면 정부 미지원 가구(본인부담)는 지원 유형 결정 없이 아이돌봄 홈페이지 가입 후 서비스 신청 및 이용 가능하다. 지원내용은 〈표 11-7〉과 같다.

표 11-7 아이돌봄서비스 이용 지원액 및 본인부담금 기준('18년 기준)

유형	소득기준 (4인가족 기준 중위소득)	시간제 (시간당 7,800원)				종합형 (시간당 10,140원)			
		A형		B형		A형		B형	
		정부 지원	본인 부담	정부 지원	본인 부담	정부 지원	본인 부담	정부 지원	본인 부담
가형	60% 이하 (2,712천 원)	6,240원	1,560원	5,460원	2,340원	6,240원	3,900원	5,460원	4,680원
나형	85% 이하 (3,841천 원)	3,900원	3,900원	-	7,800원	3,900원	6,240원	-	10,140원
다형	120% 이하 (5,423천 원)	2,340원	5,460원	-	7,800원	2,340원	7,800원	-	10,140원
라형	120% 초과	-	7,800원	-	7,800원	-	10,140원	-	10,140원

주: A형: '11.1.1.이후 출생아동 B형: '10.12.31. 이전 출생아동.
소득기준은 건강보험료 본인부담금 부과액(노인장기 요양보험료 제외)을 기준으로 월평균 소득금액 산정.
야간(오후 10시~오전 6시) · 휴일(토/일요일, 관공서의 공휴일에 관한 규정에 따른 공휴일, 근로자의 날) 활동 시 시간제는 시간당 3,900원, 종합형은 시간당 5,070원 추가.
출처: 여성가족부 홈페이지(2018).

(2) 워킹맘 · 워킹대디 지원사업

맞벌이 가정에서 느끼는 일 · 가정 양립의 어려움을 해소하기 위한 고충 상담, 임신, 출산, 자녀양육 관련 생활정보 제공, 아빠 육아 참여 프로그램 등을 운영한다. 일하는 엄마, 아빠 및 그 가족이 지원대상이며 건강가정 · 다문화가족 통합서비스 운영기관 등 104개소에서 운영한다.

신청절차는 건강가정지원센터 홈페이지(www.familynet.or.kr) 회원 가입 후 프로그램을 신청하면 된다.

<table>
<tr><th colspan="3">지원내용</th></tr>
<tr><td rowspan="2">직장
생활
지원</td><td>직장고충상담</td><td>워킹맘 · 워킹대디 소통 커뮤니티지원</td></tr>
<tr><td>• 직장과 가정생활 양립제도 활용 관련 고충상담제공</td><td>• 공동육아나눔터 주말운영
• 전업맘 · 워킹맘 및 워킹대디 간 네트워크 구축</td></tr>
<tr><td rowspan="2">가정
생활
지원</td><td>자녀양육 및 가족문제 관련 상담</td><td>생애주기별 가족교육 및 가족관계 개선 프로그램 운영</td></tr>
<tr><td>• 임신, 출산, 자녀양육 및 가족문제 관련 상담 및 정보제공
• 지역 내 돌봄서비스 이용, 자녀학교생활, 문화 프로그램 참가 등 정보제공</td><td>• 결혼, 임신, 출산, 자녀육아 등 생애주기별 가족교육
• 가족관계 개선 교육 프로그램: 자녀와 대화방법, 가족 간 소통, 아버지교육 등 맞벌이가족의 부모역량 강화 프로그램</td></tr>
</table>

출처: 여성가족부 홈페이지(2018).

(3) 공동육아나눔터 운영

지역 중심의 양육친화적 사회환경 조성을 통해 핵가족화로 인한 가족돌봄기능 보완 및 이웃 간 돌봄 품앗이 연계 활동이다. 지원공동육아 나눔터는 부모들이 모여 육아 경험과 정보를 공유하고 소통하는 공간이자, 자녀들이 또래와 함께 장난감과 도서를 마음껏 이용할 수 있는 놀이 공간을 제공하는 지역사회 자녀돌봄 사랑방 가교 역할을 하며, 가족품앗이 활동은 같은 지역, 이웃에 사는 사람들끼리 자신이 가진 노동력, 물품 등을 교환하는 전통적 공동체 정신을 계승하여 이웃 간 육아 정보를 공유하고 서로의 장점을 살려 학습, 체험, 등하교 등을 함께 하여 자녀양육 부담을 덜고 자녀의 사회성 발달을 돕는 그룹 활동을 말한다.

지원대상은 18세 미만의 자녀가 있는 가정(부모 및 자녀)이며 맞벌이 및 비맞벌 상관없이 이용 가능하다. 이용시간은 월~금 10시부터 18시까지이며 자녀들의 안전한 돌봄활동을 위한 장소제공, (조)부모 및 양육자, 자녀에게 육아 정보 제공 및 소통 등 정보나눔 기회를 제공하고, 동화구연 등 상시 프로그램 운영 및 지원, 장난감 및 도서 대여 가족품앗이 유형별 그룹활동 운영지원 등의 서비스를 제공한다.

(4) 일 · 생활 균형 수혜정보

① 가족돌봄 휴직

가족(부모, 자녀, 배우자, 배우자의 부모)이 질병, 사고, 노령으로 인해 돌봄이 필요한 경우에 사용할 수 있는 휴직제도로, 연 90일을 사용할 수 있으며 1회 사용 시 최소 30일 이상을 사용하여야 하며 휴직 중이므로 사업주는 임금을 지급하지 않아도 되며 승진, 퇴직금산정, 연차휴가일수 가산을 할 때 가족돌봄휴직 기간도 포함된다. 신청방법은 돌봄개시 예정일 30일 전까지 돌봄이 필요한 가족의 성명, 돌봄개시 예정일과 종료일, 신청자 성명 등을 적은 신청서를 재직 중인 사업장의 사업주에게 제출하면 된다.

② 출산전후휴가

임신 중의 여성에게 출산전후 보호휴가를 부여하여 출산한 여성근로자의 근로의무를 면제하고, 임금 상실 없이 휴식을 보장받을 수 있도록 하는 정부 지원 사업으로 근로기준법이 적용되는 임신 중이거나 출산한 여성근로자가 지원대상이다. 지원내용은 출산전후휴가기간은 출산 전과 출산 후를 통하여 90일의 출산전후휴가를 사용할 수 있으며, 출산 후에 45일 이상 사용할 수 있도록 기간을 배정해야 하며(임신한 근로자가 유산 · 사산의 경험이 있거나, 출산전후휴가 청구 당시 만 40세 이상이거나 유산 · 사산의 위험이 있다는 의사의 진단이 있는 경우 출산 전에 쓸 수 있는 휴가(44일)를 분할 사용 가능) 2014년 7월부터 다태아(둘 이상의 자녀)를 출산하는 여성근로자의 출산전후휴가가 90일에서 120일로 확대되었다. 휴가기간 중의 임금지급의 출산전후휴가 급여는 휴가개시일의 통상임금을 기준으로 지급(월 150만 원 한도)되며, 우선지원대상기업(중소기업)은 90일간 최대 450만 원, 대기업은 30일간 최대 월 150만 원씩 고용보험에서 지원하며 우선지원대상기업 근로자의 통상임금이 고용보험에서 지원하는 금액보다 많을 경우 최초 60일분에 대하여는 그 차액을 사업주가 지급한다. 확대되는 출산전후휴가 120일 중 75일은 사업주가 유급의무를 부담, 나머지 45일은 고용센터에서 출산전후휴가 급여를 지원한다. 단, 우선지원대상기업의 경우 고용센터에서 사업주 유급 기간을 포함한 120일까지 출산전후휴가 급여를 지원(통상임금의 100%, 월 135만 원 한도)한다.

③ 배우자 출산휴가

배우자 출산 시 남성근로자에게 출산휴가를 주어 남성의 육아·가사 참여 확대를 장려하기 위한 정부지원 사업으로 배우자가 출산한 모든 근로자가 지원대상이 된다. 지원내용은 배우자가 출산한 경우 출산일로부터 3일간(3일은 유급), 필요시 5일(2일은 무급)까지 사용할 수 있는데, 휴가는 분할하여 사용할 수 없고(3일 연속 사용), 다만 노사가 합의하면 가능하다. 출산일로부터 30일이 지나면 사용할 수 없으며, 배우자 출산휴가는 월력상 일수를 의미하므로 휴일도 사용일수에 포함된다(예: 금요일에 3일을 신청하였다면 금/토/일 3일이 배우자 출산휴가로 부여되므로, 일반적으로 금요일 출산 시에는 금요일은 일반 연차휴가를 사용하고 월요일부터 배우자 출산휴가를 사용하는 경우가 많음).

배우자 출산휴가 기간의 급여는 배우자 출산휴가 기간 중 최초 3일은 유급(사업주 부담)이며, 근로자가 신청하지 않아 휴가를 사용하지 않은 경우, 유급 3일에 대한 별도의 보상은 없다.

④ 경력단절여성 취업지원(여성새로일하기센터 운영)

여성새로일하기센터(이하 '새일센터')는 출산, 육아 등으로 경력이 단절된 여성의 재취업을 전담하는 종합취업지원기관으로 직업상담, 직업교육훈련, 인턴십, 취업알선, 취업 후 사후관리까지 취업지원서비스를 one-stop으로 제공한다. 지원대상은 출산, 육아와 가족구성원의 돌봄 등을 이유로 경제활동을 중단하였거나, 경제활동을 한 적이 없는 여성 중에서 취업을 희망하는 여성이 지원대상이며, 직업상담, 직업교육훈련, 여성인턴제, 취·창업연계 및 사후관리 등이 지원내용이다.

⑤ 권역별 미혼모·부자 지원기관 운영

미혼모·부가 자녀를 스스로 양육하고자 할 경우 위기에 대처할 수 있도록 온·오프라인 상담 및 종합적인 정보 제공, 응급상황 시 병원비, 생필품 지원, 문화체험 및 교육 프로그램 운영 등 다양한 서비스를 권역별 미혼모·부자 지원기관을 통해 제공한다. 지원대상은 혼인기록이 없고 사실혼 관계가 아닌 미혼 모·부가 대상이며, 전국 17개 거점기관에서 미혼모(부)가족의 자녀 양육 및 자립을 위한 지원 서비스를 제공한다.

⑥ 저소득 한부모가족 주거지원

경제적으로 어려운 무주택 한부모가족에게 일정기간 양질의 주거서비스를 제공하는 것으로 저소득 무주택 한부모가족이 지원대상이다. 지원내용으로는 모자/부자 가족복지시설과 미혼모자 가족복지시설, 일시지원 복지시설, 공동생활 가정형 매입 임대주택 주거지원이 있다.

⑦ 아빠 육아휴직 보너스제

아빠 육아휴직 보너스제는 같은 자녀에 대해 부모가 순차적으로 육아휴직을 사용하는 경우, 두 번째 사용한 사람의 육아휴직 첫 3개월 급여를 통상임금의 100%로 상향하여 지급하는 것이다. 지원대상은 부모가 육아휴직을 순차적으로 사용할 경우, 나중에 사용하는 사람이며 통상적으로 부모가 순차적으로 육아휴직을 하는 경우 아빠가 나중에 하게 되므로 아빠의 육아휴직을 촉진하는 아빠 육아휴직 보너스제로 가능할 것으로 기대된다.

지원내용은 같은 자녀에 대해 부모가 순차적으로 육아휴직을 사용할 때, 두 번째 사용한 사람의 육아휴직 첫 3개월 급여를 통상임금의 100%(상한 월 150만 원, 2017.7.1. 이후 출생한 둘째 자녀에 대하여 두 번째 육아휴직 사용자는 상한액 200만 원)로 지급한다(2018.7.1.부터 모든 자녀에 대하여 상한액 200만 원으로 인상 예정). 신청절차는 통상적인 육아휴직 신청절차와 동일하다.

외국의 육아휴직제도를 간단히 살펴보면 다음과 같다(한국여성정책연구원, 2013). 스웨덴은 1974년 아버지들에게 유급 육아휴직을 실시한 최초의 국가로, 1977년 국가노동시장위원회(National Labor Market Board)는 "남성이 여성과 동일한 기준으로 자녀를 책임질 권리는 반드시 인정되고 권장되어야 한다"고 명시하면서 남성(60일)

+여성(60일)+360일(공동사용)로 총 480일의 육아휴직 사용이 가능하다. 임시 육아휴직은 자녀가 12세가 되기 전까지는 매년, 12~15세까지는 의사 증명서가 있으면 자녀 한 명당 120일간 사용 가능하다. 소득 80%의 유급휴직으로 자녀가 아플 경우에도 사용 가능하다.

독일의 육아휴직제도는 2007년 거대한 개혁으로 '독일 가족정책 패러다임의 전환'을 가져왔다. 개혁 이전과 마찬가지로 3년간 육아휴직은 그대로지만 유급휴직 기간을 단축하고 급여율을 인상했다. 유급수당 수급기간은 반으로 줄여 12개월로 하고 12개월간 임금의 65~67%에 상응하는 수당을 지급한다. 부모가 모두 휴직을 하면 추가로 2개월간 새로 도입된 육아수당을 지급한다. 이는 남성이 자녀양육에 보다 적극적인 역할을 하도록 인센티브를 제공하는 것이다. 독일 연방통계청의 육아휴직 사용 관련 데이터(2013)에 따르면 2007년 제도개혁 이후 육아휴직 남성이 5.4%에서 2011년 27.3%로 증가한 것으로 나타났다.

판란드는 1980년 처음으로 남녀 공동으로 사용할 수 있는 육아휴직제도를 도입했고 2003년 2주간의 부성휴가를 도입했다. 육아휴직 급여 재원에는 고용주(2.04%)+근로자(0.74%)+정부(소득이 없는 부모를 대상으로 최저 수준의 급여를 지원)의 건강보험이 기여하고 있다. 핀란드에는 가정양육수당제도가 있어 정부가 양질의 보육서비스에 투자하고 노력해야 할 의무를 보다 값싼 방법으로 해결하는 방안으로 평가되며 남성의 육아휴직 참여에 부정적인 영향을 미치는 것으로 분석된다.

⑧ 가정양육수당 지원

어린이집, 유치원 등 시설을 이용하지 않는 아동에게 양육수당을 지원함으로써 부모의 자녀양육에 대한 부담을 낮추고, 시설이용－가정양육 간 부모의 선택권을 제고하는 제도이다. 지원 대상은 어린이집, 유치원 등을 이용하지 않고 가정에서 양육되는 취학 전 만 84개월 미만 전 계층 영유아이며, 지원 내용은 만 6세 이하 영유아(신청일로부터 0~84개월 미만)의 월령에 따라 차등 지급한다. 지원기간은 양육수당 지원을 신청한 날이 속한 달부터 아동의 취학전 연령의 12월까지 지원하며, 매월 25일(토·공휴일인 경우에는 그 전일에 지급)에 지급한다. 0~11개월의 영유아는 월

20만 원, 12~23개월 유아는 월 15만 원, 24~84개월 미만의 유아는 월 10만 원을 지원한다.

2) 일 · 가정 양립을 위한 전략

이제 우리 사회에서 일과 가정을 양립하는 것은 개인, 가족차원뿐만 아니라 국가차원에서도 매우 중요한 문제가 되었다. 지금까지 우리 사회에서 아이를 낳고 키우고 교육하는 일이 철저히 가족 안에서의 사적인 문제였고 가족의 부담이며 책임이었던 것을 생각하면 공적인 장에서 주요 의제가 된 것은 사실 놀라운 변화이다.

맞벌이부부들이 어려움을 겪고 있는 것이 사실이긴 하나, 한편에서는 맞벌이를 하는 것이 이들 가족의 삶에 많은 이득을 가져온다는 논의도 진행되고 있다. 예를 들면 맞벌이를 하면서 자존감이 높아지고 사회적 관계가 증대된다는 실증적 연구들(김난주 · 권태희, 2009; 장영은, 2009)이 있으며, 남성의 경우는 가족의 경제적 부양에 대한 단독 책임에서 벗어남으로써 스트레스가 감소하고 가족생활에 관여할 수 있는 기회가 증가한다고 보고되고 있다(Barnett & Rivers, 1996). 또한 어머니의 취업이 부모-자녀 간의 애착형성에 부정적인 영향을 미치지 않으며(장영은, 2009), 취업모의 자녀가 성에 대해 보다 유연한 태도를 갖게 되고 독립심이 강해진다는 연구결과도 있다(문혁준 외, 2011). 즉 부모의 취업 자체가 문제라기보다는 이들이 직장과 가족이라는 두 영역에서의 책임을 얼마나 원활하게 수행하는지에 관심을 갖는 것이 중요할 것이다.

일 · 가정 양립제도 중 출산전후휴가와 배우자 출산휴가가 가장 필요한 제도(96.4%)로 인식하고 있으며, 육아기 근로시간단축(92.4%), 육아휴직(91.3%), 가족돌봄 휴직(91.0%), 유연근무제도(78.1%) 순으로 나타났다(여성가족부, 2013). 기업들은 일 · 가정 양립지원이 근로자의 일 · 가정 양립지원과 기업의 이미지제고에는 매우 효과가 있는 데 반해 인력공백과 기업의 비용 증가로 어려움이 있는 것으로 나타났다.

일 · 가정 양립을 위한 전략으로 가족과의 정서적 유대감, 배우자와의 협력적인 관계, 자기계발과 양육현실 간의 간극(gap) 조정, 맞벌이에 대한 자부심, 일과 가족생활의 경계관리, 효율적 시간활용, 실질적으로 운영되는 가족친화적 근무제도, 가족구성원의 지원 등이 중요 역할을 한 것으로 분석되었다(양소남, 2011).

일 · 가정이 양립하기 위해서는 가정의 일을 여성의 일로 전가하는 전통적인 고정관념을 탈피하여 남녀가 적극 분담하고 일과 가정을 양립할 수 있도록 정신적 · 신체적 건강을 증진하는 환경을 조성하고 지속 가능한 방향으로 삶을 전환해 나가야 할 것이다.

12장 Chapter

가정폭력

가정폭력은 폭력으로부터 보호막이 되어야 할 가정에서 발생하므로 심각한 사회문제가 되고 있다. 가정폭력은 가장 친밀한 관계에서 은밀하게 반복적으로 위협하고, 인권을 유린하며 가족구성원의 삶을 황폐화시킨다. 자녀들은 가정에서 폭력을 학습함으로써 '폭력의 재생산'이 이루어지며, '세대전이'를 통해서 폭력이 대물림된다. 지속적인 폭력 속에 노출된 자녀는 정서발달상의 문제를 겪거나 비행성향이 강화되어 폭력자가 되기 쉽다. 한편, 가정폭력 가해자는 국가의 공권력으로 보호처분을 받게 되며, 사회의 따가운 시선 속에서 심각한 삶의 위기를 경험하기도 한다.

가정폭력은 주체에 따라 부부폭력, 자녀폭력, 부모폭력, 형제자매폭력 등 가정 내에서 발생하는 여러 형태의 폭력을 모두 포함한다. 그중 부부폭력, 아동학대, 노인학대를 3대 가정폭력으로 보고 있다. 그러나 우리 사회에서 일반적으로 가정폭력이라고 할 때 협의의 개념인 배우자 간에 발생하는 부부폭력으로 이해하는 경우가 많아 혼동을 주기도 한다. 따라서 본 장에서는 우리 사회에서 가장 많이 발생하고 있으며, 통념적으로 생각하는 협의의 개념인 가정(부부)폭력을 먼저 살펴본 후 아동학대와 노인학대를 검토하고자 한다.

1. 가정폭력의 이해

1) 가정폭력의 개념과 특수성

우리나라의 경우 「가정폭력범죄의 처벌 등에 관한 특례법」 제2조 제1항에 의하면 가정폭력의 개념을 '가정구성원 사이의 신체적, 정신적 또는 재산상의 피해를 수반하는 행위'라고 규정(동법 제2조 제1항)하고 있다. 가정구성원의 범위는 현재의 가족관계뿐만 아니라 과거의 관계까지 포함하며, 동거하는 친족까지 확대하고 있다.

가정폭력을 형태에 따라 분류하면 신체적 폭력, 정서적 폭력, 경제적 폭력, 언어적 폭력, 성폭력을 들 수 있다. 특히 정서적 폭력, 경제적 폭력, 언어적 폭력은 심리적인 폭력에 해당된다. 이 중에서 폭력의 강도는 개인에 따라 주관적이나 법적인 관계에서 신체적 폭력과 성적 폭력을 가장 심각하게 다루는 경향이 있다. 따라서 심리적 폭력은 물적 증거를 확보하기가 쉽지 않아 간과하는 경우가 있으나 심리적 폭력 역시 피해자에게는 상당한 위협이 되고 있다.

2) 우리 사회에서 일어나는 가정폭력의 특수성

오래 전부터 우리 사회에서는 '부부싸움은 칼로 물 베기'라는 말이 전해져 왔다. 과거에는 대가족이 함께 한 울타리 안에서 살았으며, 먹여 살릴 식구는 많고 살림살이는 어렵다 보니 부부끼리 싸울 일이 생겨도 생활에 파묻혀 그냥 지나갔다. 몇 대가 함께 사는 울타리 안에서 내 마음에 들지 않는다고 부부 사이에 큰 소리를 내기란 그리 쉽지 않았고 억울해도 하소연할 수가 없었다. 특히 남존여비사상과 남성 중심 사회로 한쪽이 기우는 입장이어서 대등한 싸움이 일어날 수 없는 구조였다. 그러나 칼로 수천 번을 되풀이해서 베어도 다시 합해지는 것이 물의 성질이지만 부부는 근본적으로 물과는 다르다. 감정의 존재이므로 심한 상처를 받으면 결국에는 회복불능의 지경까지 가게 된다. 칼로 물을 베다보면 자칫 주위사람이 다치거나 물속을 노니는 물고기들이 생명을 잃을 수도 있다.

이러한 관점에서 우리 사회에 가정폭력이 발생하는 원인을 크게 세 가지로 나누어 보았다.

(1) 가정 내에 고착화된 성역할 규범

우리 사회의 가정폭력은 남편과 아내의 성역할 규범이 잘못 인식되어 있는 데 큰 원인이 있다. 가해 남편은 폭력을 통해 아내의 잘못을 바로잡아야 한다는 남편으로서의 권리와 의무의 수단으로 인식하였다.

(2) 인간 중심적이 아닌 가족 중심적인 잘못된 사고

자신의 권리 주장과 폭력 자체를 인정하지 못했던 여성들은 잘못된 성역할에 길들여졌다. 자신이 희생할지라도 자신보다 가정의 유지가 먼저라는 사고 속에서 폭력도 쉽게 용인하며, 참으면 언젠가는 나아지겠지 하는 막연한 기대감으로 살아갔다. 이들이 폭력에 노출될 경우, 그 폭력을 해결하기 위해 자신의 성역할에 더욱 충실코자 노력한다. 그러나 이러한 모순된 노력은 가족 내에 잘못된 권력 관계에서 폭력을 순환시킬 뿐 폭력 자체를 멈추게 할 수는 없다. 여성들의 탈출 의지는 아내나 어머니의 역할과 충돌하게 되고 아내, 어머니로서 정체성에 마음이 기울어져 폭력에서 벗어나기가 어렵다. 폭력이 싫지만 그 폭력에서 떠날 수 없는 상황 속으로 자신을 밀어 넣게 된다.

그러나 폭력의 올가미 속에서 더 이상 인내할 수 없는 한계에 이르면 자신도 모르게 남편을 살해하는 극한 상황까지 도달하게 되고, 이는 패륜적인 사건처럼 보이게 된다. 이러한 잘못의 원인은 본인의 잘못된 정체성에서도 찾아볼 수 있겠지만 인권보다 가족 중심을 더 요구하는 우리 사회의 잘못된 사고에 뿌리가 있다.

(3) 사회구조적 · 사회문화적 요인

가부장적 사고와 성차별 의식이 만연한 사회구조, 여성의 소외와 폭력을 부추기는 문화와 대중매체는 우리 사회의 폭력을 조장하고 있다. 남편의 가정폭력에 관대한 경찰 및 수사기관의 태도, 남의 가정사나 부부관계는 타인이 간섭할 수 없다는 폭력에 대한 이웃의 무관심과 몰이해는 우리 사회의 폭력에 대한 민감성을 더욱 떨어뜨리고 있다.

3) 가정폭력 관련 법

우리나라에서는 가정폭력과 관련된 두 가지 법이 있다. 하나는 「가정폭력방지 및 피해자 보호 등에 관한 법률」(이하 가정폭력방지법)이고, 다른 하나는 「가정폭력범죄의 처벌 등에 관한 특례법」(이하 가정폭력처벌법)이다. 「가정폭력방지법」은 가정폭력을 예방하고 피해자를 보호하는 데 목적을 두고 있으며 소관부처는 여성가족부이다. 「가정폭력처벌법」의 소관부처는 법무부이며, 가정폭력 범죄의 형사처벌 절차를 정하고 가정폭력 행위자에 대한 보호처분을 행하여 건강한 가정을 만드는 데 목적이 있다. 가정폭력 관련 법은 1997년 12월 31일 제정되어 1998년 7월 1일부터 시행되고 있다.

한편, 선진국들은 각 나라의 실정에 맞는 정책을 마련하여 가정폭력을 예방하고 있다. 미국은 1984년 가정폭력예방 및 서비스 관련 법 제정 이후 다양한 법률적 제도를 마련하였다. 1998년에는 여성폭력방지법을 제정하여 연방정부의 주정부 가정폭력프로그램에 대한 기금의 양을 증가시켜 가정폭력 피해여성들이 주 단위를 넘어서 연합체를 구성할 수 있도록 지원하고 있다.

영국은 총리직속의 내각기구인 여성청 설치, 여성청 내에 여성폭력 대응팀을 구성하고 2004년 가정폭력범죄피해자법을 개정하여 중앙정부기관, 지방정부 및 지역 연합체들과 연계하고 있다. 법원의 금지명령 위반 시 형사적인 제재가 가능하고, 위반 즉시 경찰의 체포권 행사가 가능하며, 1974년 여성보호기관인 'Woman's Aid'를 설립하여 전국으로 확대하고 있다. 또한 가정폭력 전문법원을 설립하여 가정폭력에 대한 전문적인 훈련을 받은 검사, 판사, 법률 조언가, 경찰관 등으로 구성하며 피해자와 피해가정의 아이들을 위한 법률 지원과 보호제공을 하고 있다.

일본은 2007년 가정폭력방지법을 개정하여 가해자로부터 접근을 막는 보호명령의 조건과 대상의 범위를 확대하였다. 따라서 친족과 피해자를 지원해 주는 사람들도 보호명령을 통해 신변 안전을 보장받게 하고 있다.

4) 가정폭력의 실태와 특성

(1) 가정폭력의 현황과 실태

여성가족부가 전국 만 19세 이상 일반국민 6,000명을 대상으로 실시한 2016년 전국가정폭력실태조사에 따르면 부부폭력률이 2013년에 비해 감소된 것을 알 수 있다(여성가족부, 2016). 그러나 신체적 폭력으로 가정폭력을 판단할 수 없으며, 감소 비율이 가정폭력 해결을 의미하는 것은 아니다. 부부폭력의 피해는 남성(8.6%)보다 여성(12.1%)이 더 많이 받고 있으며 가해 역시 남성(11.6%)이 여성(9.1%)보다 많은 가해율을 보이고 있다. 이러한 폭력은 특히 여성에게 '위협이나 공포', '정신적 고통', '신체적 상처' 등을 남김을 알 수 있다. 폭력에 대한 대응으로 '그냥 있었다'가 66.6%나 되었으며, '자리를 피하거나 집으로 도망'이 24.1%로 조사되어 안타까움을 주고 있다.

남성과 여성 모두, 부부폭력이 발생한 시기는 '결혼 후 5년 미만'이 50% 이상이었으며, 여성이 부부폭력에 노출된 시기는 '결혼 후 1년 미만'이 18.1%, '결혼 후 1년 이상 5년 미만'이 44.2%, '결혼 전 교제기간'에 처음으로 폭력을 경험했던 여성도 2.0%로 나타났다. 부부폭력의 원인으로는 '성격 차이'와 '경제적 문제'가 가장 많았다. 폭력 이후 전문적인 상담요청은 극히 미미한 수준이었고 대부분 가족이나 친척, 이웃이나 친구에게 도움을 요청했다. 전문적인 상담을 신청하지 않은 이유는 폭력이 심각하지 않다고 생각해서, 집안일이 알려지는 것이 창피해서, 부부간 알아서 해결할 일이라는 응답이 나왔다.

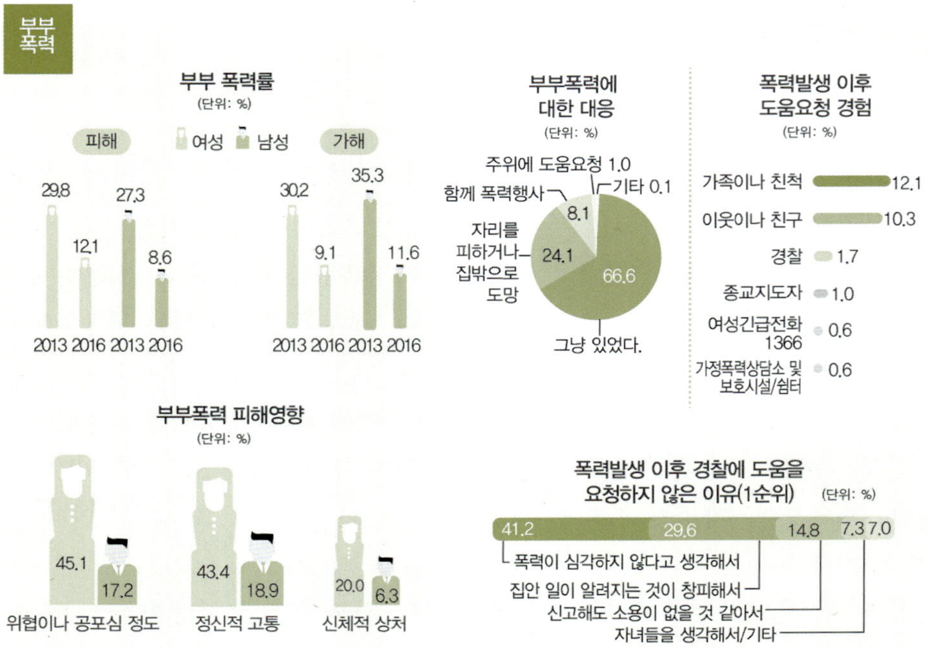

그림 12-1 2016년도 전국 가정폭력 실태조사

한편 우리나라의 가정폭력은 영국이나 일본보다 5배나 많은 것으로 나타났다 (2011.5).[1] 가정폭력을 부부싸움의 연장선으로 가볍게 여기거나 배우자를 소유물로 생각하는 경우가 많아 폭력이 일상화되었기 때문이다.

가정폭력에 대한 우리 사회의 통념은 〈표 12-1〉에서 알 수 있다.

1) 2010년 가정폭력 실태조사에 의하면 2010년 한국 15.3%, 영국 3.0%, 일본 3.0%로 나타났다.

표 12-1 가정폭력에 대한 잘못된 사회문화적 통념과 사실

가정폭력에 관한 잘못된 통념	가정폭력에 관한 사실
가정폭력은 경제적 및 학력 수준이 낮은 사람들에게만 일어난다.	피해자들은 경제적 능력이나 학력에 관계없이 모든 계층에 있다.
가정폭력은 개인적인 문제이므로 다른 사람이 관여할 바가 아니다.	가정폭력은 범죄이다. 이것은 심각한 사회적 문제이며 개인의 문제가 아니다.
배우자를 학대하는 것은 자녀들에게 영향을 미치지 않는다.	자녀들이 직접 학대를 받지 않았더라도 가정폭력은 자녀들에게 매우 심각한 영향을 미친다.
술이나 약물 때문에 배우자를 학대한다.	가해자들 중에 많은 사람들이 술과 약물을 남용한다. 그러나 술과 약물 때문에 폭력을 행하는 것이 아니라 폭력을 행사하기 위해 술과 약물을 복용한다고 보아야 한다. 가해자 중에 술이나 약물을 복용하지 않는 사람들도 상당수 있다.
가해자들은 모든 대인관계에서 폭력적이다.	대부분의 가해자는 가정에서만 폭력적이다. 다른 사람에게는 친절하고 예의 바르다.
가해자들은 자신들의 폭력적 행동을 통제할 수 없다.	가해자들은 자신의 행동을 통제할 수 있다. 그들은 폭력 대신에 다른 방법을 선택하도록 교육을 받고 행동이 변할 수 있다.
피해자들의 잘못된 행동이 폭력의 원인이다.	가정폭력은 피해자의 행동이나 태도에 따라 발생하는 것이 아니다. 대부분의 가해자들이 사회에서는 폭력을 행사하지 않는다는 것은 자신이 힘으로 통제할 수 있는 사람에게만 폭력을 행사한다는 것을 의미한다. 피해자들이 어떻게 행동하든 가해자는 폭력을 행사한다.
가정폭력은 일시적으로 감정을 통제하지 못해서 발생하는 것이다.	가정폭력은 지속적이고 시간이 지남에 따라 점점 심각해지는 경향이 있다. 가해자는 폭력행사를 통해 피해자를 통제하려 하며 두려움을 조장하는 것이다.
피해자들은 가정폭력관계에서 벗어날 수 없다. 그것은 운명이므로 감수하고 살아야 한다.	피해자들은 가정폭력 관계에서 벗어나기 힘든 것처럼 보인다. 이는 운명이기 때문이 아니라 스스로 보호하도록 배울 기회가 없었기 때문이다. 피해자도 스스로를 보호하는 법을 배우면 충분이 폭력관계에서 벗어날 수 있다.
피해자들은 정신이 이상하거나 열등하다.	피해자가 이상하거나 열등하기 때문에 맞는 것이 아니라 폭력을 당하기 때문에 그렇게 되는 것이다.

출처: 보건복지부(2000).

(2) 가정폭력의 폐해

가정폭력은 단지 피해자에게만 부정적 영향을 미치는 것이 아니라 피해자와 자녀, 가해자, 가족 전체, 지역사회, 사회 전반에 걸쳐 부정적인 영향을 미치기 때문에 더욱 심각하다(Bradley, 1994: 13-15).

① 피해자에게 미치는 영향

가정폭력은 피해자에게 가장 직접적으로 신체적 상처를 남기며 최악의 경우는 살해되거나 자살로 나타난다. 먼저 신체적 상처는 타박상, 골절상, 고막터짐, 사지통증, 신경통, 만성두통, 만성피로, 소화불량 또는 위 장애, 악성빈혈, 심장질환, 불면증, 섭식장애 등이 있다(송성자 외, 2005). 또한 피해자들에게 인지, 행동, 정서, 대인관계의 측면에서 부정적인 영향을 미친다(김은영, 2010).

이와 같이 가정폭력 피해자들에게 나타나는 주요한 심리·정서적 특성은 우울, 고립감, 학습된 무기력, 자기비난과 책임감, 외상 후 스트레스 장애(PTSD), 낮은 자존감, 분노, 사회적응 장애, 가족기능 장애 등이 나타난다.

② 자녀에게 미치는 영향

배우자에게 폭력을 하는 폭력 행위자들은 대부분 자녀들에게도 폭력을 행사한다. 때로는 자녀들이 피해자를 보호하려고 가해자를 막다가 상처를 입을 수도 있다. 또한 부부폭력은 부모들이 자녀들을 적절히 돌보지 못하기 때문에 자녀들이 방임될 수도 있다. 무엇보다 부부의 폭력을 목격하는 것만으로도 자녀들에게는 심각한 영향을 미칠 수 있다(Kashani & Allan, 1998: 33-45).

부부폭력과 관련한 연구들은 부부폭력에 긴급대응의 욕구가 컸기 때문에 부부폭력에 노출된 자녀에 대해서는 상대적으로 무관심해 왔다. 그러나 최근 들어 가정폭력 노출아동에 대한 연구들이 증가되고 있다. 이들 연구에 따르면 부부폭력이 아동 적응에 미치는 영향은 크게 내재적 문제, 외현적 문제, 사회적 발달의 문제로 나타나고 있다(박형원, 2004; 신혜섭, 2000; 양혜원, 2002).

③ 가해자에 미치는 영향

가정폭력은 가해남성에게도 부정적인 영향을 미친다. 배우자가 보복하는 경우에 상해되거나 심지어 살해될 수도 있으며, 배우자와 자녀들의 사랑과 존경을 잃게 됨에 따라 고립되거나 불안정해진다. 또한 집에서의 갈등으로 인해 보다 많은 시간을 밖에서 보내게 되고, 술을 마시거나 다른 여성과 관계를 가지게 되거나 배우자가 떠나기로 결정한다면, 가족 전체를 잃게 될 가능성이 높다.

한편, 최근에는 가정폭력을 하는 여성도 증가하고 있으며, 피해를 입은 남성은 여성들보다 정신적 피해가 크며 상담하거나 지원받을 곳도 없어 심각한 문제가 되고 있다.

④ 가족 전체에 미치는 영향

가정폭력은 배우자 혹은 아버지에 대한 두려움으로 가족생활 전체가 변화되고, 가족 해체의 가능성이 높아진다.

⑤ 지역사회와 사회 전반에 미치는 영향

가정폭력은 지역사회 내 다른 가족들에게 방해가 되고, 특히 여성들에게 위협적인 환경을 초래한다. 아동들은 자신이 원하는 것을 얻기 위해서는 폭력을 어떻게 사용하는가를 관찰하게 되고 결과적으로 사회에 높은 수준의 폭력을 허용하게 된다. 또한 가족이 해체됨으로써 지역사회에서 불안정과 사회 문제가 야기되고, 피해자가 노동(가사노동과 임금노동)을 하지 못함으로써 높은 경제적 손실을 가져온다. 의료적 치료, 경찰, 법원, 복지 서비스 등의 피해자에게 제공되는 서비스 비용이 발생하며, 사회 전반적인 측면에서 여성을 남성의 통제 하에 있는 이등 시민으로 고정화하는 부작용을 초래할 수 있다.

5) 폭력가족에 대한 복지대책

가정폭력 피해여성은 긴급한 구호 요청 및 지속적인 지원이 필요하다. 이에 대한 대표적인 서비스 기관으로 가정폭력 상담소, 가정폭력 피해자 보호시설, 여성 긴급전화 1366, 여성의 전화 등이 있다. 그 외에도 우리 사회의 따뜻한 관심을 통하여 여성 및 사회단체의 계몽운동과 개인상담 및 가족상담 치료 프로그램 지원 등이 필요하다.

(1) 폭력가족을 위한 복지서비스와 개선방안

① 피해자 보호시설 및 가정폭력 상담소 지원 강화

가정폭력 피해자에 대한 효율적인 서비스를 제공하기 위해서는 우선 피해자 보호시설의 보호기간을 탄력적으로 운영할 수 있어야 한다. 피해자 보호시설은 최대 연장하여 9개월 동안 머물 수 있다. 그러나 이 기간은 가정폭력 피해자가 안정을 되찾고 가정폭력에 대응하는 계획을 세우고, 법률적인 절차를 밟고 자활을 하기에는 불충분한 기간이다. 따라서 피해자 보호시설도 피해자의 자활기간 정도에 따라 장단기로 구분하여 운영하며, 특히 장기보호자에 대해서는 자활 프로그램을 통하여 자립할 수 있도록 재정적 지원증가가 요구된다.

전국의 가정폭력상담소는 2017년 1월 1일을 기준으로 전국에 205개소, 보호시설은 67개소가 있다(여성가족부, 2017). 가정폭력상담소 운영지원 대상은 가정폭력 피해자 및 가족이며 가정폭력 피해자에게 상담, 임시보호, 의료기관 보호시설 등으로 연계된다. 보호시설에서는 가정폭력 피해자 숙식제공 등의 보호를 지원하는데 숙식을 제공하고 가정폭력 피해자의 신체적, 정신적 안정 및 가정 복귀 지원, 자활 지원을 하고 있다. 그러나 가정폭력상담소는 도시권을 중심으로 설치되어 있어서 시골에서는 이용하기가 쉽지 않아 어려움이 크다. 피해자의 신속한 서비스 제공을 위해 이용자의 접근성을 고려하는 방안의 모색이 필요하다.

② 쉼터의 사후서비스 강화

쉼터의 여성들은 폭력관계였던 남편이 있는 가정으로 복귀하거나, 별거나 이혼을 통해 남편의 폭력에서 벗어나는 경우로 구분할 수 있다. 그러나 이 두 경우 모두 남편의 폭력 가능성으로 인해 불안을 경험한다. 가정으로 복귀한 여성이건 홀로서기를 하는 여성이건 간에 쉼터 이후에도 여성들은 습관화된 남편의 폭력과 자녀문제는 물론 직업문제, 자녀교육문제, 사회부적응 등 다양한 문제를 경험하고 있다.

따라서 쉼터 이후의 사후보호서비스가 지속적으로 요구된다. 쉼터를 떠난 후 주기적인 전화상담과 정기적인 재가방문을 통해서 가족들의 생활변화를 파악하고 위기상황에서 보호할 수 있는 안전망이 필요하다. 또한 쉼터의 전문인력 확보가 시급한 실정이다. 현재 쉼터의 실무진으로는 사후서비스를 충분히 제공하는데 인력이 부족할 뿐만 아니라 실무자들의 전문적 수준도 차이가 많기 때문에 인력 보충과 전문적인 교육 강화가 필수적이다.

③ 가해자와 피해자 그리고 가족에 대한 동시적 접근

현재 가정폭력서비스는 피해자 여성이나 아동을 중심으로 치료하고 있다. 그러나 현실적으로 이들이 일시보호소에서 가정으로 돌아가게 될 경우 폭력을 다시 경험할 위험에 처하게 된다. 그러므로 보다 장기적인 안목에서 볼 때 가정폭력을 예방하며 동시에 개선하는 방안으로 가해자의 폭력근절과 피해자의 심리적 안정을 위한 치료가 필요하다. 또한 폭력으로 피해를 입은 다른 가족에게도 가족치료서비스가 제공되어야 한다. 특히 폭력을 보고 자란 자녀들이 정서적으로 안정이 되도록 지속적인 상담을 실시하는 것은 매우 중요하다.

④ 가정폭력방지법과 가정폭력 예방을 위한 교육 및 홍보

보편적으로 「가정폭력방지법」이 제정 · 실행되고 있다는 것에 대해서는 높은 인지도가 있으나, 전 국민이 이 법을 인지할 수 있도록 교육과 홍보하는 것은 매우 부족한 실정이다. 정보 전달이 늦은 비도시지역이나 사회적 환경에 소홀하기 쉬운 주부, 연령대가 높은 사람들, 부부문제에 비교적 관심이 적은 학생층 등을 고려하여 가정폭력예방교육을 실시하는 것이 필요하다. 가정폭력 인식제고를 위하여 공영방송의 공익광고를 활용하여 일회성이 아닌 일상생활에서 인식될 수 있도록 지속적인 매스컴 홍보를 실시하는 것도 가정폭력근절 분위기 조성에 기여할 것이다.

⑤ 서비스 기관 간 연계체계 구축

가정폭력 피해자들에게 나타나는 문제는 신체적 · 심리적 · 사회적 측면에서 매우 복합적인 양상을 보이고 있다. 따라서 이들에 대한 다양한 사회적 지원이 보다 효율적이고 효과적으로 제공되기 위해서는 관련 서비스 기관 간의 공식적인 통합서비스 연계 구축이 필요하다.

이를 위해서는 가정폭력 피해자와 가해자에게 서비스를 제공하는 모든 기관들을 결합한 지역사회 연계체계가 구성되어야 한다. 즉, 피해자들의 복합적 욕구에 따른 의료서비스, 심리상담서비스, 법률서비스, 주거보호서비스, 자립지원서비스 등 다양한 공식적 통합 연계서비스가 원스톱으로 이루어져야 한다. 현재 여성긴급전화 1366의 원스톱 서비스가 핵심기능을 하고 있으나 업무연계가 제대로 이루어지지 않는 실정이다. 따라서 각 서비스 기관의 업무영역을 명확히 하고 정보공유와 타 기관 의뢰 등 각 기관 간의 협조적인 관계가 이루어질 수 있는 명확한 규정이 필요하다.

2. 아동학대

자녀를 부모의 소유물로 여기는 전통적인 의식구조 때문에 우리 사회의 아동학대는 심각한 수준에 이르고 있다. 아동학대 및 폭력의 결과는 가벼운 타박상과 찰과상부터 영구적 장애나 사망에 이르기까지 다양한 신체적 증상으로 나타나고 있다. 또한 불안, 우울, 신경쇠약, 자아상실, 무력감 및 삶의 의욕상실 등이 나타나고 있다. 때로는 자살을 시도하거나 대인기피증, 자주 놀라거나 공포심을 갖는 등의 정신적 증상을 보이기도 한다(김승권 · 조애저, 1998).

여기서는 아동학대에 관한 전반적인 이해와 사회복지적 대책을 살펴보고자 한다.

1) 아동학대의 개념

우리 사회에서 아동학대는 자녀학대, 자녀구타 등과 혼용하여 쓰이고 있다. 아동학대의 광의의 개념은 아동방임을 포함한 의미로서 주 양육자 및 주위의 모든 환경이 아동의 적절한 발달이나 복지의 보장을 저해할 가능성이 있거나, 현재 저해하고 있는 모든 발달영역상의 손상을 말한다. 그러나 협의의 개념으로서는 주 양육자가 의도적으로 아동에게 가하는 명백한 신체적 손상을 의미하고 있다(이소희 외, 1999: 123). 이를 정리하면, 아동학대란 만 18세 미만의 아동이 부모나 후견인으로부터 신체적, 정신적 또는 복지상태에 위협을 받고 있는 상태나 해로운 상태를 말한다.

2) 아동학대의 현황

2016년 아동학대 신고접수 현황을 보면 총 신고접수는 29,671건이 되며, 이는 2015년 19,208건보다 약 만 건이 증가하였다. 2016년 아동학대의심사례 역시 25,878건으로 매우 높게 나타나고 있다. 신고자는 32%가 학교 교사 및 교직원으로 가장 많으며, 비신고의무자는 68%로 사회복지전담공무원이나 아동 관련 종사자들이 대부분을 차지하고 있다. 학대 유형[2)]은 중복학대가 48%로 가장 많고 다음으로 정서적 학대(19%), 신체학대(14%), 방임(16%), 성학대(3%) 순으로 나타났다(보건복지부, 2016).

3) 아동학대의 원인과 문제점

아동학대의 발생요인은 보는 시각과 학자에 따라 차이가 있으나 일반적으로 개

2) 아동학대의 4가지의 유형: ① 신체적 학대－체벌이라는 이름으로 가해지는 신체적 손상행위, ② 정서적 학대－아동에 대해 부정적인 태도, 언어적 · 정서적 공격 등, ③ 성적 학대－미성숙한 아동과 청소년을 성적 활동에 개입시키는 것, ④ 방임－신체적 방임, 의료적 방임, 정서적 방임, 교육적 방임 등

인적 요인, 가족적 · 사회심리적 · 문화적 요인 그리고 아동 자신의 요인으로 나누어 볼 수 있다.

(1) 개인적 요인(부모요인)

부모의 개인적 요인은 학대자의 심리적 특성과 성격구조의 결함에서 그 원인을 찾을 수 있다. 부모의 정서적 · 성격적 주요 특징으로 어린 시절의 성장 경험, 즉 적대, 비난, 처벌, 거부, 무시, 복종, 과잉기대 등이 비정상적인 정서적 · 성격적 특성을 형성하게 되었다고 볼 수 있다. 낮은 자존감, 의존성, 좌절, 정서적 박탈, 충동성, 고독감, 고립, 엄격성, 아동에 대한 비현실적 기대, 부모의 아동기 때의 학대경험, 부적절한 양육기술, 아동에 대한 비합리적인 기대, 알코올 중독 그리고 정신 병리적인 문제로 인하여 아동학대가 일어날 수 있다. 다음은 부모의 특성과 아동학대와의 일반적인 관계를 나타내고 있다.

① 부모의 연령: 일반적으로 아동을 학대하는 부모의 연령은 낮으며, 20~30세에 집중되어 있다. 부모의 낮은 연령과 학대와의 관계는 부모의 정신적인 성숙과 양육경험의 부재에서 비롯된다고 볼 수 있다.

② 부모의 결혼상태: 부부가 함께 동거하는 상태보다 사망, 별거나 이혼 등의 결손가족인 경우에 아동학대의 발생빈도가 높다.

③ 부모의 건강상태: 아동을 학대하는 부모는 일반적으로 건강이 좋지 않거나, 질병을 앓고 있으며, 늘 과로한 경우가 많다.

④ 부모의 경제수준: 만성적인 스트레스(stress)원의 가장 보편적인 형태라고 할 수 있는 빈곤은 아동학대와 매우 밀접한 관계를 가진다.

⑤ 부모의 교육수준: 학대부모는 일반적으로 교육수준이 낮다.

⑥ 부모의 성장배경: 학대부모의 성장배경 연구에서 반복적으로 나타나는 사실은 부모 자신의 학대받은 과거력이다.

⑦ 부모의 성격특성: 학대부모는 대체로 자신에 대해 열등감과 좌절감을 느끼고 있으며, 충동적이고 매사에 민감하다.

(2) 가족적 요인

가족의 역동성이 아동학대를 유발하는 요인이 된다는 관점이다. 한부모가족에서 부 또는 모가 부모의 기능을 수행해야 하는데 부모의 책임을 다할 수 없을 때 강한 스트레스를 받아 아동을 학대하게 된다. 미성년 부모의 경우 책임감이 약하고 충동성이 강하기 때문에 학대의 위험성이 크고 자신이 달성하지 못했던 성취감을 아동에게 기대하게 된다. 이러한 동기로 인해 아동의 욕구보다 단지 자신의 욕구가 충족되지 않을 때 빈번하게 학대가 발생된다.

(3) 사회심리적 요인

아동학대의 사회심리적 요인은 가족의 계층이 사회경제적으로 낮은 계층, 직업의 불만족, 가정불화, 사회적 고립, 가족의 역기능적 상호작용 형태에서 많이 발생한다. 또한 결혼갈등, 많은 자녀, 실업, 사회적 고립, 원치 않은 아이의 출생, 문제아이 등이 아동학대의 원인이 되기도 한다.

(4) 문화적 요인

폭력, 체벌에 대한 사회의 태도가 아동학대의 요인이 된다. 폭력을 허용하는 사회에서 아동학대를 예견할 수 있는데 아동학대 사건의 대다수가 아동의 잘못에 대한 징계조치에서 기인한다. 체벌이 심한 나라의 일방적인 태도는 아동을 훈육할 때 아동을 부모의 소유물로 인식하고 다룬다는 것이다. 이러한 문화적 요인은 아동학대의 생태학적 관점, 즉 가족의 취업상태, 이웃, 사회적 관계, 폭력에 대한 문화적 가치를 반영하고 있다.

(5) 아동 자신의 문제

아동 자신이 가진 신체적인 특성이 미숙아, 만성질환, 영구적 신체장애아인 경우 양육자에게 끊임없는 양육부담을 주기 때문에 더 쉽게 학대받을 수 있다. 이런 경우 양육하면서 학대받기도 하나 출생하자마자 유기해 버리는 경우도 많다. 또한 과잉행동 아동이나 부모가 이해할 수 없는 부적절한 기질의 아동은 가정 내의 스트레스를 유발시킬 수 있는 요인이 될 수 있다.

4) 아동학대의 복지대책

우리나라는 유교문화와 가부장적 사회의 영향으로 부모에 대한 순종과 교사에 대한 존경이 강조되었고, 이러한 관습을 통해 아동학대와 훈육이 혼동되어 수용되었다. 따라서 가정 내에서 일어나는 아동학대와 이에 대해 무관심했던 사회를 일깨우기 위해 다양한 복지대책이 필요하다(조흥식 외, 2010).

(1) 대중사회교육의 확대와 (의무)신고제도의 활성화

아동학대에 대한 예방적 차원에서는 이미 부모가 된 사람들과 위험성이 높은 부모들뿐 아니라 결혼 전 남녀와 자녀 낳기 전의 부모들에게 교육을 시행하는 것이 필요하고, 학부모 모임이나 대중매체를 이용한 사회교육도 효과적이다.

또한 대중홍보를 통해 아동학대 신고를 의무화하거나 포상을 주어 적극적인 신고를 유도하는 것도 시급한 과제이다. 특히 아동상담소에서 활동하는 아동위원은 관할 구역 내의 아동에 관한 생활 상태와 가정환경을 상세히 파악하여 아동복지에 필요한 원조를 하며 아동복지지도원과 관계행정기관의 협조를 강화해야 한다. 기타 보건소의 보건요원, 읍·면·동사무소 직원들, 사회복지사는 지역사회에서 해당 아동을 발견하면 의무적으로 신고해야 한다. 무엇보다 선진국처럼 보호자의 유무와 상관없이 지역주민들이 신고를 생활화하는 것이 우선되어야 한다.

(2) 지역사회의 지원서비스 활용

아동학대는 멀리 있는 친척보다 항상 가까이서 함께 살아가는 지역사회의 이웃이 더 잘 알 수 있으므로 지역사회의 관심과 배려가 요구된다. 따라서 지역사회

자원을 활용하여 가정폭력이나 학대로 인해 방치된 아동들을 위한 방과 후 프로그램을 제공하거나 자원봉사자들을 연계하여 일대일 멘토 프로그램을 피해아동에게 제공하는 방안도 필요하다.

(3) 상담 및 가족치료

아동학대는 대부분 원가족으로부터 답습되어 왔기 때문에 치료가 쉽지는 않다. 그러나 개인상담이나 집단상담을 통해서 가정폭력과 학대의 원인을 찾아내고 학대가 반복되지 않도록 개입하는 것이 필요하다. 상담은 개인상담뿐만 아니라 가족치료가 보다 효과적이다. 특히 아동에게는 자신의 감정을 적극적으로 표출할 수 있는 미술치료 등 다양한 매체를 활용한 접근이 필요하다.

(4) 교육 및 보호시설

폭력이 있는 환경에서 아동의 바람직한 양육을 기대하기는 힘들다. 따라서 가정폭력과 학대는 피해아동들을 보호하며 올바른 교육을 감당할 수 있는 보호시설이 필요하다.

(5) 아동학대 방지 서비스 강화

국가와 지방자치단체는 「아동복지법」 제45조(아동보호전문기관의 설치 등)에 의거하여 학대받은 아동의 발견, 보호, 치료에 대한 신속처리 및 아동학대예방을 담당하는 지역아동보호전문기관을 설치 · 운영하고 있다. 지역아동보호전문기관은 「아동복지법」에 의거하여 아동학대 신고접수, 현장조사 및 응급보호의 업무를 수행하며 피해아동과 피해아동의 가족 및 아동학대행위자를 위한 상담 · 치료 및 교육 등을 담당하고 있다. 아동보호전문기관은 2017년 현재 전국에 총 61개소가 설치 · 운영되고 있다. 현재 아동학대 관련 기관이 설치되었으나 수적으로 부족하기 때문에 아동문제 해결에 충분한 기능을 발휘하지 못할 뿐 아니라, 홍보 부족으로 일반인들이 제대로 활용하지 못하고 있다. 보다 신속하고 적극적으로 대처하기 위해서 시·군·구 단위로 확대 설치해야 하며 각 기관에 전문인력을 배치하여 효과적인 운영이 이루어질 수 있도록 해야 한다. 또한 학대가 예상되는 가정은 정기적인 재가방문을 실시하여 가족생활의 변화와 위기상황을 전문가적 입장에서 판단하여 학대를 예방하는 것이 필요하다. 아동학대 예방을 위해서는 무엇보다 아동의 인권에 대한 국민들의 인식 제고와 지역주민들의 신고의식이 우선되어야 할 것이다.

3. 노인학대

1) 노인학대의 개념과 유형

노인학대의 개념은 「노인복지법」에 잘 나타나 있다. 노인에 대하여 신체적·정신적·성적 폭력 및 경제적 착취 또는 가혹행위를 하거나 유기 또는 방임을 하는 것으로 정의하고 있다(노인복지법 제1조의2 제4호). 따라서 노인학대는 부모에 대한 신체적 폭력을 비롯하여 무시, 방임, 정신적·언어적 학대, 경제적 착취 등의 행위를 총칭한다고 볼 수 있다.

한편, 노인학대는 학대의 발생공간에 따라 가정학대와 시설학대로 구분할 수 있다. 가정에서의 노인학대는 피해노인과 특별한 관계에 있는 성인자녀, 배우자, 친지, 친구 등의 보호제공자가 행하는 학대를 말한다. 시설학대는 노인에게 비용을 받고 보호를 제공하는 요양원 혹은 무료양로원 등의 시설에서 발생하는 것을 의미한다. 그 외는 가정이나 시설 밖의 공간에서 발생하는 학대를 들 수 있다. 「노인복지법」의 개념정의를 참고하여 6가지 학대 유형으로 분류하면, 신체적 학대, 정서적 학대, 경제적 학대, 성적학대, 방임, 유기로 분류할 수 있다.

2) 노인학대의 현황

우리 사회의 고령화는 예상보다 빠르게 진행되고 있다. 통계청이 발표한 2016년 생명표자료에 따르면 지난해 출생아를 기준으로 한 한국인의 기대수명은 여성이 85.4년, 남성이 79.3년으로 나타났다. 기대수명은 출생아가 앞으로 살 것으로 기대되는 연수를 말하는데 우리나라 국민의 기대수명은 경제협력개발기구(OECD) 회원국 평균보다 여자는 2.3년, 남자는 1.4년 긴 수명으로 장수국가 반열에 올랐다(통계청, 2016).

반면 우리 사회의 노인학대문제는 급증하여 심각한 사회문제가 되고 있다. 우리나라는 2016년 노인학대 신고 의무제를 시행하였으며 30개 노인보호전문기관을 설치하였다. 정부는 전국 노인시설 5,400곳 인권 실태 전수 조사를 시행하였는데 노인학대의 유형별 비율(2015년 기준)은 정서적(37.9%), 신체적(25.9%), 방임(14.9%), 자기 방임(10.1%), 경제적(8.8%), 성적(1.7%) 학대 비율 순으로 나타났다. 학대 행위자는 아들(36.1%), 배우자(15.4%), 본인(14.7%), 딸(10.7%), 기관(9.0%) 등의 순으로 나타났다. 학대 발생장소는 가정 내(85.8%), 생활시설(5.4%), 병원, 공공장소, 이용시설의 순으로 조사되었다. 학대 피해 노인의 특성은 남녀 모두 70대 이상 고령자이며, 매일 및 일주일에 한 번 이상 학대당하는 경우(59.6%)가 가장 많은 것으로 나타났다(보건복지부, 2016).

3) 학대받는 노인의 특성

학대받는 노인의 특성은 다양하게 나타나는데, 일반적인 특성은 다음과 같다.

- 창피스러움, 수치심과 불안한 행동을 한다.
- 죽기를 희망하거나, 삶을 비관하여 자살을 선택하기도 한다.
- 매사에 지나치게 순종적이고 아첨하는 방식으로 행동한다.
- 자신이 아무리 노력해도 아무 것도 안 될 것이라고 생각하고 미리 포기해 버린다.

- 심한 배신감으로 인한 분노감정이 일어나지만, 이를 억압한다.
- 억압된 분노감정을 다른 대인관계에서 공격성으로 표출하기도 한다.
- 대인관계를 기피하거나 다른 사람의 눈치를 보고, 안절부절 못한다.
- 세상과 사람에 대한 불신감을 갖는다.
- 자신을 인생의 실패자로 규정하고, 인생 전체를 부인하기도 한다.
- 언제 다시 학대가 일어날지 몰라 두려워한다.
- 가해자 특히 자녀에 대한 사랑과 의무감을 포기하지 않는다.
- 약물이나 술에 의존하기도 한다.
- 정신병적 증상을 보이기도 한다.
- 자신의 의사를 내세우지 않고, 의사결정에 참여하지 않으려 한다.
- '언젠가 학대가 멈추겠지'라는 비현실적 기대를 갖는다.

4) 노인학대 예방 대책

노인학대가 급증하는 가장 큰 원인 중의 하나는 노인학대 신고가 제대로 이루어지지 않기 때문이다. 실재로 노인학대 신고율은 14%에 불과하다. 처벌 법규는 마련되어 있지만 가해자 대부분이 아들·딸·며느리 등 자녀들이어서 신고하기가 쉽지 않으며, 통계에 잡힌 노인학대 사례도 극히 일부분에 불과하다. 이러한 노인학대 예방을 위해서는 다양한 측면에서 통합적인 개입이 필요하다.

(1) 개인적·가족적·사회적 측면

첫째, 개인적 차원으로는 노인을 대상으로 하여 노인학대 인식교육이나 노인의 의존성을 줄이기 위한 자기관리 강화 및 사회활동 참여를 권장한다. 특히 노인들에게 노인학대 발생 시 대처상황으로 전국 어디서나 1577-1389로 전화할 수 있도록 교육한다. 보건복지부위탁 중앙노인보호전문기관 산하에는 24개의 노인보호전문기관이 있다(2013). 노인보호전문기관에서는 노인학대 전화를 받으면 해당 사례를 접수하고 직접 현장조사를 통해 노인의 안전과 보호조치를 하고 있다.

둘째, 가족 차원으로는 노부모 이해교육, 노부모 수발방법 교육 및 부양자 상담서비스를 적극 활용하여 노인에 대한 부양부담을 줄인다. 부양자를 위한 정서적·사회적·경제적 지원서비스와 노인부양 원조체계로서 재가노인복지서비스를 적극 활용한다.

셋째, 사회적 차원으로는 노인의 권리를 존중하는 풍토를 조성한다. 노인학대 홍보 및 예방교육을 실시함으로써 사회의 노인차별 및 경시 풍조를 근절하고 노인을 위한 사회활동 참여를 확대하는 프로그램이 필요하다. 특히 학대의 비율이 높은 여성 노인과 고연령층 노인들이 주로 시간을 보내는 경로당에서 노인학대를 예방할 수 있는 프로그램을 실시하는 것이 효과적이다. 또한 노인학대 전문상담 전화번호 활용과 홍보·영상매체의 개발, 보급 등으로 노인학대의 심각성에 대한 사회적 분위기를 이끌어내는 것이 시급하다.

(2) 노인학대 관련 법적 측면

「가정폭력 범죄의 처벌 등에 관한 특례법」에 담겨 있는 노인학대 관련 조항에는 학대자 가족구성원의 범위를 일반적으로 가족원으로 생각하는 사람(배우자, 자기 또는 배우자와 직계 존비속 관계에 있던 자, 계부모와 자의 관계에 있었던 자)뿐만 아니라 동거하는 친족관계에 있는 자(동법 제2조 제2항)를 포함함으로써 비교적 가족원을 넓게 규정하고 있다. 그러나 전반적으로는 가족, 친족원에 의한 학대만을 다루고 있다. 따라서 이 법에서는 노인 자신에 의한 자기 방임이나 가족 외의 다른 사람에 의한 학대는 다루어질 수 없어 이에 대한 대책이 필요하다. 또한 노인학대 발견 시 누구든지 신고할 수 있으나, 다만 치료를 담당하는 의료인 및 의료기관의 장(제4조 제2항)과 노인복지시설 종사자와 장(제4조 제3항)에 대해서만 신고를 의무화 하고 있어 노인학대에 대한 보다 구체적인 대응책이 요구되고 있다.

13장 Chapter 중독가족

"너 · 나 우리 누구나 중독될 수 있다. 중독이 되고 나면 누구나 같아진다"

자신은 아니라고 말하지만 어느 누구도 자유로울 수 없다.

게임, 스마트폰, 알코올, 도박, 마약 등 스스로도 모르게 중독에 빠져드는 사람들, 삶의 희망을 잃어버리고 중독되어 가는 사람들 그리고 중독에 빠질 위험이 있는 모든 사람들에게 중독의 심각성을 알리는 경고의 메시지.

가정의 기능이 마비되어 가는 현실, 삶의 목적을 잊어버리는 시대...

우리가 살고 있는 사회에는 많은 사람들이 중독 때문에 어려움을 당한다. 술과 도박은 오랫동안 우리 인류 역사와 더불어 존재하면서 인간생활에 여러 가지 긍정적 혹은 부정적인 영향을 끼쳐왔다는 것은 일반적인 상식이다. 최근에 들어서는 술과 도박 외에 인터넷, 스마트폰이라는 매개체가 현대사회를 살아가는 데 없어서는 안 될 필수요인으로 우리 생활에 광범위하게 영향을 미치고 있다. 음주와 도박 행위 및 인터넷 사용빈도가 증가됨에 따라 이러한 행위들에 대한 통제력이 상실되면서, 즐기는 음주나 사회적인 도박, 유용한 인터넷, 스마트폰 사용이 아니라 중독이라는 병으로 진행되기도 한다. 하지만, 중독에 관한 이해와 정보 부족으로 적절한 치료시기를 놓쳐 만성 뇌질환인 중독 환자가 증가하고 있다. 특히, 청소년과 20대, 여성의 알코올 사용장애[1]가 증가하고 있다.

이 장에서는 중독에 대한 기본적인 이해를 돕고 중독문제를 해결하기 위해 최근 확산되고 있는 알코올 중독과 도박 중독, 그리고 인터넷 중독을 중심으로 개념과 특성 및 실태, 치료와 예방대책 등에 대해 알아보고자 한다.

1) 과도한 음주로 정신적, 신체적, 사회적 기능에 장애가 생기는 질환

1. 중독의 이해

1) 중독의 정의

현대사회에는 인터넷 중독, 게임중독, TV중독, 일중독, 쇼핑중독, 스마트폰 중독 등 특정한 활동에 지나치게 빠져서 일상적인 생활을 영위해 나가는 데 어려움을 겪는 사람들이 많다. 중독을 한마디로 정의하기는 생각보다 어려운데 치료적인 관점에서의 정의는 더욱 그렇다. 중독이란 말의 사전적인 정의는 매우 일반적인 것이다. 중독(addiction)의 어원은 라틴어 'addicene'이며 '양도하는 것, 동의하는 것'이라는 뜻으로, 고대사회에서 감금되거나 노예가 된 사람을 묘사하는 데 사용되었다(Webster's Dictionary, 1975). 이러한 의미는 강하고 반복적이며, 과도한 욕구가 어떤 대상이나 물질, 행동, 환경 또는 개인적인 상호작용을 향하여 나타날 때, 중독되었다고 생각할 수 있다(Hatterer, 1980).

중독증이란 단어는 사회적으로 매우 부정적 이미지를 함축한다. 마약이나 알코올 중독부터 우리나라 중년남성의 절반 이상이 걸렸다고 하는 워크홀릭(일 중독), 네티즌이라면 다 겪어봤다는 우리 시대의 새로운 중독증으로 불리는 인터넷 중독, 경제적 상황이 힘들어지면서 더 늘어났다는 각종 도박 관련 중독, 거기에 최근 들어 음식, 운동, 섹스, 소비, 스마트폰 등 현대인들에게 나타나는 중독의 대상은 매우 다양하며, 이미 중독증이란 용어는 복잡하고 다양한 현대사회의 단면을 상징하는 중요한 단어가 되어가고 있다.

2) 중독의 특성

중독이란 특정 기호나 습관 또는 행동에 스스로 빠지거나 자신을 내맡기는 상태를 의미하며, 기분을 변화시키기 위해 특정 물질에 의존하는 물질중독과 특정한 활동이나 사건에 의존하는 행위중독으로 구분할 수 있다. 일반적으로 널리 알려져 있는 물질중독은 술이나 약물, 카페인, 니코틴, 특정 음식과 같은 외부 물질에 중독되는 것을 말하며, 최근 사회적 이슈로 점점 부각되고 있는 도박중독과 인터넷, 스마트폰 중독은 행위중독에 해당된다(미국정신의학회, 1997).

Archibald Hart(1997)는 중독의 특성을 다양한 특성을 통합하여 기술하고 있다.

첫째, 중독은 일종의 도피를 제공한다. 중독은 현실로부터 유리시킴으로써 불안을 피하게 해준다.

둘째, 중독은 중독된 사람을 완전히 지배하며 그 지배력은 모든 논리나 이성을 능가한다. 집착이 너무 강하여 논리나 이성만으로는 극복되기 힘들다. 이것이 중독을 치료하거나 극복하기 어려운 이유이기도 하다.

셋째, 중독은 언제나 쾌감을 제공한다. 중독적인 행동은 물질이나 활동에 직접 관련되는 모종의 쾌감(흥분, 자극, 진정, 해방감, 혹은 그 밖의 또 다른 즐길 만한 감정)을 반드시 제공한다.

넷째, 중독은 파괴적이고 건강하지 못하다. 중독물질이나 행동이 계속하여 쾌감을 준다 하더라도 결국 몸과 마음에 해를 끼치거나 파괴시키기도 한다. 또한 인간관계를 손상시키며, 안정적이고 균형 잡힌 생활을 힘들게 한다.

다섯째, 중독행동은 중독자의 인생의 모든 다른 문제보다 우선순위이다. 중독자는 한 가지 주제를 중심으로 자신의 모든 인생을 계획한다.

여섯째, 중독자는 자신이 중독되었다는 것을 부정한다. 중독으로부터의 회복은 부정을 해치고 나가는 지속적인 과정이다.

일곱째, 모든 중독은 심리적 의존을 포함한다. 중독에 있어서 심리적 집착은 심리적 쾌감을 자리 잡게 하여 쾌감을 위한 쾌감을 열망하게 되는 것이다.

3) 중독현상의 공통점

다양한 중독에서 나타나는 공통점을 살펴보면 다음과 같다(채규만, 2013).

첫째, 처음부터 중독이 문제가 되는 것은 아니다. 사교적인 음주는 생활의 활력이 되기도 하고 사회적인 도박으로 긴장감이 적당히 풀린다면 도박도 문제가 될 것이 없다. 그러나 무엇이든 과하면 주변에 피해를 주는 결과를 가져올 수 있듯이 물질중독이나 중독행동은 개인이나 가족, 사회에 부정적인 영향을 주게 된다.

둘째, 중독은 탐닉적이고 쾌락적인 효과를 보이므로 그러한 쾌감을 한번 맛보면 그것을 추구하려고 하여 그 행동에서 벗어나기가 쉽지 않다.

셋째, 중독은 혼자 있는 상황에서만 발생하지는 않는다. 처음에는 가족이나 친구들과 함께 술을 마시다가 나중에는 혼자서 술을 마시는 것처럼, 주변사람들이 중독행동으로 유도할 수 있다. 따라서 중독치료를 위해서는 주위의 사회적 관계망을 효과적으로 이용할 필요가 있다.

넷째, 중독자는 중독물질이나 행동과 애착관계를 형성하게 되고 그 관계는 쉽게 끊어지지 않는다. 어린 시절 부모와 애착관계를 형성하지 못한 사람들은 술이나 인터넷, 도박, 마약 등을 통해 애정욕구의 공허함을 채우려고 하고 그러한 중독행동과 애착을 형성하게 되면 그 행동을 그만두기가 어려워진다.

다섯째, 중독물질이나 행동으로 긍정적인 강화를 받으면 그 대상을 더 빨리 학습하고 깊은 애착관계를 형성하게 되어 중단하기가 더 어려워진다. 예를 들면, 인터넷 게임을 통해 주변사람들에게 잘한다는 이야기를 들으면 그 게임을 더 열심히 하게 되고 그러한 과정이 반복되면서 게임중독이 되게 된다.

여섯째, 중독이 되거나 또는 중독에서 벗어나는 데에는 많은 사회적 비용이 필요하다. 따라서 중독은 개인만의 문제가 아니라 가족 · 사회 · 국가 문제로 다루어야 한다.

마지막으로, 중독은 전문적인 도움 없이 벗어나기가 매우 힘들다. 일시적으로는 중독행동이 중단되기도 하지만 장기적으로 보면 전문적이고 지속적인 치료 없이는 재발위험이 매우 높다. 따라서 중독 관련 전문가의 도움이 필요하다.

2. 중독의 유형

1) 알코올 중독

(1) 알코올 중독의 정의

알코올 중독을 한마디로 규정하기는 어렵다. 국가나 사회의 문화에 따라 다르지만 세계보건기구(WHO: World Health Organization)에서는 알코올 중독은 전통적인 음주 습관의 범위를 넘어서거나 사회적 음주습관의 범위를 넘어서 음주를 하는 경우를 말하며, 문화적 · 사회적 요인의 중요성을 강조하고 있다(이영실 외, 2010 재인용).

우리 사회는 술 먹는 문화가 아주 일상적이면서도 관대하기 때문에 술로 인해 삶이 황폐해짐은 물론 사회경제적 손실도 막대하다. 무엇보다 알코올 중독이 치료적인 개입 없이 방치될 경우, 합병증 및 알코올성 치매 등의 정신질환을 유발하기도 하고 심하면 죽음에 이르게 되는 치명적인 결과를 가져오며, 음주 문제로 인해 가족기능이 손상되고 가족구성원 각자에게도 영향을 미치는 심각한 가족병이 된다. 즉, 알코올 중독은 중독자 자신에게만 고통이 아니라 가족과 사회구성원들에게도 부정적인 영향을 미치며 가족들을 병들게 만드는 질병인 것이다. 따라서 알코올 중독 치료를 위해서는 중독자 자신은 물론이고 함께 생활하고 있는 가족들에 대한 개입이 필수적이라 하겠다.

(2) 알코올 중독의 실태

우리나라 국민들의 올해 음주실태를 조사한 결과, 20~30대 젊은 층들의 고위험 음주와 폭탄주경험이 증가하고 있다. 고위험 음주란 과음, 만취, 폭음과 같이 건강에 해가 되는 수준의 음주로 세계보건기구(WHO) 기준 순수한 알코올로 남자 60g, 여자 40g 이상의 양이며, 알코올 도수 17%인 소주 기준으로 남자 8.8잔, 여자 5.9잔에 해당한다. 젊은층은 고위험 음주 증가 외에 음주자 자신이 생각하는 적정 음주량보다 실제 더 많이 섭취하고 수입 및 수제맥주에 대한 선호도가 증가

추세이다. 고위험 음주율은 지난해 대비 30대에서 증가하였다(식약처, 2017).

전체적으로 남성의 음주율은 다소 감소하는 경향을 보이고 있으나 반대로 여성의 음주율은 계속 늘어나고 20~30대 여성들이 술을 처음 접하는 연령은 낮아지고 있다(한국음주문화연구센터, 2016).

여성의 음주는 일반적으로 남성보다 늦게 시작되고, 사별과 같은 스트레스를 경험한 후에 자주 나타나며, 중독이 되기까지의 기간이 남성보다 더 짧다(정남운·박현주, 2000). 또한 여성의 음주는 남녀 간의 생리적 차이로 인해 남성의 음주보다 소량의 음주로도 간경화, 알코올성 간염 등 신체적 합병증이 쉽게 발병하고 남성에 비해 훨씬 높은 비율의 우울증을 동반하는 등 더욱 위험하다.

최근에는 일명 '키친 드렁커'[2)]라고 불리는 주부들의 알코올 중독이 증가하고 있는데, 여성 알코올 중독환자가 2~3년 사이 4배 이상 증가하여 여성병동을 따로 만들었고, 이들의 중독원인을 분석한 결과 남편의 외도, 고부갈등, 우울증, 직장 스트레스 순으로 나타났다고 한다(조선일보, 2012. 6. 7). 남성의 경우 단지 술이 좋아서 마시곤 하지만 여성, 특히 주부들은 부부갈등이나 시댁문제 등의 생활 스트레스로 술에 빠지는 경우가 많고, 술을 마실 때도 혼자 주방에서 마시다 보니, 알코올 중독으로 이어지기가 오히려 쉽다고 한다. 그러나 여성의 음주에 대한 비판적 시각이 여전하고 여성들이 술 문제로 전문가에게 상담받길 꺼리고 정작 치료받을 공간이 부족하기 때문에 치료시기를 놓치는 경우가 많다.

사실 우리 사회는 음주에 다분히 허용적이고 관대한 문화를 가지고 있다. "한국 사람은 모이면 마시고, 취하면 싸우고, 헤어지고 다음날 또 다시 만나 웃고 함께 일 한다"라는 말이 그를 입증한다. 술 마시고 다음날 출근하지 않은 회사원에 대해 미국인들의 과반수 이상이 '그 사람은 알코올 중독자다'라는 의견을 갖지만 한국인들은 대부분 '그럴 수 있다'라는 반응을 보였다. 이렇게 알코올 중독에 대한 심각성을 사회적으로 인식하는 데는 다소 둔감한 편이다. 그러나 알코올 중독은 개인의 신체적인 기능뿐만 아니라 사회심리적·경제적·사회적·정서적·가족적 기능까

2) '주방에서 술에 취한 사람'이란 뜻. 주로 가족들이 없는 시간대에 집에서 지속적으로 혼자 술을 먹는 주부를 일컫는 신조어로, 술을 과하게 마시는 여성까지 통칭한다.

지 심각한 손상을 가져오는 사회문제인 동시에 정신건강문제이다. 따라서 알코올 중독에 대한 관심과 해결방안에 대한 사회문화적 접근이 무엇보다 중요하다.

(3) 알코올 중독의 원인

① 생물학적 원인

일반적으로 알코올 중독이 되는 데는 성장환경이 더 크게 작용한다고 생각하기 쉬우나 여러 연구에서는 알코올 환경보다 유전적 소양이 더 중요다는 것을 보여준다(유호인, 2000). 또한 평균적으로 알코올 중독자의 3분의 1이 알코올 중독 부모를 두고 있으며, 부모가 알코올 중독인 경우 그 자녀는 비알코올 중독 부모인 경우보다 알코올 중독자가 될 확률이 4배나 높았다(한국 알코올과학회 학술부, 2000). 특히 아들일 경우 중독자로 진행될 위험이 더 큰 것으로 나타났다(Goodwin, 1985). 일반적으로는 부모가 술을 마시는 것을 보고 배우기 때문에 성장환경이 더 중요하다고 생각하는 경향이 있으나, 유전적 요인을 간과할 수 없음을 보여주는 연구이다. 이처럼 많은 학자들과 임상가들은 유전적 요인이 알코올 중독에 가장 강력한 소인이라는 데 동의한다. 그러나 알코올 중독이 어떤 양상으로 유전되는지 또 어느 정도 영향을 미치는지에 대해서는 아직 확실하지 않다.

② 심리 사회적 원인

가. 정신분석학적 원인

Freud의 성격발달이론에 의하면, 사람은 출생에서 1세까지 입과 혀 등을 통해 빠는 욕구를 충족시켜야 한다. 그런데 이러한 구강기욕구를 충족시키지 못하면, 이 시기의 불만족감이 평생 동안 인간의 무의식 속에 남게 되고 지속적인 결핍감을 느끼게 된다. 이를 해소하기 위한 방법으로 음주를 하게 되고, 이러한 음주가 반복됨으로써 결국 알코올 중독이 된다는 것이다.

나. 성격적 원인

성격이론은 알코올 중독 환자들 중 상당수가 독특한 성격유형이나 문제를 가진 사람이며 부정과 같은 방어기제를 주로 사용한다고 설명한다. 특히 직장이나 가족 혹은 친구와의 관계에서 갈등이 있는 경우, 자신의 주장을 쉽게 표현하지도 반박하지도 못하는 내성적이고 감성적인 성향의 사람들이며, 이로 인해 열등감이나 불안정감이 생기면 이를 잊어버리기 위해 습관적으로 술을 마시게 되고 이러한 행동특성으로 알코올 중독에 빠지기 쉽게 된다는 것이다.

Tip

국립서울정신병원 알코올 중독 선별척도

다음의 질문을 읽고 해당되는 번호에 체크하시오.

1. 나는 자기 연민에 잘 빠지며 술로 이를 해결하려고 한다.
2. 혼자 술 마시는 것을 좋아한다.
3. 술 마신 다음날 해장술을 마신다.
4. 취기가 오르면 술을 계속 마시고 싶은 생각이 지배적이다.
5. 최근에 취중의 일을 기억하지 못하는 경우가 있다.
6. 대인관계나 사회생활에 술이 해로웠다고 느낀다.
7. 술로 인해 작업 기능에 상당한 손상이 있다.
8. 술로 인해 배우자(연인, 보호자)가 나를 떠났거나 떠난다고 위협한다.
9. 술로 인해 진땀, 손 떨림, 불안이나 좌절 혹은 불면을 경험한다.
10. 술이 깨면서 공포나 몸이 심하게 떨리는 것을 경험한다.
11. 술로 인해 생긴 문제로 치료받은 적이 있다.
12. 술을 마시고 싶은 충동이 일어나면 거의 참을 수 없다.

* 위의 12가지 문항 중 4가지 이상이 해당되면 알코올 의존으로 분류된다.

출처: 한국알코올과학회 학술부(2000).

다. 사회문화적 원인

알코올 중독은 가정에서 음주에 대해 무관심하거나, 음주후의 잘못된 행동에 대해서도 관대한 편이고 취중에 하는 어떤 실수도 자연스레 받아들여지는 문화적 풍토 역시 원인이 될 수 있다. 특히 이혼, 별거 등의 사회적 스트레스 요인에 영향도 받는다. 가정환경적으로 음주문제가 있는 부모에게서 성장한 자녀가 그렇지 않은 자녀보다 알코올 중독이 될 가능성이 높다. 특히 남자아이에게 이 현상은 더욱 뚜렷하게 나타나는데, 사회적으로 스트레스를 받게 될 때 자연스럽게 술에 의지하게 되면서 알코올 중독이 될 수 있다(이영실 외, 2010).

(4) 알코올 중독자 가족의 이해

① 알코올 중독자 가족의 특성

가족구성원 중 한 명 혹은 일부가 알코올 중독이라는 질환을 가지고 있는 경우, 가족들 모두가 가족체계의 항상성 유지를 위해 알코올 중독자의 역기능적인 역할에 적응하고 이를 수용해야 하므로 가족의 부담과 어려움이 매우 크다. 또한 알코올 중독자 가족에 대한 사회적인 편견으로 인해 스스로 사회적 접촉을 꺼리게 되어 사회로부터 고립되거나 단절되는 경향을 보이기도 한다(김희국, 2007).

알코올 중독자 가족(alcoholic family)이란 "알코올 중독자의 음주가 가족생활의 중심적인 면이 되는 과정이 명확히 드러나고 가족기능에 음주가 통합되어 평행을 유지하는 가족"을 의미한다(김규수, 2006). 알코올 중독자가 속해 있는 가족은 알코올 중독자가 중독을 유지하기 위한 과정에 함께 연루된다. 알코올 중독자의 음주는 개인 자신의 기능 손상뿐만 아니라 가족체계 전체에 심각한 영향을 미치며, 가족기능 역시 중독자의 알코올 지속이나 악화 또는 치료 및 회복에 중대한 영향을 미치는 상호순환적인 관계이다. 따라서 알코올 중독은 개인의 질병으로만 보기 보다는 알코올 중독자가 속한 가족의 질병으로 보아야 할 것이다.

개인의 알코올 중독이 가족성원에게 미치는 영향에 관한 연구의 결과는 알코올 중독으로 인해 가족기능이 역기능적이며 부정적 결과를 가져온다는 것이 대부분이다(Jackson, 1954; Brown, 1985; Woitiz, 1985). 알코올 중독자 가족의 가족기능에 관한 연구들은 알코올 중독자 가족이 일반가족에 비해 가족기능이 약화되어 있고 가족 응집력과 생활만족도가 낮으며, 역기능적인 의사소통 유형이 두드러지게 나타나고, 경직된 규칙과 역할을 나타낸다고 보고하고 있다(O'Farrell, 1987; 김소야자 외, 1989).

알코올 중독자 가족은 혼돈, 모호, 불일치, 역할의 불명확성, 비예측성, 반복적이고 비논리적인 말다툼, 폭력과 강간 등으로 특징지어지고(Beletis, 1981), 부부갈등, 가정폭력, 자녀와의 갈등 등 음주로 인한 가정문제가 심각한 것으로 나타났다(김미혜 외, 1995). Frances 등(1980)은 알코올 중독자 가족은 일반가족에 비해 결손가정이거나 대가족이 많고, 가족구성원의 정서적 문제가 많이 나타나고, 학업성적과 사회적 수행력이 떨어지며, 반사회적 행동 및 알코올과 관련된 신체적·심리적 증상이 보다 많이 나타난다고 하였다.

이와 같은 알코올 중독자 가족의 역기능적 특성을 설명하는 대표적인 개념은 공동의존(co-dependency)이다. 공동의존이란 역기능적 체계 또는 사람과의 밀접한 관계를 유지하는 과정에서 나타나는 대인 관계적·심리적·정서적·행동적 영역 등 광범위한 영역에서 표현되는 불건전한 삶의 방식으로, 만성적이고 악성적인 진행과정을 말한다(정선영, 2005). 알코올 중독자 가족의 공동의존적 특성은 알코올 중독자의 단주와 재발에 영향을 미치는 주요 표적체계가 가족임을 강조하게 되었고, 알코올 중독 전문가들은 공동의존 개념을 알코올 중독자 가족의 역기능을 평가하고 치료할 수 있는 구성 틀로 사용하고 있다.

② 알코올 중독의 세대 간 전이

부모의 알코올 중독이 자녀에게 미치는 영향에 관한 연구는 1980년에 들어서 본격적으로 시작되었다(Wegscheider-Cruse, 1989; Black, 1981; Woititz, 1983; Rubio-Stipec, 1991). 연구의 대부분은 부모의 알코올 중독이 자녀에게 부정적인 영향을 미친다는 결과이다. 부모의 알코올 중독으로 인한 알코올 중독자 자녀에 대한 영향은 유전적인 측면에서 태아 알코올 증후군으로 나타나는데, 이는 임신기간 중 모(母)의 알코올 중독이 자녀의 학습장애, 발달지체 및 과잉행동과 관련이 있다는 것이다

(McGrath et al., 1997). 이들은 점차 성장하면서 아동기의 정서적 문제, 과다행동, 행동장애, 알코올이나 다른 약물의 남용, 도박 같은 충동적 행동을 나타내게 된다(Sher, 1991).

환경적인 측면에서도 부모의 알코올 중독은 혼란스러운 부모역할의 변화로 만족스러운 역할모델을 찾기 어렵게 하고, 알코올 중독자 부모와의 비예측적이고 일관성 없는 관계나 훈육으로 아동의 안전과 애정욕구는 좌절된다. 알코올 중독자 자녀들의 대표적인 심리사회적 특성으로 낮은 자존감, 대인관계의 어려움, 죄의식, 수치심 등이 있다. 가족의 고통에 책임감을 가지고 늘 근심을 안고 사는 부모화된 아동(성인아이)의 특성이 나타나기도 한다. 가정에 아무 문제가 없는 것을 증명하고자 학업이나 운동 등에서 뛰어난 능력을 보이기 때문에 적응을 잘하는 것처럼 보이지만 삶의 유연성과 여유가 없고 가족의 좌절을 내재화하고 있기 때문에 문제를 유발하기도 한다(Clinebell, 1984; 장수미, 1992 재인용).

사례

B는 어린 시절 아버지의 잦은 음주로 바람 잘날 없는 가정에서 성장하였다. 늘 술에 취해 있는 아버지를 보면서 절대로 나는 술은 입에 대지 않겠다고 결심했지만 영업일을 하면서 퇴근 후 직원들과 한두 잔씩 음주를 하게 되었다. B는 까다로운 고객을 만나거나 영업에 대한 압박감이 심해지면 자신도 모르게 술을 자주 찾게 되었고, 하루에 소주 8병과 맥주 23병을 앉은 자리에서 해치우기도 했다. 그리고 이튿날이면 그의 방안은 난장판이 되어 있었고 몸은 엉망진창이 되어 있었지만 도무지 전날의 일이 기억나지 않았다. 술이 깨면 온몸이 아프고 손이 부들부들 떨렸다. 그러면서 점차 B의 몸은 야위어 갔다. 하지만 잠시라도 술기운이 없으면 견디지 못해서 술을 끊을 수도 없었다. 예전에 비해 신경이 예민해지고 쉽게 화를 내는 성격으로 변해 가자 그나마 있던 몇 명의 지인과도 멀어져 갔다. 결국 부인은 B에게 이혼을 요구하였고 실직까지 하여 가정이 파탄나게 되면서 그는 노숙자 신세에 이르렀다. 뿐만 아니라 설상가상 간경화로 시한부 인생까지 선고받게 되었다.

출처: 채규만(2013) 재구성.

알코올 중독자 자녀에 대한 많은 연구에서 부모의 알코올 중독은 자녀에게 만성적인 스트레스의 형태로 영향을 미치고, 부모의 알코올 중독은 세대 간에 전이되는 현상을 발견할 수 있었으나, 세대 간 전이에 있어서 유전적인 요인보다 환경적인 요인이 더욱 영향을 미침을 추정할 수 있다. 이러한 사실은 알코올 중독에 세대 간 전이를 차단하기 위해 알코올 중독자 가족에 대한 예방적 개입이 중요하다는 시사점을 제공한다.

③ 알코올 중독자 가족의 스트레스

알코올 중독은 중독자 자신은 물론 가족에게 심리적·사회적·생물학적으로 광범위한 영향을 미치고 있으며, 가장 많은 영향을 받게 되는 피해자가 바로 알코올 중독자 가족이다. 가족구성원의 알코올 중독은 다른 가족구성원들에게 충격적인 역할변화와 스트레스를 경험하게 한다. 알코올 중독자가 치료시설에서 벗어나 궁극적으로 돌아가는 곳은 가족이며, 알코올 중독자로 인해 가장 많은 고통을 경험하는 것도 가족이다(윤명숙, 2002).

가족은 알코올 중독자로 인해 오랫동안 시달려서 중독자나 가족 간에 무관심, 무시, 비난, 적대감, 죄의식 등의 복잡하고 미해결된 심리·정서적 문제를 갖게 된다. 또한 알코올 중독자 가족은 알코올 중독자의 빈번한 재발, 재입원, 실직으로 인한 경제적 어려움, 사회적 편견으로 인한 사회적 위축과 고립 등으로 심각한 스트레스와 무력감을 경험한다(김희국·현진희, 2007). 알코올 의존의 기간이 장기화될수록 알코올 중독자와 가족관계는 회복하기 어려운 상황에 처하게 되고, 중독자는 가족 내에서 자신의 지위와 역할을 인정받지 못하게 된다. 이처럼 일종의 가족병으로서의 알코올 의존이 내포하는 의미는 알코올 중독자는 단순히 단주를 함으로써 해결되는 문제가 아니라 가족 전체가 알코올 중독자와 상호관계를 형성하므로 그 가족의 전체 체계가 문제가 된다는 것이다.

(5) 알코올 중독의 치료와 예방

알코올 중독은 방치하면 무서운 결과를 가져오는 일종의 질병이다. 알코올 중독자를 위한 다양한 치료방법이 개발되고 있으나 그 원인들의 복합성으로 인해 치료 또한 결코 단순하지가 않다. 우선, 알코올 중독의 치료는 알코올 중독을 치료해야겠다는 자각에서부터 시작된다. 물론 자각이 환자에게 금방 생기는 것은 아니다. 부정기제가 심하여 강박적 음주를 계속하게 되면 신체적 위험을 방지하기 위해 병원치료가 필요하며, 이 경우는 내과와 정신과 치료를 같이 시작하게 되며, 금단증상을 막는 데 주력을 하게 된다.

그러나 근본적인 알코올 중독의 치료를 위해서는 환자의 자발적이고 적극적인 참여가 필요하며 정신약물요법, 집단정신치료, 인지치료, 가족교육 참가 등 모든 치료를 통합적으로 제공할 때 가장 효과적인 결과를 보이게 된다. 알코올 치료는 잦은 재발을 특징으로 하는 고달픈 과정이므로, 환자 자신이 끝없이 노력하고 성실성을 발휘해야만 회복이란 과제를 성취할 수 있다.

보건복지부는 알코올 중독 예방·상담 및 재활사업 추진을 위해 알코올질환 대상자를 조기발굴 및 개입하여 재활프로그램을 진행하고 가족관리 및 교육프로그램 진행, 예방교육, 절주홍보, 지역사회연계사업 등을 추진하고 있다. 2011년 현재 전국 45개소 알코올상담센터를 운영하고 있으며, 알코올 중독자 사회복귀시설 14개소, 알코올전문병원 6개소를 운영하고 있다(보건복지부, 2012). 〈표 13-1〉은 알코올상담센터의 서비스 내용을 정리한 것이다.

표 13-1 알코올상담센터 서비스 내용

영역	서비스 내용
알코올 중독자 관리사업	• 신규발견 및 이용체계구축 • 사례관리서비스 • 위기관리서비스 • 재활프로그램 • 직업재활서비스
알코올 중독자 가족지원사업	• 신규가족발견 및 이용체계구축 • 사례관리서비스 • 가족교육 및 프로그램

영역	서비스 내용
	• 위기관리서비스 • 가족모임 지원서비스
음주폐해 예방 및 교육사업	• 고위험군* · 조기발견 및 개입서비스 • 아동 · 청소년 예방교육사업 • 직장인 음주폐해예방지원사업 • 지역주민 예방교육사업 • 인식개선 및 홍보사업
지역사회 사회안전망 조성사업	• 보건복지 네트워크 구축 • 지역 법무 연계 · 협력체계 구축 • 자원봉사 관리 · 운영체계 구축 • 지역인프라 구축
지역진단 및 기획	• 지역사회진단 및 연구 • 서비스 기획 • 자원조정 및 중재

주: * 고위험군이라 함은 음주운전자, 보호관찰소 수강명령대상자, 가정폭력행위자, 아동학대행위자, 노인학대행위자, 기타 음주폐해 취약계층 등을 말함.
출처: 보건복지부(2012).

알코올 중독의 예방이란 넓은 의미로는 성인 및 청소년에게 알코올 사용의 진행을 차단하거나 혹은 예방하는 것을 의미하며, 좁은 의미로는 보통 어린이나 청소년들에게 음주시작을 연기시키거나 예방하는 것을 의미한다(김영호, 2002). 알코올 중독 예방기관이나 시설로는 학교, 가정, 매스미디어, 지역사회 전문치료기관과 관련 기관들, 그리고 지역사회 내 예방정책 수행기관 등이 포함된다.

알코올 중독 예방을 위해서는 어릴 때부터 종합적인 예방교육과정을 마련하여 올바른 약물사용법을 지도하고 약물남용의 폐해에 대한 설명과 거절할 수 있는 방안 등을 교육하는 것이 바람직하다. 즉, 알코올 중독이 음주자 자신뿐 아니라 가족 전체, 나아가 지역사회에 심각한 사회문제가 될 수 있음을 홍보하고, 음주 및 약물사용과 관련된 전문적 치료시설에 대한 투자를 통해 알코올 중독자 가족을 지원할 수 있는 교육프로그램, 시설 간 연계체제 등 기본적인 서비스 전달체계가 제대로 운영될 수 있도록 하는 것이 요청된다.

또한 정신보건 전문 인력과 사회복지 전문 인력을 적극적으로 양성하여 알코올 중독 예방기관이나 시설 등의 현장에 파견하여 계몽교육을 실시하고, 실질적인 도움을 줄 수 있도록 보다 적극적인 지원과 투자를 해야 할 것이다.

(6) 알코올 중독자 가족을 위한 가족복지대책

알코올 중독은 중독자 자신뿐 아니라 가족에게도 매우 큰 영향을 미친다. 특히 자녀의 성장에는 치명적인 문제를 유발한다. 불안, 공포, 수치심, 공격성, 낮은 자존감 등의 심리적 고통을 경험하며, 경제적으로는 중독자 배우자가 가계를 책임져야 하기 때문에 점차 생활이 어려워지게 된다. 또한 가족의 대인관계가 더 어려워지고 사회적 지지를 받지 못함에 따라 이웃과 지역사회로부터 고립되게 된다.

현재 알코올 중독자 가족에 대한 개입은 주로 의료기관, 알코올·약물전문상담기관, 정신보건센터, 정신건강센터, 사회복지관 등의 기관에서 이루어지고 있으며, 자조모임, 알코올교육, 가족교육 등의 프로그램을 중심으로 알코올 중독자와 가족에 대한 개입이 이루어지고 있다(김규수, 2006). 우리나라에서 알코올 중독자 부인과 자녀를 대상으로 이루어지고 있는 서비스는 중독자 부인들로 구성된 가족친목(Al-Anon), 알코올 중독자의 십대 자녀들로 구성된 알라틴 자조집단(Alateen), 지역사회복지관에서 이루어지고 있는 알코올 중독자 부인 교육집단 정도이다(조흥식 외, 2006). 알코올 관련 접근방법은 우선적으로 알코올 중독자의 단주에 초점을 맞추고 있고, 상대적으로 가족들에 대한 개입은 취약한 실정이며, 기존의 알코올 가족 관련 프로그램들도 입원환자 가족 중심의 단기 또는 비정기적 교육프로그램이 대부분을 차지하고 있다(윤명숙, 2003).

알코올 중독자 가족들이 알코올 중독이라는 위기와 역경에도 불구하고 가족적응 유연성을 증진시켜 나가기 위해서는 여러 가지 정책 및 사회환경의 변화와 뒷받침이 필요하다.

첫째, 알코올 중독 및 음주에 대한 지역사회의 인식 및 태도변화가 요구된다. 음주에 대해서는 관대하면서 동시에 알코올 중독에 대해서는 낙인을 부여하는 이중적 태도는 알코올 중독의 조기치료기회를 제한하여 개인의 파괴와 가족의 역기능을 조장하는 사회환경을 제공한다. 따라서 음주문제의 심각성과 알코올 중독의 조기치료에 대한 인식변화의 계기가 마련되어야 한다.

둘째, 부모의 알코올 중독으로 인해 어려움을 겪을 수 있는 아동에 대한 조기발견 체계구축이 필요하다. 특히 부모의 알코올 중독을 숨기려고 하는 경향으로 알코올 중독으로 인해 영향받는 아동의 심리적·정서적·행동적 문제는 간과되는 경우가 많다. 따라서 아동을 다루는 관련 전문가에 대해 부모의 알코올 중독이 자녀에게 미치는 영향에 대한 교육을 통해 취약한 아동을 조기 발견하고 예방적으로 개입하는 체제가 필요할 것이다.

셋째, 알코올 중독자를 참석시키지 않고 별도로 가족구성원들을 위한 치료를 제공하는 것도 필요할 것이다. 알코올 중독에 대한 교육, 가족질병을 특성화하는 역기능적인 가족행동에 대한 교육 등을 통해 알코올 중독자를 이해하고 더불어 치료효과를 높일 수 있을 것이다.

이 외에 지역사회지원서비스로 사회적응 프로그램의 활성화, 알코올 중독자와 가족 자조집단 활성화 등이 필요하다. 아직까지 우리는 국가와 지역사회 차원에서 알코올 중독자 가족을 지원할 수 있는 전문적 치료시설, 교육프로그램, 시설간 연계체계 등 기본적인 서비스 전달체계가 미흡한 실정이다. 이를 위해 정부 및 민간단체가 연계하여 알코올에 대한 올바른 이해와 문제발생 시 대처할 수 있는 다각적인 정보를 제공해야 할 것이며 인력면에서도 정신보건 전문인력이나 사회복지 전문인력에 대한 적극적인 지원과 투자가 이루어져야 할 것이다.

Tip

알코올의존자들의 회복을 위한 거주시설

- 감나무집: 알코올의존자들의 회복을 위해 치료공동체모델을 적용하여 손상된 사회적 기능과 건강한 자아를 회복하도록 지원하고 이를 통한 사회복귀를 도모함
- 중간집: 알코올의존자 전용주거시설로 일정기간의 단주 및 회복훈련을 받은 알코올의존자에게 건강한 사회적 역할을 수행할 수 있는 환경과 재사회화 과정을 제공함으로써 보다 안정적인 단주생활의 유지 및 건강한 라이프스타일을 통한 체계적이고 정상적인 사회복귀를 지원함
- 향나무집: 카프여성시설로 여성 알코올의존자들이 치료공동체 프로그램과 지역사회 재활프로그램을 통해 지속적인 단주생활을 유지할 수 있는 생활방식을 익히며, 직업재활훈련과 직업연계를 통한 자립능력의 신장과 안전한 사회복귀를 목적으로 함

출처: 보건복지부.

2) 도박중독

우리는 다양한 일상적인 활동을 통하여 쾌감이나 만족감을 얻는다. 그러나 그 활동이 과도해졌을 때 삶의 손상을 가져오는 활동들도 많다. 이러한 활동에는 약물사용뿐만 아니라 운동, 섭식, 성행위, 쇼핑, 인터넷사용, 도박 등이 있다(김교헌, 2002). 도박중독문제로 인한 사회경제적 폐해가 연간 78조 원에 달한다(한국도박문제관리센터, 2017). 이는 음주나 흡연문제보다도 몇 배나 큰 수치이나 도박중독문제의 심각성은 그에 비해 아직 범국민적인 공감대를 형성하지 못한 것이 사실이다. 이 장에서는 도박중독의 심각성과 실태 등을 기초로 최근 급증하고 있는 도박중독자를 위한 가족의 복지대책에 대해 논의해보고자 한다.

(1) 도박중독의 정의

'도박(gambling)'에 대한 사전적인 의미는 금품을 걸고 승부를 다투는 일이라 되어 있다. 도박은 결과를 예측할 수 없고 우연에 의해서 결정되는 게임·사건 또는 어떤 유형의 내기에 가치를 두는 것으로 정의할 수 있다(Bolen & Boyd, 1968). 대부분의 사람들에게 도박은 여가나 친목활동이며, 이들 사교성 도박자들은 도박시간과 액수를 통제할 수 있지만 일부 도박자들에게는 정상적인 삶을 어렵게 하는 도박문제가 일어나기도 한다. 도박문제를 정의하기 위해 도박중독, 위험도박, 문제성 도박, 습관성 도박, 강박적 도박, 병적 도박 등의 다양한 단어들이 사용되고 있으며, 우리나라에는 아직 다양한 이해관계자들 사이에 합의가 이루어진 공통의 정의가 없다(www.ngcc.go.kr, 2008).

도박중독은 이미 오래전부터 존재해 온 심각한 사회적 문제임에도 불구하고 명확한 질환으로 인식된 것은 1980년대 후반에서이다. 병적도박은 "지속적으로 반복되는 부적응적인 도박행동"으로 정의된다. 이는 도박의 충동을 통제할 수 없는 심리적인 장애로 결국에는 도박에 의존하게 되는 지속적이고 잠재적인 행동장애로 발전하게 된다. 병적 도박 수준에 이르면 개인적인 생활뿐 아니라 직업, 가족생활에 해로운 영향을 미치게 되는 지점까지 계속하게 된다. 도박의 가장 심각하고 핵심적인 역기능은 도박 중독자의 발생이다(송진아, 2008).

병적 도박의 원인 역시 과거에서부터 심리발달적인 원인, 사회적인 원인이 제기되고 있었고 생물학의 발달로 인해 병적 도박이 유전학적·생물학적 원인들에 의해 나타나며, 관여하는 신경생물학적 원인들이 알코올 의존 등을 비롯한 물질의존과 유사하다는 것이 알려지게 되었다.

(2) 도박중독의 원인

도박중독의 원인은 크게 개인적 요인과 사회적 요인으로 구분된다. 개인적 요인은 유전적 요인, 성장기의 외상경험, 스트레스 대처방식 등을 말하며 이로 인해 도박에 빠지게 된다는 것이다. 도박중독과 유전적인 관계를 다룬 한 연구(Rosenthal,

1992)에서는 도박중독자의 부모를 살펴볼 때 부모의 도박중독 경험이 20% 이상으로 나타났다고 보고하고 있으며, 개인이 사회에서 받는 스트레스를 도박과 같은 유희로 해결할 경우 도박중독에 빠지게 되는 것은 유전적인 경향보다는 가족의 영향을 받고 있는 것으로 볼 수 있다.

다음으로 사회적 요인으로는 도박에 대한 사회적인 인식과 태도, 도박의 합법화 그리고 도박에 대한 접근성으로, 도박에 대한 사회적인 태도가 긍정적이냐 또는 부정적이냐에 따라 도박에 대한 태도가 달라질 것이라는 것이다. 특히 정부주도형 사행산업에 대한 통제가 완화되고 합법적인 지위를 갖는다면 사회적으로 도박중독의 증가를 초래하게 될 것이다.

(3) 도박중독의 수준

도박중독의 수준은 위험수위에 따라 사교성 도박자→위험 도박자→문제성 도박자→병적 도박자의 단계로 진행된다. 대부분의 도박경험자들은 사교성 도박자에 속한다. 이들은 도박하는 시간과 돈을 통제할 수 있으며 돈을 따거나 승리를 위해 도박을 하는 것이 아니라 오락이나 친목을 위해 도박을 한다. 사교성 도박에서 문제성 도박으로 가고 있는 도박자이면서 문제성 도박이나 병적 도박으로 발전될 수 있는 단계가 위험 도박자 단계이다. 도박이 삶에 문제를 일으키고 있는 도박자로 도박을 하는 시간과 돈을 제한하는 데 어려움이 생기고 도박자 자신이나 가족, 친구, 동료 등 타인이나 지역사회에서 사회적·경제적으로 해로운 결과를 초래하며 병적 도박자를 포함하는 개념으로 사용되기도 하는 위험수위가 높아지는 단계는 문제성 도박자이다. 고위험의 집중치료를 요하는 마지막 단계의 병적 도박자는 내성, 금단증상, 통제력 감소 등으로 도박 때문에 중요한 활동을 포기하게 되는 심각한 문제를 보인다.

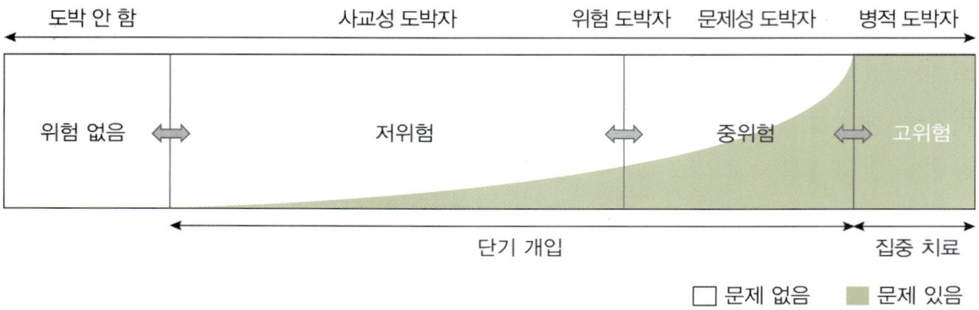

출처: 한국도박문제관리센터(2014).

그림 13-1 도박문제의 연속선

(4) 도박중독의 실태

우리나라의 도박중독에 대한 실태는 충분히 파악되지 않고 있으며, 도박중독자들의 사회적 재활을 위한 치유프로그램 또한 충분히 마련되어 있지 않다. 최근 경기 불황의 골이 깊어지면서 경마, 경정, 카지노 등 사행산업의 매출은 오히려 급성장하고 있다. 특히 서민층을 중심으로 급증하고 있어 심각한 사회문제라는 지적이 나오고 있다. 우리나라 사행산업은 지난 2000년을 기점으로 내국인카지노와 온라인 복권 등 신규허가와 장외발매소 증설, 경기횟수 연장 등으로 급속한 팽창을 거듭하고 있다.

사행산업의 급성장으로 카지노 지역 범죄율은 개장 이후 2배 이상 증가했으며, 도박 중독률도 선진국의 2~3%보다 크게 높은 9.5%를 보이고 있다. 중독예방센터 치유실적(2016)은 개인 상담과 집단 프로그램을 포함해 해마다 증가하고 있으며, 연령대로는 30대 중독자가 가장 많은 것으로 나타났다.

단순한 즐거움이나 흥미를 얻기 위한 활동을 넘어선 병적 도박은 개인적·사회적으로 커다란 문제를 일으킨다(Bolen & Boyd, 1968; Custer, 1982; Haustein & Schurgers, 1992; Bellaire & Caspari, 1992). 구체적으로 말하면, 병적 도박은 경제적 손실뿐 아니라 이혼, 가정폭력, 자살, 자녀의 행동문제, 실직 등의 문제를 야기하고 심각한 정신과적 문제들도 동반하게 된다.

한국에서의 도박문제가 심각한 사회적 문제라는 사실은 우리 주변에서 흔히 볼 수 있는 복권방, 슬롯머신, 경마, 경정, 카지노 등에 많은 사람들이 몰려들고 있는 데서 쉽게 느낄 수 있다. 또한 최근 인터넷 보급률이 확대되면서 사이버 도박 또한 급증하고 있어 도박중독의 문제는 더 심각한 실정이다.

세계의 도박 산업이 관광, 숙박 등 수많은 일자리를 창출하는 등 국가 경제에 크게 기여하고 있기도 하나, 그에 따른 사회적 비용도 크다. 규모가 커지는 만큼 중독자도 급증하여 이에 따라 천문학적인 비용을 들여가며 도박중독을 예방하고 중독자 치유에 힘을 쏟는 등 정부적 차원에서 활동을 벌이고 있다. 이 중 미국, 호주, 캐나다 등은 자국의 특징에 맞춰 체계적으로 시스템을 운영하고 있다. 이들 국가들은 정부주도로 시스템을 운영하고 있어, 사행산업을 합법화하는 등 도박중독 등의 원인을 제공했음에도 사회적 부작용에는 소극적인 우리 정부와는 대비되는 모습이다. 경기불황처럼 개인이 통제하기 어려운 상황에 이르면 도박 등 운에 의존하려는 경향이 강해지므로 사행성 놀이를 대체할 수 있는 여가생활이 필요하다. 특히 서민들이 도박 이외의 방식으로 문제들을 풀 수 있도록 정부가 직접 나서서 건전한 여가산업을 시급히 키워야 할 것이다.

(5) 도박중독자의 특성

① 심리적 특성

사람들이 도박에 빠져드는 이유는 무엇보다 도박이 다양한 정서적·경제적 보상을 제공한다고 지각되기 때문이다. 사실 사람들이 도박을 하는 이유나 도박으로 얻고자 하는 보상은 개인의 특성이나 상황, 도박수준에 따라 다양하다. 사교성 도박자들은 따거나 잃거나에 상관없이 사교와 친목을 누리고 가벼운 즐거움을 얻고자 하는 유희동기에서 도박을 한다. 반면 문제성 도박자들과 병적 도박자들은 단기간에 강렬한 자극을 경험하기 위해 도박을 한다(이흥표, 2003).

도박을 하는 경험은 기분이 고조되어 남들보다 우월하고 중요한 존재가 된 것

같은 느낌, 즐겁고 흥분되는 느낌을 갖게 되고, 또한 우울감이나 권태감, 낮은 자존감 같은 부적 정서 상태를 피하거나 경감시키기도 하여 도박에 빠져들기도 한다(Jacobs, 1987).

또한 병적 도박자들은 특이한 방식으로 귀인하는 사고패턴을 가지고 있다(Ladouceur & Walker, 1996; Toneatto, 1999). 즉, 돈을 땄을 때는 자신의 도박기술이나 능력이 뛰어나서라고 평가하고, 반대로 돈을 잃었을 때는 운이 없었다는 식으로 실패를 귀인한다. 또한 도박중독자들은 스스로 "자신에게 운을 조절하고 시스템을 이길 수 있는 능력이 있다"는 잘못된 신념을 가지고 있고 이러한 비합리적인 신념은 "이번에 돈을 잃으면 다음에는 승리할 가능성이 높아진다"는 식의 잘못된 추론으로 집약된다(이인혜, 2004).

불안과 우울 같은 기분상태는 자주 병적 도박과 관련된다. 불안하거나 우울한 사람들은 이를 해소하기 위해 도박행동을 하게 되고 이러한 행동은 강화물로 작용하여 습관화된 행동을 유발하게 되고, 또 다시 불안과 우울을 경험하는 되는 악순환이 반복될 수 있다.

② 행동적 특성

도박문제는 도박자 자신뿐 아니라 그들의 사회적 네트워크에 속하는 다른 사람들, 그리고 지역사회 전체에도 영향을 미친다. 도박문제는 의존과 부정적 결과로 설명될 수 있다. 의존은 심리적 의존과 생리적 의존으로 구분할 수 있는데, 심리적 의존은 시간이 경과되면서 강화된 학습되어진 행동패턴을 말하며, 영속적인 상태이다. 도박자가 도박을 줄이거나 중단하여 이 행동패턴을 바꾸려면 심리적 디스트레스(Distress)[3]를 경험하게 되며, 이 디스트레스를 해소하려면 이전의 도박행위수준으로 되돌아가야 하는 것이다. 심리적 의존의 징후는 도박에 집착하거나, 도박을 줄이거나 중단하기 위해 노력하지만 계속 실패하고, 문제가 생겼거나

3) 스트레스에는 두 가지가 있는데 우리가 흔히 쓰고 있는 것으로 사람들에게 역효과를 주면서 가슴의 통증이나 편두통 등의 육체적인 문제와 분노감, 울화 등 감정적인 문제를 가져오는 디스트레스(distress)와 긴장으로 자신의 능력을 최고로 발휘할 수 있도록 만들어 주는 유스트레스(eustress)가 있다.

불쾌한 감정이 들 때 도박을 하게 되고 도박으로 인한 손실을 부정하거나 최소화하려고 도박을 하게 되며 도박할 돈을 구하기 위해 범법행위를 저지르거나 다른 사람들에게 의존하게 된다.

한편 생리적(신체적) 의존은 내성과 금단증상으로 설명된다. 내성이란 이전과 동일한 효과를 얻기 위해서 도박활동의 강도나 빈도를 증가시켜야 하는 것을 말하며, 금단증상은 도박을 줄이거나 중단하고자 할 때 경험하는 초조함, 불안, 흥분과 같은 신체적 증상을 말한다.

도박문제는 배우자나 가족구성원 그리고 주변사람들을 포함해서 중요한 관계의 손상을 유발하며, 그 밖에 도박자의 경력 및 직업상의 손상, 체포 및 법적 제재, 재정상의 어려움 등의 부정적 결과를 수반하게 된다.

(6) 도박중독의 치료 및 관리

도박 중독자는 절대로 자기가 환자임을 인정하지 않는다. 따라서 조기에 강제로라도 치료를 시작하여야 하며 무엇보다 중요한 것은 도박이 병이라는 것을 인지해야 한다. 특히 중독자가 이를 인정해야만 치유의 가능성이 있다.

도박중독에서 완전히 벗어나기 위해서는 단지 도박을 끊는 것에 그치지 말고 정신적으로도 강박감에서 완전히 해방되는 건강한 상태로 회복해야 한다. 그러기 위해서는 혼자만의 힘으로는 불가능하다. 중독자가 되면 사랑하는 가족 또한 병들게 된다. 중독자는 도박으로 스트레스를 해소하지만, 가족은 경제적 어려움뿐 아니라 항상 불안 속에서 노심초사하는 생활에서 오는 정신적 고통을 겪기 때문이다.

도박중독의 치료방법에는 약물치료, 인지행동치료, 대안치료, 단도박 자조모임 등이 있다. 도박에 대한 충동이 강하거나 금단증상이 심할 경우 입원 또는 약물치료가 필요할 수 있는데 도박에 대한 욕구를 감소시키는 항갈망제를 흔히 사용하게 된다. 인지행동치료는 스스로 자신의 심리내적 상태 또는 신체 상태를 깨닫는 것에 익숙해져서 도박 관련 사고와 행동의 변화를 도모하게 하는 방법이다.

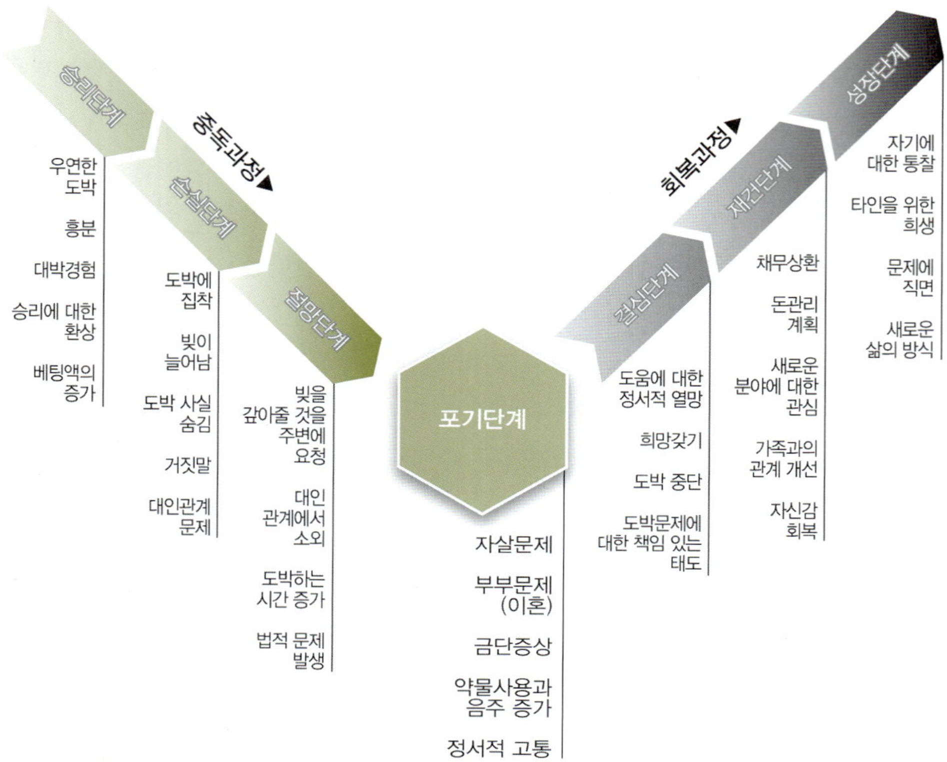

출처: 도박중독예방치유센터(2015).

그림 13-2 도박중독의 진행 및 변화단계

또한 도박에 대처할 수 있는 적합한 대안활동을 탐색하며 건전한 정서함양과 치유를 도모하고 도박문제 극복을 위한 바람직한 대처방식을 배우게 하고, 단도박 자조모임을 통해 도박으로부터 생긴 문제를 극복하기 위해 서로의 문제를 함께 나누고 해결해가며 다른 사람들도 도와주는 모임에 참석하게 한다.

도박중독을 치료하려면 가족 등 주변 사람부터 심신의 건강을 되찾는 것이 필요하다. 특히 가족의 역할이 중요한데, 가족구성원들은 한 가족으로서 모두 같이 대응하고, 혼자 책임치료하지 말고 전문가 등의 도움을 요청할 필요가 있다. 또한 도박중독자가 바로 변화하고 성공하기보다는 시행착오를 거친다는 것을 인지하고 재발에서 얻는 교훈을 실천하며 비난하지 말고 함께 여가활동을 하며 변화하고 있음을 인정하고 격려해주는 것이 중요하다. 다음은 효과적인 가족의 대처방법을 정리한 것이다.

도박중독자 가족의 효과적인 대처방법

＊ **도박중독 가족이 하지 말아야 할 것**

- 도박행동을 감찰하고 통제하는 데 에너지를 소비하지 말 것
- 진행되고 있는 문제를 과소평가하거나 무시하지 말 것
- 도박자 스스로 문제를 인정하거나 동의하기를 기다리지 말 것
- 도박자의 문제를 숨겨주거나 덮어주지 말 것
- 도박자의 빚을 대신 갚아주지 말 것
- 장기적인 결정을 즉흥적으로 내리지 말 것
- 요구사항을 들어줄 기미가 보이지 않는다고 극단적인 방법을 취하거나 위협하지 말 것
- 도박자보다 본인이 더 나은 사람이라는 인상을 주지 말 것
- 함께 도박하지 않을 것
- 가족생활에서 도박자를 제외시키지 말 것
- 도박만 그만두면 모든 문제가 해결되거나 즉각 회복될 것이라고 기대하지 말 것

＊ **도박중독 가족이 해야 할 것**

- 문제를 인식할 것
- 중독 상담가, 책, 인터넷을 통해 도박문제에 대해 공부할 것
- 가족의 재정상황을 보호하는 방법에 대해 배울 것
- 가족의 재정문제에 개입하고 통제권을 요구할 것
- 도박이 가족에게 미치는 영향에 대해 도박자에게 이야기해 줄 것
- 신뢰할 수 있는 사람에게 이야기하여 정서적 지지를 얻을 것
- 스스로 보호하고 돌볼 것
- 문제해결을 시도하여 실패하면 전문가에게 도움을 요청할 것
- 아이들에게 도박문제에 대해 설명해줄 것
- 배우자의 좋은 점을 인식하도록 노력할 것

• 도박으로 인해 본인과 아이들이 받은 영향 때문에 스스로를 보호하기 위해 도움을 받으려고 노력하고 있다는 사실을 배우자가 알 수 있게 할 것

출처: 중독예방치유센터(2010).

3) 인터넷 중독

현대사회에서 인터넷은 없어서는 안 될 중요한 자리를 차지하게 되었고 산업의 발전과 고속정보화의 흐름이 가속화되면서 세상의 변화를 주도해 가고 있다. 컴퓨터 기술의 발달과 함께 개인용 컴퓨터가 보급되고, 통신기술인 인터넷은 세계를 하나로 묶어주는 역할을 하게 되었다. 시장조사기관 이마케터(emarketer)가 발표한 '아태지역 모바일 인터넷 이용현황 자료'에 따르면, 한국은 2012년부터 2018년까지 7년간 아태지역에서 모바일 인터넷 이용률 1위를 기록할 것으로 예상됐다(연합신문, 2014. 7. 31. 재구성). 인터넷 사용이 매우 쉬운 이러한 상황에서 중독적인 인터넷 사용문제는 더욱 쉽게 나타날 수 있을 것이다.

(1) 인터넷 중독의 정의

인터넷 중독은 인터넷 과다 사용으로 금단증상과 내성이 나타나며, 이로 인해 이용자의 일상생활에 장애가 유발되는 상태를 의미한다. 인터넷 중독에 대한 진단기준은 임상심리학자인 Young이 병적 도박의 진단기준을 원용하여 인터넷에 대한 강박적 사고, 내성과 금단, 과도한 인터넷 사용, 지속적인 욕구, 다른 활동에서의 흥미감소, 과도한 인터넷 사용으로 인한 부정적인 결과에 대한 무시 등을 제시한 것으로 시작된다(한국정보문화진흥원, 2002).

여러 학자들의 인터넷 중독의 정의를 보면, 명확한 합의로 도출되지 못하고 인터넷 남용, 인터넷 중독, 인터넷 과몰입 등으로 용어가 혼용되어 사용되고 있는 실정이다. 인터넷 남용은 특정 개인이 인터넷을 사용하는 데 조절능력을 상실한

상태를 지칭하며 이에 따라 정신적 괴로움을 느끼고 일상생활에 있어 기능손상을 느낄 수 있는 상황을 나타내는 것으로 정의할 수 있다(Shapira et al., 2003 재인용). 인터넷 중독은 정신과 의사였던 Goldberg(1996)가 내성과 금단증상을 주요 진단기준으로 제시하고 '12개월 동안 인터넷 사용에서의 부정적인 행동을 보여 임상적으로 유의한 장애 혹은 고통을 유발하는 경우'를 인터넷 중독 장애(Internet Addiction Disorder: IAD)라 하였다(나동석, 2004; 김계원 · 서진완, 2012 재인용). 인터넷 과몰입은 인터넷을 사용하는 데 과다한 시간을 소비하여 인터넷에 대한 의존성이 심화되어 개인과 사회에 부정적인 결과를 초래하는 것을 의미한다(정윤태 외, 2014).

이처럼 인터넷 중독과 관련하여 학자의 관점에 따라 차이가 있음을 알 수 있으나, 인터넷에 대한 강박적 사용과 집착, 내성, 금단, 조절불능, 일상생활에서의 부적응 등이 기본적이라는 것에는 동의하고 있다(송원영, 1998; 이소영 · 권정혜, 2001; 김교헌, 2001). 또한 인터넷 이용시간이 점점 더 길어지고, 인터넷을 하지 않을 때 심리적인 불편감이 나타나고, 처음에 의도했던 것보다 이용시간이 길어지는 등의 행동문제로 인해 사회생활 혹은 기타 일상생활에 부정적인 결과를 초래하는 등 약물중독과 유사한 금단, 내성증상이 인터넷 중독에서도 나타난다고 설명한다. 최근 들어 인터넷 중독 연령이 낮아지고 있고, 가족 내 구성원 중 인터넷 중독자가 있을 때 가족 간 의사소통이 원활하지 못하고, 청소년중독자의 경우 학업에 지장이 있거나 친구관계가 원활하지 않은 등 다양한 부작용이 뒤따른다는 연구결과들이 있다.

(2) 인터넷 중독의 특성

인터넷 중독의 특성을 살펴보면 다음과 같다(한국정보화진흥원 인터넷중독대응센터, 2014 재정리). 첫째, 인터넷을 하지 않는 동안에도 강박적 집착과 사용으로 인터넷을 할 생각만 하거나 인터넷에서 뭔가 새로운 일이 일어나고 있을 것 같은 생각에 사로잡혀 있으며, 대부분의 시간을 인터넷 사용에 보내고, 처음에 의도했던 시간보다 더 오래하게 된다.

둘째는 내성과 금단이다. 내성이란 이전과 똑같은 만족을 얻기 위해서는 인터넷에 몰두하는 시간이 점차 늘어나고 내용도 더욱 자극적인 것을 찾아 나서는 것을 말하며, 금단현상은 인터넷을 하지 않으면 불안, 우울, 초조감에 시달려 안절부절못하다가 인터넷에 접속하는 순간 불안하고 초조한 현상이 사라지는 것을 말하며, 인터넷을 사용하지 않을 때에도 게임이나 채팅 등을 할 생각에 몰두하고 이로 인해 집중력이 떨어지는 상태를 말한다.

셋째는 일상생활장애로 인터넷을 과다 사용하여 가정, 학교, 직장 등에서 문제를 일으키는 상태를 말한다.

마지막으로 가상적 대인관계 지향성이다. 이는 실생활에서 얼굴을 직접 보고 만나는 대인관계보다 가상세계에서 만나는 사람들에 대하여 더 많은 친밀감과 안정을 받고자 하는 욕구가 증가되는 상태를 말한다.

Tip

인터넷게임중독과 셧다운제도

청소년은 가정과 학교, 사회생활에서 오는 압박감에서 벗어나기 위해 인터넷게임을 즐긴다. 청소년들의 사회문화적 환경이 청소년을 인터넷에 몰입하도록 부추기기도 한다. 청소년들의 인터넷중독률이 심각하고 특히 초등학생의 게임중독률이 빠르게 진행되고 있는 현실에서 청소년의 인터넷게임중독을 예방하고 건강한 성장을 지원하기 위해 16세 미만의 청소년에게 오전 0시부터 6시까지 심야에 6시간 동안 일부 인터넷 게임의 제공을 제한하는 '셧다운제(일명 신데렐라법)'가 2011년 11월 20일부터 시행되었다(「청소년보호법」 제23조의 3).

(3) 인터넷 중독의 실태[4)]

국내 인터넷 이용자는 4,112만 명(인터넷 이용률 83.6%)을 넘어섰고 만 6세 이상 인구의 78.6%가 스마트기기를 보유하고 있다. 미래창조과학부와 한국정보화진흥원

4) 한국정보화진흥원(2014). 인터넷 실태조사 재정리.

은 2013년 만 5세~54세를 조사대상으로 연구하던 것을 2014년 만 3세~59세로 확대하여 조사실시한 결과 유아동, 청소년, 성인 등 전체 인터넷 이용자 중 인터넷 중독 위험군[5] 비율은 2004년 첫 조사 이후 현재까지 감소(2004년 14.6%→2014년 6.9%)하고 있다. 반면 스마트폰 중독 위험군 비율은 최근 지속적으로 증가(2011년 8.4%→2014년 14.2%)하고 있으며, 특히 유아동(만 3~9세)의 스마트폰 조기 사용률이 52.0%에 달하며, 청소년의 스마트폰 중독률은 전년보다 3.7% 증가한 것으로 나타났다.

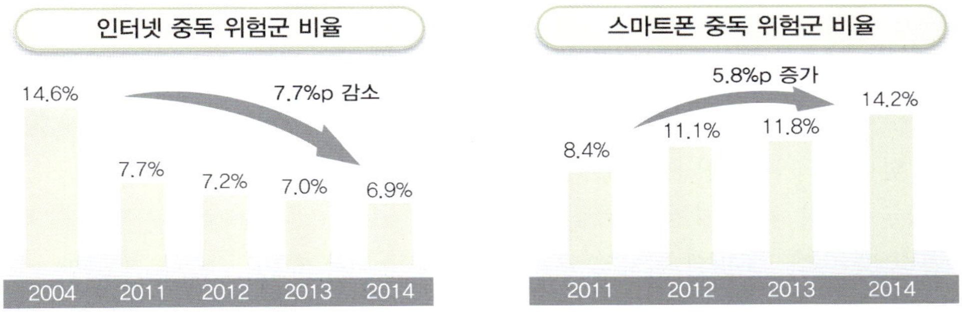

주: 인터넷(스마트폰) 중독 위험군: 인터넷(스마트폰)을 과다 사용하여 이에 대한 금단, 내성 또는 일상생활장애 중 1가지 이상의 증상을 보이는 경우 중독 위험군으로 구분.

연령대별로는 10대(12.5%)→20대(11.6%)→30대(6.0%)→유아동(만 3~9세, 5.6%)→40대(3.6%)→50대(2.5%) 순으로 나타났으며, 유아동의 인터넷 중독 위험군 비율은 5.6%로 전년(6.4%) 대비 소폭 감소(0.8%)하였으나 미취학 아동의 중독 위험률은 4.4%로 전년(3.4%) 대비 1.0% 증가하였고, 고위험군(0.6%)도 전년(0.2%)보다 증가하였다.

학령별로는 중학생 중독 위험군이 13.2%로 가장 높았고, 환경적으로는 맞벌이 가정(12.9%)과 한부모가정(13.3%)의 청소년이 보다 취약한 것으로 나타났다. 성별로는 남성(6.9%)이, 연령대 중에서는 20대(11.6%)가 가장 높았고, 계층별로는 대학생(12.5%), 무직자(11.4%), 미혼(10.6%) 순이었다. 전체 이용자의 1일 평균 인터넷 이용시간

5) 인터넷 중독 위험군: 유·무선 인터넷을 과다사용하여 인터넷이용에 대한 금단, 내성을 지니고 있으며 이로 인해 일상생활 장애가 유발되는 상태를 말한다.

은 2.3시간(138.6분), 중독 위험군은 3.2시간(189.1분), 특히 고위험군은 3.8시간(225.1분)으로 조사되었다. 이용목적은 전체적으로 뉴스검색, 메신저, 온라인 게임 순서였으나, 중독 위험군은 온라인 게임을 가장 많이 이용하였다. 가구 소득별로는 월평균 소득 200만 원 미만의 저소득층 가구의 중독 위험군 비율이 8.2%로 가장 높게 나타났다.

전체적으로 인터넷 검색서비스를 이용하는 이유는 '최신 정보를 습득하기 위해'가 가장 높게 나타났고 중독 위험군의 경우는 '재미있어서'라는 이유가 가장 높게 나타났다. 청소년 인터넷 중독 위험군의 가족관계는 부모님의 이해도, 칭찬, 믿음, 관심이나 경청 정도 등의 가족관계 친밀도에서 일반 사용자군보다 낮게 나타났다. 부모님과의 대화시간도 중독 위험군의 자녀가 일반 사용자군보다 적게 나타나 인터넷 중독 위험군의 자녀들은 생각이나 감정표현에 조심하고 의사소통이 잘 이루어지지 않고 있는 것으로 나타났다.

인터넷은 모든 문명의 이기가 사용자에 의해 순기능적으로 활용하게 되면 현대인의 삶과 사회에 막대한 긍정적 영향을 미칠 수 있는 반면, 사용자에 의해 오용되거나 악용되게 되면 여러 가지 역기능적 현상을 초래할 수 있다.

인터넷 중독과 관련된 사건들

- 광주의 한 중학생이 즐겨 하던 인터넷 게임을 흉내 내어 남동생 살해
- 경남 이 모 씨, 90시간 온라인 게임 중 사망
- 게임방에서 게임을 즐기던 부부의 아기 질식사
- 인천 김 모 씨, 10일간 인터넷 게임 중 사망
- 부산의 중학생이 야쿠자 게임을 흉내 내다 친할머니 살해하고 토막 시도

Tip

스마트폰 중독률

표준화된 스마트폰 중독 진단척도(S-척도)를 활용하여 중독률을 조사한 결과, 만 3~9세 유아 중 52.0%가 스마트폰을 사용하고 있고, 스마트폰 중독 위험군 비율은 청소년 및 성인 스마트폰 이용자의 14.2%로 전년(11.8%) 대비 2.4% 증가하였으며, 연령대별로는 10대→20대→30대→40대→50대 순서로 연령이 증가할수록 중독 위험군 비율은 감소하는 것으로 나타났다. 특히 청소년 스마트폰 중독 위험군은 전년 대비 3.7% 증가하였다. 성별로는 청소년 여성 중독 위험군이 청소년 남성보다 1.3% 높았고 학령별로는 중학생이 가장 높았으며, 환경적으로는 맞벌이가정 청소년이 스마트폰 중독위험에 상대적으로 취약한 것으로 나타났다. 가구소득별로는 월평균 가구소득이 600만 원 이상인 고소득층과 200만 원 미만인 저소득층에서 중독 위험군이 상대적으로 높은 것으로 조사되었다.

출처: 한국정보화진흥원(2015).

(4) 인터넷 중독의 원인

급변하는 지식정보사회에서 인터넷은 필수적인 기능을 담당하고 있으나 인터넷의 사용방법에 따라 득이 되기도 하고 독이 되기도 한다. 인터넷은 새롭고 빠르게 변화하는 공간이며 인터넷의 다양한 특성들은 사용자에게 끊임없이 흥미감을 제공해 주기도 한다. 인터넷의 순기능이 많음에도 불구하고 인터넷 중독이 심각한 사회문제로 대두된 것은 과학기술의 발전에만 초점을 기울이고 인터넷의 올바른 사용방법에 대한 교육에는 관심이 부족했던 탓이라고도 할 수 있다(이영주, 2011).

인터넷 중독의 원인에 대한 견해도 학자들마다 다양하지만 지금까지의 견해들을 모아 살펴보면 다음과 같다.

① 인터넷 자체의 속성

익명성, 편리성, 현실탈출은 사이버 공간의 주된 특성이며, 사이버 공간에서 이용자는 접근 가능성, 통제감, 흥미감을 만끽할 수 있다(Young, 1998). 이 외에도 Young은 사이버공간의 대표적 특성으로 사회적 지지와 숨은 성격적 문제의 발현, 성적인 만족 추구, 인정욕구, 사회적 영향력 등을 들고 있다. 또한 24시간 접속 가능, 유희성, 호기심, 탈억제, 상호작용 등도 인터넷이 가진 속성 및 매력이라 할 수 있다.

② 이용자의 개인특성

이용자의 특성은 연구마다 인터넷 중독의 측정도구와 중독기준이 다르고 표집대상이 다양하기 때문에 편차가 발생한다. 따라서 정확한 인구통계학적 특성을 제시하기는 어렵지만 일반적으로 여성보다는 남성중독자의 비율이 높고(김진숙 외, 2000; 이계원, 2001), 젊은 세대일수록 중독자의 비율이 더 높은 것으로 나타났다(황상민 외, 2001).

이용자들의 성격적 특성을 살펴보면, Young과 Rogers(1998)는 심각한 정서적 문제를 경험하였거나 자존감이 낮은 사람, 중독 경험이 있었던 사람, 정체감에 불만이 있는 사람 등이 인터넷에 중독되기 쉽다고 지적하였으며, 인터넷에 과도하게 몰입하는 사람은 우울이나 낮은 자존감을 가진 사람들이 보이는 과일반화, 이분법적 사고, 부정적 사건의 극대화, 선택적 추상과 같은 왜곡된 인지를 보인다고 주장하였다. 또한 채규만 등(2001)은 인터넷 중독에 취약한 개인적 특성으로 우울성향, 충동성, 높은 사회불안, 자극추구성향, 강박성, 빈약한 문제해결 능력을 지적한다.

③ 환경적 요인

인터넷 중독의 요인들로 학교, 가족, 사회 등을 포함하는 환경적 요인을 밝히거나 주장하는 보고들이 있다. 특히 가족 내에서 부모-자녀 간에 의사소통요인으로 부모와 역기능적인 의사소통을 하는 경우와 부모의 양육태도가 '통제형'일 때 자녀의 인터넷 중독 위험이 더 높아지는 것으로 나타났다(박승민 외, 2011; 송수민, 2008; 이영주, 2011).

또한 청소년의 경우에는 또래의 영향력이 주요한 요인으로 나타났다. 여러 형태의 또래집단에 참여함으로써 상호성, 협동심을 형성하기도 하고 사회적 지원과 안정감을 찾게 되기도 한다. 또한 자신의 경험과 행동을 판단하는 기준이 또래가 되기도 하고 자신의 정체감을 추구하는 과정에서 또래집단이 중요한 역할을 한다.

그 밖에 인터넷 중독의 원인으로 건전한 놀이문화 및 가족과의 여가활동의 결여, 적절한 통제력을 길러주는 양육문화의 부재, 이윤만 추구하는 인터넷기업의 영향 등도 들 수 있다.

(5) 인터넷 중독자 가족을 위한 복지대책

우리 사회에서 인터넷 사용은 극히 보편화된 현상이며, 흔히 '정보의 바다'라고 불릴 만큼 사용자에게 다양하고 풍부한 정보와 지식을 주는 정보제공기능을 하는 것도 사실이다. 그럼에도 불구하고 인터넷과 관련된 문제를 제기하는 것은 인터넷 과다사용으로 인한 병리적인 모습들이 다양하게 나타나기 때문이다.

인터넷 과다사용과 관련해서 익명성, 충동성, 정서적 상태, 낮은 자존감, 유희성 등 다양한 심리적 변인들을 매개로 여러 가지 양상들이 문제로 지적되고 있다. 따라서 각각의 사례유형별로 관련된 기제들을 규명하고 문제행동을 보이는 사람들을 변화시킬 수 있는 치료적 개입과 프로그램을 개발해야 할 것이다.

미래창조과학부와 한국정보화진흥원(2015)에서 건강하고 행복한 인터넷이용생활 구현을 위해 발표한 중점 추진과제 내용을 정리하면 다음과 같다.

첫째, 예방교육 다변화를 통한 중독 위험을 사전에 차단한다는 것이다. 유아동·청소년·성인 등 대상별로 차별화된 중독 예방교육을 제공하며 스토리텔링 방식 유아용 놀이교구를 개발하고 보급하며, 게임과 몰입 예방 가족캠프를 운영하고 스마트폰 과다사용을 예방하는 스마트미디어 청정학교(14개교)를 지정·운영한다. 이를 위해 교사 및 전문상담사를 대상으로 '게임 리터러시 교육'[6]을 실시하

6) 게임과 리터러시의 합성어로 게임을 이해하고 활용하는 능력. 게임 과다 이용으로 인한 과몰입과 중독문제를 해결하기 위해 개발한 교육용 프로그램으로 게임 이용에 대한 조절 능력뿐만 아니라, 게임에 대한 이해를 통하여 게임 세계에서 얻는 경험들을 현실 세계로 적용하는 능력을 함양시키는 데 그 목표가 있다.

여 교사의 게임과몰입 예방지도와 소통역량을 강화한다는 것이다.

둘째, 중독유형별 상담(치유)－치료연계를 강화한다. 중독유형별(SNS, 게임 등)로 중독 위험군을 조기 발굴하여 상담과 치료를 연계한다. 상담·치료에 있어 지역별 상담기관을 통한 전방위적 상담서비스를 강화하여 센터내방이 어려운 인터넷 중독 위험군을 중심으로 가정에 상담사 파견 및 방문상담을 실시하며, 우울증과 같은 공존질환 보유 청소년의 병원 치료를 지원하고 인터넷 중독 위험군 청소년, 초등생을 대상으로 맞춤형 치유 특화 프로그램[7]을 운영한다.

셋째, 민·관 협력체제 강화 및 공동대응을 강화한다. 미래창조과학부, 교육부, 여성가족부, 문화체육관광부, 보건복지부, 방송통신위원회 등 중독대응 전문기관 간 협력 활성화를 통해 유관기관 간 상담사례를 공유하여 인터넷 중독 예방 및 상담 서비스의 효율성을 제고하는 한편 민·관 홍보캠페인을 전개하여 건강한 인터넷 사용습관이 정착되도록 지원한다.

넷째, 중독 대응기반 구축 및 인프라 조성을 위해 인터넷 중독 대응센터 등 전문시설을 구축 확대하고, 전문상담인력을 양성한다. 또한 유아동(만 3세~9세, 관찰자용)을 위한 스마트폰 중독 진단척도[8]를 개발하는 등 기초 연구 기술개발을 확대한다.

알코올이나 도박 등과 마찬가지로 인터넷 중독 역시 중독자 혼자의 힘으로는 치료가 어렵다. 특히 맞벌이가정이나 자녀와 함께 보내는 시간이 적은 부모들은 자녀들의 인터넷 사용시간을 알기가 어렵고, 부모가 자녀에 대한 관심을 보이지 않을 때 인터넷을 이용하는 자녀들이 인터넷 중독으로 이어질 가능성이 크다.

최근에는 서비스 업체마다 명칭은 다르지만 자녀의 인터넷 사용내역을 휴대전화 문자메시지로 보내주거나 자녀의 게임이용을 인터넷으로 중단할 수 있는 서비스 프로그램들이 도입되고 있다. 그러나 무엇보다 인터넷에 노출된 아이들에게

7) 초등학생을 위한 'e-세상 가족행복단' 캠프 확대 운영/ 중고생을 위한 지역 기숙형 '인터넷치유캠프' 운영/중독 고위험군 대상으로 자기조절력 강화지원을 위해 '청소년인터넷 드림마을' 운영을 통한 기숙치유프로그램을 제공한다.

8) 동 척도는 2015년 인터넷 중독 실태 조사부터 적용한다.

인터넷 이외의 다양한 오락거리를 마련해주고 가족이 함께 할 수 있는 환경 마련이 시급하다.

또한 알코올, 도박 및 인터넷 중독에 대한 일반인들의 인식이 과거와 비교했을 때 전반적으로 높아지긴 했지만, 중독의 원인을 개인의 성격문제로 인식하는 경향은 여전히 강하다. 중독의 원인에는 유전적·생물학적 원인론이 작용하고 있으며, 유전적 소인을 갖고 있는 사람이 스트레스와 같은 심리·사회환경적 원인이 제공되었을 때 유발된다고 하는 질병개념이 부족하여 결국 치료기관을 찾지 않아 치료가 늦어지는 문제가 야기되기도 한다.

따라서 일반인들을 대상으로 중독에 대한 홍보 및 교육이 필요하며, 전문치료기관에 대한 정보를 일반인들에게 제공하는 것이 조기에 치료받을 수 있게 하는 중요한 요인이 되며, 중독으로 진행되지 않게 하기 위해 무엇보다 중요한 것은 가족구성원 내에서의 관심과 격려, 그리고 사랑일 것이다.

14장 Chapter 장애인가족

인간은 누구나 노화, 질병, 사고 등에 노출되어 있고 장애로부터 완전히 자유로울 수 없으며, 삶의 어느 시점에서 신체적·정신적 손상을 경험하게 되어 일시적이든 영구적이든 어려움을 직면하게 된다. 두 번의 세계대전을 겪은 서구사회는 전쟁으로 인한 장애인의 수가 급증하였고 장애인에 대한 국가적 관심이 집중되었다. 우리나라는 1981년 「심신장애인법」의 제정을 기틀로 정책적 개입이 이루어지게 되면서 장애인가족에 대해 관심을 갖게 되었다. 이에 본 장에서는 장애인가족의 유형과 장애인가족의 문제와 장애인가족에 대한 가족복지실천에 대해 살펴보도록 하겠다.

1. 장애인가족의 개념

1) 장애와 장애인가족의 개념

장애인은 선천적 혹은 후천적으로 신체적·정신적 능력의 불완전함으로 인해 개인적 혹은 사회적 생활에서 필요한 것을 스스로 확보할 수 없는 사람을 의미한다(UN, 장애인 권리선언). 미국에서는 일상생활의 제약을 갖는 신체적·정신적 손상을 장애로 간주하고 있고 사회보장법은 그 손상이 노동과 관련된 기본적 활동을 방해하는 경우를 장애로 보고 있으며 재활법에서는 신체적·정신적 손상의 상태가 12개월 이상 지속될 경우 장애인으로 보고 있다(김용득 외, 2007).[1] 1980년 세계보건기구(WHO)는 개인이 겪고 있는 질병은 신체적 손상(Impairments)을 가져오고 이는 기능상 제약인 장애를 유발하여 결과적으로 사회적 장애(Handicaps)로 연결된다고

1) 김용득·김진우·유동철(2007). 『한국장애인복지의 이해』. 인간과 복지.

보고 장애에 대한 사회적 책임성을 강조하였다. 세계보건기구(WHO)에서 정의하고 있는 장애의 개념을 정리하면 〈표 14-1〉과 같다.

표 14-1 ICIDH에 의한 장애의 개념

개념	의미	차원
건강상태 (Health condition)	병리학적인 변화로서 증상이 있는 상태로 개인적 차원에서 '비정상성'이 발생한 상태를 의미한다.	
손상 (Impairments)	임상적인 질병에 대해 다른 사람이 인식할 수 있는 상태로 일반 타인이 개인의 '비정상성'을 인식할 수 있는 것을 의미한다.	신체적 차원
기능제약 (Disabilities)	활동상의 능력에 제한이 발생한 것으로 개인적인 활동에서 수행능력이 감소된 것을 의미한다.	개인적 차원
사회적 장애 (Handicaps)	개인의 활동상의 능력 제한에 대하여 사회적 참여의 제한이라는 사회적 반응이 발생한 상태를 의미한다.	사회적 차원

출처: WHO(1980); 김용득 외(2007) 재인용.

우리나라는 「장애인복지법」 제32조에 근거하여 장애인을 분류하고 있다. 외부신체기능장애와 내부기관의 장애는 신체적 장애로 보고 있고 정신지체 및 정신장애, 발달장애는 정신적 장애로 구분하여 장애인을 구분하면서, 지체장애와 시각 및 청각장애, 신체적·정신적 결함으로 인해 장기간에 걸쳐 일상생활 또는 사회생활에 제약을 받는 경우를 장애인으로 지칭하고 있으며 가족구성원 가운데 이러한 장애를 가진 가족구성원이 있는 경우 장애인가족이라고 한다.

장애인이 있는 가족구성원 전체가 심리적·정신적 부담과 갈등을 경험하게 되어(유원경, 1994)[2] 건강한 가족기능을 유지하는 것이 어렵다. 뿐만 아니라 가족 내에서 발생하는 갈등 및 적응상의 문제들은 장애인의 적성과 능력향상 및 사회적 관계를 형성하는 데 부정적 영향을 줄 뿐만 아니라 다른 가족구성원들의 생활에도

2) 유원경(1994). "성인 정신지체인 부모들의 부모교육 욕구에 관한 연구". 숭실대학교 대학원 석사학위논문.

영향을 주게 된다(최경석 외, 2003).[3] 특히 가정에서 아내이며 양육자인 여성장애인 가족의 경우 일상생활뿐만 아니라 자녀양육 문제까지 발생하기 때문에 장애인가족에 대한 복지적 개입을 할 때는 장애인뿐만 아니라 가족단위로 고려하여 접근할 필요가 있다.

2. 장애인가족의 문제

1) 관계적 문제

우리 사회는 장애인의 돌봄에 대한 책임을 가족에게 두고 있어 돌봄으로 인한 부담은 가족구성원들의 심리적 부담을 가중시키게 된다. 또한 장애인에 대한 사회적 편견과 차별은 장애인가족의 심리적·경제적 부담을 가중시킴으로써 가족 내 갈등을 유발하게 된다. 장애인에 대한 부정적 인식은 장애인가족의 건강한 가족관계를 방해하고 건강한 사회구성원으로서의 성장을 방해하게 된다.

가족은 상호의존적이고 상호작용적이며 기능적 복합성을 지닌 사회체계로서 가족 가운데 한 구성원의 변화는 다른 구성원들의 변화를 초래하게 된다(Wilson & Kneisl, 1988). 즉, 가족은 하나의 체계로 가족구성원들은 상호의존적인 존재이며 한 가족구성원의 문제는 다른 구성원에게도 영향을 주게 되는 것이다(David & May, 1991). 특히 장애인가족의 경제적 수준과 장애가 있는 가족구성원들의 돌봄에 따른 스트레스 등은 가족기능과 가정 내 적응에 영향을 주게 된다. 이러한 관점을 토대로 장애인가족에 대한 문제점에 대해 살펴보고자 한다.

(1) 장애인가족 부부관계 문제

한국사회 장애에 대한 인식은 가정 내 장애아동의 존재에 대한 부담감을 더욱

3) 최경석·김양희·김성천·김진희·박정윤·윤정향(2003). 『한국 가족복지의 이해』. 인간과 복지.

가중시키게 된다. 장애인 자녀를 둔 부부들은 자녀양육과 돌봄 등의 문제로 많은 갈등을 경험하게 되고 갈등이 지속되면서 부부간 결혼만족도가 떨어지게 된다. 특히 자녀가 장애인인 경우 장애아동의 돌봄을 책임지고 있는 어머니는 장애아동의 재활 및 요구를 충족시켜주기 위해 많은 시간과 노력을 투자하게 되고 가정 내 며느리, 아내, 어머니의 역할은 상대적으로 소원하게 된다. 이는 원가족과의 관계 및 부부관계, 그리고 가정 내 다른 자녀들과의 관계에서 어려움을 경험하게 한다.

가족 응집력이 높은 가정의 경우 장애아동양육 등이 어려움에 직면할 때 부부관계가 더욱 밀접해지기도 하지만 장애발생의 책임을 서로에게 전가하거나 상대에 대한 배려 부족 등의 문제를 갖고 있는 가정의 경우 장애가 있는 자녀의 존재는 부부갈등의 원인이 된다(송영혜, 1994). 그러나 부부가 장애가 있는 자녀를 있는 그대로 인정하고 가정 내 역할분담이 이루어지며 자녀양육에 있어서 실제적 도움을 주는 경우 부부관계 만족도는 높아지고(이숙현, 1992) 좋은 부부관계는 장애아동에 대한 양육부담과 스트레스 및 우울감 등을 낮춤으로써 장애인가족의 어려움을 극복하는 데 효과적으로 기능하게 된다(정소연, 2013). 가족구성원 가운데 장애인의 존재는 가족관계를 더욱 밀접하게 혹은 어렵게 만든다.

(2) 장애인가족의 부모-자녀 관계 문제

장애인 자녀가 있는 부모에게는 두 가지 역할이 부여되는데 하나는 자녀의 재활과 교육을 위해 필요한 실제적이고 도구적인 역할이고 다른 하나는 죄의식이나 수치심, 슬픔 등을 극복하고 동정이나 사회적 회피를 극복하여 아동에 대해 과잉보호나 과소보호를 극복하는 정서적 역할이다(양정안, 1996). 또한 장애인 자녀에 대한 부모의 장애에 대한 부정적 인식과 돌봄 스트레스는 장애아동뿐만 아니라 가족구성원 모두의 생활에 부정적 영향을 주게 된다. 특히 장애에 대한 부모의 부정적 인식은 역기능적 가족생활에 영향을 주게 되므로 장애인가족의 건강한 부모-자녀 관계를 위해 부모의 인식전환이 이루어져야 한다.

(3) 장애인과 형제 간 관계 문제

비장애자녀는 장애형제에게 친구이며 부모의 대리인 역할을 하게 된다(Clevel & Miller, 1997). 뿐만 아니라 장애인에게 비장애형제의 존재는 언어기술과 운동기술 그리고 사회기술 등을 배울 수 있는 기회를 제공하는 역할을 하게 된다(이윤화 · 권진욱, 2002). 이렇듯 장애인에게 형제의 존재는 그들이 성장하는 데 매우 중요한 작용을 하기도 하지만, 비장애형제들은 부모-자녀 관계에서 부정적 경험을 하게 되고 이러한 경험들은 그들의 삶 전반에 영향을 주게 된다.

가족 안에 장애형제가 있는 경우 비장애자녀는 부모의 관심으로부터 자연히 멀어지게 된다. 특히 어머니의 지나친 제재와 거부 등의 양육환경에서 성장한 비장애형제는 자신과 타인에 대해 부정적 시각을 갖게 된다(부영희, 2000). 또한 부모가 모든 관심을 장애가 있는 자녀에게 둠으로써 상대적으로 비장애형제는 소외감을 경험하게 되고 부모로부터 차별대우를 받고 있다고 느낀 형제는 장애형제와 자신을 과잉동일시하여 스스로도 장애를 가지길 희망하게 되며 자신도 장애아를 출산할 수 있다는 두려움으로 결혼에 대한 불안감 및 거부감을 갖기도 한다(Grossman, 1972; Croker, 1981; 설진화 2012 재인용).

이상의 내용에서 보듯이 장애는 개인뿐만 아니라 가족 모두의 생활 전반에 영향을 주게 됨을 알 수 있다. 따라서 장애인가족을 위한 개입을 할 때는 개인과 가족 그리고 지역사회 적응 간의 문제를 함께 고려하여 접근할 필요가 있다.

2) 경제적 문제

2011년 시행된 장애인 실태조사에 의하면 장애인들의 노동시장참여가 매우 낮은 것으로 보고되고 있다. 장애인은 비장애인보다 근로능력이 취약하여 노동시장에 참여하는 데 제약을 받고 있고 이는 성별과 장애의 정도에 따라 또 다시 차별을 경험하고 있다. 성별에 따른 차이를 보면, 남성장애인의 취업자 비율이 여성장애인에 비해 높게 나타나고 있어 여성장애인 가족의 빈곤문제가 심각함을 예측하게 한다. 장애 정도에 따라 경제활동 참여를 보면, 경증장애인이 중증장애인보다 경제활동 참여가 많고 소득수준도 높게 나타나고 있어 노동시장에서 장애의 정도에 따른 소득수준의 차이가 나타나고 있는데 특히 2011년 우리나라 장애인가구의 월평균 소득이 198만 원으로 2008년보다 0.6% 감소하였고 월평균 지출은 161만 원으로 2008년보다 14.0% 감소하였다(보건복지부, 2011). 이는 장애인가족이 경제활동에 참여한다고 하더라도 낮은 소득수준은 장애인가족의 경제문제를 해결하는 데 역부족임을 보여주고 있고 장애인가족의 낮은 소득수준은 빈곤으로 이어지는 중요한 경로가 되고 있다. 이러한 문제에 대응하기 위해 정부는 장애인연금제도를 시행하고 있다. 이는 국민연금제도의 사각지대에 놓인 장애인과 최저생계비 이상의 소득과 재산을 보유한 부모 등으로 인해 정부의 지원을 받지 못하는 장애인의 소득을 보장하고 이들 가족의 경제적 문제를 해결하기 위한 목적으로 시행되고 있다.

UN장애인권리협약(CRPD) 제27조에서는 다른 사람과 동등한 장애인의 노동권을 주장하고 있는데, 이는 장애인이 개방적이고 통합적이며 접근 가능한 노동시장과 근로환경 내에서 그들이 선택한 직업을 통해 삶을 영위할 기회를 가질 권리를 포함하고 있다(전지혜 외, 2012). 장애인가족의 경제적 문제는 장애인에 대한 사회적 편견과 오해가 큰 역할을 하고 있다. 특히 장애인의 업무수행능력에 대한 오해는 장애인의 실업과 직장 내 승진 기회의 박탈에 중요한 원인이 되고 있고 이와 함께 장애인에 대한 노동법의 과잉보호는 고용주들로 하여금 장애인 직원은 생산성이 떨어지면서 상대적으로 감당해야 하는 비용은 많이 들기 때문에 바람직하지 못하다는 생각을 갖게 하여 결과적으로 장애인의 경제활동을 방해하는 요인으로 작용된다(전지혜 외, 2012).

3) 사회적 문제

보건의료시설 종사자들의 부정적 시선과 교사들이 장애아동에 대한 교육의 가치를 인식하지 못할 때, 고용주들의 장애인에 대한 차별과 가족구성원들이 장애인에 대해 낮은 기대를 갖고 있는 등의 신념과 편견은 장애인의 사회활동을 제약하는 장벽으로 작용한다(전지혜 외 역, 2011). 장애인에 대한 이러한 사회적 편견은 장애인의 사회적 상호작용을 어렵게 하여 사회적 관계망 형성을 방해하게 된다. 2011년 보건복지부에서 실시한 장애인 실태조사에서도 이와 관련되어 잘 드러나 있는데 40%가 넘는 장애인들이 외부 활동에 불편함을 호소하고 있었고, 그 이유로 장애인 관련 편의시설 부족이 54%로 가장 높게 나타났고 외출 시 도움을 줄 수 있는 동반자가 없는 이유가 그 다음으로 나타났으며 주변인들의 시선으로 인해 외부활동이 어렵다는 의견이 11%로 나타나고 있어 장애인의 외부활동에 제약이 있음을 보여주고 있다.

특히 이동수단의 접근성 결여는 장애인의 구직활동 및 의료시설, 복지시설의 이용 등의 사회적 상호작용을 어렵게 하여 장애인의 사회적 접근성을 떨어뜨리게 되고 낮은 사회적 접근성을 가진 장애인들은 대인관계 형성의 어려움을 경험하게 되며 이는 사회적 기술의 결핍으로 작용하게 된다. 뿐만 아니라 장애인에 대한 사회적 편견과 차별은 장애인가족으로 하여금 수치심과 좌절감 등을 느끼게 하여 이들의 사회적 상호작용까지 방해하게 된다. 뿐만 아니라 장애인시설에 대한 지역사회의 부정적 인식은 장애인들의 복지시설 이용의 어려움을 더하고 있어 지역사회 주민들의 인식전환을 위한 정책 및 교육지원이 이루어질 필요가 있다.

3. 장애인가족의 복지욕구

1) 소득보장

장애인가족의 대표적인 소득보장정책으로 장애인 연금을 들 수 있다. 이는 장애로 인해 근로능력이 상실되어 생활의 어려움을 경험하고 있는 중증장애인에게 매월 일정 금액의 연금을 지급함으로써 생활의 안정을 지원하는 사회보장제도로 지급대상은 18세 이상의 중증장애인 중 본인과 배우자의 소득과 재산을 합산한 금액이 선정기준 금액 이하인 자들이 해당된다(보건복지부, 2014).

표 14-2 장애인 소득보전급여 및 추가비용급여 체계

<table>
<tr><th colspan="2">구분</th><th>유형</th><th>제도명 및 내용</th></tr>
<tr><td rowspan="3">장애인 소득보전급여 체계</td><td>1차 안전망</td><td>기여 소득비례 장애연금</td><td>• 장애연금
– 가입 후 발생한 질병 혹은 부상이 치료 후에도 신체 또는 정신적 장애가 있는 자로서 「국민연금법」상 장애등급이 1~3등급인 자
– 평균임금(소득) 및 장애등급에 따라 급여 차등 지급</td></tr>
<tr><td>2차 안전망</td><td>장애부조</td><td>• 장애인연금(기초급여)
– 「장애인복지법」상 장애등급이 1, 2급 및 3급 중복인 자로서 소득인정액 기준을 충족한 자
– 국민연금 가입자 평균 소득월액(A값)의 5%</td></tr>
<tr><td>3차 안전망</td><td>일반 사회부조</td><td>• 국민기초생활보장제도(생계급여)
– 소득인정액이 최저생계비 이하인 전 국민 대상의 보편적 사회부조로서, 장애인가구에 대한 별도의 최저생계비 적용 없음</td></tr>
<tr><td rowspan="3">장애 추가비용급여 체계</td><td>성인</td><td>비기여 자산조사</td><td>• 장애인연금(부가급여)
– 「장애인복지법」상 장애등급이 1·2급 및 중복인 자로서 국민기초생활보장 수급자 및 차상위계층에 속하는 자</td></tr>
<tr><td>성인</td><td>비기여 자산조사</td><td>• 장애수당
– 만 18세 이상으로서 국민기초생활보장 수급자 및 차상위계층이면서 장애등급이 3~6급인 자</td></tr>
<tr><td>성인</td><td>비기여 자산조사</td><td>• 장애아동수당
– 국민기초생활보장 수급자 및 차상위계층이면서 만 18세 미만인 장애아동</td></tr>
</table>

출처: 한국보건사회연구원(2011).

우리나라 장애인 소득보장제도는 소득보전급여체계와 추가비용급여체계로 분류하여 운영되고 있다. 이와 관련하여 자세한 내용은 〈표 14-2〉에 제시하였다.

그러나 장애인 소득보장에 있어서 장애연금과 장애수당이 도입되었음에도 불구하고 장애인 LPG차량의 세금 인상분 지원 사업이 2007년부터 순차적으로 폐지되면서 장애수당 예산은 2008년~2011년 사이 5.6%의 감소추이를 보이고 있다(한국보건사회연구원, 2011). 그럼에도 불구하고 2010년부터 도입된 장애연금과 중증장애인에게 지급하는 기초급여 및 소득과 연령에 따라 지급하는 부가급여, 그리고 장애인들의 요구에 따라 장애연금 지급대상 범위와 지급수준은 지속적으로 증가할 것으로 예측되어 장애연금에 대한 정부지출은 증가할 것으로 추계된다(한국보건사회연구원, 2011).

장애인 소득보장 정책은 연금뿐만 아니라 장애인가족에 대한 국민기초생활수급의 기초생활지원비가 있다. 정부는 2017년 11월부터 수급가구 및 부양의무자 가구 모두에 노인 또는 중증장애인이 포함된 가족의 경우 부양의무자 기준을 폐지하고 있다(보건복지부, 2017b). 구체적으로 살펴보면, 국민연금 기초생활지원비를 신청하는 가구에 만 65세 이상의 노인 또는 장애등급이 1~3인 장애인이 포함되어 있고, 부양의무자 가구에 '기초연금 수급자 또는 장애인 연금 수급자'가 포함된 경우 부양의무자 기준을 적용하고 있지 않다(보건복지부, 2017b). 또한 이러한 제도의 대상에는 적용되지 않지만, 기초생활보장 수급이 시급한 경우 '지방생활보장위원회[4]'를 통해 보호받을 수 있도록 하고 있다.

외국에서 시행되고 있는 장애인 소득보장정책 가운데 독일은 우리나라 국민연금에 해당하는 일반연금(Allgemeine Rentenversicherung: AR)과 노인・장애인기초보장제도(Grundsicherung im Alter und bei Erwerbsminderung: GAE)가 있고, 캐나다는 연방정부차원의 소득비례연금(CCP/QPP)과 주정부 차원의 장애인 기초생활보장제도(SA)가 장애인 소득보장정책으로 구성되어 있다(신화영 외, 2012).[5] 이와 관련하여 〈표 14-3〉에 구체적으로 제시하였다.

4) 지방생활보장위원회: 기초생활보장사업의 기획・조사・실시 등에 관한 사항을 심의・의결하기 위하여 시・도 및 시・군・구에 설치한 위원회로, 위원장 및 부위원장 각 1명을 포함하여 15명 이내의 위원으로 구성(보건복지부, 2017a).

5) 신화영・이용하・윤석명(2012). "장애인소득보장제도 간 급여의 형평성 제고방안 연구". 보건사회연구원.

표 14-3 외국의 장애인 소득보장정책

국가	정책	내용
독일	일반연금(Allgemeine Rentenversicherung: AR)	• 국민연금은 피용자 중심으로 적용되고 있으며 국민연금 장애연금의 수급요건은 65세 이전에 장애가 발생하고 장애연금 수급조건에 해당되어야 연금을 수급할 수 있다. • 장애등급은 완전장애와 부분장애로 구분한다. • 국민연금에 최소가입기간 요건(5년 이상 가입)과 최근의 보험료 납부요건(장애직전 최근 5년 동안 3년 이상 가입)을 충족해야 장애연금을 수급할 수 있다. 다만, 학업 및 근로불능 등 기간은 5년 기간에서 제외해 주고 있고 산재장애나 군복무 중 장애 또는 학업종료 후 조기장애 등 특수한 경우에 대해 위의 두 요건을 크게 완화하는 규정을 적용하고 있다.
	노인·장애인기초보장제도(Grundsicherung im Alter und bei Erwerbsminderung: GAE)	• 국민연금제도의 장애기준으로 중증(완전)장애에 해당하는 18~65세 미만 저소득 장애인에게 최저수준을 보장하는 급여를 지급하고 있다. • 독일은 일정수준 이상의 소득활동을 할 경우 국민연금의 장애연금 수급대상에서 배제되므로 모든 중증장애인이 공적소득보장의 대상이 되지는 않는다.
캐나다	연방정부차원의 소득비례연금 (CCP/QPP)	• 65세 미만에 장애가 발생하면 장애연금을 지급하게 된다. • 이때 장애는 기본적인 생계수준에 필요한 정상적인 근로가 불가능할 정도로 장애 정도가 심각하고 장기적으로 지속되거나 사망에 이를 정도(완전장애인의 경우)에만 인정된다. • 장애발생시점을 기준으로 가장 최근 기간 동안 보험료를 납부하면 장애연금을 지급하고 있다.
	주정부 차원의 장애인 기초생활보장제도 (SA)	• 공적연금의 사각지대는 주정부 차원에서 제공하는 장애인을 위한 기초생활보장제도에서 보호하고 있다.

출처: 보건사회연구원(2012).

2) 의료지원

장애인 의료지원사업은 일반회계로 지원되는 의료급여사업의 2종 수급권자인 장애인에게 의료급여에서 지원하지 않는 본인부담금을 지원하여 저소득층 장애인의 의료보장을 도모하는 사업이다(한국보건사회연구원, 2011). 이러한 장애인의료지원은 「의료급여법」에 근거하여 2종 수급권자인 등록장애인과 건강보험의 차상위 본인부담 경감대상자인 등록장애인(만성질환 및 18세 미만인 장애인)으로 구분하여 지원하고 있고 건강보험지역가입자의 보험료경감 지원을 위해 자동차분 건강보험료 전액 면제[6]와 생활수준 및 경제활동참가율 등급별 점수산정 시 특례적용[7]이 있으며 산출보험료 경감[8]과 장기요양보험료 경감[9]을 제공하고 있다(보건복지부, 2014). 장애인가족을 위한 의료지원서비스는 〈표 14-4〉에 제시하였다.

발달재활서비스는 만 18세 장애아동으로 학교에 재학 중인 경우 만 20세가 되는 달까지 지원을 연장하되 만 20세에 도래하기 전에 학교를 졸업하는 경우 졸업하는 달까지 인정하고 있고, 장애아동의 언어발달 지원서비스는 부모가 시각 및 청각장애로 가정의 자녀를 대상으로 하는 지원사업으로 아동의 건강한 성장지원 및 장애가족의 역량을 강화하기 위해 진행되는 서비스이다(보건복지부, 2014).

6) 「장애인복지법」 규정에 의해 등록한 장애인 소유 자동차와 「지방세법」에 의하여 장애인을 위해 사용되는 자동차로서 지방자치단체가 자동차세를 변제하는 자동차가 이에 해당된다.

7) 등록된 장애인으로 건강보험료 책정 시 지역가입자인 등록장애인에 한해 연령, 성별에 관계없이 기본구간(1구간)에 한하여 적용하고 있고 이는 국민건강보험공단지사에 신청하도록 하고 있다.

8) 지역가입자 중 등록장애인이 있는 세대로 소득이 360만 원 이하인 동시에 과표 재산이 1억 3,500만 원 이하의 가정을 대상으로 한다.

9) 등록장애인 1~2급에 한해 노인장기요양보험료의 30%를 감면해주고 있다.

표 14-4 장애인가족의 의료지원서비스

주요 사업명	지원대상	비고
발달 재활 서비스	• 연령기준: 만 18세 미만 장애아동 • 장애유형: 뇌병변 · 지적 · 자폐성 · 언어 · 청각 · 시각장애아동 • 소득기준: 전국가구평균소득 150% 이하 • 다만 등록이 안 된 만 6세 미만 아동은 의사진단서(검사자료포함)로 대체 가능 • 단 소득이 150%를 초과하는 경우에는 장애아 2명 이상 가구, 부모 중 1명 이상이 중증장애인인 가정에 대하여 시 · 군 · 구청장이 인정하는 경우에는 예산 범위 내에서 지원할 수 있음	읍 · 면 · 동에 신청
언어 발달 지원	• 연령기준: 만 10세 미만 비장애아동(양쪽 부모가 시각, 청각, 언어, 지적, 뇌병변 자폐성 등록 장애인) • 소득기준: 전국가구평균소득 100% 이하	읍 · 면 · 동에 신청
장애 아동 의료 재활 시설 운영	• 등록 장애인	의료 급여증과 장애인등록증(복지카드)을 제시
여성 장애인 출산 비용 지원	• 장애등급 1~3급으로 등록한 여성장애인 중 출산한 여성장애인(2014년 1월 1일 이후 출산한 경우, 임신기간 4개월 이상 태아 유산, 사산의 경우 포함)	읍 · 면 · 동에 신청

출처: 보건복지부(2014).

이 외에도 2018년부터는 장애인 건강관리 의사제를 도입하여 합병증이나 만성질환을 관리하고, 건강검진기관을 통해 중증장애인 건강검진 수검률을 제고, 장애인보건의료센터 운영을 통해 건강관리, 진료, 재활, 여성장애인 임신과 출산지원 등 건강관리 인프라를 강화할 뿐만 아니라 어린이 재활병원 설치와 장애아동 주치의 제도의 도입을 통해 장애아동들이 가까운 곳에서 치료를 받을 수 있도록 장기적 제도적 개선 및 지원방안을 추진하고 있다(보건복지부, 2018).

4. 장애인가족지원서비스의 실제

한국사회에서 장애는 많은 제약을 경험하게 한다. 이러한 장애인과 그 가족들이 경험하는 문제를 해결하기 위해서는 가장 먼저 장애에 대한 인식의 전환이 이루어져야 한다. 이와 함께 장애인들이 사회적으로 차별받지 않아야 하고 또한 그들 가족들이 사회적 편견으로부터 보호받으며 인권이 보장되는 사회적 서비스가 제공되어야 한다. 이를 위해 다음에서는 장애인가족을 위한 가족복지서비스의 실천에 대해 살펴보고자 한다.

1) 장애영유아 · 아동 복지서비스

장애영유아 · 아동을 위한 복지서비스는 장애를 가진 영유아 및 아동이 발달에 필요한 서비스를 받을 수 있도록 지원하는 것을 의미한다. 보건복지부(2014)에서는 장애아동 양육수당을 신설하여 어린이집을 이용하지 않는 만 5세 이하 장애아동에 대해 소득수준에 관계없이 양육수당을 지원하고 있다. 또한 만 12세 미만의 장애아동을 대상으로 장애아 무상보육료 지원 사업을 하고 있으며 이와 관련하여 보다 구체적인 서비스는 〈표 14-5〉와 같다.

아동이 건강하게 성장하고 한 사회구성원으로 역할을 다하기 위해 장애아동에 대한 조기개입은 매우 중요하다. 미국의 경우 장애아동이 특수교육을 받을 수 있도록 지원하기 위해 아동서비스, 발달적 · 교정적 서비스 및 기타 지원서비스를 장애인교육법 내 관련 서비스 영역에 포함하고 있다(교육과학기술부, 2008). 이러한 서비스는 학령기 아동의 학교적응력 향상을 지원하는 데 의미를 두는 것으로 관련 서비스는 말-언어 병리학과 청능서비스, 통역서비스 및 심리서비스, 물리치료와 작업치료 그리고 치료적 레크리에이션과 재활상담 등을 포함하고 있다(원상화, 2010). 한국의 경우 「특수교육법」에서 이와 같은 관련 서비스영역을 규정하고 있다.

표 14-5 장애영유아 · 아동 복지서비스

정책지원	내용
어린이집 미이용 아동지원	• 어린이집 · 유치원을 이용하지 않는 취학 전 만 5세 이하 등록 장애아동은 소득수준에 관계없이 양육수당을 지원함
장애아 무상보육료 지원	• 만 0세~12세 장애아동(만 5세 이하의 경우 장애진단서 제출, 발달지체를 보이는 특수교육대상자로 진단평가 결과 통지서 제출한 자)에게 무상보육료를 지원함
장애인 자녀 교육비 지원	• 소득인정액 최저생계비 130% 이하인 가구의 1~3급 • 초 · 중 · 고등학생 장애인 본인 및 1~3급 장애인의 초 · 중 · 고등학생 자녀를 대상으로 함 • 지원 내용: 고등학교 입학금 및 수업료 전액, 교과서대, 부교재비, 학용품비 등을 지원함
장애아 가족 양육지원 (1~3급)	• 만 18세 미만 중증장애아동이 있는 가정으로 소득 수준 100% 이하인 가정을 대상으로 지원함 • 아동 1인당 480시간 범위 내 지원 • 아동의 가정 또는 돌보미 가정에서 돌봄서비스를 제공함

출처: 보건복지부(2014f).

2) 장애가족지원서비스

장애가 있는 자녀를 둔 가족은 사회적 편견과 자녀의 장애로 인한 고통을 경험하게 된다. 특히 발달장애가 있는 자녀를 돌보는 가운데 부모 및 가족들은 심리적 · 신체적 스트레스를 받게 된다. 정부는 이렇게 과중한 돌봄 부담을 가진 장애인가족 부모들에게 심리 · 정서적 상담과 서비스를 제공함으로써 이들의 우울과 부정적 심리상태를 완화시켜 궁극적으로 순기능적 가족관계를 도모하고자 발달장애인 가족휴식지원, 부모상담지원, 공공후견지원사업 등을 수행하고 있다. 이 사업은 발달장애인 권리보장 및 지원에 관한 법률의 적용을 받으며 시행되었지만, 발달장애가 있는 자녀를 위한 지출비용이 많음에도 소득수준이 150% 이하에 속하지 못해 지원받지 못했다. 이에 2017년까지 전국가구 평균소득 150% 이하의 가구 제한적으로 제공했던 사업을 2018년 1월부터는 발달장애인 가족휴식지원사업을 비롯하여 부모상담지원사업, 공공후견인지원사업의 대상자 선정 기준이었던 소득기준이 폐지되고 장애가 있는 모든 가족에게 지원된다(보건복지부, 2018).

3) 여성장애인지원서비스

여성장애인이 자녀를 양육하는 데 있어 심리적 불안감을 경험하게 되고 이와 더불어 자녀양육자로서의 교육 재활, 양육비 부담 등 본인과 가족구성원 모두에게 많은 영향을 주고 받으며 스트레스와 죄책감 및 신체적 고통을 느끼며 생활하고 있다(유영준 외, 2011). 여성장애인에 대한 서비스 지원은 가족구성원의 욕구와 기능을 지원하는 서비스를 원칙으로 하는 것으로 이는 가족 전체를 하나의 단위로 보고 가족성원의 전반적인 상호작용 속에 문제를 조사 및 사정하여 개입하는 것을 의미한다(김정희 외, 2009). 외국의 여성장애인 관련 가족정책들은 대부분 임신과 출산, 양육 및 보육 등을 지원하고 있고 이러한 지원들은 기존의 여성장애인 혹은 장애부모들이 결성한 자조모임이나 단체를 통해 이루어지고 있다(김정희 · 정은주, 2012). 우리나라의 경우 가족지원프로그램에 의해 제공되고 있고 구체적인 프로그램은 교육지원(특수교육, 통합교육 등)과 지역 및 사회지원(지역사회 재활시설마련, 취업알선 및 정보제공) 그리고 가족관계지원(부모교육 및 상담, 자조집단, 가족참여프로그램 등)과 생계지원(생계비지원, 장애아동 부양수당지원, 세금 및 생활요금 감면) 등이며 가족 중심의 지원프로그램 구성요소는 가족의 욕구 파악, 욕구범주 구분, 프로그램 원칙 수립, 자원의 원천 개발 및 동원, 성과 산출 등으로 이어져야 함을 강조하고 있다(유영준 외, 2011).

5. 장애인가족지원서비스의 대응방안

한국사회는 1988년 국민연금제도가 도입된 이래 1990년 장애수당이 도입되었고 2002년에는 장애아동수당이 도입되었으며 장애연금제도가 2010년 도입되는 등 장애인가족을 위한 복지정책이 지속적으로 수정·보완되고 있지만, 이들의 욕구를 충족시키기에는 역부족이다. 또한 많은 장애인가족은 그들 가족구성원들을 보호하는 과정에서 경제적·심리적 어려움에 노출되어 있고 이러한 문제가 지속되면서 가족 간의 갈등과 스트레스를 받게 된다. 과중한 스트레스는 주 양육자로 하여금 돌봄에 대한 의지를 약화시키고 가족해체현상까지 가져올 수 있어 장애인가족을 위한 다차원적 복지서비스의 제공이 요구된다. 이러한 것들을 토대로 장애인가족서비스지원에 대해 논의를 하고자 한다.

첫째, 발달주기에 따른 가족서비스 체계 마련

앞에서도 제기한 바와 같이 대부분 장애인가족은 가족생활 주기 동안 지속적으로 스트레스 상황에 노출되어 있다. 또한 이들은 자녀의 발달주기에 따라 각 단계에 따른 과업을 가지게 되고 이를 극복해야 하는 과제를 갖게 된다. 따라서 이러한 문제를 충족시키기 위한 다양한 프로그램을 개발하고 지역사회 자원과 연계하여 장애인가족의 다양한 욕구에 대응할 수 있어야 할 것이다.

둘째, 경제적 지원의 확대와 강화

장애인가족의 경제적 어려움을 개선하기 위해 장애인 소득을 지원하는 장애연금이나 수당 등 장애인소득보장제도가 확대 시행될 필요가 있다. 특히 중증장애인의 생활안정에 기여할 수 있는 장애급여로서 운용되기 위해서는 지급대상과 지급액을 지속적으로 확대할 필요가 있다(윤상용, 2013).

셋째, 심리·정서서비스 강화

가족 가운데 장애가 있는 구성원의 존재는 모든 가족구성원들에게 어려운 과제가 아닐 수 없다. 따라서 이들이 구성원의 장애를 받아들이고 가족관계가 원만하게 유지될 수 있도록 심리·정서적 지원을 강화해야 할 필요가 있다. 이를 위해 정부는 적극적인 시설 확충과 지원방안을 마련해야 한다.

장애인복지는 지난 30년 동안 복지정책의 변화와 더불어 복지재정에서 급속한 증가율을 보이고 있지만, 전체 복지재정에서 차지하는 비중은 낮고 외국과 비교하여도 GDP 대비 장애인 복지예산이 낮게 나타나고 있다(김성희 외, 2011). 따라서 장애인가족의 사회적응 및 가족 역량 강화를 위해 장애인가족의 욕구에 부흥할 수 있는 보다 폭넓은 복지지원서비스가 이루어져야 할 필요가 있다.

15장 Chapter 다문화가족

국제사회는 전 지구적 차원에서 정보와 경제, 그리고 인적 교류가 확대되는 급속한 변화를 경험하고 있다. 지역적인 거리나 국경은 교통이나 정보기술의 발달에 의해 무의미해지고 더 좋은 돈벌이를 위해서라면 가족과 고국도 과감히 떠날 수 있다. 요컨대 국제사회는 정보와 돈과 사람이 국경을 자유롭게 넘나드는 이른바 국경 없는 시대로 급속히 탈바꿈하고 있다. 우리 사회 역시 외국인이 다수 거주하는 다문화사회로 변화하고 있다. 2017년 4월 법무부에서 발표한 통계자료에 의하면 지난 10년간 국내 체류 외국인의 수는 107만에서 203만여 명으로 2배 가까이 증가하였다(법무부 출입국 외국인정책본부, 2017).

본 장에서는 우리 사회에 급증하고 있는 다문화가족에 대한 이해와 현황, 그리고 실태를 파악한 후 다문화가족을 위한 복지대책을 모색하고자 한다.

1. 다문화가족의 이해

1) '다문화'의 개념

'다문화(多文化)'란 '한 사회 안에 여러 민족이나 여러 국가의 문화가 혼재하는 것'을 말한다. 다문화는 다인종, 다민족으로 구성된 사회와 국가에서 문화의 중심이 되는 주류문화에 대한 하위 개념으로 볼 수 있으며, 다양성을 존중하는 의미를 내포하고 있다. 따라서 다문화사회는 다름을 통해서 서로 배우고 교류하며 더불어 함께 살아가는 상호공존의 관점으로 접근할 필요가 있다.

2) '다문화가족'의 개념

선진국의 경우, 다문화가족이란 그 사회에 거주하고 있는 장기거주 외국인을 전부 포함하고 있다. 그러나 우리나라 다문화 관련 법에서는 다문화가족 범위의 대상을 매우 좁게 정의하고 있으며 그 범위가 한정되어 있다. 즉, 「다문화가족지원법」에서 다문화가족이란 일반적으로 한국인 남편과 외국인 아내, 한국인 아내와 외국인 남편으로 구성된 가족, 즉 결혼이민자 가족으로 제한하고 있다. 따라서 다문화가족이라고 하면 외국인노동자나 결혼이민자를 생각하게 된다. 그러나 사실적으로 국내에는 우리가 생각하는 것보다 훨씬 많은 다양한 이주민과 그 가족이 정착하여 살고 있다. 그러나 이들은 다양한 정책서비스에서 제외되고 있어서 외국인 근로자와 가족, 외국인으로 구성된 가족, 유학생, 동포, 난민 등에 대한 개념을 명확하게 하는 것과 다문화가족의 범위를 보다 확대시키는 방안이 필요하다.

3) 다문화사회의 진입 배경

우리 사회는 그동안 학교에서 '단군신화', '백의민족', '단일민족', '순혈주의'를 가르쳤으며 이에 대한 자긍심이 대단히 컸다. 따라서 전 세계 184개국 가운데 아이슬란드와 함께 유일하게 단일문화를 고수하고 있는 국가로 분류(Kymlicka, 1995)되어 왔다. 그러나 세계화의 흐름 속에서 국내에 급증한 외국인의 유입은 커다란 사회변화를 가져왔다. 1980년대 말부터 외국인노동자들이 증가하기 시작하였고, 1990년대 중반부터 국제결혼이 급증하였으며, 현재 국내 체류 외국인이 180만 명을 넘어섰다(법무부, 2015). 짧은 기간 동안 우리 사회에서 급속히 진행된 이러한 외국인의 유입은 서구의 경우 몇 세대에 걸쳐서 일어날 수 있는 일이 동시에 발현된 셈이 된다.

여기에서는 우리 사회가 빠른 속도로 다문화사회로 진입한 배경을 그 특징에 따라 3가지 측면에서 살펴보고자 한다.

(1) 한국전쟁 전후의 미군과의 국제결혼

지구상에 분포된 많은 나라 중에 유전적으로 단일한 혈통을 가진 나라는 거의 없다고 볼 수 있다. 왜냐하면 타국의 침입을 받지 않은 국가가 없을 뿐만 아니라 대부분 고대 왕들은 변방의 나라들과 힘을 합쳐 나라를 세우며, 영토를 확장해나갔기 때문이다. 고조선 역시 '홍익인간'이라는 이념 아래 중국 혈통을 참여시켜 나라를 세웠다. 이러한 역사기록과 유적은 곳곳에서 찾아 볼 수 있다. 따라서 우리나라는 국제결혼이 오래전부터 존재한 다민족국가임을 알 수 있다.

우리나라의 대규모적인 국제결혼은 한국전쟁 전후 미군이 주둔한 기지촌에서 미군과 한국인 여성 간 결혼에서 찾아볼 수 있다(최협 외, 2005). 미군은 1945년 해방 후 우리나라에 들어왔고, 한미상호방위조약에 따라 계속 주둔하게 되었으며, 미군부대를 중심으로 기지촌이 형성되었다. 당시 전쟁으로 국토가 초토화되었고 수많은 인명이 살상당하였으며, 과부나 고아가 된 여성이 약 55만 명에 달하였다. 그 중 많은 여성들은 생활고로 떠돌이 생활을 하다가 막다른 기지촌에 정착하기도 하였으며, 그곳에서 미군과 결혼하는 경우도 많았다.

그러나 그 당시 국제결혼은 외형적인 모습에서부터 크게 차이가 나타났기 때문에 최근 동남아시아 국제결혼과 달리 이들에 대한 사회적 냉대는 극히 심했다. 그들 자녀 역시 사회적 편견과 차별 속에서 교육도 제대로 받지 못하였고, 학력이 낮아 직장을 구하기도 쉽지 않았다. 당시 기지촌 여성들은 가정과 직장이 병행하는 환경에서 자녀를 양육하기가 힘들었기 때문에 어쩔 수 없이 해외로 입양을 보내는 경우도 많았다.

(2) 자본의 세계화와 이주노동의 도입

세계화(Globalization)란 각 국가의 경제가 세계 경제의 단일시장으로 되어 가는 것을 의미한다. 즉, 인간의 생활단위가 제한된 자국을 넘어서 거대한 지구촌의 단위로 통합되어가는 추세를 말한다. 이러한 세계화는 1990년대 이후 국제무역의 활발과 교통·통신 수단의 발달로 국가 간의 이동이 더욱 가속화되고 있다(김범수, 2007).

한편, 국내 외국인근로자는 1987년 이후 제조업과 건설 부문의 인력 부족으로 유입되기 시작하여 현재 약 58만 명에 이른다(법무부, 2014.5). 이들은 산업현장에서 3D 업종을 중심으로 국내의 부족한 노동력을 공급하고 있다. 한편, 일부 사람들은 이들이 내국인의 일자리를 빼앗고 있다는 부정적인 시각을 가지고 있다. 그러나 만약 이들이 잠시 손을 멈춘다면 국내 산업현장이 마비될 정도로 부정적인 영향력은 심각할 것이다. 그럼에도 불구하고 정부의 인력정책상의 미흡함과 우리 사회의 폐쇄주의적 단일민족 의식으로 인하여 차별과 배제, 임금체불, 산업재해 등의 인권침해가 심각하게 나타나고 있다.

(3) 남녀 성비 불균형 · 저출산 · 고령화 사회

OECD 평균 출산율에 훨씬 못 미치는 우리나라 최저 출산율과 급속도의 고령화 현상은 노동인구 부족현상을 초래하였다. 또한 전통적인 남아선호사상은 남녀 성비 불균형을 가져왔다. 나아가 국내 여성들은 교육이나 직업 등으로 자아실현이나 경제력 향상을 통해 독신주의를 선호하거나 결혼을 기피하는 경향이 확대되고 있다. 이에 국내에서 짝을 찾지 못한 남성들은 국외로 눈을 돌리며, 저렴한 비용으로 결혼을 할 수 있는 국제결혼을 선호하게 되었다.

한편 우리 사회의 고령화 속도는 OECD 회원국의 평균보다 2배의 속도로 OECD 국가 중 최고 빠른 것으로 나타났다(매일경제, 2014. 9. 9).[1] 고령인구 비율이 7%인 '고령화사회'에서 20%인 '초고령사회'로 진입하는 데 걸리는 시간은 프랑스의 경우 154년, 미국은 90년, 일본은 36년이 걸렸으나 우리나라의 경우는 불과 26년 만에 도달할 전망이다. 따라서 2000년도에 7.2%였던 노인인구는 2018년에는 14%로서 본격적인 고령사회로 진입할 것이며, 2026년에는 인구의 20% 이상이 노인인 초고령사회가 될 것으로 예상하고 있다(김태유, 2013). 이러한 통계는 현재 생산가능인구 6명이 고령자 1명을 부양하며, 2050년에는 생산가능인구 1.4명당 고령자 1명을 부양하는 셈이 되어 노인부양부담이 심각한 것으로 전망된다(통계청, 2013).

1) http://news.mk.co.kr/newsRead.php?year=2014&no=1181609(매일경제 2014. 9. 9).

한편 대다수의 선진국들은 수십 년 전부터 고령화를 대비하여 왔기 때문에 인구에 큰 변화가 없을 것으로 예상된다. 그러나 50여 개의 저개발도상국의 인구는 앞으로도 계속 늘어날 것이며, 이들의 인구증가는 곧바로 식량 부족과 일자리 부족으로 이어져 국경을 넘게 되는 해외 이주노동자를 지속적으로 증가시킬 것으로 예측된다.

2. 다문화가족의 현황과 실태

우리나라는 세계화와 더불어 출신 배경이 다른 사회구성원이 증가함에 따라 다인종, 다민족사회로 가고 있다. 이에 따라 다문화가족의 범위가 다양하게 논의되고 있으나 여기에서는 다문화가정(결혼이민자 가정)과 외국인근로자 가정을 중심으로 살펴보고자 한다.

1) 다문화가족의 현황

다문화가족의 가족구성원 형태는 다양하지만 여기서는 「다문화가족지원법」에서 일반적으로 말하는 결혼이민자 가정을 다문화가족의 의미로 보고자 한다. 2016년 법무부 통계에 따르면 결혼이민자는 총 152,374명으로 전년대비 0.51% 증가하였다. 2002년 이후 매년 28% 이상의 높은 증가율을 보이던 결혼이민자는 2014년 4월 국제결혼 건전화를 위한 결혼이민 사증발급심사강화 및 국제결혼 안내 프로그램 이수 의무화조치 등의 영향으로 최근 3년간 평균 증가율은 0.3%로 나타났다(법무부, 2017). 1990년대까지는 종교단체를 통해 입국한 일본여성이 다수를 차지하고 있었으나, 2000년대 초부터 중국 및 필리핀 국적의 결혼이민자의 증가가 두드러졌다. 국적별로는 중국 37.4%, 베트남 27.4%, 일본 8.6%, 필리핀 7.6% 순으로 나타나며, 최근에는 베트남, 캄보디아, 몽골, 태국 등 국적이 다양해지는 경향을 보인다.

국제결혼이 증가함에 따라 다문화가정 자녀의 수도 급증하고 있다. 학교에 다니는 초·중·고교 다문화가정 학생은 2014년 말 6만 7,800여 명에 달해 전체 학생 수의 1%를 넘은 것으로 나타났다(교육부, 2014). 일반가정의 경우, 출산율 감소로 전체 학생이 매년 20만 명 정도 줄어들고 있지만 다문화가정 학생은 지속적으로 그 비율이 높아지고 있음을 알 수 있다. 안전행정부(현, 행정자치부)의 통계에 따르면 다문화가정의 자녀는 약 19만 명이며, 그중 초등학교 이하의 자녀가 약 85%로 가장 많고, 그 다음으로 중학교, 고등학교 순으로 나타나고 있다. 현재는 초등학교 이하가 가장 많지만 향후 10년 내에 청소년과 결혼하는 성인까지 그 성장 속도가 급진전될 것으로 보인다. 1997년 「국적법」의 개정에 따라 다문화가정에서 태어난 자녀도 한국 국적뿐만 아니라 교육을 포함하여 모든 면에서 내국인과 동일한 권리를 가지게 되었다. 또한 2011년도부터 다문화가정의 자녀도 내국인과 동일한 군(軍)복무가 제도화되었다.

표 15-1 **다문화가정 자녀 현황**

(단위: 명)

연령별 현황				
계	만 6세 이하	만 7~12세	만 13~15세	만 16~18세
191,328	116,696	45,156	18,395	11,081
100%	61.0%	23.6%	9.6%	5.8%

출처: 안전행정부(2013).

한편, 국제결혼이 중장기화되면서 국제결혼이 시작되었던 초기와 다른 양상이 나타나고 있다. 특히 초혼보다 재혼의 비율이 급증하는 등 국제결혼의 형태가 달라지고 있다. 2005년에는 초혼(71.8%)의 비율이 재혼(28.2%)보다 훨씬 높았는데 2010년에는 초혼(55.3%)과 재혼(44.7%)이 비슷한 비율이 되어 재혼(16.5%)이 급증하였음을 알 수 있다(김유경 외, 2012: 101-112). 재혼한 이주여성은 전 남편의 자녀와 함께 동반입국하거나 시간이 얼마 흐른 뒤 본국에 있는 자녀를 데려오는 경우가 많다. 이러한 자녀를 이주배경을 가진 혹은 중도에 입국했다고 하여 '이주배경청소년(중도입국자녀)'이라고 부르고 있다.

전국다문화가족실태조사[2]에 의하면 중도입국청소년은 약 1만 7,902명으로 나타났으나 집계되지 않은 수까지 포함하면 훨씬 많으며, 그중 18세 이상이 1만 2,250명(68%)으로 대부분 10대 후반기임을 알 수 있다(여성가족부, 2012). 법적으로 볼 때 외국인 부모와 함께 동반입국한 청소년의 경우 외국인노동자 자녀로 구분된다. 이들은 정식적으로 국적을 취득한 자가 아니기 때문에, 정부의 적극적 지원정책의 대상에서 제외된다. 이들은 학업을 목적으로 주로 청소년기에 입국하는 경우가 많으며 법적으로는 유학생의 신분으로 분류된다. 유학생의 신분이기 때문에 학업이 끝나면 재혼한 부모와 한국에서 정착하여 더 살고 싶어도 본인의 의사와 상관없이 본국으로 돌아가야 하는 어려움이 있다.

한편, 부모님의 재혼으로 중도에 입국한 이들은 한국에서 태어나서 성장한 다문화가정의 자녀들과는 다른 특성이 나타난다. 일반 다문화가정의 자녀는 한국에서 성장했기 때문에 다소 잘 적응하나 이주배경청소년들은 한국사회에 적응하는데 다양한 어려움에 직면하게 된다. 체류 신분이 불안정하여 언제 떠나야 할지 몰라 정서적으로 불안하며, 특히 한국어가 어려워 공교육에 진입하기도 쉽지 않다. 이들에게 한국어를 가르쳐 주는 기관도 찾기 힘들어서 장기간 집에 머물면서 교육공백에 빠지게 되는 경우가 대부분이다. 따라서 이들이 일반 학교에 입학하는데 평균 1년에서 1년 6개월이 지체되는 것으로 나타나고 있다. 한국어를 배워 학교에 가게 되더라도 연령대에 맞는 학급에 들어가기 어려울 뿐만 아니라 공부하는 시간도 많고, 수업내용도 힘들어서 성적부진, 부적응 현상이 나타나며, 이에 따라 진학률도 매우 낮다. 최근 이주배경청소년들의 이러한 학업 중단 위기 등이 다문화가정의 새로운 화두가 되고 있으며, 이에 따라 정부의 지원책이 조금씩 마련되고 있으나 아직은 미비한 수준이며, 장기적인 대책이 시급하다.

2) 여성가족부(2012). 전국다문화가족실태조사.

2) 외국인근로자와 그 자녀

1987년 노동자 대투쟁 이후 국내 노동자 임금이 상승하자 중국과 동남아시아 노동자들은 관광 또는 단기 방문 사증으로 우리나라에 처음 입국하게 되었다. 그러나 공식적인 등장은 1991년 해외에 투자한 국내기업들이 현지에서 고용한 인력들을 국내에 유입하면서부터 시작되었다. 통계에 의하면 국내 체류 외국인근로자의 수는 약 52만 명에 달하고 있으며, 그중 미등록자는 13%(6만 8,056명)에 해당되고 있다(출입국외국인정책본부, 2013). 외국인근로자는 대부분 단순 기능직으로 3D산업에 종사하고 있으며, 전문인력은 1%도 채 되지 않는다.

한편, 일부 사람들은 외국인근로자들이 내국인의 일자리를 빼앗고 있다고 생각하고 있으나 오히려 내국인의 노동시장을 보완하고 있다. 외국인근로자들의 경제활동에 의해 부가가치 생산량이 증가하고, 산업경쟁력이 강화되어 내국인근로자가 취업할 수 있는 신규 일자리가 창출되고 있기 때문이다(이수현, 2006).[3] 삼성경제연구소(2011)의 보고서에 의하면 "한국은 노동력 부족 문제를 해결하기 위해 2050년까지 1,159만 명의 이민자를 받아들여야 한다"고 하였다. 통계청에서는 저출산, 고령화로 인하여 2020년 노동력 증가율은 0.91%가 감소할 것으로 전망하고 있다. 따라서 외국인근로자들은 꾸준히 증가될 것으로 예측할 수 있는데 이는 노동력이 부족하면 국내 경제 산업에 심각한 영향을 미치기 때문이다.

외국인근로자 자녀의 현황을 살펴보면, 초・중・고등학교에 다니는 학생은 총 2,626명으로 다문화가정 자녀 전체를 대비할 때 5.6%의 비율로 매우 낮은 수준이다(한국교육개발원, 2012). 현재 통계조사로 인하여 학교에 다니는 외국인근로자 자녀의 재학 현황은 파악되고 있으나 체류・신분 문제 등으로 인해 미취학 상태인 학교 밖 취학연령대 아동의 수는 정확히 알 수 없어 안타까운 실정이다. 학교 급별 비율로는 초등학교가 가장 높고, 다음으로 중・고등학교 순으로 나타난다.

3) 이수현(2006). 『우리 옆의 약자』. 산지니.

3. 다문화가정의 어려움

1) 한국사회의 차별과 의사소통의 어려움

우리 사회의 가부장적 가치관과 저개발국가에 대한 문화적 편견은 외국인 배우자의 국적에 따라 다르게 나타난다. 피부색이 희고 선진국이면 무비판적으로 선망의 대상이 되고, 피부색이 짙고 후진국이면 수준 낮은 사람으로 구분하며 차별하는 경향이 있다. 이러한 사회적 분위기 속에서 다문화가족들은 이웃과 직장 등 지역사회에서 무시와 소외, 사회적 불이익을 당하기도 하며, 사회부적응 등 다양한 어려움을 겪고 있다.

또한 서로 언어가 통하지 않는 의사소통의 어려움과 문화적 차이는 소통의 통로를 차단하여 생활 전반의 무기력과 갈등을 가중시키고 있다. 다문화가정의 의사소통의 어려움은 문화적 차이에서 오는 사소한 오해를 확대시키고, 가족 간의 갈등을 심화시키며, 시부모 간의 관계를 더욱 악화시킨다. 특히 서로의 가치관이 다르기 때문에 자녀 양육방법이나 교육에 있어서 의견충돌은 더욱 커지게 마련이다.

2) 부부, 가족 간의 갈등

국제결혼은 서로 충분히 알지 못한 채 국경을 뛰어 넘어 결혼을 선택한 후 서로 호흡을 맞추어 한 가정을 꾸려 나가야 하기 때문에 다양한 어려움이 따른다. 신혼 초기에는 언어의 장벽과 문화충돌, 시부모 관계의 어려움이 따르며, 시간이 흐름에 따라 타국에서 경험하는 임신·출산의 어려움과 자녀양육 및 교육의 어려움을 경험하게 된다. 이러한 생애주기별로 경험하는 다양한 어려움에도 불구하고 잘 적응하며 자녀교육도 성공하여 행복한 다문화가정을 꾸리는 가정도 적지 않다. 그러나 최근 다문화가정이 증가함에 따라 부부갈등, 가정폭력, 학대 등이 사회문제로 대두되고 있다.

다문화가족지원센터에서는 다문화가정의 부부갈등, 폭력 등을 예방하고 치료하기 위해 결혼이민자에게 상담을 지원하고 있으나 미흡한 부분이 많다. 우선적으로 각 나라의 이중언어로 상담할 수 있는 전문상담원이 부족하여서 일회적 상담에 그치는 경우가 많다. 이러한 상담의 제한성 때문에 지속적이며 장기적인 상담을 통해 가정의 근본적인 갈등해결이나 폭력근절을 기대하기는 어렵다. 또한 폭력, 위기상황에서 피신할 수 있는 쉼터도 부족하여서, 타 지역 쉼터에 대기해야 하는 경우도 많다. 특히 자녀와 동반하여 입소할 수 있는 쉼터는 매우 부족한 실정이다. 따라서 여성 결혼이민자의 인권과 안전을 보장할 사회적 안전장치 구축이 절실하다.

3) 부모-자녀 간의 갈등과 사회부적응

영유아기 때는 자녀를 양육하는 데 별 어려움이 없다. 그러나 결혼이주여성의 한국말의 어려움으로 인하여 다문화자녀들의 언어발달이 좀 느린 경향이 있다. 다문화자녀들이 유치원, 초등학교에 다니기 시작하면서부터 한국말이 서툰 부모를 창피하게 여기고 무시하는 경향이 있어 부모–자녀 관계에 갈등이 발생하기도 한다.

다문화가정마다 다소의 차이는 있으나 자녀들이 학교와 사회에서 공통적으로 경험하는 어려움은 친구들로부터 왕따, 폭력의 대상, 정체성 혼란, 학업 부진, 학교부적응, 사회적 소외 및 배제 등을 들 수 있다. 신체적 · 심리적 · 사회적 발달과정에서 경험하는 이러한 어려움은 사회부적응으로 표출되고 있다.

한편, 다문화가정의 자녀들은 이중언어의 장점과 모국의 문화적 자산을 가지고 있기 때문에 소중한 인적 자원으로 키울 만한 충분한 가치가 있다. 국제화시대에 우리 사회는 이러한 장점을 발견하고 역량을 강화시켜 주류사회 구성원으로 성장할 수 있도록 충분한 뒷받침을 해 주어야 할 것이다.

4) 경제적 어려움

다문화가정의 한국인 남편들의 직업은 단순노동과 자영업이 많으며, 경제적으로 어려운 가정이 많다. 실제로 '2009년 외국인 주민의 기초생활수급권자 비율'에 따르면 다문화가정 한국인 배우자의 기초생활보장 비율은 4.9%로 일반 국민 수급자 비율 3.1%보다 1.6배가 많은 것으로 나타났다. 그럼에도 불구하고 외국인 아내들은 본국에 있는 원가족도 경제적으로 어렵기 때문에 송금하는 경우도 많다. 부부간 경제적인 부분에서 합의가 되지 않은 경우, 송금은 다툼의 불씨가 되어 부부관계를 악화시킨다. 젊고 건강한 아내들은 이러한 경제적 어려움 때문에 취업에 대한 욕구가 크다. 그러나 서툰 한국어와 전문적인 기술이 부족하여 단순노동에 종사하는 경우가 대부분이다. 본국에서 전문직으로 활동한 결혼이민자도 많으나 본국에서 취득한 자격증은 한국에서 인정되지 않는 경우가 많아 전문직을 구하기가 쉽지 않다.

따라서 우리 사회는 장기적인 안목에서 이들의 적성과 재능을 파악하여 직업훈련 및 인턴과정을 거쳐 취업으로 연계하는 체계적인 취업 시스템을 마련하는 것이 필요하다.

4. 다문화가족을 위한 복지대책

우리나라 다문화정책은 크게 두 가지 측면에서 변화를 시도하고 있다. 즉, 이민허용정책과 이민자 통합정책을 통해 상호공존하는 다문화사회를 지향하고 있다. 첫째, 비이민국가에서 이민허용정책의 방향으로 선회하는 측면이다. 즉, 국가경쟁력의 제고 차원에서 이민자를 허용하고 숙련생산기능 인력에 대한 영주 허용 및 전문 인력, 외국인 유학생 유치 확대 등 개방적인 이민정책을 추진하고 있다. 둘째, 이민자 통합정책의 방향으로서 국민과 이민자들이 다양한 가치를 포용할 수 있는 다문화주의적 정책과 함께 이주민의 한국사회 적응을 위한 동화주의적 정책을 병행하고 있다. 다문화주의는 국민과 이주민들의 가치를 포용하고 전통적 문화 가치와 결합시켜 세계 일류 문화를 창출한다는 입장인 반면, 동화주의는 이민자가 주류사회에서 생활하는 데 있어 불편을 겪지 않도록 한국어, 한국의 제도, 문화 교육을 실시하자는 입장이다.

이러한 취지하에 여기서는 다문화가족을 위한 복지대책을 법적 부분과 다문화가족 지원방안을 중심으로 살펴보고자 한다.

1) 법적 · 제도적 개선사항

(1) 다문화가족 범위 확대

현재 국내에는 「다문화가족지원법」이 규정한 다문화가족보다 다양한 유형의 이주민과 그 가족이 정착하여 살고 있으며 그 규모도 확대되고 있다. 그러나 이러한 외국인 주민에 대한 구체적인 개념이나 체계적인 지원방안은 미흡한 실정이다. 실제로 외국인근로자의 혼인, 가족재결합, 결혼이민자의 이혼 및 재혼 등으로 국내에 거주하는 외국인가족과 그 자녀의 수가 증가하고 있으나 「다문화가족지원법」은 다문화가족의 범위를 결혼이민자로 제한하고 있어 다양한 한계점이 나타나고 있다. 따라서 「다문화가족지원법」은 외국인근로자, 외국인근로자 가족의 자녀, 결혼이민자 재혼가족, 유학생, 동포, 난민 등에 대한 정의와 범위, 지원정책을 수립하는 것이 필요하다.

한편, 북한이탈주민은 문화적 차이가 있다는 측면에서 다문화범주에 포함하기도 한다. 그러나 일부 다른 특징이 있어서 북한이탈주민 관련 법의 적용을 받고, 정책적 지원을 받기 때문에 외국인 주민으로 분류하기에 모호한 측면이 있다.

(2) 외국인근로자 처우개선과 자녀교육지원

고용허가제에 의해 합법적으로 취업한 외국인근로자에게는 내국인과 동등한 노동관계법과 노동3권 등 기본적인 권익을 보장하고 있다. 그러나 이러한 법적인 근거가 있음에도 불구하고 우리 사회에서는 그들을 가난한 나라에서 돈벌이 하러 온 노동자로만 보는 부정적인 인식이 보편화되어 있다. 아직까지도 외국인근로자들이 임금체불이나 산재로부터 보상받지 못하고, 범죄 유발 비율이 높은 대상자로 인식하는 사람들이 적지 않다. 그러나 세계화의 흐름 속에서 그들이 고국에 있는 가족이나 공동체에서 어떤 역할과 지위를 가지고 한국에서 생존을 위해 주체적인 삶을 살아가고 있는지 등 상호공존의 개념으로 보고, 그들의 처우를 개선할 수 있는 인식전환이 요구되고 있다.

한편, 외국인근로자는 국내에 체류하면서 결혼하여 자녀를 출산하거나 본국에서 자녀를 동반하여 입국한 경우가 많다. 한국에 거주하는 미등록 외국인근로자의 자녀도 「초 · 중등교육법 시행령」이 개정됨에 따라 교육권이 보장되었다. 그러나 중고등학교 진학률은 실질적으로 매우 낮은 수준이다. 따라서 미등록 외국인근로자의 자녀들이 교육으로부터 방치되거나 불법적 아동노동의 현장으로 내몰리지 않도록 교육 대책이 시급한 실정이다.

2) 다문화가족지원 방안

(1) 부부상담 지원

가정폭력에 시달리는 결혼이민자들이 증가함에 따라 일반가정보다 다문화가정의 이혼율이 높게 나타나고 있다. 그러나 우리 사회는 다문화가정의 삶의 질과 정서적 지원을 위한 적극적인 대책이 미흡하다. 현재 결혼이민자의 심리적 갈등이나 결혼과 이혼, 체류 관련 상담업무를 전담하여 생애주기별 상담을 지원할 수 있는 전문상담기관과 문화적 역량을 갖춘 다문화전문상담원도 부족한 실정이다. 따라서 다문화가정에 일어날 수 있는 다양한 문제들을 사전에 예방하고 치료할 수 있는 전문상담기관과 이중언어가 가능한 전문상담원 양성이 필요하다. 또한 가족갈등이나 폭력의 상황에서 안전하게 피신할 수 있는 이주여성과 그 자녀를 위한 쉼터를 확대하고 쉼터에서 취업 및 자활준비 등 사회적 안전망 구축이 시급히 요청되고 있다.

(2) 경제적 지원

통계청(2012)에 의하면 다문화가정의 경우, 월 소득 200만 원 미만의 가구비율이 41.9%에 해당하는 것으로 나타났다. 국제결혼을 한 한국 남성 중 무직과 단순노무직의 비율이 높아 다문화가정의 경제가 불안정한 경우가 많다. 특히 국민기초생활보장 수급대상에서 탈락한 여성 결혼이민자들은 구직을 통해 생계를 유지해야 하는 어려움이 있다. 따라서 그들의 특성과 현실을 고려해서 경제적・사회적으로 자립할 수 있는 대책을 마련하는 것이 필요하다. 여성 결혼이민자들에게 직업훈련과 일자리를 제공하는 것은 독립적인 시민으로서 한국사회에서 함께 생활할 수 있는 기회를 마련해 주기 때문에 매우 중요하다. 따라서 다문화가정의 빈곤예방을 위하여 긴급지원제도, 실업가정 지원, 의료급여 지원 확대와 직업교육, 취업연계, 양육에 대한 지원, 고용의 기회 확대 등 대상자의 욕구를 중심으로 장기적인 차원에서 체계화하는 것이 필요하다.

(3) 다문화가족 프로그램 지원

다문화가정이 우리 사회에 안정적으로 정착하기 위해서는 다문화교육 및 프로그램이 필요하며 그 대상은 내국인과 다문화가족으로 나누어볼 수 있다. 내국인의 측면에서 볼 때 그동안 우리 사회는 단일민족 중심의 교육을 실시하여왔고 민족문화의 우수성을 강조하기 위해 타 민족, 타 문화를 지나치게 비하하는 경향이 있었다. 최근에는 다문화라는 용어를 사용하고 있지만 실제로 많은 부분에 있어서 한국화에 초점이 맞춰져 있었다. 따라서 내국인 대상 다문화교육은 우리 사회의 전통적인 단일민족주의 교육에 대한 방향을 타 문화 이해, 존중, 편견 극복 및 관용에 관한 내용이 핵심이 되어야 한다.

또한 다문화가족을 대상으로 하는 프로그램에서는 이주민들에게만 국한할 것이 아니라 다문화 이해 교육의 차원에서 다문화가족의 한국인 구성원, 예를 들면 국제결혼가정인 경우 남편과 시부모를 동참시킬 필요가 있다. 특히 부부관계 개선, 부부역량강화, 부부상담 등의 부부 중심의 프로그램 개발과 부모-자녀 간의 갈등을 다룰 수 있는 상담이나 가족치료 등의 프로그램 개발이 필요하다. 뿐만 아니라 한국문화교육뿐만 아니라 배우자 국가의 문화도 배울 수 있도록 상호이해교육이 선행되어야 한다. 나아가 97%의 내국인이 다문화인식개선을 통해 3%의 외국인 주민을 이해할 수 있도록 교육하여 서로 win-win하며 삶의 질이 향상될 수 있도록 사회복지 영역에서 최선의 노력이 필요하다.

Chapter 16장

한국 가족복지의 미래

1. 가족복지 환경의 변화에 따른 미래 가족 전망

가족은 해당 시대의 사회적 산물이다. 사회가 변화함에 따라 가족은 역사적이고 문화적인 맥락 안에서 역동적으로 그 모습을 달리한다. 한국사회의 가족은 산업화와 도시화와 같은 사회변동으로 인해 기존의 확대가족의 지배적인 가족제도는 급속도로 그 모습을 잃어가게 되었다. 현대사회에서는 핵가족이 보편적인 가족제도로 자리 잡았다. 하지만 한국사회의 가족제도는 전통적인 가족주의에 기초한 가족형태뿐만 아니라 근대 혹은 탈근대적인 가족형태로의 변화가 동시에 진행되고 있는 실정이다.

한편, 후기 산업사회로의 진전이라는 흐름 속에서 가족복지환경도 변화를 맞이하게 된다. 사회환경의 변화와 더불어 가치관의 변화가 핵심적으로 작용하여 기존의 가족제도를 변모하게 하고 있다. 즉, 사회, 경제, 문화의 가치 체계와 사회구조가 급속도로 바뀌면서 사회구성원 각자의 사고방식 및 의식구조에 영향을 미쳐 혼인가치관과 성평등가치관 및 자녀가치관도 과거와는 이질적으로 변모하게 되었다. 예를 들어, 사회환경의 변화에 따른 가치관의 변화를 생각해볼 수 있다. 경제환경 및 노동시장의 변화와 그에 따른 가족임금제의 위기, 여성교육의 확대와 평등의식고취 등 다양한 사회적 요인들에 의해 여성의 경제활동 참여가 가속화되었다. 노동의 유연화를 통해 평생고용의 의미가 사라지고 남성은 생계부양자로, 여성은 가사담당자로 이원화시킨 노동의 성적분화와 가족임금제의 패러다임이 설득력을 상실하면서 여성의 취업은 삶의 선택이 아닌 필수조건이 되고 있다. 남성뿐만 아니라 여성 역시 혼인여부와 상관없이 노동시장으로의 참여를 통해 가계경제를 책임지거나 보완해야 한다는 시대적 압력을 받고 있는 것이다(백진아, 2009). 즉, 직업의 전문화에 따른 직업의식의 강화, 여성 취업률의 증가, 여성의 생활양식 영역의 확장, 결혼 기피 등이 나타나면서 전통적인 가족형태는 한계점에 봉착하고 있다(Kirmelman, 1985).

이러한 사회환경의 변화와 가치관의 변화로 인해 한국사회는 점차 비혼화와 자녀 수의 감소를 경험하며 다양한 가족유형이 나타나고 있다. 특히, 독신가족과 무자녀가족 및 기러기가족의 증가와 같은 구조상의 급속한 변화는 미래사회를 위협하는 사회문제로 대두되고 있다.

2. 독신가족

1) 독신가족의 개념

독신의 사전적 의미는 형제나 자매가 없는 독자나 배우자가 없는 사람, 홀몸으로 정의된다(한국어사전편찬회 편, 2001). 독신은 흔히 미혼이나, 이혼, 사별 또는 별거 등으로 인하여 현재 결혼하지 않은 상태, 즉 법적 배우자가 없는 경우를 의미하나(정연숙 외, 1998), 미혼독신자는 일반적으로 결혼적령기가 지나도록 결혼하지 않고 혼자 살고 있는 사람을 일컫는다(김애순, 1994; 박선옥 · 최현자, 2008 재인용). 이렇게 형성된 독신가구(single household)란 1인 가구로서 단독으로 생계를 유지하는 최소 생활단위로서 자발적으로 나타나기도 하고 비자발적으로 형성되기도 한다. 영어로 독신자를 의미하는 학술용어는 'never-married', 'unmarried', 'singlehood', 'single', 'celibacy' 등이 있다. 이 가운데 'never-married', 'unmarried'라는 학술용어는 결혼 경험이 전혀 없는 사람을 지칭하지만, 'singlehood', 'single'은 순수한 미혼이나 간헐적 동거뿐만 아니라 이혼이나 사별 등을 포함하여 혼자 살고 있는 사람 모두를 포함하는 용어로 사용한다(Anderson & Stewart, 1994; 엄영래, 1996; 김경원, 2005 재인용).

이러한 독신은 여러 가지 기준에 의해 분류될 수 있기 때문에 다양한 유형이 존재한다. Stein(1978)은 독신의 지속기간과 선택이라는 두 가지 차원에서 네 가지 유형으로 분류하였다. 구체적으로는 미혼이지만 향후 결혼 의향이 있는 자발적-잠정적 독신, 자기 선택에 의해 평생 독신을 지키려는 자발적-영구적 독신, 결혼 상대를 찾는 상태에 있는 비자발적-잠정적 독신, 결혼을 희망하지만 배우자를 찾지 못해 결혼할 가능성이 희박한 비자발적-영구적 독신이 있다. 이를 통해 한국사회의 독신가구를 전망한 이성림·김기옥(2009)의 연구에 따르면 결혼 전 자발적-잠정적 독신 혹은 노년기의 배우자 사망과 같은 비자발적-영구적 독신 등의 전통적 유형에서 벗어나 30~40대, 이혼, 유배우 등 다양한 독신가구 유형이 나타나고 있는 추세이며, 일생을 독신으로 살아가려는 자발적-영구적 독신이 새로운 삶의 형태로 자리매김하고 있다. 하지만 사회·경제적 요인으로 인해 비자발적-잠정적 독신과 비자발적-영구적 독신이 양산되고 있어 심각한 사회문제로 대두되고 있는 실정이다.

2) 독신가족 형성 원인

현대사회에서 독신이 증가하는 사회적·문화적 배경은 다음과 같다.

첫째, 결혼에 대한 가치관의 변화이다. 결혼관이란 결혼과 배우자 선택에 대한 태도 및 가치관을 의미한다(김경신·이선미, 1998). 한국사회에서 결혼이라는 규범은 자식으로서의 의무이며 필수적으로 거쳐야 하는 통과의례로 자연스럽게 여겨졌다. 특히, 여성에게 결혼이 지위 부여와 지위 상승의 중요 통로 역할을 수행하였으며(김경신·이선미 1998), 도시화·산업화 과정에서도 가족을 이루는 결혼은 자연스러운 삶의 과정으로 여겨져 왔다. 그러나 점차 결혼관은 가족 중심에서 개인 중심으로 과거와는 이질적으로 변모하여 만혼이나 비혼과 같은 현상을 발생시키고 있다. 여기에는 개인의 가치관(개인주의적, 편리주의적, 자유주의적 사고)과 선택을 중요시하는 사회의식의 변화가 있다. 한국사회에서 변화하고 있는 결혼에 대한 가치관을 박민자(2004)는 다음과 같이 제시하고 있다. 결혼이 제도나 규범상으로 반드시 해야 되는 것이 아니라는 압박이 사회적으로 용납됨과 동시에 개인들이 재빠르게 이를 수용하고 있다는 것이다. 그 다음으로 개인의 욕구나 필요에 의해서 결혼이 선택되며 선택의 기준은 철저하게 본인의 손익계산에 따르고 있다는 것이다. 마지막으로 개인의 욕구나 가치는 보다 더 구체화되면서 애정은 전제조건이고 그것을 통해서 행복한 삶을 누려보겠다는 의지가 강해졌다는 것이다. 이러한 연구결과는 한국사회에서 결혼이나 가족형성의 의미가 제도적 압박에서 벗어나 합리적 개인이 선택할 수 있는 문제가 되었다는 점에서 신가정경제론의 시각을 반영하고 있다(이삼식, 2006). 한편, 새로운 가족풍속으로 자리 잡은 독신을 자유를 택한 화려한 싱글이라고 표현하는 것에서도 알 수 있듯이 독신의 매력이 자유에 있다는 것에 기초하고 있다는 장현숙(2002)의 논의도 주목할 만하다. 독신들에게 자유는 곧 편하다는 것을 의미하며, 이러한 독신이 누리는 자유에는 외로움이 동반되기도 한다. 이들은 또한 정해진 틀과 순서에 따라 자신의 삶이 끼워 맞추어지는 것에 거부감을 갖고, 주변의 눈이나 나이 때문에 억지로 떠밀려 하는 결혼은 사양한다. 물론 혼자 사는 것이 외부와의 단절을 의미하는 것은 아니며, 타인과의 관계를 위한 통로는 항상 오픈되어 있어야 한다고 강조하고 있다(장현숙, 2002).

둘째, 초혼연령의 상승이다. Blau 등(2000)은 1970년, 1980년 및 1990년에 조사된 미국의 전수조사를 이용하여 노동시장 여건과 혼인율 간 상관관계를 분석하였다. Blau는 혼인율을 결정하는 중요한 요인으로 노동시장의 여건 변화를 언급하였다. 분석 결과, 여성의 경우 노동시장의 여건이 좋을수록, 그리고 남성은 노동시장의 여건이 나쁠수록 혼인율이 낮아지고 있었다. Loughran(2002)이 제시한 결혼시장탐색모형을 적용하여 설명하면, 여성에게 유리한 노동시장 여건은 여성의 유보가치 상승을 유발하며, 남성의 노동시장 여건 악화는 소득불평등을 확대시키기 때문에 혼인율이 낮아지는 것이다. 이들의 연구에서는 대체로 남성의 노동시장 여건변화가 여성의 노동시장 여건변화보다 결혼에 더 크게 영향을 미치는 것으로 나타났다. 국내의 다수 연구결과도 이를 뒷받침하고 있다. 미혼남녀 중 결혼을 연기한 경험이 있는 사람들에 대한 설문결과에 따르면(이삼식 외, 2005), 이들 중 결혼을 연기한 경험이 있는 사람은 남성 10%(1,460명 중 146명), 여성 6.4%(1,203명 중 76명)이었다. 이들이 결혼을 연기한 주된 요인 역시 남성의 경우 경제적 요인이 무려 50%(고용불안정: 17.8%, 결혼비용부담: 19.2%)에 달하고 여성의 경우 29%(고용불안정: 5.3%,

결혼비용부담: 15.8%) 정도에 달하였다. 특히 여성보다는 남성의 경우 경제적 요인이 결혼결정에 중요한 역할을 하는 것으로 나타났다.

셋째, 교육수준의 향상과 취업에 따른 만혼화와 비혼화이다. 이에 학계에서는 교육과 결혼의 연관성에 주목하고 있으며 이를 설명하기 위해 다양한 이론들을 제시하고 있다. 특히, Becker(1981)는 개인들이 결혼을 하게 되는 근본적인 원인을 성별 노동분업(남성은 경제활동, 반면 여성은 가사활동)이 갖는 이점에서 찾고 있다. 현대사회에서 여성들에 대한 교육기회의 증가는 노동시장에의 투입으로 이어질 가능성이 충분하다. 노동시장으로의 참여는 경제력 향상을 불러오고 이는 결혼으로 인한 편익을 감소시키는 동시에 가족 영역에서 투입된 시간의 기회비용을 증가시키며, 이에 따라 고등교육을 받는 여성들은 결혼을 연기하거나 생애 기간 동안 결혼을 하지 않는 상황을 만들어 낸다는 것이다. 이와 같은 Becker의 분석은 여성들의 교육수준 향상이 결혼의 연기뿐만 아니라 생애 기간 동안 결혼을 하지 않는 여성들의 비중을 동시에 증가시키는 역할을 하게 됨을 시사하고 있다. 우리 사회에서 결혼은 과거와 달리 필수가 아닌 선택이고, 결혼과 관련된 개인들의 의사결정과정에서 경제적 측면이 중요한 역할을 수행하고 있으며, 성분리 규범이 강하게 지배하는 사회의 경우 고학력 여성은 상대적으로 일과 가족 영역에서의 역할 조정의 어려움으로 인해 결혼을 하지 않을 개연성이 높다는 우해봉(2009)의 논의는 이를 뒷받침한다.

이상의 원인으로 인해 독신가구는 지속적인 증가 추세를 보이고 있다.

3. 기러기가족

1) 기러기가족의 개념

1970년대부터 지리적으로 멀리 떨어져 사는 부부의 결혼생활 형태를 연구한 미국 가족학자들은 이러한 것은 통근결혼(commuter marriage)으로 정의하고 하나의 대안적 가족형태로 제시하고 있다(최경석 외, 2003 재인용). 기러기가족은 국내의 지방이나 서울에 근무하면서 부부 가운데 한 사람이 가족과 떨어져 사는 형태와 남편이 한국에 거주하면서 해외에 있는 가족들의 생활비를 책임지는 형태의 기러기가족이 있다. 이 경우 전자를 단기분거가족으로 보고 있고 후자는 장기분거가족 또는 기러기가족이라고 보고 있다(엄명용, 2002).

2) 기러기가족 형성 원인

단기분거가족의 경우 국내에서 남편 또는 아내의 직장으로 인해 서로 떨어져 지내는 경우로 대부분 남편이 경제활동을 위해 생활비가 비싼 지역에 거주하고 상대적으로 아내는 지방에 거주하면서 생활하는 형태를 보이고 있다. 이러한 형태는 산업화 초기 단계에 많이 존재하는 것으로 경제활동의 주체인 남편이 상경하여 가족에게 생활비를 송금하는 경우가 이에 속한다(엄명용, 2002).[1] 그러나 현대사회는 이러한 문제뿐만 아니라 자녀교육 문제로 인해 부부가 서로 떨어져 지내는 경우가 발생하고 있다. 특히 갑작스럽게 지방으로 회사가 이주하면서 가족은 서울에 거주하고 남편만 지방에 생활하면서 주말 혹은 월말에 한 번씩 만나는 형태를 보이고 있다.

최근 한국사회는 자녀의 교육을 위해 부부가 서로 떨어져 사는 등 중산층 가족을 중심으로 장기분거가족의 형태를 지닌 기러기가족이 빠르게 증가하고 있다. 이렇듯 우리 사회의 장기분거가족이 증가하게 된 배경에는 1990년대부터 증가하기 시작한 조기유학열풍이 크게 작용하고 있다. 한국 교육현실의 벽에 부딪힌 부모들은 자녀를 외국에 유학을 보냄으로써 보다 더 좋은 환경에서 교육받을 수 있다는 희망을 갖게 되었지만 자녀들만 보낸 조기유학은 부적응과 탈선 등의 다양한 문제가 발생하게 되었고 이러한 문제를 예방하고 해결하기 위한 대안으로 엄

1) 엄명용(2013). "장기 분거가족의 전문직 남성문제: 기러기 아빠". 『한국가족치료학회지』, 10(2), 25-43. 김기화 · 양성은(2013). "기러기가족의 분거 경험에 관한 사회교환이론적 고찰". 『대한가정학회지』, 50(2), 11-23.

마들이 자녀와 함께 떠나면서 기러기가족이 탄생하게 되었다(최경성 외, 2003). 교육으로 인한 기러기가족은 한국사회 입시 중심 교육체계로 인한 스트레스와 자식들의 과외 뒷바라지에 대한 경제적 부담을 경감할 수 있다는 점에서 이와 같은 생활을 선택하게 되었다. 그러나 이러한 생활이 장기화되면서 가족 내 다양한 문제들이 발생하게 되는데 그 대표적인 문제가 경제적 어려움과 가족해체이다. 자녀들의 유학이 장기화되면서 외국에 있는 가족에게 생활비를 송금해야 하는 남편들은 집을 옮기거나 용돈 및 자신의 생활비를 줄이는 등 경제적 어려움을 호소하는 것으로 나타났고 이들은 대부분 장기분거가족이 된 이후 삶의 만족이 급격하게 낮아진 것으로 보고되고 있다(엄명용, 2002). 뿐만 아니라 배우자와 멀리 떨어져 타국에서 생활하는 아내들의 비행은 가족해체를 조장하는 원인으로 작용되고 있는데, 최근 여론에서 보도된 바 있는 동남아시아의 기러기 엄마들의 행태가 그 현실을 잘 보여주고 있다.

4. 무자녀가족

1) 무자녀가족의 개념

무자녀가족이란 개인의 선택에 의한 무자녀가족과 불임으로 인해 자녀 출산을 하지 못하는 가족을 포함한다. 한국사회는 결혼한 부부가 자녀를 출산하고 양육하는 가족을 '건강한 가족'으로 인식하고 있고 이러한 전통적 가치관은 시대와 문화가 변하였음에도 불구하고 여전히 존재하고 있다. 이러한 사회적 분위기에서 결혼한 부부가 자녀를 출산하지 않는 것은 '비정상'적인 행태이고 사회적인 규범에서 일탈한 행위로 보고 있다. 이러한 사회적 분위기로 인해 '선택에 의한 무자녀가족'은 이기적이거나 편협하다는 시선에서 벗어나기 어렵고 '불임 혹은 여타 다른 상황에 의한 무자녀가족'은 불행하거나 고통스러울 것이라는 동정어린 시선에서 자유롭지 못하다(Letherby, 2002). 이곳에서는 불임 혹은 여타 다른 상황에 의한 무자녀가족보다 선택적 무자녀가족을 중심으로 논의하고자 한다.

2) 무자녀가족 형성 원인

한국사회 정서상 기혼여성이 임신과 출산을 하는 것은 매우 자연스러운 현상으로 전통적인 가정에서 자녀는 부부의 사랑의 결정체임과 동시에 가문의 대를 이어 가족을 구성하고 결집하는 역할을 한다(김정미 · 양성은, 2013). 그러나 탈산업사회에 진입하면서 성(gender)에 대한 개념 및 성역할의 변화가 나타나면서 결혼 및 자녀출산에 대한 가치관이 변화되고 있다(최현주, 2008). 이는 젊은 층으로 갈수록 더욱 두드러지게 나타나는데, 특히 대학생들에게 있어서 출산은 결혼 후 갖게 되는 자연스러운 과정이 아닌 본인의 선택이고 도전으로 보고 있어(권혜진 외, 2011) 자녀출산에 대한 의식의 변화를 엿보게 한다. 이러한 가치관은 사회문화적 환경의 변화와 깊이 연관되어 있다. 사람들은 결혼과 출산은 반드시 해야 하는 것은 아니며 결혼을 제도보다는 개인의 선택으로 인식하고 결혼을 거부하거나 연기하는 사람들이 증가하면서 자연스럽게 자녀출산도 거부하거나 연기되고 있다(이민아, 2013).

이는 한국사회 가족변화 추이에서도 살펴볼 수 있다. 먼저 1990년 이후 가장 4인 가구가 가장 주된 가구의 유형으로 자리하고 있었으나 2010년에는 2인 가구가 주된 가구유형으로 나타나고 있고, 15세에서 44세까지 결혼 적령기 혹은 기혼 여성들의 자녀출산에 관한 태도를 조사한 결과 자녀가 없어도 괜찮다고 응답하고 있어 무자녀에 대한 인식이 증가하고 있음을 알 수 있다(변수정 외, 2016). 무자녀에 대한 강한 의지를 드러내는 많은 여성들은 한국사회의 과도한 입시열풍과 지나친 자녀양육비 부담 그리고 자녀출산과 함께 일 · 가정 양립의 어려움 및 경력단절 등의 문제 때문에 자녀출산을 거부하거나 미루는 것으로 보인다. 뿐만 아니라 가족의 중심은 부부로 보고 부부 중심 생활을 강조하고 부부의 자율성을 인정하는 가치관의 변화가 무자녀가구의 출현을 더욱 촉진시키고 있다. 무자녀 선택의 동기는 자발적 선택과 비자발적 선택으로 구분하여 살펴볼 수 있다.

사례

한국의 양육현실

한국은 아이가 아이답게 온전한 인격으로 자라기 너무 힘든 환경이다. 아이가 있는 주변 사람들은 모두 양육비와 사교육비에 대한 부담을 토로하고 사교육에 있어서 자유롭고 싶어도 그럴 수 없는, 주변 얘기를 들어 보면 안 시킬 수가 없는 어떤 구조가 있는 것 같다.

출처: 이민아(2013) 사례 중 일부.

Houseknecht(1977)는 자발적 무자녀 선택의 동기를 아홉 가지로 구분하여 보고 있다. 첫 번째로 무자녀 선택은 자녀양육의 책임으로부터 자유롭고 자아성취의 기회를 찾을 수 있으며 이동이 자유롭기 때문에 자발적으로 선택하게 된다고 보았고, 두 번째로 자녀의 출산은 행복한 결혼생활에서 부부관계의 낭만적 요소를 저해한다고 보기 때문에 무자녀를 선택한다고 보았다. 세 번째로 상당수의 남성들이 가정 내 여성의 역할을 강조하는 반면 취업여성들은 자신의 직업에 자녀가 부정적 영향을 미친다고 보기 때문에 무자녀를 선택하는 경향이 있다는 것이다. 네 번째는 자녀를 갖지 않음으로써 경제적 여유를 더 누릴 수 있다고 보는 견해이다. 다섯 번째로 인구증가에 대한 우려와 사회의 인구 억제 정책이 무자녀 선택의 동기로 작용한다고 본다. 여섯 번째는 아이를 싫어하기 때문이고 일곱 번째는 어린 시절 부모와의 관계가 좋지 않았거나 자신은 건강한 부모가 될 수 없다는 우려가 무자녀를 선택하게 한다는 것이다. 여덟 번째는 자녀 출산으로 인한 신체적 변화에 대한 두려움이 무자녀를 선택하게 한다. 마지막 아홉 번째는 정치, 경제, 사회적 상황에 대한 부정적 인식으로 자녀를 갖지 않는 경우가 있다고 본다.

한국사회 무자녀가족은 점차 증가추이를 보이고 있고[2] 이는 1997년 국제통화기금(IMF) 지원 이후 여성의 약 82%, 남성의 70%가 딩크족이 되기를 원한다는 응답에서도 그 증가추이를 예측하게 한다. 한국사회에서 저출산은 고령화 현상과 함께 사

2) 무자녀가족은 1985년 전체 가구의 7.8%, 1995년 12.6%, 2000년에는 14.8%로 증가하였다(조선일보, 2003. 8. 11).

회적 문제로 대두된 지 오래이다. 학계에서는 이러한 저출산문제를 해결하기 위해 다차원적으로 연구가 진행되고 있다. 그러나 이러한 자발적 무자녀가구의 증가는 한국사회의 저출산을 극복하고자 하는 노력에 위배되는 행위로 볼 수 있다. 또한 이들이 고령이 되었을 때 사회적 비용의 증가는 논의하지 않아도 예측 가능하다.

5. 가족복지의 미래와 전망

한국가족은 급격한 사회변동에 따라 구조적·기능적 측면에서 변화하고 있다. 이러한 변화를 바라보는 시각은 가치관의 변화로 설명된다. 가족이 정치, 경제, 사회, 문화 등 사회체계의 전반에서 중심이 되던 전통사회의 원리가 붕괴되면서 가부장권, 효의 개념, 성역할 구분에 근거하는 가족 가치관이 흔들리게 되었다(최혜경, 2000; 정윤태, 2013 재인용). 즉, 한국사회는 전통적 가치관에서 서구적 가치관으로 이행되는 단계에 놓여 있는 것이다(정윤태, 2013). 이는 과거 전통적 가치관에서 정상적으로 당연히 해야 하는 것들로 여겨졌던 것들이 선택적인 것으로 변화하고 있음을 의미한다. 하지만 가치관의 변화에 따른 가족유형은 서구사회와 유사한 방향으로 흘러가기도 하고 때로는 다소 이질적인 모습을 나타내기도 한다. 이는 가족복지적 접근을 하는 데 있어 이러한 다양한 가족의 형태를 고려해야 함을 시사한다.

먼저 독신가족의 경우 개인주의 확산에 따른 가족가치관으로 인해 기존의 핵가족의 비율을 감소시키고 있다(이성림·김기옥, 2009). 물론 교육기간의 연장과 임금노동의 확산도 독신가족이 형성되는 원인이지만 다수의 연구(김영화 외, 2002; 박충선, 2002)에서도 살펴볼 수 있듯이 개인의 가족가치관과 생활양식의 변화가 독신가족의 형성에 결정적인 원인이다. 2000년 이후부터 한국사회의 주된 가구유형 가운데 독신가족은 가장 흔한 2세대 가구 유형의 뒤를 이어가고 있어 급속도로 확산되는 추세를 보이고 있다. 이러한 경향은 결혼과 출산을 별개로 인식하는 계획적·선택적 무자녀가족에서도 나타난다. 과거에 아이는 꼭 있어야 할 존재였으나 현대한국사회의 개인들은 아이보다는 '일'을 선택할 수 있다는 점에서 현대의 아이 갖기는 개인화된 결혼과 출산으로 설명된다(Beck & Beck-Gernsheim, 1999; Cherlin, 2004; Beck-Gernsheim, 2010). 서구사회에서는 자녀를 키우는 것을 가족책임 안에서 갈등하고 선택하는 개인에 초점을 맞추었다면 상대적으로 더 보수적인 가족가치를 지니고 있다고 평가되는 한국사회에서는 가족과 개인 간의 충돌이 다른 양상으로 나타날 수 있어 문제의 심각성이 있다(이민아, 2013).

하지만 전통적 가치관에서 서구적 가치관으로 이행되는 단계에서 개인의 가치관은 '기러기가족'의 경우에서는 서구사회와 달리 다소 이질적인 모습을 나타낸다. 서구에서는 점차 많은 사람들이 부모-자녀 관계보다는 부부관계를 중요시 하는 추세이지만, 한국의 가족은 서구사회의 부부 중심 가족과 질적인 측면에서 차이를 보이고 있다(Hahm, 2003). 예를 들어, 한국사회에서는 자녀교육을 최우선으로 생각하고, 강한 성취동기를 갖는 것은 가족의 번영이나 체면, 평판과 직접적으로 관련이 되기 때문에 자녀교육은 특정 성원 개인의 문제가 아니라 전체 가족원들이 공유하는 과업이 되기 때문이다(유계숙, 2005). 이로 인해 장기분거가족인 기러기가족의 경우 오랜 시간 자녀 교육 또는 직업으로 인해 가족과 떨어져 지냄으로써 부부간 친밀감 형성의 기회를 상실할 우려가 있고 이는 가족해체로 이어질 수 있어 사회적 문제로 대두되고 있다(김양호 · 김태헌, 2009). 이렇듯 사회적 변화에 따라 가족의 형태도 다변화되고 있는 현실에서 가족복지적 접근의 새로운 패러다임이 요구되고 있다. 또한 건강한 가족형성을 위해 보다 현실성 있는 대안이 마련되어야 할 것으로 본다.

뿐만 아니라 다양한 가족형태가 공존하고 있는 현시대에서 다양한 가족의 문제에 대응하기 위한 가족친화제도가 마련되어야 할 필요가 있다. 외국에서는 가족친화적인 사회를 만들기 위해 비영리단체와 기업연합, 연구소 등을 통해 가족친화제도를 위한 노력을 아끼지 않는 것에 비해, 우리 사회는 가족친화제도에 대한 관심은 높으나 이를 실현하기 위한 실천적 대안은 미흡하다(정영금, 2012). 맞벌이가족이 증가하고 있는 것을 감안할 때 기업의 가족친화사업이 매우 중요한 역할을 할 수 있다고 본다. 이러한 사업을 통해 근로자들은 일 · 가정에서 균형을 찾을 수 있으며 이는 곧 지역사회 발전에 도움이 될 수 있다고 사료된다(정영금, 2012).

참고문헌

강기정(2008) "조손가족의 가족기능강화를 위한 사례관리 시범사업 평가 및 정책방향". 『한국가족복지학』, 13(3), 111-128.

강기정, 박수선(2007). "국내 맞벌이 부모 관련 연구의 동향 분석". 『한국부모교육연구』, 4(2), 123-143.

강기정, 박혜성, 계선자(2005). "맞벌이가족 남편의 역할갈등 및 결혼만족도에 관한 연구". 『한국가족복지학』, 10(2), 5-25.

강길복(2012). "부부갈등과 이혼·재혼의 법적처리". 『글로벌카운슬러과정 자료집』. 한국여성재단·평택대학교.

강신욱, 김안나, 박능후, 김은희, 유진영(2005). "사회적 배제의 지표개발 및 적용방안연구". 한국보건사회연구원.

강영실(2002). "미혼양육모의 현황, 미혼양육모! 어떻게 도울까?" 서울특별시 여성복지연합회.

강원도여성정책개발센터(2009). 강원도 조손가족의 손자녀 양육실태와 지원방안 연구.

강현정, 김윤정(2011). "노년기 사회적 배제의 실태 및 예측 요인." 『한국콘텐츠학회논문지』, 11(9), 323-334.

강희양, 손정락(2007). "인터넷 및 게임 중독 관련 변인에 대한 메타분석". 『한국심리학회지: 건강』, 12(4).

고보선(2013). '절반의 책임! 아빠(엄마)는 어디 있나요?-토론문'. 비양육미혼부(모) 양육책임 강화를 위한 포럼.

고세훈(2009). 『복지한국, 미래는 있는가』. 도서출판 ㈜후마니타스.

고영삼(2008). "인터넷중독의 실태와 국가정책 대응". 한국정보문화진흥원.

곽채기(2013). "기초연금제도의 도입이 지방재정에 미치는 영향". 『입법&정책 3』. 서울특별시의회. pp. 71-112.

곽채기, 서민순(2014). "기초연금제도의 정부 간 재정책임 분담체계의 개선방안에 관한 연구". 『한국지방자치연구』, 15(4), 81-109.

교육과학기술부(2008). 장애인 등에 대한 특수교육법령 해설자료.

구인회(2011). "탈빈곤 지원을 위한 공공부조 개편방안". 보건복지부 주최 '국민기초생활보장제도 시행 10주년 기념 심포지엄' 발제문.

권선중, 김교헌, 성한기, 이민규, 강성군(2007). "성인과 남자청소년의 불법 인터넷 도박문제와 위험요인 그리고 예방전략". 『한국심리학회지: 건강』, 12(1), 1-19.

권육상, 김안자, 형성훈, 박애경, 장수복, 김봉수(2011). 『가족복지론』. 동문사.

권재문(2014). "입양특례법 재개정론에 대한 비판적 고찰". 『법학연구』, 22(1).

권진숙(2010). 『가족복지론』. 공동체.

김경신, 김오남(1996). "편모가족의 심리적 복지 고찰". 『가정과학연구』, 6, 97-110.

김경우, 이창수, 김인숙, 이은경, 김윤재, 박남오, 김문자(2012). 『가족복지론』. 창지사.

김경호, 소순창(2011). "저소득층 조손가족의 양육지원요구와 영국 사례를 토대로 한 정책적 개선방안". 『한독사회과학논총』, 21(2), 117-142.

김계원, 서진완(2012). "청소년의 인터넷 중독 수준과 사이버 범죄의 상관관계분석". 『한국치안행정논집』, 9(2), 23-43.

김교성, 김성욱, 이정면, 노혜진(2008). "빈곤의 측정과 규모에 관한 연구". 『한국사회복지조사연구』, 19, 297-320.

김교헌(2002). "심리학적 관점에서 본 중독". 『한국심리학회지: 건강』, 7(2), 159-179.

김교헌, 권선중(2003). "병적 도박자의 심리적 특성 및 예측요인". 『한국심리학회지: 건강』, 8(2), 318-319.

김규수(2006). "알코올중독자의 가족기능과 대처행동이 알코올중독자의 병력에 미치는 영향". 『사회복지개발연구』, 47, 1-24.

김규수, 설진화, 이경은, 이기량, 이애재 역(2002). 『인간행동과 사회환경』. 나눔의 집.

김기화, 양성은(2013). "기러기가족의 분거 경험에 관한 사회교환이론적 고찰". 『대한가정학회지』, 50(2), 11-23.

김난주, 권태희(2009). "기혼여성의 직장·가정균형과 삶의 질의 상호관계". 『여성연구』, 76, 43-70.

김만지(2000). "미혼모의 스트레스 관리 프로그램 개발과 효과에 관한 연구". 이화여자대학교 대학원 박사학위논문.

김미숙(2006). "한국가족 어디까지 왔나?－가족위기 대 재구조화 논쟁. 한국가족은 위기인가?" 『보건복지포럼』, 6, 5-19.

김미혜, 김혜선(2004). "저소득층 조손가족 조부모의 생활만족도에 영향을 미치는 요인연구". 『한국노년학』, 24(3), 153-170.

김민중, 진영광(2003). 『증보판 이혼판례(대법원·하급심)』. 법원공보사.

김범수, 서은주, 손병돈, 정재훈, 조석연, 최현미, 신승연, 최승희(2007). 『다문화 사회복지론』. 양서원.

김성천(2000). "한국 가족복지정책의 재조명: 문제점과 개혁방향의 모색". 『한국가족복지학』, 5, 71-102.

김성천(2002). "청소년의 인터넷 중독 증후군에 관한 연구". 성균관대학교 대학원 석사학위논문.

김성희, 윤상용, 김대철, 서동명, 박수지, 이현민(2011). “장애인 복지지표를 통해 살펴 본 OECD 국가의 장애인정책 비교 연구”. 한국보건사회연구원.

김수정(2006). “스웨덴 가족정책의 삼중동학: 탈상품화, 탈가족화, 탈젠더화”. 『가족과 문화』, 18(4), 1-33.

김승권 외(2008). “가정폭력, 성폭력 근절을 위한 중장기 방안 연구”(여성가족부 연구보고서). 한국보건사회연구원.

김승권(2011). “미래 한국가족의 전망과 정책과제”. 『보건복지포럼』, 5, 5-22.

김안나(2014). “가구유형별 빈곤과 배제의 특성 연구”. 『가족과 문화』, 26(1), 237-265.

김안나, 노대명, 김미숙, 신호성, 김태완, 강민희, 이소정, 홍인옥, 원일, 윤필경, 유정예(2008). “사회통합을 위한 사회적 배제계층 지원방안 연구”. 한국보건사회연구원.

김애순(1994). 『독신, 그 무한한 자유』. 고려미디어.

김영숙(1998). “미혼모의 교육프로그램 개발을 위한 기초연구”. 중앙대학교 대학원 석사학위논문.

김영화, 이진숙, 이옥희(2002). 『성인지적 가족복지론』. 양서원.

김용득, 김진우, 유동철(2007). 『한국장애인복지의 이해』. 인간과 복지.

김원섭, 이용하(2014). “박근혜 정부 기초연금제도의 도입과 평가”. 『한국사회』, 15(2), 69-102.

김원희(2003). “미혼모의 입양선택에 영향을 미치는 요인에 관한 연구”. 이화여자대학교 대학원 석사학위논문.

김유숙, 전영주, 김수연(2005). 『가족평가 핸드북』. 학지사.

김윤재 외(2009). 『가족복지론』. 동문사.

김윤태, 서재욱(2013). 『빈곤』. 도서출판 한울.

김인숙, 정재훈, 윤홍식(2004). “가족정책의 성인지적 관점 강화방안 연구”. 보건복지부.

김정희, 송인본, 이은영(2009). “발달장애인 가족지원체계에 관한 연구”. 한국장애인개발원.

김정희, 정은주(2012). “영유아 자녀를 둔 여성장애인의 자녀양육 어려움과 서비스 욕구 비교를 통한 가족지원전략”. 『유아특수교육연구』, 12(1), 165-190.

김주수, 이희배(1986). 『가족관계학』. 학연사.

김진숙, 최수미, 강진구(2000). 『청소년의 PC중독』. 한국청소년상담원.

김태완(2010). “Working Poor가구의 주거실태 및 정책적 함의”. 『보건복지포럼』, 2010년 2월호.

김태유(2013). 『은퇴가 없는 나라』. 삼성경제연구소.

김혜경, 도미향, 문혜숙, 박충선, 손홍숙, 오정옥, 홍달아기(2011, 2012, 2013). 『가족복지론』. 공동체.

김혜선(2009). “저소득 조손가족 조모의 손자녀 양육체험이 조모의 삶의 질에 미치는 의미”. 『노인복지연구』, 43, 61-92.

김혜숙(2008). 『가족치료 이론과 기법(제2판)』. 학지사.

김혜숙, 박주현, 이영주, 임상록(2012). 『가족상담』. 신정.

김혜영(2006). “한국가족의 다양성 증가와 그 이중적 함의”. 『아시아여성연구』, 47(2), 7-37.

김혜영, 김은지, 최인희, 김영란(2011). “조손가족지원방안연구”. 한국여성정책연구원 연구보고서.

김희국, 현진희(2007). “알코올중독자 가족이 경험하는 스트레스가 가족의 거부적 태도에 미치는 영향”. 『한국가족복지학』, 19, 97-119.

노혜진, 김교성(2008) “결혼해체를 경험한 여성가구주의 빈곤과 사회적 배제에 관한 종단연구”. 『사회보장연구』, 24(4), 167-196.

도미향(2005). “맞벌이가족 아동의 심리적 복지에 관한 연구”. 숙명여자대학교 정책대학원.

도미향(2009). “A Study on the Strategies of Developing Healthy Family Support Centers for Empowering Family Welfare Service in Korean Local Communities”. 『한국가족복지학』, 14(2).

도미향, 남연희, 이무영, 변미희(2013). 『아동복지론』. 공동체.

문진영(2004). “사회적 배제의 국가 간 비교연구—프랑스, 영국, 스웨덴을 중심으로”. 『한국사회복지학』, 56(3), 253-277.

문혁준, 김진이, 양성은, 이은주, 천희영, 황옥경(2010, 2011). 『가족복지』. 서울: 창지사.

문화일보(2013.07.02).

박경태(2007). 『인종차별과 혼혈인 ‘두레방에서 길을 묻다’』. 두레방.

박기남(2009). “기혼취업여성의 일·가족양립을 위한 시간 갈등연구”. 『한국여성학』, 25(2), 37-71.

박대식, 마상진, 최경은(2010). “농어촌 취약계층의 생활실태와 정책 개선방안: 독거노인과 조손가족을 중심으로”. 한국농촌경제연구원.

박미은, 신희정, 이혜경, 이미림(2012, 2013). 『가족복지론』. 공동체.

박미정(2014). “국내입양현황과 개선방안”. 『복지동향』, 제192호(10월호).

박선옥, 최현자(2008). “미혼독신가구의 소비지출과 저축 행태 및 유형화 연구”. 『소비자정책교육연구』, 4(2), 33-52.

박성배(2000). “음주와 인구학적 특성”. 대한 보건협회. 한국알코올과학회.

박성석, 오정아, 이영주, 최경화(2009). 『가족복지론』. 양서원.

박인선(1998). “미혼모의 이해와 대책”. 보건복지부.

박종서(2013). “가족 내 가사분담과 성역할 인식에서 나타나는 양성평등 실태”. 국민행복시대의 가족행복을 위한 정책과제(2). 『보건복지포럼』, 5, 28-38.

박충선(2002). “독신에 대한 인식과 만족도에 관한 탐색적 연구”. 『한국가정관리학회지』, 20(6), 163-171.

박충선(2010). “조손가정의 형성원인과 양육경험에 따른 조모의 생활만족도에 관한 연구”. 『한국가족복지학』, 15(2), 105-125.

백진아(2009). "한국의 가족변화: 가부장성의 지속과 변동". 『현상과 인식』, 33(1 · 2), 204-224.
법무부(2014a). 출입국 · 외국인통계연보, 체류외국인통계.
법무부(2014b). 출입국 · 외국인통계월보(2014.05), 체류외국인통계.
벡－게른샤임, 엘리자베스(Beck-Gernsheim, Elisabeth)(2010). "가족 이후의 가족, 오늘날의 가족생활." 한상진 · 심희 편저. 『위험에 처한 세계와 가족의 미래』. 새물결. pp. 121-136.
변수정, 김혜영, 백승흠, 오정아, 기재량(2016). "다양한 가족의 출산 및 양육실태와 정책과제－비혼 동거가족을 중심으로". 한국보건사회연구원.
보건복지가족부(2007). 청소년백서.
보건복지부(2000). 상담원의 가정폭력 인지도 향상을 위한 교육자료.
보건복지부(2011). 해외입양 줄이기 종합대책 연구. 한국보건사회연구원 정책보고서.
보건복지부(2012a). 2012 노인학대 현황 보고서.
보건복지부(2012b). 2012 전국아동학대 현황 보고서.
보건복지부(2013a). 2013 노인학대현황보고서. 보건복지부 · 중앙노인보호전문기관.
보건복지부(2013b). 국민기초생활보장사업.
보건복지부(2014a). "2015년 최저생계비 2.3% 인상"(보도자료).
보건복지부(2014b). 국민기초생활보장사업 안내.
보건복지부(2014c). 기초노령연금.
보건복지부(2014d). 보육정책. 2015년 1월 20일.
보건복지부(2014e). 장애인복지시책, 의료지원.
보건복지부(2014f). 장애인복지정책.
보건복지부(2016). "임산부 배려 확산 필요, 임산부 10명 중 6명 배려 경험"(보도자료).
보건복지부(2017a). "저출산 대응과 여성 경제활동 참여 확대를 위한 관계부처 합동 현장방문－'아이 하나를 키우는 데는 온 마을이 필요하다'－"(보도자료).
보건복지부(2017b). "11월부터 노인 · 중증 장애인 가구의 기초생활보장 부양의무자 기준 완화된다"(보도자료).
보건복지부(2017c). 2016년 국민기초생활보장 수급자 현황.
보건복지부(2017d). "2018년 기초연금선정기준액. '17년 119만원에서 12만원 오른 131만원(단독가구 기준)"(보도자료).
보건복지부 · 보건사회연구원(2009). 2009년 전국 결혼 및 출산 동향 조사.
복건복지부(2018). "3만불 시대에 걸맞는 선진형 복지국가를 구축한다"(보도자료).
복기대(2006). "한민족은 단일민족? 천만의 말씀". 『주간동아』. 동아일보사.
사행산업통합감독위원회(2012). 사행산업현황.

서울대사회복지실천연구회(1998). 『사회복지실천기법과 지침』. 나남출판.
서울신문(2014. 4. 19).
설동훈 외(2006). "결혼이민자가족 실태조사 및 중장기지원정책방안 연구". 여성가족부.
성정현, 여지영, 우국희, 최승희(2011, 2013). 『가족복지론』. 양서원.
손병덕(2011). 『가족복지론』. 학지사.
신은정(2004). "조부모손자녀세대의 가족기능과 손자녀의 심리적 특성과의 관계". 경북대학교 대학원 석사학위논문.
신은주 외(2013). "가족형태의 변화에 따른 이주아동의 인권상황 실태조사". 국가인권위원회.
신화영, 이용하, 윤석명(2012). "장애인소득보장제도 간 급여의 형평성 제고방안 연구". 보건사회연구원.
안연선, 전혜정(2010). "알코올중독자가족의 가족탄력성이 가족적응에 미치는 영향". 『한국가족관계학회지』, 15(3), 155-174.
양소남(2011). "일하는 어머니의 일-가족생활양립을 위한 전략". 『한국가족치료학회지』, 19(1), 103-126.
양옥경(2000). "한국 가족개념에 관한 질적 연구". 『한국가족복지학』, 6, 69-99.
양철호(2012). "어르신 빈곤과 일자리 개선방안". 『한국노년학연구』, 21, 3-15.
엄명용(2013). "장기 분거가족의 전문직 남성문제: 기러기 아빠". 『한국가족치료학회지』, 10(2), 25-43.
여성가족부(2007). 조손가족 실태조사 및 지원방안 연구.
여성가족부(2010). 2010 가정폭력실태조사 보고서.
여성신문(20014.02.05). "베트남 이주여성들은 왜 남편에게 살해당했나." (http://www.womennews.co.kr/news/65606#.UviBwhWwe70)
여성정책연구원(2012). "가족정책동향. 가구・가족형태 변화에 따른 정책 및 활동 동향". 여성가족부, 여성정책연구원.
염동훈, 김혜영, 안치민(2007). "조손가족 실태 조사 및 지원방안 연구". 여성가족부 연구보고서.
염명배, 김경미(2011). "군집분석을 통한 저출산 원인 및 정책수요 도출: 핵심정책대상 집단을 중심으로". 『경제연구』, 29(1), 163-190.
오재숙(1999). "아기장래결정 집단프로그램이 미혼모에게 미치는 영향에 관한 사례연구". 숭실대학교 대학원 석사학위논문.
우해봉(2009). "교육이 초혼 형성에 미치는 영향: 결혼연기 혹은 독신?" 『한국인구학』, 32(1), 25-50.
우해봉(2012). "OECD 국가의 노후최저소득보장제도 운영 현황과 시사점". 연구보고서 2012-10. 국민연금연구원.
원상화(2010). "발달장애아동을 위한 독일의 특별지원서비스 현황 및 한국에서의 시사점". 『발달장애연구』, 14(2), 21-41.

위키트리(2014.03.22). "'데이트 성폭력'을 예방하기 위한 지침." (http://www.wikitree.co.kr/main/ann_ring.php?id=165224&alid=205814)

유계숙(2005). "가족의 다양성 수용에 영향을 미치는 요인". 『가족과 문화』, 17(2), 211-233.

유계숙, 이주현(2011). "맞벌이부부의 가사분담이 남편과 부인의 결혼만족도에 미치는 영향". 『한국가족자원경영학회지』. 15(1), 117-136.

유영주(1993). "가족이란?" 한국가족연구회 편. 『가족학』. 하우.

유영준, 이명희, 백은령, 최복천(2011). "장애아동, 청소년 가족의 양육부담 및 가족지원 욕구에 관한 연구". 『특수교육』, 10(1), 209-234.

유원경(1994). "성인 정신지체인 부모들의 부모교육 욕구에 관한 연구". 숭실대학교 대학원 석사학위논문.

유현숙, 곽현근(2007). "여성 한부모가족의 사회적 배제에 관한 연구". 『사회복지연구』, 34, 245-272.

윤명숙(2002). "한국 알코올중독의 현황과 정신보건사회사업의 대응방안". 『한국정신보건사회사업학회 춘계학술대회 자료집』, 15-41.

윤미현(2000). "10대 미혼모의 임신 및 유아입양 관련 요인들에 관한 연구". 숙명여자대학교 대학원 박사학위논문.

윤미현, 이재연(2001). "10대 미혼모의 유아입양 관련 요인들에 관한 연구". 『아동학회지』, 22(1). 67-82.

윤상용(2013). "장애인 소득보장체계 구축 방안". 보건복지포럼.

윤성주(2014). "기초연금의 쟁점과 과제". 『재정포럼』, 211(2014년 1월호). 한국조세 재정연구원. pp. 8-24.

윤승희(2010). "북유럽 국가들의 돌봄의 가족화 정책: 부모휴가와 아동가정양육수단정책에 나타나는 아버지상의 상이성". 『상황과 복지』, 30, 125-162.

윤은영(2013). "국내 입양제도의 실태 및 개선방안". 『사회과학연구』, 30(2).

윤혜미, 장혜진(2012). "조손가족의 삶: 쟁점과 지원방안". 『아동과 권리』, 16(2), 259-288.

윤홍식(2004). "가족의 변화와 건강가정기본법의 대응: 한국가족정책의 원칙과 방향 정립을 위한 고찰". 『한국가족복지학』, 14, 263-293.

윤홍식(2011). "가족정책, 복지국가의 새로운 역할: 보편성과 다양성에 대한 요구". 『한국가족복지학』, 33(9), 5-35.

윤홍식, 송다영, 김인숙(2010, 2011). 『가족정책: 복지국가의 새로운 전망』. 공동체.

이경욱(2011). "노인과 지역일자리사업 참여경험에 관한 질적 연구". 『한국노년학』, 31(3), 623-640.

이명신(2001). "전문직 맞벌이부부의 권력구조와 가사분담". 『사회과학연구』, 19(1), 43-78.

이미영(2007). "조손가정의 안정된 관계형성을 위한 집단프로그램". 『복지상담학연구』, 2(2), 69-84.

이민규, 김교헌, 권선중(2007). "인터넷 도박게임 이용자의 심리사회적 특징". 『한국심리학회지: 건강』, 12(1), 21-40.

이민규, 김교헌, 김정남(2003). "도박중독 실태와 도박중독자의 심리사회적 특성". 『한국심리학회지: 건강』, 8(2), 399-414.

이민아(2013). "계획적 무자녀 가족: 한국 사회에서 아이 갖기의 의미와 가족주의의 역설". 『한국사회학』, 47(2), 143-176.

이봉주(2010). "드림스타트 사업의 현황과 과제". 『월간 복지동향』, 1-3.

이삼식(2006). "가치관의 변화가 결혼 및 출산 행태에 미치는 영향". 『보건사회연구』, 26(2), 95-140.

이상돈, 이은주, 강달천, 박상진(2003). 『여성과 법』. 이진출판사.

이상은, 전세나(2012). "자활사업의 사회적 배제 감소효과". 『사회복지연구』, 43(3), 151-179.

이상이(2010). "역동적 복지국가의 논리와 전략". 이상이 엮음. 『역동적 복지국가의 논리와 전략』. 도서출판 밈.

이성림, 김기옥(2009). "우리나라 독신가구의 여가활동 소비지출패턴에 관한 연구". 『소비문화연구』, 12(3), 1-19.

이소정, 윤해주, 이태경, 민성호(2003). "중독 관련 행동문제에 대한 일반인들의 인식조사". 『한국중독학회』, 7(1), 53-59.

이소희, 정민자, 김경희, 박인전, 손지미, 김영란, 홍계옥, 도미향, 김민정(2000). 『현대가족복지론』. 양서원.

이순자, 나성식, 김현경, 이효숙(2013). 『아동복지론』. 정민사.

이연연(1999). "기혼여성의 경제활동증가와 가족복지정책과제: 대구광역시 교사·공무원 중심으로". 계명대학교 정책대학원 석사학위논문.

이영세, 한계자, 류창희(2001). "조부모가 제공하는 도움과 이에 따른 만족도". 『노인복지연구』, 11(봄호), 195-211.

이영숙, 박경란, 전귀연(2008). 『가족문제와 복지』. 신정.

이영실, 김재경, 김봉순, 박용권, 조명희, 홍성희(2013). 『가족복지론』. 양서원.

이영주(2011a). "디지털시대 부모-자녀관계가 청소년의 인터넷과다사용에 미치는 영향". 『한국디지털정책연구』, 9(6), 103-111.

이영주(2011b). "셧다운제도에 대한 청소년의 인식과 정책에 관한 연구". 『한국디지털정책연구』,

9(3), 21-29.

이옥희(2003). 『페미니즘의 관점에서 본 가족복지정책』. 상황과 복지.

이원숙(2013). 『가족복지론(제3판)』. 학지사.

이윤화(2010). "발달단계 구분에 따른 조손가족 손자녀의 우울과 학교생활적응 영향 요인". 『인문사회과학연구』, 29, 128-168.

이인혜(2004). "카지노게임 선호유형, 성별, 도박심각성과 심리적 특성 간의 관계: 비합리적 도박신념과 충동성을 중심으로". 『한국심리학회지: 건강』, 9(2), 351-378.

이재연, 박은미, 황옥경, 김형모, 이은주, 강현아(2013). 『아동복지론』. 학지사.

이정화, 한경혜(2008). "농촌 조손가족의 세대관계와 손자녀 양육 조모의 심리적 복지". 『한국노년학』, 28(1), 177-196.

이종복, 이성순, 김재열, 김현희, 정명희, 홍은미, 이형진, 조윤희(2012). 『다문화사회의 이해와 복지』. 양서원.

이현경(2010). 『임상장면에서의 가족상담과 치료』. 양서원.

이현송(2006). "우리사회의 가족 어디로 가고 있나. 한국가족은 위기인가?" 『보건복지포럼』, 5, 56-63.

이현주(2011). "10대 미혼부모의 아기 양육 결정 과정 및 양육 경험에 관한 연구". 『한국가족관계학회지』, 16(1), 63-93.

이홍표(2003). "비합리적 도박신념, 도박동기 및 위험감수 성향과 병적 도박의 관계". 고려대학교 대학원 박사학위논문.

이화영(2006). "조손가족의 가족기능에 영향을 미치는 요인". 『노인복지연구』, 32, 327-355.

임채홍, 현승현, 김수용(2011). "절대적·상대적 빈곤수준의 결정요인 및 격차 비교분석: 2005~2007년의 수도권과 비수도권의 차이를 중심으로". 『국가정책연구』, 25(4), 77-109.

임춘희, 정옥분(1997). "초혼계모의 재혼가족생활 스트레스와 적응에 대한 경험적 연구". 『대한가정학회지』, 35(5), 73-102.

장경미(1995). "일-가족 갈등과 국가". 『여성학 논집』, 24(2), 3-40.

장명선(2013). "미혼 한부모 자녀양육비 실태 및 확보강화방안". '절반의 책임! 아빠(엄마)는 어디 있나요?' 비양육 미혼부(모) 양육책임강화를 위한 포럼. 서울시 한부모가족지원센터. pp. 11-26.

장수미(2001). "알코올중독자 가족의 가족적응유연성 증진을 위한 개입모형개발". 『정신보건과 사회사업』, 11(6), 53-77.

장영은(2009). "The effects of child care and maternal employment on mothers; well-being and child outcomes; The roles of maternal beliefs and attitudes". 『가족과 문화』,

21(1), 175-207.
장현숙(2002). “독신의 심리적 성향에 관한 연구”. 『한국가정관리학』, 20(6), 185-195.
정남운, 박현주(2000). 『알코올중독』. 학지사.
정문자, 정혜정, 이선혜, 전영주(2011). 『가족치료의 이해』. 학지사.
정소연(2013). “자녀의 장애가 가족에게 끼친 긍정적 및 부정적 영향: 어머니의 인식과 관련 요인”. 『가족과 문화』, 25(2), 199-233.
정수경(1993). “정신분열증환자의 지병기간에 따른 가족기능의 효과성 연구”. 연세대학교 대학원 박사학위논문.
정영금(2012). “기업의 가족친화적 돌봄지원사업의 대안과 방향: 지역사회확대와 가족친화지원센터의 역할을 중심으로”. 『한국가족자원경영학회지』, 16(4), 93-109.
정영조(2000). “누가 중독에 잘 걸리나”. 『건강과 생명』, 8월호, 42.
정용순(2003). “미혼양육모에 대한 사회적응 서비스 활성화 방안 연구”. 서강대학교 대학원 석사학위논문.
정윤태(2010). “노인의 사회적 배제 규정요인에 관한 연구”. 고려대학교 대학원 석사학위논문.
정윤태(2013). “노인부양에 따른 가족관계 경험에 관한 연구-노인장기요양보험제도 활용 여성 주부양자를 중심으로-”. 『한국가족관계학회지』, 18(3), 207-231.
정윤태(2013). “노인부양조직화 과정에 관한 연구”. 고려대학교 대학원 박사학위논문.
정윤태, 박소영, 서용석(2014). “청소년의 인터넷 중독 경험에 관한 연구.” 『청소년학 연구』, 21(4), 227-255.
정현숙, 유계숙(2007). 『가족관계』. 도서출판 신정.
정현숙, 최연실, 유계숙(1998). 『결혼학개론』. 상명대학교출판부.
정혜정, 공미혜, 전영주, 정현숙(2009). 『가족과 젠더』. 도서출판 신정.
조주은(2012). “양육미혼모 관련 정책현황과 개선방안”. 『젠더법학』, 제4권 제1호(통권 제7호).
조추용, 오정옥, 한성심, 이채식(2006). 『가족복지론』. 창지사.
조흥식, 김인숙, 김혜란, 김혜련, 신은주(2006, 2011, 2012). 『가족복지학』. 학지사.
주리애, 권석만(2001). “인터넷을 매개로 나타나는 문제행동과 유형분석: 국내에서 보고된 사례를 중심으로”. 『심리과학』, 10(1), 93-115.
주소희(1991). “이혼가정 자녀의 정신건강에 관한 연구”. 이화여자대학교 대학원 석사학위논문.
중앙아동학대예방센터(2007). 아동학대의 정의.
채규만(2013). 『채박사의 중독 따라잡기』. 학지사.
채규만, 박중규, 고유진, 송은희(2001). “인터넷중독 상담사양성프로그램 개발 연구”. 한국정보문화진흥원.

최강민(2006). “단일민족의 신화와 혼혈인”. 『중앙어문학회』, 35, 285-312.

최경석, 김양희, 김성천, 김진희, 박정윤, 윤정향(2003). 『한국 가족복지의 이해』. 인간과 복지.

최경화(2006). “양육미혼모의 삶의 과정에 관한 연구”. 평택대학교 대학원 박사학위논문.

최규련(2011). 『가족관계론』. 공동체.

최송식(2002). “공동의존증의 개념”. 제2회 부산경남중독연구회 세미나, 제5회 KASA 세미나. pp. 11-21.

최윤진, 허정은(2006). “여성 한부모에 대한 사회복지 임파워먼트 실천”. 임상사회사업연구.

최재성, 강영숙, 김진욱(2009). “빈곤층의 사회적 배제 수준이 삶의 만족도에 미치는 영향”. 『한국사회복지조사연구』, 21, 309-341.

최협, 유명기, 이태진, 김찬호, 김형수, 김철주, 서동진, 노용석, 최정기, 박명규, 장태한, 송기찬, 주영하, 장수현, 박경태, 이윤희, 윤형숙, 김은실, 정병호, 윤인진, 권태환, 박광성, 한건수, 설동훈, 오정진(2004). 『한국의 소수자 실태와 전망』. 한울아카데미.

최혜경(2000). “노인의 삶의 질 향상을 위한 가족부양의 방향”. 『노인복지연구』, 10(겨울호), 141-164.

최혜지(2006). “저소득층 조손가족의 조부모－손자·녀 관계 결정모형에 관한 연구”. 『한국노년학』, 26(3), 641-655.

출입국·외국인정책본부(2013). 출입국·외국인정책 통계 원본(2월호).

통계청(2008). 주제별 통계.

통계청(2009a). 가계동향.

통계청(2009b). 사회조사.

통계청(2010a). 인구주택총조사보고서.

통계청(2010b). 인구주택총조사 보도자료.

통계청(2011). 2010 인구주택총조사.

통계청(2013a). 2013년 고령자 통계.

통계청(2013b). 우리나라의 이혼·재혼 현황－지난 30년 간 이혼·재혼 분석.

통계청(2015a). 생활조사.

통계청(2015b). 인구주택총조사.

통계청(2017a). 가계동향조사.

통계청(2017b). 2016년 혼인·이혼 통계.

한경혜, 주지현, 이정화(2008). “조손가족 조모가 경험하는 손자녀 양육의 보상과 비용”. 『한국노년학』, 28(4), 1147-1164.

한국두리모지원협의회(2013). ‘절반의 책임! 아빠(엄마)는 어디 있나요?’ 비양육 미혼부(모)양육

책임강화를 위한 포럼. 서울시한부모가족지원센터.

한국보건사회연구원(2010a). "미혼모의 양육 및 자립실태조사". 여성가족부 연구보고서 2010-56.

한국보건사회연구원(2010b). 2009년도 전국결혼 및 출산동향조사 학술대회자료집.

한국보건사회연구원(2011). 장애인 복지지표를 통해 살펴 본 OECD 국가의 장애인정책 비교 연구.

한국보건사회연구원(2012a). 전국 출산력 및 가족보건 · 실태조사.

한국보건사회연구원(2012b). 주요국의 사회보장제도.

한국보건사회연구원(2015). 2015년 전국 출산력 및 가족보건 · 복지실태조사, p.333.

한국어사전편찬회 편(2001). 『한국어대사전』. 현문사.

한국여성정책연구원(2009). "미혼부모의 사회통합방안 연구". 한국여성정책연구원 연구보고서-10.

한미현, 문혁준, 강희경, 공인숙, 김상희, 안선희, 안효진, 양성은, 이경열, 이경옥, 이진숙, 천희영(2013). 『아동복지론』. 창지사.

한영주(1998). "10대와 20대 미혼모의 자존감에 영향을 미치는 요인들". 이화여자대학교 대학원 석사학위논문.

햇살사회복지회(2008). 경기도기지촌 여성노인 실태조사 정책토론회 자료집.

행정안전부(2011). 인터넷중독 실태조사.

허남순(1996). "미혼모 복지의 발전 방향". 『한국 미혼모 복지의 현황과 발전 방향』. 제1회 여성복지세미나, 서울특별시 부녀복지연합회.

황상민, 한규석(1999). 『사이버공간의 심리: 인간적 정보화 사회를 향해서』. 박영사.

황상민, 황희영, 이수진(2001). "인터넷중독 현황 및 실태조사". 한국정보문화센터.

황주선, 유지연(2005). "인터넷 일상화지표개발 및 실태분석". 정보통신정책연구원.

KBS파노라마(2014.02.21). "엄마의 나라-중도입국 청소년 표류기." (http://conting.imbc.com/FileDownload/FileInfo.aspx?Content_Uniq=002586231830000079&Program_ID=K_058623183020130424&Vod_Cnt1=79&Vod_Cnt2=0&Vod_ID=586231830)

SBS 뉴스(2014.06.20). "(가정폭력)선처 호소로 풀려난 뒤 또…위협받는 아내들." (http://news.naver.com/main/read.nhn?mode=LPOD&mid=tvh&oid=055&aid=0000280483)

Adams, B. N.(1980). *The family*(3rd ed.). Chicago: Rand McNally.

Adventures, Socratic(1995). *Post Abortion Information*. Crisis Pregnancy Center of Winnipeg.

Alcock, P.(2006). *Understanding Poverty*(3rd ed.). Basingstoke: Palgrave Macmillan.

Anand, S. & Sen, A.(1994). Sustainable Human Development: Concepts and Priorities. *Human Development Occasional Papers*, 1994-03.

Barnett, R. C. & Rivers, C.(1996). *She works, he works; How two-income families happy, healthy, and thriving*. Cambridge, MA: Harvard University Press.

Becona, E.(1993). "The prevalence of pathological gambling in Galicia". *Journal of Gambling Studies*, 9, 353-369.

Black, C.(1981). *It will never happen to me*. NY: Ballentine Books.

Bolen, D. W. & Boyd, H. W.(1968). "Gambling and gambler". *Archives of General Psychiatry*, 18, 617-630.

Booth, C.(2003). *Pauperism and the Endowment of Old Age*. in Poverty and the Poor Law. Palgrave Macmillan.

Brown, L. B.(2003). "Grandparents Raising Grandchildren: An In-depth Phenomenological Study". The New Mexico state University Doctor of Philosophy.

Burchardt, T., Le Grand, J. & Piachaud, D.(2002). "Degrees of Exclusion"(pp. 30-43). In J. Hills et al.(eds.), *Understanding Social Exclusion*. Oxford: Oxford University Press.

Burton, L. M.(1992). "Black Grandparents rearing children of drug-addicted parents: Stressors, Outcomes, and Social service needs". *The Gerontologist*, 32(6), 744-751.

Carter, B. & McGoldrick, M.(1999). *The expanded family life cycle: Individual, family, and social perspectives*(3rd ed.). Heights, MA: Allyn & Bacon.

Carter, E. A. & McGoldrick, M.(eds.)(1989). *The changing family life cycle*(2nd ed.). Boston: Allyn and Bacon. 정문자 역, 『가족생활주기와 치료적 개입』. 중앙적성출판사.

Custer, R. L.(1982). "An overview of compulsive gambling". In P. A. Carone, S. F. Yolles, S. N. Kieffer, & I. W. Krinsky(eds.), *Addictive Disorders Update*. New York: Human Science Press.

Dobash, R. E. & Dobash, R. P.(1979). *Violence against wives: A case gainst Patriarchy*. New York: Free Press.

Esping-Andersen, G.(1990). *The three worlds of welfare capitalism*. Princeton, NJ: Princeton University Press.

Fleishacker, S.(2004). *A Short History of Distributive Justice*. Harvard University Press.

Fuller-Thomson, E., Minkler, M., & Drive, D.(1997). "A profile of grandparents raising grandchildren in the United States". *The Gerontologist*, 37, 406-411.

Furstenberg, F. F.(1976). *Unplanned Parenthood: The Social Consequences of Teenage Childbearing*. N.Y.: The Free Press.

Ganong, L. & Coleman, M.(1994). *Remarriaged family relationship*. Sage publications.

Gauthier, A. H.(1996). "The family as a Political issue". *In the state and the family*. New York: Oxford University Press.

Goldner, V.(1982). "Remarriaged family: Structure, System, Future". In J. C. Hansen & L. Messinger(eds.), *Therapy with Remarried Famillies*. Rockville, Maryland: Aspen Publications.

Gray, J. A.(1987). "Perspectives on anxiety and impulsivity: A commentary". *Journal of Research in Personality*, 21, 493-509.

Grinstead, L. N., Leder, S., Jensen, S., & Bond, L.(2003). "Review of research on the health of caregiving grandparents". *Journal of Advanced Nursing*, 44(3), 318-326.

Grych, J. H. & Fincham, F. D.(1992). "Interventions for children of divorce: Toward greater integration of research and action". *Psychological Bulletin*, 111(3), 434-454.

Guta, R. & Derevensky, J.(1998). "Adolescent gambling behavior: A Prevalence study and examination of correlates associated with excessive gambling". *Journal of Gambling Studies*, 14, 319-345.

Haglund, K.(2000). "Parenting a second time around: An ethnography of African-American grandmothers parenting grandchildren parental cocaine abuse". *Journal of Family Nursing*, 6, 120-135.

Hahm, I.(2003). *Modern Korean views on marriage: Searching for the self through love*. Koreana, spring.

Hantrais, L.(2004). *Family Policy Matters: Responding of family change in Europ*. New York: Longman.

Harding, O. F.(1996). *Family, State and Social Policy*. Basingstoke: Macmillan Press.

Hart, A. D.(1997). 윤기남 역, 『숨겨진 중독』. 참미디어.

Hatterer, L. J.(1980). *The Pleasure Addicts*. New York: A. S. Barnes & Co., 17.

Haustein, J. & Schurgers, G.(1992). "Therapy with male patho Gyeongsang National University logical gamblers: Between self-help group and group therapy-Report of a developmental process". *Journal of Gambling Studies*, 8, 131-142.

Hetherington, E. M., Cox, M., & Cox, R.(1982). "Effects of divorce on parents and children". In M. E. Lamb(ed.), *Nontraditional families: parenting and child development*. Hillsdale, NJ: Lawrence Erlbaum.

Houtman, S.(1999). *To grandma's house we stay: When you have to stop spoiling your grandchildren and start raising them*. Northridge, CA: Studio 4 Productions.

Ibanez, A. G., Mercade, P. V., Sanroma, N. A., & Cordero, C. P.(1992). "Clinical and behavioral evaluation of pathological gambling in Barcelona, Spain". *Journal of Gambling Studies*, 8, 299-310.

Iceland, J.(2005). *Measuring Poverty: Theoretical and Empirical Considerations. Measurement*, 3(4), 199-235.

Jendrek, M. P.(1994). "Grandparents who parent their grandchildren: Circumstances and decisions". *The Gerontologist*, 34, 206-216.

Jone, M. B.(1993). *Birthmother.* Cicago: Cicago Review Press.

Kadusin, A. & Martin, J.(1988). *Child welfare Services*(4th ed.). Macmillan Publishing Company.

Kamerman, S. B. & Kahn, A. J.(1978). *Family Policy: Government and Families in Fourteen Countries*. New York: Columbia University Press.

Kirmelman, M. I.(1985). *The Adult Years in the life cycle of never Married Professional Woman*(pp. 147-166). A Dissertation Submitted to the Temple University Graduate Board.

Kirst-Ashman, K. K. & Hull Jr., G. H.(2002). *Understanding Generalist Practice*(3rd ed.). Brooks/Cole Cengage Learning.

Kubler-Ross, E.(1987). "On Death and Dying". In M. Freeman(ed.), "Interaction of Pregnancy, Loss and Developmental Issues in Adolescents: Social Casework". *The Journal of Contemporary Social Work*, 68(1).

Kymlicka, W.(1995). *Multicultural Citizenship*. Oxford Univ. Press.

Ladoucer, R. & Walker, M.(1996). "A cognitive perspective on gambling". In P. M. Salkovskis (ed.), *Trends in cognitive and behavioral therapies*(pp. 89-120). New York: Wiley.

Lister, R.(2004). *Poverty*. Cambridge: Polity press.

Luster, T. & Mittelstaedt, M.(1993). *Parenting: An Ecological Perspective.* Lawrence Erlbaum Associates.

McHale, S. M. & Crouter, A. C.(1992). "You can't always get what you want: Incongruence between sex-role attitudes and family work roles and its implications for marriage". *Journal of Marriage and the Family,* 54(30), 537-547.

Meredith, H.(1992). "Supporting the young carer". *Community Outlook*, 2(5), pp. 15-18.

Minkler, M. & Roe, K. M.(1996). "Grandparent as surrogate parent". *Generations*, 20(1), 34-38.

Minkler, M., Roe, K. M., & Price, M.(1992a). *Grandmothers as caregivers: Raising children of the crack cocaine epidemic*. Newbury Park, CA: Sage.

Minkler, M., Roe, K. M., & Rice, M.(1992b). "The physical and emotional health of grandmothers raising grandchildren in the crack cocaine epidemic". *The Gerontologist,* 32, 752-761.

Muffels, R. J. A., Tsakloglou, P., & Mayes, D. G.(eds.)(2002). *Social Exclusion in European Welfare States*. Cheltenham: Edward Elgar.

NASW(1965). *The Encyclopedia of the Social Work*(15th ed.). Washington, DC: NASW Press.

National Opinion Research Center at the University of Chicago(NORC)(1999). Report to the National Gambling Impact Study Commission, February.

Neugarten, B.(1968). *Middle Age and Aging*. Chicago: University of Chicago Press survey, Cambrige Mass: Schenkman.

Nyberg, A.(2004). Parental Leave. Public Childcare and Dual Earner/Dual Carer-Model in Sweden. Parental Insurance and Childcare, discussion paper.

Orel, N. A. & Dupuy, P.(2002). Grandchildren as Auxiliary Caregivers for Grandparents with Cognitive and/or Physical Limitations: Coping Strategies and Ramifications. *Child Study Journal*, 32(4).

Pantazis, C. & Gordon, D., & Levitas, R.(eds.)(2006). *Poverty and Social Exclusion in Britain*. Bristol: The Policy Press.

Patterson, J. E., Willams, L., Edward, T. M., & Grauf-Grounds, C.(2009), 김유숙, 박정희, 천희선 역(2011). 『가족치료의 기술－첫 면접에서 종결까지－』. 학지사.

Pruchno, R.(1999). "Raising grandchildren: The experiences of black and white grandmother". *The Gerontologist*, 39, 209-221.

Roberto, K. A. & Stroes, J.(1992). "Grandchildren and Grandparents: Roles, Influences, and Relationships". *International Journal of aging and Human Development*, 34, 227-239.

Roger, A., & Henkin, N.(2000). "School-based interventions for children in kinship care". In B. Hayslip, Jr. & R. Doldberg-Glen(eds.), *Grandchildren: Theoretical, empirical and clinical perspective.* N.Y: Springer.

Roles, P.(1989). *Saying Goodbye to a Baby.* Washington, DC: The Child Welfare League of America Inc.

Rosenberg, M.(1965). *Society and the adolescent self-image*. Princeton, NJ: Princeton Univ. Press.

Rubio-Stipec, M.(1991). "Children of Alcoholic Parents in the Community". *Journal of Studies on Alcohol*, 52, 78-88.

Sabetelli, R. M. & Shehan, C. L.(1993). "Exchange and resource theories". In P. G. Boss, W. J. Doherty, R. LaRossa, W. R. Schumm, & S. K. Steinmetz(eds.), *Sourcebook of family theories and methods: A contextual approach*(pp. 385-411). New York, NY: Plenum Press.

Saginak, K. A. & Saginak, M. A.(2005). "Balancing work and family: Equality, gender, and marital satisfaction". *The Family Journal*, 13(2), 162-166.

Sanders, C. M.(1993). *How to Survive the Loss of a Child.* CA: Publishing.

Saunders, P.(2004). "Towards a Credible Poverty Framework: From Income Poverty to Deprivation". *SPRC(Social Policy Research Centre) Discussion Paper*, 131, 1-20.

Sen, A.(1982). *Poverty and Famines*. Clarendon Press.

Shapira, N., Lessig, M., Goldsmith, T., Szabo, S., Lazoritz, M., Gold, M., et al.(2003). "Problematic Internet Use: Proposed classification and diagnostic criteria". *Depression and Anxiety*, 17(4), 207-216.

Sher, K. J.(1991). *Children of Alcoholics*. The University of Chicago Press.

Silver, H.(1994). Social Exclusion and Social Solidarity: Three Paradigms. *International Labour Review*, 133(5-6), 531-578.

Spicker, P.(2003). *Poverty and Social Security.* London: Routledge.

Spicker, P.(2007). *The Idea of Poverty*. Policy press.

Storm, R. & Storm, S.(2000). Meeting the challenge of raising grandchildren. *International Journal of Aging and Human Development*, 51(3), 183-198.

Straus, M. A., Gelles, R. J., & Steinmetz, S. K.(1980). *Behind closed doors: Violence in the American family*. New York: Doubleday.

Townsend, P.(1979). *Poverty in the United Kingdom*. Penguin.

Tracy, E. & Whittaker, J.(1989). *Social Treatment*(2nd ed.). New York: Adline De-Gruyter.

U.S. Bureau of the Census(2000). Table DP-2. Profile of selected social characteristics. 2000.

UN(1995). Report of the World Summit for Social Development.

Waldrop, D. P. & Weber, J. A.(2001). From Grandparents to Caregiver: The Stress and Satisfaction of Raising Grandchildren. *Families in Society*, 82(5), 461-472.

Wallerstein, J.(1995). *The good marriage: How and why love lasts.* N.Y.: Houghton Mifflin.

Wegscheider-Cruse, S.(1989). *Another Chance: Hope and Health for Alcoholic Family*(2nd ed.). Science and Behavior Books.

Woititz, J.(1983). *Adult Children of Alcoholics*. FL: Health Communication.

World Bank(2002). "Poverty Measurement and Analysis". *A Sourcebook for Poverty Reduction Strategies,* vol. 1.

Young, K. S.(1996). "Internet Addiction: the emergence of a new clinical disorder". *Cyberpsychology and Behavior*, 1, 237-244.

Young, K. S.(1999). "Internet addiction: Symptoms, evaluation and treatment". In L. VandeCrek & T. Jackson(eds.), *Innovations in Clinical Practice: A Source Book*, 17(pp. 19-31). Sarasota, FL: Professional Resource Press.

Young, K. S. & Rogers, R. C.(1998). *Internet addiction: Personality traits associated with its development*. Paper presented at the 69th annual meeting of the Eastern psychological Association.

Zimmerman, S. L.(1995). *Understanding Family Policy: Theories & Applications*. CA: Sage Publications. Inc.

고용노동부 (http://www.moel.go.kr)
국가통계포털 (http://www.kosis.kr)
법제처 (http://moleg.go.kr)
보건복지부 (http;//mw.go.kr)
여성가족부 (http://www.mogef.go.kr)
중앙입양원 (http://www.kadoption.or.kr)
통계청 (http://www.nso.go.kr)
한국여성정책연구원 (http://www.kwdi.re.kr)
알코올중독상담센터(http://www.alcohol 114)
중독예방 · 치유센터 (http://www.pgcc.or.kr)
한국도박중독예방치유센터 (http://www.gamblerclinic.or.kr)
한국도박문제관리센터 (http://www.kcgp.or.kr)
한국정보화진흥원 (http://www.nia.or.kr)
보건복지부 (http://www.mw.go.kr)
통계청 (http://www.kosis.kr)

찾아보기

인명

내용

【 ㄱ 】

【 ㅇ 】

저자 소개

이영주

공주대학교 대학원 사회복지학 박사(사회복지 전공)
현, 백석문화대학교 사회복지학부 교수

〈저서〉 가족상담(2012), 사회복지실천기술론(2010) 외 다수
〈논문〉 A Cause-effect Analysis of the Relationship between Game Use Motives and Continuous Intention(2015), 이용동기와 자기통제력 및 사회적위축이 스마트폰중독에 미치는 영향(2014) 외 다수

최경화

평택대학교 대학원 사회복지학과 사회복지학 박사
현, 백석대학교 사회복지학과 교수

〈저서〉 인간행동과 사회환경(2014), 사회복지실천기술론(2010), 사회복지실천론(2010) 외 다수
〈논문〉 양육미혼모의 삶의 과정에 관한 연구(2006)

정윤태

고려대학교 대학원 사회복지학과 문학박사
현, 청주복지재단 연구개발팀 선임연구위원

〈저서〉 노인복지론(2013)
〈논문〉 주관적 공정성 척도 개발 및 타당화: 노부모부양(2015), The Study on the Subjective Life Satisfaction That the Elderly Perceives in Long-term Care Facility and on the Influence Factors(2014), 노인부양 조직화 유형에 관한 근거 이론적 접근-며느리의 경험을 중심으로-(2014), 노인부양에 따른 가족관계 경험에 관한 연구-노인장기요양보험제도 활용 여성주부양자를 중심으로-(2013) 외 다수

김현희

평택대학교 대학원 사회복지학과 사회복지학 박사
현, 평택대학교 사회복지학과 강사

〈저서〉 인간행동과 사회환경(2013), 다문화사회의 이해와 복지(2012), 나의 선택 나의 꿈(2010), 알기 쉬운 다문화(2009) 외 다수

〈논문〉 사회적 임팩트 향상을 위한 배분 분야별 연구: 다문화(2014), 가족형태의 변화에 따른 이주청소년 인권실태 조사(2013), 여성결혼이민자의 인적자원개발을 위한 기업의 지원모델 연구(2010), 다문화가족복지 전문인력양성을 위한 산・관・학 협력모델 구축(2008), 경기도 기지촌 여성노인 실태와 정책방안(2008), 다문화아동・청소년의 현황과 과제(2007), 가정폭력행위자의 보호처분경험에 관한 연구(2007) 외 다수

오정아

충북대학교 대학원 아동복지학과 문학박사
현, 충북대학교 아동복지학과 강사

〈논문〉 부모의 갈등과 양육행동이 청소년의 자아인식과 학교적응에 미치는 영향: 다문화가정 남녀 청소년의 차이를 중심으로(2015), 청소년의 학업중도포기 과정(2014), 관계적 및 학교적응 요인이 중학생의 진로태도성숙에 미치는 영향(2014), 베트남 여성결혼이민자의 임신과 출산에 따른 가족관계 경험연구(2013) 외 다수

[제2판]

❚ 가족복지론 ❚

1판 1쇄 발행 — 2015년 9월 5일
2판 1쇄 발행 — 2018년 2월 20일
2판 2쇄 발행 — 2019년 7월 30일

저 자 | 이영주 최경화 정윤태 김현희 오정아
발 행 인 | 박철용
발 행 처 | 양서원
주 소 | 경기도 파주시 직지길 522 파주출판도시
전 화 | 031-955-8000(代)
팩 스 | 031-955-8005
홈페이지 | www.yswpub.co.kr
이 메 일 | yswpub@chol.com
출판등록 | 1987년 11월 24일 제 406-2003-037 호

ISBN 978-89-994-0806-9

정가 21,000원